裁判事務手続講座［第22巻］

書式
行政訴訟の実務
[第三版]
——行政手続・不服審査から訴訟まで

日本弁護士連合会行政訴訟センター 編

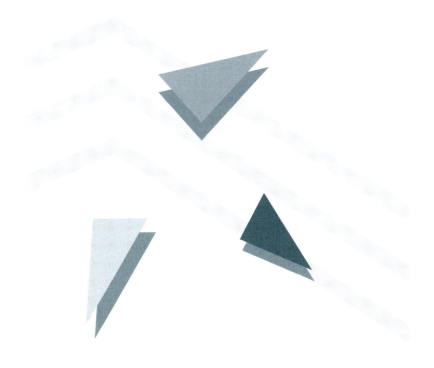

発行 民事法研究会

第三版はしがき

　本書が改訂第三版を迎える。第三版においても、第二版出版（平成23年8月）後の平成26年の行政不服審査法の抜本的改正や行政事件訴訟法等の関係法令の改正、最新の判例・実務、学説を反映する改訂を行った。

　本書は、平成16年に行政事件訴訟法が改正された後の実務書として出版された。平成16年改正は、「司法の行政に対するチェック機能の強化」という基本方向のもとで行われた。具体的には、義務付け訴訟、差止め訴訟が法定され、仮の救済では、執行停止の要件が緩和され、仮の義務付け、仮の差止めが法定されるなど「行政訴訟制度につき、国民の権利利益のより実効的な救済を図るためその手続を整備する」との観点から改正作業が行われた。さらに被告適格や管轄など行政訴訟を利用しやすくするという観点からの改正も行われた。しかしながら、改正法施行後15年の経過をみると果たして評価できる成果があったのかという点では、慚愧たる思いを禁じ得ない。

　改正の成果が十分でないことは、何よりも行政訴訟事件の数に表れている。最高裁の司法統計によれば、平成16年度の行政訴訟の第一審の新受件数は2411件であった。改正法施行後漸増し、平成24年度には2950件となったが、その後、減少傾向となり、平成30年度には2102件と大きく減少する事態となっている。わが国の行政訴訟については、諸外国に比較して事件数が極端に少ないということが繰り返しいわれてきたが、その状況は改善されていない。日本弁護士連合会行政訴訟センターとしては、わが国の行政訴訟をめぐる諸状況を打開し、より利用しやすい、救済の実があげられる訴訟手続へと変えていく努力を怠ってはならないと考えている。

　第三版の出版にあたっては、ご多忙の中、改訂作業を進めていただいた執筆者各位および民事法研究会の編集担当の方々に大変お世話になったことを記して、感謝を申し上げる次第である。

　令和元（2019）年　秋

日本弁護士連合会行政訴訟センター　委員長　岩本安昭

第二版はしがき

　本書が３年で改訂（第二版）になるということは、一定の読者を獲得したということであろう。ひとえに出版社のご努力に負うところであるが、司法改革や行政事件訴訟法改正の影響で、行政関係の不服申立てや訴訟を検討する方々の需要が確実に存在することの証拠でもあると考えられる。

　ただ行政事件訴訟法が改正されて６年になるが、改正時の衆議院法務委員会附帯決議が「本法について、憲法で保障された諸権利に十分留意し、国民の権利利益の実効的な救済の確保の観点から、国民が多様な権利救済方式を適切に選択することができるように配慮するとともに、行政訴訟の特性を踏まえた当事者の実質的な対等性の確保が図られるように周知徹底に努めること」としていることとくらべ、なお判例、決定内容では初歩的な成果しか出ていないし、そのことは改正の内容に不十分さがあったことも否めない。

　なお残る上記問題点を克服するためには、必要な場面で国民が行政訴訟を積極的に提起し、裁判所の訴訟運用、判例内容の改善を求めつつ、具体的問題点を踏まえて再改正をするしかないと考えられる。ともあれ第二版においては、旧版刊行後に出された重要判例を収録しつつ、最新の状況に合わせた加筆・修正を行った。

　現在、法曹三者と研究者の研究会が改正法の実情の検証作業を行っている。

　読者の皆さんが、このような実情を踏まえながら、本書を活用されて、積極的に必要な訴訟提起をされることを期待する。国民の声が法改正、制度改正の力である。

　　平成23（2011）年　夏

　　　　　　　　日本弁護士連合会行政訴訟センター　委員長　斎藤　浩

推薦の言葉

　平成16年に改正され、平成17年4月から施行された行政事件訴訟法は、行政訴訟実務に少なからぬ影響を与えており、最高裁判所から下級審に至るまで、改正部分を中心にこれまで見られなかった画期的な判断が現れ始めている。在外投票事件大法廷判決は公法上の当事者訴訟としての確認訴訟の活用可能性を大きく開き、小田急事件大法廷判決は原告適格理論の修正に向けて舵を切った。義務付け訴訟、差止訴訟による訴え、仮の義務付け、仮の差止めの申立ても弁護士によって積極的に活用され始めており、下級審判決の中には、改正法の趣旨を正面から受け止めて積極的な救済判断をする例も見られる。

　本書は、このように新たな行政訴訟実務が展開していく中で、今、弁護士がどのような場面でどのように行政訴訟を活用していくことができるか、活用することができるかについて、全国で行政訴訟の最前線に立つ弁護士たちが書いたものである。

　本書の特徴は、①行政訴訟だけでなく、行政事件の取扱いに必要な行政手続法および行政不服審査法についても概観したこと、②豊富な書式を掲載したこと、③行政訴訟制度のさらなる活用のために可能な限り積極的な解釈を試みたことである。

　先進諸外国と比較しても大きく後れをとっていた行政救済制度については、行訴法の改正に続き、行政不服審査法の抜本的改正が予定されており、さらには、行政事件訴訟法の5年後見直しの時期が近付いている。その意味でも、行政救済制度の活用は、今後、国民にとっても、また、弁護士業務にとってもますます重要となろう。

　これまで行政訴訟分野における弁護士の活躍は必ずしも十分ではなかったが、それは行政紛争において法の支配が不十分であることを意味する。弁護士各位が、本書を参考に行政事件に積極的に取り組んでいかれることを期待したい。

　平成20（2008）年4月吉日

　　　　　　　　　　　日本弁護士連合会　会長　宮﨑　誠

はしがき

　本書は、民事法研究会の「裁判事務手続講座」の1冊と位置づけられる。

　私ども日本弁護士連合会行政訴訟センターとしては、先に「実務解説行政事件訴訟法」(青林書院、2005年)を刊行し、その後半を各論と書式にあてているので、ご依頼のあったときには、屋上屋を架すものであるとの感をもったが、同社の熱意が発刊までこぎつけたものである。

　できあがったものを見て思う第1は、行政事件訴訟法という法律の中途半端な性格ということである。同法の定める訴訟の各類型、仮の救済、独特の参加などに特有の要件を書式化することは可能かつ必要であるが、それ以外の箇所は同法が民事訴訟法の例によっているので(行政事件訴訟法7条)、民事訴訟法の書式によればいいということである。したがって本書は、「書式」と名を打っているが書式中心の本とは言い難いものとなっている。

　第2は、理論的解説のあとに書式を付けることの難しさである。

　我々は、行政法分野の持続的改革を求めて様々な提言をしているが(日弁連のホームページでご覧いただきたい)、当面、2008年通常国会で予定される行政不服審査法、行政手続法の改正、2004年改正の行政事件訴訟法の5年後見直しを中心に運動を続けて行くものである。それらの運動は、国民の要求に沿ったものでなければならず、そのための訴訟実践において、本書が何らかのお役に立つことがあれば刊行の意義があったということになろう。

　平成20(2008)年　春

　　　　日本弁護士連合会行政訴訟センター　委員長　斎藤　　浩

●凡 例●

〈法令略称〉
・民事訴訟法　　民訴法　民訴
・民事訴訟規則　　民訴規
・行政手続法　　行手法　行手
・行政不服審査法　　行服法　行服
・行政事件訴訟法　　行訴法　行訴
・行政事件訴訟特例法　　行特法　行特
・地方自治法　　自治
・地方自治法施行令　　自治令
・地方自治法施行規則　　自治規
・私的独占の禁止及び公正取引の確保に関する法律　　独禁
・民事訴訟費用等に関する法律　　民訴費用

〈文献略称〉
・最高裁判所民事判例集　　民集
・最高裁判所刑事判例集　　刑集
・最高裁判所裁判集民事　　裁判集（民）
・高等裁判所民事判例集　　高民集
・下級裁判所民事判例集　　下民集
・行政事件裁判例集　　行集
・訟務月報　　訟月
・判例時報　　判時
・判例タイムズ　　判タ
・金融・商事判例　　金判
・ジュリスト　　ジュリ
・判例地方自治　　判地自
・税務訴訟資料　　税訴資料

・裁判所ウエブサイト　　裁判所ウエブ

凡　例

〔主要引用文献一覧〕

(編著者名50音順)

・井上元『住民訴訟の上手な活用法〔第2版〕』(民事法研究会、2019)

・宇賀克也『改正行政事件訴訟法―改正法の要点と逐条解説〔補訂版〕』(青林書院、2006)

・宇賀克也『行政法概説Ⅰ―行政法総論〔第2版〕』(有斐閣、2006)

・宇賀克也『行政法概説Ⅱ―行政救済法』(有斐閣、2006)

・大橋洋一『行政法Ⅱ〔第2版〕』(有斐閣、2015)

・小早川光郎『行政法(上)』(弘文堂、2007)

・小早川光郎編『行政手続法逐条研究』(有斐閣、ジュリスト増刊、1996)

・小早川光郎他編『詳解改正行政事件訴訟法』(第一法規、2004)

・小早川光郎編『改正行政事件訴訟法研究』(有斐閣、ジュリスト増刊、2005)

・小林久起『行政事件訴訟法』(司法制度改革概説第3巻)(商事法務、2004)

・(財)行政管理研究センター編『逐条解説行政手続法〔18年改定版〕』(ぎょうせい、2006)

・斎藤浩『行政訴訟の実務と理論〔第2版〕』(三省堂、2019)

・塩野宏『行政法Ⅰ〔第6版〕』(有斐閣、2019)

・塩野宏『行政法Ⅱ〔第6版〕』(有斐閣、2019)

・塩野宏・高木光『条解行政手続法』(弘文堂、2000)

・実務公法学会編『実務行政訴訟法講義』(民事法研究会、2007)

・芝池義一『行政法読本〔第4版〕』(有斐閣、2016)

・司法研修所編『改訂行政事件訴訟の一般的問題に関する実務的研究』(法曹会、2000)

・西川知一郎編『リーガル・プログレッシブ・シリーズ行政関係訴訟』(青林書院、2009)

・日本弁護士連合会行政訴訟センター編『実務解説行政事件訴訟法―改正行訴法を使いこなす』(青林書院、2005)

・日本弁護士連合会編『使える行政訴訟へ「是正訴訟の提案」』(日本評論社、2003)

・福井秀夫他編『新行政事件訴訟法―逐条解説とQ&A』(新日本法規出版、2004)

・藤山雅行編『行政争訟』(新・裁判実務大系25)(青林書院、2004)

・南博方・高橋滋編『条解行政事件訴訟法〔第3版〕』(弘文堂、2006)

『書式　行政訴訟の実務〔第三版〕』

目　　　次

第1部　行政手続・不服審査概論編

第1章　行政手続概論

第1節　本章の対象 ………………………………………………… 2

第2節　本　論 …………………………………………………… 3

1　行政手続と行政手続法 ………………………………………… 3

⑴　行政手続法の制定とその背景 …………………………………… 3

⑵　行政手続法の適用範囲 …………………………………………… 3

⑶　行政手続条例 ……………………………………………………… 3

2　行政処分手続 …………………………………………………… 4

⑴　総　論 ……………………………………………………………… 4

⑵　不利益処分に関する手続 ………………………………………… 4

　㋐　総　論 …………………………………………………………… 4

　㋑　処分の基準 ……………………………………………………… 5

　㋒　理由の提示 ……………………………………………………… 5

　㋓　理由の不備 ……………………………………………………… 6

　㋔　事前手続 ………………………………………………………… 6

　㋕　聴　聞 …………………………………………………………… 7

　　【書式1】　聴聞通知書例 ………………………………………… 8

　　【書式2】　陳述書例 ………………………………………………10

目　次

　　　　【書式３】　代理人資格証明書例‥‥‥‥‥‥‥‥‥‥‥‥‥‥11

　　　　【書式４】　参加人許可申請書例‥‥‥‥‥‥‥‥‥‥‥‥‥‥12

　　　　【書式５】　文書閲覧請求書例‥‥‥‥‥‥‥‥‥‥‥‥‥‥‥13

　　　　【書式６】　聴聞調書例‥‥‥‥‥‥‥‥‥‥‥‥‥‥‥‥‥‥14

　　　　【書式７】　聴聞報告書例‥‥‥‥‥‥‥‥‥‥‥‥‥‥‥‥‥15

　　　　【書式８】　聴聞調書等閲覧請求書例‥‥‥‥‥‥‥‥‥‥‥‥16

　　　㈭　弁明の機会の付与‥‥‥‥‥‥‥‥‥‥‥‥‥‥‥‥‥‥‥‥17

　　　　【書式９】　弁明通知書例‥‥‥‥‥‥‥‥‥‥‥‥‥‥‥‥‥18

　　　　【書式10】　弁明書例‥‥‥‥‥‥‥‥‥‥‥‥‥‥‥‥‥‥‥19

　　　㈮　事前手続としての行政審判‥‥‥‥‥‥‥‥‥‥‥‥‥‥‥‥20

　⑶　申請に対する処分に関する手続‥‥‥‥‥‥‥‥‥‥‥‥‥‥‥‥20

　　　㋐　審査基準‥‥‥‥‥‥‥‥‥‥‥‥‥‥‥‥‥‥‥‥‥‥‥‥20

　　　㋑　標準処理期間‥‥‥‥‥‥‥‥‥‥‥‥‥‥‥‥‥‥‥‥‥‥21

　　　㋒　申請に対する審査、応答‥‥‥‥‥‥‥‥‥‥‥‥‥‥‥‥‥22

　　　㋓　理由の提示‥‥‥‥‥‥‥‥‥‥‥‥‥‥‥‥‥‥‥‥‥‥‥22

　　　㋔　情報の提供‥‥‥‥‥‥‥‥‥‥‥‥‥‥‥‥‥‥‥‥‥‥‥23

　　　㋕　公聴会の開催等‥‥‥‥‥‥‥‥‥‥‥‥‥‥‥‥‥‥‥‥‥23

　　　㋖　複数の行政庁が関与する処分‥‥‥‥‥‥‥‥‥‥‥‥‥‥‥24

　３　行政執行手続‥‥‥‥‥‥‥‥‥‥‥‥‥‥‥‥‥‥‥‥‥‥‥‥24

　⑴　総　　論‥‥‥‥‥‥‥‥‥‥‥‥‥‥‥‥‥‥‥‥‥‥‥‥‥‥24

　⑵　各　　論‥‥‥‥‥‥‥‥‥‥‥‥‥‥‥‥‥‥‥‥‥‥‥‥‥‥25

　　　㋐　行政代執行‥‥‥‥‥‥‥‥‥‥‥‥‥‥‥‥‥‥‥‥‥‥‥25

　　　㋑　執行罰（間接強制）‥‥‥‥‥‥‥‥‥‥‥‥‥‥‥‥‥‥‥26

　　　㋒　直接強制‥‥‥‥‥‥‥‥‥‥‥‥‥‥‥‥‥‥‥‥‥‥‥‥26

　　　㋓　強制徴収‥‥‥‥‥‥‥‥‥‥‥‥‥‥‥‥‥‥‥‥‥‥‥‥26

　４　行政刑罰手続‥‥‥‥‥‥‥‥‥‥‥‥‥‥‥‥‥‥‥‥‥‥‥‥27

　⑴　行政刑罰‥‥‥‥‥‥‥‥‥‥‥‥‥‥‥‥‥‥‥‥‥‥‥‥‥‥27

　　　㋐　総　　論‥‥‥‥‥‥‥‥‥‥‥‥‥‥‥‥‥‥‥‥‥‥‥‥27

　　　㋑　手　　続‥‥‥‥‥‥‥‥‥‥‥‥‥‥‥‥‥‥‥‥‥‥‥‥27

　　　㋒　非刑罰的処理‥‥‥‥‥‥‥‥‥‥‥‥‥‥‥‥‥‥‥‥‥‥28

8

⑵　行政上の秩序罰……………………………………………28

　　　　㈠　意　　義……………………………………………28

　　　　㈡　行政刑罰との違い………………………………………29

　　　　㈢　概　　要……………………………………………29

5　行政不服審査手続………………………………………………29

6　行政審判手続……………………………………………………29

　⑴　概　　念………………………………………………………29

　⑵　種　　類………………………………………………………30

　⑶　特　　徴………………………………………………………30

　　　㈠　職務行使の独立性………………………………………30

　　　㈡　準司法的手続……………………………………………31

　　　㈢　実質的証拠法則等………………………………………31

7　司法的救済手続…………………………………………………32

8　苦情処理手続……………………………………………………32

　⑴　総　　論………………………………………………………32

　⑵　苦情処理機関…………………………………………………32

　　　㈠　総務省の苦情処理………………………………………32

　　　㈡　法務省人権擁護局の苦情処理…………………………32

　　　㈢　地方公共団体の苦情処理………………………………33

9　その他の手続……………………………………………………33

　⑴　届出手続………………………………………………………33

　　　㈠　意　　義……………………………………………33

　　　㈡　概　　要……………………………………………33

　⑵　行政立法手続…………………………………………………34

　　　㈠　総　　論……………………………………………34

　　　㈡　概　　要……………………………………………34

　　　㈢　意見公募手続……………………………………………34

　⑶　行政指導手続…………………………………………………35

　　　㈠　意　　義……………………………………………35

　　　㈡　概　　要……………………………………………35

9

(ウ)　申請に関連する行政指導……………………………………………36

　(エ)　許認可等の権限に関連する行政指導…………………………36

　(オ)　行政指導の方式………………………………………………………37

　　【書式11】　行政指導の相手方に示す文例…………………………37

　(カ)　複数の者を対象とする行政指導…………………………………38

　(キ)　行政指導の中止等の求め…………………………………………38

　　【書式12】　行政指導の中止等の求め………………………………39

　(ク)　処分等の求め………………………………………………………40

　　【書式13】　(処分）行政指導の求め…………………………………40

　(4)　行政調査手続……………………………………………………………41

　(ア)　意　義………………………………………………………………41

　(イ)　概　要………………………………………………………………41

　(ウ)　行政調査と令状主義………………………………………………42

　(エ)　行政調査と黙秘権…………………………………………………43

　(オ)　行政調査の瑕疵……………………………………………………43

　(5)　行政計画策定手続……………………………………………………44

　(ア)　意　義………………………………………………………………44

　(イ)　概　要………………………………………………………………44

　(ウ)　行政計画と司法的救済……………………………………………45

　(6)　行政契約の締結手続…………………………………………………45

　(ア)　意　義………………………………………………………………45

　(イ)　概　要………………………………………………………………45

10　デジタル手続法（旧・行政手続オンライン化法)……………46

　(1)　総　論…………………………………………………………………46

　(2)　申請等についてのオンライン化可能規定…………………………46

　(3)　処分通知等についてのオンライン化可能規定……………………46

第2章　行政不服審査概論

1	行政不服審査手続の意義	48
2	簡易迅速な権利救済手続──簡易とは	50
⑴	審査請求は手数料が無料である	50
⑵	不服申立ての方法	50
⑶	審査請求の宛先	50
⑷	審査請求書の記載事項	51
⑸	書証の準備	52
⑹	処分庁の弁明書	52
	【書式14】　審査請求書例	53
	【書式15】　審査請求書例（参考様式第1号の1）	54
	【書式16】　審査請求書例（参考様式第1号の2）	56
	【書式17】　行政不服審査法による処分に対する審査請求の方法	57
	【書式18】　反論書例	58
3	簡易迅速な権利救済手続──権利救済とは	59
⑴	審査請求期間	59
⑵	審査請求人適格や審査請求適格	59
⑶	不当を理由とする取消し	59
⑷	執行停止	60
4	公正な手続保障	60
⑴	審理員	61
⑵	資料の閲覧・写しの交付請求	61
⑶	口頭意見陳述	62
⑷	争点整理表	63
⑸	審理の終結	64
⑹	審理員意見書	64
⑺	審査会への諮問	64
⑻	諮問の辞退	65

目　次

　　⑼　諮問書···65

　　⑽　審査会における審査···65

　　　㋐　審査会における口頭意見陳述の意義················66

　　　㋑　行政不服審査会での審査·····························66

　　⑾　提出資料の閲覧···67

　　⑿　審査会審査の瑕疵と裁決取消事由·····················67

　　⒀　裁　決···68

　　⒁　執行停止···68

　5　不服申立て前置···69

第2部　訴　訟　編

第1章　行政訴訟概論

第1節　行政訴訟の定義と分類 ························72

　1　行政訴訟とは何か···72

　⑴　定　義···72

　⑵　行訴法に定めがない事項は民事訴訟で·················72

　⑶　同じ論点、対象を民訴法でも扱える領域はあるか·······73

　⑷　定めがなくても民訴法を適用しない領域···············74

　⑸　仮処分排除の行訴法44条について·····················74

　2　行政訴訟、行政事件訴訟の類型···························75

第2節　行政訴訟類型 ································77

　1　抗告訴訟···77

　⑴　取消訴訟···77

12

⑵　無効等確認訴訟……………………………………………………78

　　⑶　不作為の違法確認訴訟…………………………………………78

　　⑷　義務付け訴訟………………………………………………………78

　　⑸　差止め訴訟…………………………………………………………78

　2　当事者訴訟……………………………………………………………78

　3　民衆訴訟………………………………………………………………78

　4　選挙訴訟………………………………………………………………78

　5　機関訴訟………………………………………………………………78

　6　争点訴訟………………………………………………………………78

第2章　取消訴訟総論

第1節　取消訴訟の特徴 ……………………………………79

　1　総　説…………………………………………………………………79

　2　取消訴訟中心主義……………………………………………………80

　3　公定力…………………………………………………………………80

　4　取消訴訟の排他的管轄………………………………………………80

　5　取消訴訟中心主義からの脱却の試みと改正法……………………81

第2節　裁決取消訴訟の諸問題 ………………………………83

　1　処分取消訴訟と裁決取消訴訟の関係についての行訴法の規定………83

　2　裁決固有の瑕疵………………………………………………………83

　3　却下裁決、一部取消し一部棄却裁決、修正裁決…………………83

　4　両取消訴訟が提起されている場合の処分取消判決の影響………84

　5　両訴の関係……………………………………………………………84

　6　裁決主義………………………………………………………………84

目　次

第3章　取消訴訟の訴訟要件

第1節　処分性 ……………………………………………86

1　行政処分 ………………………………………………………86

2　判例における定義 ……………………………………………86

3　現時点での処分性問題についての最高裁の基準 …………87

⑴　名宛人なしの行政の意思表明（条例、行政立法を含む）…………87

⑵　行政の段階的行為のうちの最終的ではない重要な意思表明
（行政指導を含む）………………………………………………88

⑶　行政が国民に対してなす受理、不受理、不交付、返戻などの
やり取り ……………………………………………………………89

⑷　間違って納めた登録免許税の返還方式 …………………………89

⑸　都市計画関連の事例 ………………………………………………89

⑹　その他 ………………………………………………………………91

4　仮処分の排除 …………………………………………………92

⑴　行訴法44条 …………………………………………………………92

⑵　改正後の判例の状況 ………………………………………………92

⑶　改正前の判例の状況 ………………………………………………93

　㋐　公務員・公共企業体職員・公営企業職員の不利益処分 …………93

　㋑　道路工事 ……………………………………………………………93

　㋒　公共工事一般 ………………………………………………………94

　㋓　公立学校に関係するもの …………………………………………95

　㋔　学校以外の公物・営造物に関するもの …………………………96

　㋕　その他の事例 ………………………………………………………97

　㋖　住民訴訟を本案とする仮処分 ……………………………………97

第2節　原告適格 …………………………………………98

1　原告適格の意義 ………………………………………………98

14

2	法律上の利益を有する者	98
⑴	「法律上保護された利益」か「法律上保護に値する利益」か	98
㈠	「法律上保護された利益」説（保護された利益説）	98
㈡	「法律上保護に値する利益」説（保護に値する利益説）	98
⑵	両説の区別を論ずる意味	99
3	従来の判例	99
4	行訴法9条2項が設けられた意味	101
⑴	改正に至る経緯	101
⑵	改正の内容	101
⑶	改正の意味	102
5	行訴法改正後の最高裁判例	103
⑴	小田急高架事件最高裁大法廷判決（最大判平成17・12・7民集59巻10号2645頁）	103
㈠	事案の概要	103
㈡	判決の内容	103
⑵	改正後のあるべき解釈手法	105
6	事案類型別の判例の整理	105
⑴	名宛人と同視できる者	105
⑵	周辺住民	105
⑶	競業者	106
⑷	消費者	107
⑸	景観・環境	107
⑹	団　体	107

第3節　被告適格 …… 109

1	沿　革	109
2	被告適格	109
⑴	処分等をした行政庁が国または公共団体に所属する場合	109
⑵	処分等をした行政庁が国または公共団体に所属しない場合	110
⑶	その他の場合	110

目　次

　　⑷　個別法による例外……………………………………………110

　3　被告適格に関連する事項………………………………………111

　　⑴　訴状への被告および代表者の記載…………………………111

　　⑵　訴状への行政庁の記載………………………………………112

　　⑶　被告の行政庁特定義務………………………………………112

　　⑷　処分等をした行政庁の訴訟遂行権限………………………112

　　⑸　行政庁の教示義務……………………………………………113

　　⑹　被告を誤った訴えの救済……………………………………113

　　⑺　他の訴訟への準用……………………………………………114

第4節　狭義の訴えの利益 ……………………………………115

　1　はじめに…………………………………………………………115

　2　関連訴訟に関する訴えの利益…………………………………115

　　⑴　処分取消しの訴えと裁決取消しの訴え……………………115

　　⑵　先行処分とその処分を前提としてなされる後行処分に関する
　　　訴訟………………………………………………………………116

　3　処分後の事情変化と訴えの利益………………………………116

　　⑴　処分の取消変更………………………………………………116

　　⑵　行政処分に基づいた工事等の完了…………………………117

　　⑶　期日や期間の経過……………………………………………117

　　⑷　その他事情の変更……………………………………………118

　4　行訴法9条1項かっこ書にある「取消しによって回復すべき
　　法律上の利益」…………………………………………………118

　5　訴えの利益の必要時期…………………………………………119

第5節　出訴期間 ………………………………………………120

　1　概　要……………………………………………………………120

　2　主観的出訴期間…………………………………………………121

　　⑴　処分等があったことを知った日……………………………121

　　⑵　出訴期間の遵守………………………………………………122

16

(3)　出訴期間経過についての正当な理由……………………………………123

　3　客観的出訴期間………………………………………………………………124

　4　審査請求を経た場合の出訴期間……………………………………………125

第6節　取消訴訟と審査請求の関係……127

　1　処分取消しの訴えと審査請求………………………………………………127

　2　行訴法8条の組み立て方……………………………………………………127

　3　自由選択主義（原則）………………………………………………………128

　　(1)　適用範囲…………………………………………………………………128

　　(2)　審査請求がなされた場合の出訴期間…………………………………129

　4　自由選択主義の例外（審査請求前置）……………………………………129

　　(1)　行訴法8条1項ただし書………………………………………………129

　　(2)　審査請求前置が認められる場合………………………………………130

　　(3)　審査請求前置の充足……………………………………………………131

　　　(ア)　適法性………………………………………………………………131

　　　(イ)　訴えの先行…………………………………………………………132

　　　(ウ)　同一性………………………………………………………………132

　　　(エ)　税法上の処分………………………………………………………133

　　(4)　審査請求前置と訴訟における主張・立証の制限……………………135

　5　審査請求前置の緩和…………………………………………………………135

　　(1)　審査請求があった日から3カ月を経過しても裁決がないとき………136

　　(2)　処分、処分の執行または手続の続行により生ずる著しい損害を
　　　　避けるため緊急の必要があるとき………………………………………137

　　(3)　その他裁決を経ないことにつき正当な理由があるとき……………138

　6　訴訟手続の中止………………………………………………………………138

第4章　取消訴訟の審理手続
（違法性審理）～主として実体審理～

第1節　訴訟の対象 ………………………………………………… 139

1　訴訟の対象、訴訟物 ……………………………………………… 139

2　違法とは ……………………………………………………………… 139

(1)　定　義 …………………………………………………………… 139

(2)　行手法（条例）の事例 ……………………………………… 140

(3)　行手法以外の事例 …………………………………………… 141

(4)　他事考慮 ………………………………………………………… 141

(5)　比例原則 ………………………………………………………… 142

(6)　平等原則 ………………………………………………………… 142

(7)　権利濫用と目的・動機 ……………………………………… 142

3　関連請求 ……………………………………………………………… 142

4　訴えの変更、客観的併合 ………………………………………… 143

(1)　訴えの変更 ……………………………………………………… 143

(2)　訴えの客観的併合 …………………………………………… 144

第2節　裁量判断 …………………………………………………… 145

1　最高裁判所判例の状況 …………………………………………… 145

(1)　問答無用方式（社会観念、社会通念審査） …………… 146

(2)　判断過程の統制方式～種類と広がり、誤りへの変質 ……… 147

【書式19】　遺族厚生年金不支給決定取消請求事件の訴状例 ……… 149

【書式20】　開発許可取消請求事件の訴状例 ………………………… 153

【書式21】　免職処分取消請求事件の訴状例 ………………………… 158

第3節　取消理由の制限 ………………………………………… 163

1　総　論 ………………………………………………………………… 163

2 自己の法律上の利益に関係のない違法主張の制限 ……………… 163

  ⑴ 趣旨・効果 ………………………………………………………… 163

  ⑵ 「自己の法律上の利益に関係のない違法」の意義 ……………… 164

    ㋐ 学　説 …………………………………………………………… 164

    ㋑ 裁判例 …………………………………………………………… 165

  ⑶ 原告適格との関係 ………………………………………………… 166

  ⑷ 取消訴訟以外の訴訟に準用されるか …………………………… 167

3 原処分主義 …………………………………………………………… 167

  ⑴ 原処分主義について ……………………………………………… 167

  ⑵ 行訴法10条2項の趣旨・効果 …………………………………… 167

    ㋐ 趣　旨 …………………………………………………………… 167

    ㋑ 効　果 …………………………………………………………… 168

    ㋒ 「審査請求を棄却した裁決」について ……………………… 168

  ⑶ 行訴法10条2項の例外——裁決主義 …………………………… 169

第4節　違法性の承継 ……………………………………………… 170

1 「違法性の承継」論 ………………………………………………… 170

  ⑴ 伝統的「違法性の承継」論 ……………………………………… 170

    ㋐ 違法性の承継が問題となる場面 ……………………………… 170

    ㋑ 伝統的通説における違法性の承継が認められるための要件 …… 170

  ⑵ 「違法性の承継」をめぐる議論の状況 ………………………… 171

    ㋐ 違法性の承継を極めて例外的にしか認めない見解 ………… 171

    ㋑ 当該行政作用の性質等に応じて違法性の承継の肯否を決する

      見解 …………………………………………………………… 172

  ⑶ 先行行為は処分性の認められるものに限られるか …………… 172

  ⑷ 住民訴訟における違法性の承継 ………………………………… 173

2 違法性の承継に関する裁判例 ……………………………………… 173

  ⑴ 違法性の承継を認めた裁判例 …………………………………… 173

    ㋐ 建築安全条例に基づく安全認定と建築確認 ………………… 173

    ㋑ 農地買収計画と買収処分 ……………………………………… 174

目　次

　　(ｳ)　事業認定と土地収用裁決……………………………………… 175

　　(ｴ)　差押えと公売処分…………………………………………… 175

　(2)　違法性の承継を否定した裁判例……………………………… 176

　　(ｱ)　租税の賦課処分と滞納処分………………………………… 176

　　(ｲ)　第１次納税義務者に対する課税処分と第２次納税義務者に

　　　対する納付告知……………………………………………… 176

　　(ｳ)　農地買収と売渡し処分……………………………………… 176

第5節　処分理由の追加・差し替え …………………… 177

1　総　論…………………………………………………………… 177

　(1)　処分理由の追加・差し替えとは……………………………… 177

　　(ｱ)　問題の所在…………………………………………………… 177

　　(ｲ)　裁判例の基本的立場………………………………………… 177

　(2)　処分理由の追加・差し替えに関する議論の状況…………… 177

2　具体例…………………………………………………………… 178

　(1)　課税処分について……………………………………………… 178

　(2)　公務員の懲戒処分・分限処分について……………………… 179

　(3)　事前の意見聴取手続がとられる場合………………………… 180

　(4)　申請拒否処分について………………………………………… 180

　(5)　判決効との関係………………………………………………… 180

第6節　共同訴訟（主観的併合）、参加 …………… 182

1　共同訴訟（主観的併合）……………………………………… 182

　(1)　行訴法17条と民訴法との関係………………………………… 182

　(2)　主観的予備的併合の可否……………………………………… 182

　(3)　第三者による請求の追加的併合……………………………… 182

　　【書式22】　第三者による請求の追加的併合の申立書例………… 183

2　参　加…………………………………………………………… 185

　(1)　規定の整理……………………………………………………… 185

　(2)　第三者の訴訟参加……………………………………………… 185

20

【書式23】 第三者の訴訟参加の申立書例·····························186

⑶ 行政庁の訴訟参加··188

【書式24】 行政庁の訴訟参加の申立書例·····················189

第7節　審理ルールと主張立証責任 ·····················190

1 管　轄···190

⑴ 被告と行政庁の所在地に関する管轄···················190

⑵ 不動産などにかかる処分等に関する管轄···············190

⑶ 下級行政機関所在地による管轄·························190

⑷ 特定管轄裁判所···191

⑸ 移　送···192

　㋐ 行訴法13条との関係·····································192

　㋑ 民訴法との関係···192

　㋒ 「他の裁判所に事実上及び法律上同一の原因に基づいてされた
　処分又は裁決に係る抗告訴訟が係属している場合」の考え方······192

2 関連請求と移送ルール··193

3 主張・立証責任···193

4 釈明処分の特則···194

⑴ 処分関係と裁決関係··194

⑵ 民訴法の制度との違い·······································194

⑶ 対　象···195

⑷ 文書提出命令、その他の制度との関係···············195

⑸ 出てきたものの閲覧謄写····································196

⑹ 拒絶できる場合があるか····································196

⑺ 準用関係··196

⑻ 活性化への取組みと成果····································197

　㋐ 制度についての法務省の解説と最高裁（裁判所）の対応······197

　㋑ 日弁連の運動的提起·······································197

　㋒ 実　例···197

21

目　次

第8節　証拠収集、証拠調べ　………………199

1　提訴前　………………199

　⑴　概　要　………………199

　⑵　当事者照会、証拠収集処分　………………199

　⑶　証拠保全　………………200

　　【書式25】　証拠保全の申立書例　………………201

2　提訴後　………………203

　⑴　概　要　………………203

　⑵　文書提出命令　………………203

　　【書式26】　文書提出命令申立書例　………………205

第5章　訴訟の終了

第1節　判決以外の終了
——放棄、認諾、取下げ、和解等　………………208

1　請求の放棄・取下げ　………………208

2　訴訟上の和解　………………208

3　当事者の死亡　………………209

第2節　判　決　………………211

1　取消判決の効力　………………211

　⑴　形成力　………………211

　　㋐　形成力の意義　………………211

　　㋑　形成力の主観的範囲　………………211

　　㋒　その他　………………213

　⑵　拘束力　………………214

　　㋐　拘束力の意義　………………214

㈦　反復禁止効‥‥‥‥‥‥‥‥‥‥‥‥‥‥‥‥‥‥‥‥‥‥‥214

　　　㈨　不整合処分の取消義務‥‥‥‥‥‥‥‥‥‥‥‥‥‥‥‥‥215

　　　㈢　申請却下・棄却処分の取消判決の拘束力‥‥‥‥‥‥‥‥215

　　　㈥　その他‥‥‥‥‥‥‥‥‥‥‥‥‥‥‥‥‥‥‥‥‥‥‥‥‥216

　⑶　既判力‥‥‥‥‥‥‥‥‥‥‥‥‥‥‥‥‥‥‥‥‥‥‥‥‥‥‥216

　　　㈠　意　義‥‥‥‥‥‥‥‥‥‥‥‥‥‥‥‥‥‥‥‥‥‥‥‥‥216

　　　㈦　取消訴訟と国賠訴訟‥‥‥‥‥‥‥‥‥‥‥‥‥‥‥‥‥216

　　　㈨　その他‥‥‥‥‥‥‥‥‥‥‥‥‥‥‥‥‥‥‥‥‥‥‥‥‥217

2　事情判決‥‥‥‥‥‥‥‥‥‥‥‥‥‥‥‥‥‥‥‥‥‥‥‥‥‥217

　⑴　意　義‥‥‥‥‥‥‥‥‥‥‥‥‥‥‥‥‥‥‥‥‥‥‥‥‥‥‥217

　⑵　狭義の訴えの利益の消滅との対比‥‥‥‥‥‥‥‥‥‥‥‥218

　⑶　事情判決した場合の原告の救済方法‥‥‥‥‥‥‥‥‥‥‥218

　⑷　その他‥‥‥‥‥‥‥‥‥‥‥‥‥‥‥‥‥‥‥‥‥‥‥‥‥‥219

第6章　不作為の違法確認の訴え

1　はじめに‥‥‥‥‥‥‥‥‥‥‥‥‥‥‥‥‥‥‥‥‥‥‥‥‥‥220

2　他の制度との関係‥‥‥‥‥‥‥‥‥‥‥‥‥‥‥‥‥‥‥‥‥‥221

3　不作為の違法確認の訴えの訴訟要件‥‥‥‥‥‥‥‥‥‥‥‥‥222

4　原告適格‥‥‥‥‥‥‥‥‥‥‥‥‥‥‥‥‥‥‥‥‥‥‥‥‥‥223

5　「相当の期間」‥‥‥‥‥‥‥‥‥‥‥‥‥‥‥‥‥‥‥‥‥‥‥225

6　不作為‥‥‥‥‥‥‥‥‥‥‥‥‥‥‥‥‥‥‥‥‥‥‥‥‥‥‥227

7　違法判断の基準時‥‥‥‥‥‥‥‥‥‥‥‥‥‥‥‥‥‥‥‥‥228

8　認容判決の効果‥‥‥‥‥‥‥‥‥‥‥‥‥‥‥‥‥‥‥‥‥‥228

9　訴えの変更‥‥‥‥‥‥‥‥‥‥‥‥‥‥‥‥‥‥‥‥‥‥‥‥229

10　訴訟費用の負担‥‥‥‥‥‥‥‥‥‥‥‥‥‥‥‥‥‥‥‥‥‥230

目　次

第7章　無効等確認訴訟

1　行訴法改正と無効等確認訴訟‥‥‥‥‥‥‥‥‥‥‥‥‥‥‥‥‥ 231
2　訴訟要件‥‥‥‥‥‥‥‥‥‥‥‥‥‥‥‥‥‥‥‥‥‥‥‥‥‥ 231
　⑴　特別な要件1‥‥‥‥‥‥‥‥‥‥‥‥‥‥‥‥‥‥‥‥‥‥‥ 232
　⑵　特別な要件2‥‥‥‥‥‥‥‥‥‥‥‥‥‥‥‥‥‥‥‥‥‥‥ 232
　⑶　特別な要件1、2をどう読むか‥‥‥‥‥‥‥‥‥‥‥‥‥‥‥ 232
3　実体要件‥‥‥‥‥‥‥‥‥‥‥‥‥‥‥‥‥‥‥‥‥‥‥‥‥‥ 232
　⑴　重大の概念‥‥‥‥‥‥‥‥‥‥‥‥‥‥‥‥‥‥‥‥‥‥‥‥ 233
　⑵　明白の概念‥‥‥‥‥‥‥‥‥‥‥‥‥‥‥‥‥‥‥‥‥‥‥‥ 233
　⑶　両方必要なのか‥‥‥‥‥‥‥‥‥‥‥‥‥‥‥‥‥‥‥‥‥‥ 233
4　判　　決‥‥‥‥‥‥‥‥‥‥‥‥‥‥‥‥‥‥‥‥‥‥‥‥‥‥ 234
　　【書式27】　仮換地指定処分取消請求事件の訴状例‥‥‥‥‥‥‥‥ 234

第8章　義務付け訴訟

第1節　義務付け訴訟の法定 ‥‥‥‥‥‥‥‥‥‥‥‥‥ 242

1　義務付け訴訟の法定‥‥‥‥‥‥‥‥‥‥‥‥‥‥‥‥‥‥‥‥‥ 242
2　申請型義務付け訴訟と非申請型義務付け訴訟の区別‥‥‥‥‥‥‥‥ 243

第2節　申請型義務付け訴訟 ‥‥‥‥‥‥‥‥‥‥‥‥‥ 244

1　申請型義務付け訴訟の2類型‥‥‥‥‥‥‥‥‥‥‥‥‥‥‥‥‥ 244
2　併合提起要件‥‥‥‥‥‥‥‥‥‥‥‥‥‥‥‥‥‥‥‥‥‥‥‥ 244
3　申請型義務付け訴訟を提起すべき場合‥‥‥‥‥‥‥‥‥‥‥‥‥ 245
4　訴訟要件‥‥‥‥‥‥‥‥‥‥‥‥‥‥‥‥‥‥‥‥‥‥‥‥‥‥ 246
5　本案勝訴要件‥‥‥‥‥‥‥‥‥‥‥‥‥‥‥‥‥‥‥‥‥‥‥‥ 246
　　【書式28】　申請型義務付け訴訟の訴状例（供託金払渡認可

目　次

　　　　義務付け請求事件）……………………………………………… 247

第3節　非申請型義務付け訴訟 ……………………………… 250

1　非申請型義務付け訴訟が用いられる典型的な局面………………… 250
2　訴訟要件……………………………………………………………… 250
3　本案勝訴要件………………………………………………………… 251
4　第三者の訴訟への関与……………………………………………… 251
5　(参考) 行政手続法の定める「処分等の求め」………………… 251
　　　【書式29】　非申請型義務付け訴訟の訴状例……………………… 252

第9章　差止め訴訟

1　総　　論……………………………………………………………… 256
2　訴訟要件……………………………………………………………… 256
⑴　処分性……………………………………………………………… 256
⑵　一定の処分または裁決をする蓋然性………………………… 257
　⑺　「一定の処分又は裁決」……………………………………… 257
　⑷　蓋然性…………………………………………………………… 257
⑶　原告適格………………………………………………………… 257
⑷　重大な損害を生ずるおそれ…………………………………… 258
⑸　その損害を避けるため他に適当な方法がないこと (補充性)……… 259
3　本案要件……………………………………………………………… 260
　　　【書式30】　営業許可取消処分差止請求事件の訴状例………… 261
　　　【書式31】　砂利採取計画認可差止請求事件の訴状例………… 264
　　　【書式32】　遺族厚生年金支給裁定取消処分差止請求事件の
　　　　　　　　訴状例…………………………………………………… 267

25

目　次

第10章　仮の救済

1　総　説‥‥‥‥‥‥‥‥‥‥‥‥‥‥‥‥‥‥‥‥‥‥‥‥‥‥ 270

⑴　仮の救済制度の意義‥‥‥‥‥‥‥‥‥‥‥‥‥‥‥‥‥‥ 270

⑵　仮の救済制度改正の経緯‥‥‥‥‥‥‥‥‥‥‥‥‥‥‥ 271

2　執行停止‥‥‥‥‥‥‥‥‥‥‥‥‥‥‥‥‥‥‥‥‥‥‥‥ 271

⑴　意　義‥‥‥‥‥‥‥‥‥‥‥‥‥‥‥‥‥‥‥‥‥‥‥‥ 271

⑵　要　件‥‥‥‥‥‥‥‥‥‥‥‥‥‥‥‥‥‥‥‥‥‥‥‥ 272

⑶　手続・効力‥‥‥‥‥‥‥‥‥‥‥‥‥‥‥‥‥‥‥‥‥ 274

　㋐　手　続‥‥‥‥‥‥‥‥‥‥‥‥‥‥‥‥‥‥‥‥‥‥ 274

　㋑　効　力‥‥‥‥‥‥‥‥‥‥‥‥‥‥‥‥‥‥‥‥‥‥ 275

⑷　内閣総理大臣の異議‥‥‥‥‥‥‥‥‥‥‥‥‥‥‥‥‥ 275

⑸　執行停止制度の問題点‥‥‥‥‥‥‥‥‥‥‥‥‥‥‥‥ 275

⑹　裁判例‥‥‥‥‥‥‥‥‥‥‥‥‥‥‥‥‥‥‥‥‥‥‥‥ 276

　【書式33】　執行停止申立書例‥‥‥‥‥‥‥‥‥‥‥‥‥ 278

⑺　分析〜最高裁の判例‥‥‥‥‥‥‥‥‥‥‥‥‥‥‥‥‥ 281

3　仮の義務付け‥‥‥‥‥‥‥‥‥‥‥‥‥‥‥‥‥‥‥‥‥‥ 283

⑴　意　義‥‥‥‥‥‥‥‥‥‥‥‥‥‥‥‥‥‥‥‥‥‥‥‥ 283

⑵　要　件‥‥‥‥‥‥‥‥‥‥‥‥‥‥‥‥‥‥‥‥‥‥‥‥ 283

⑶　手　続‥‥‥‥‥‥‥‥‥‥‥‥‥‥‥‥‥‥‥‥‥‥‥‥ 284

⑷　効　力‥‥‥‥‥‥‥‥‥‥‥‥‥‥‥‥‥‥‥‥‥‥‥‥ 284

⑸　裁判例‥‥‥‥‥‥‥‥‥‥‥‥‥‥‥‥‥‥‥‥‥‥‥‥ 285

　【書式34】　仮の義務付け申立書例‥‥‥‥‥‥‥‥‥‥‥ 289

4　仮の差止め‥‥‥‥‥‥‥‥‥‥‥‥‥‥‥‥‥‥‥‥‥‥‥ 291

⑴　意　義‥‥‥‥‥‥‥‥‥‥‥‥‥‥‥‥‥‥‥‥‥‥‥‥ 291

⑵　要　件‥‥‥‥‥‥‥‥‥‥‥‥‥‥‥‥‥‥‥‥‥‥‥‥ 292

⑶　手続・効力‥‥‥‥‥‥‥‥‥‥‥‥‥‥‥‥‥‥‥‥‥ 292

⑷　裁判例‥‥‥‥‥‥‥‥‥‥‥‥‥‥‥‥‥‥‥‥‥‥‥‥ 292

　【書式35】　仮の差止め申立書例‥‥‥‥‥‥‥‥‥‥‥‥ 294

26

5 仮処分‥‥‥‥‥‥‥‥‥‥‥‥‥‥‥‥‥‥‥‥‥‥‥‥‥‥‥‥‥‥‥‥‥‥297

第11章　当事者訴訟

1 **公法に関する事件と当事者訴訟**‥‥‥‥‥‥‥‥‥‥‥‥‥‥‥‥‥298

⑴　行政事件と民事事件‥‥‥‥‥‥‥‥‥‥‥‥‥‥‥‥‥‥‥‥‥298

⑵　民事仮処分‥‥‥‥‥‥‥‥‥‥‥‥‥‥‥‥‥‥‥‥‥‥‥‥‥298

⑶　大阪国際空港事件‥‥‥‥‥‥‥‥‥‥‥‥‥‥‥‥‥‥‥‥‥299

⑷　当事者訴訟‥‥‥‥‥‥‥‥‥‥‥‥‥‥‥‥‥‥‥‥‥‥‥‥‥299

⑸　公法関係民事訴訟‥‥‥‥‥‥‥‥‥‥‥‥‥‥‥‥‥‥‥‥‥300

⑹　当事者訴訟‥‥‥‥‥‥‥‥‥‥‥‥‥‥‥‥‥‥‥‥‥‥‥‥‥300

2 **取消訴訟と当事者訴訟（確認訴訟）**‥‥‥‥‥‥‥‥‥‥‥‥‥301

⑴　当事者訴訟の利用拡大‥‥‥‥‥‥‥‥‥‥‥‥‥‥‥‥‥‥‥301

⑵　処分性の拡大と確認訴訟‥‥‥‥‥‥‥‥‥‥‥‥‥‥‥‥‥301

3 **当事者訴訟の２種類**‥‥‥‥‥‥‥‥‥‥‥‥‥‥‥‥‥‥‥‥‥301

4 **形式的当事者訴訟**‥‥‥‥‥‥‥‥‥‥‥‥‥‥‥‥‥‥‥‥‥‥302

⑴　損失補償の確定手続と当事者訴訟‥‥‥‥‥‥‥‥‥‥‥‥‥302

　㋐　裁決機関が損失の原因となる収用とともに損失額の裁決をし、

　　基本の裁決を争うときは抗告訴訟で争わせ、損失額の増減だけを

　　争うときは当事者訴訟によらせる類型‥‥‥‥‥‥‥‥‥‥‥302

　㋑　損失額について損失を受ける者と起業者の間で協議し、協議が

　　調わないとき裁決機関が裁決した損失額を当事者訴訟で争わせる

　　類型‥‥‥‥‥‥‥‥‥‥‥‥‥‥‥‥‥‥‥‥‥‥‥‥‥‥‥303

　㋒　道路法による土地収用法を準用する類型‥‥‥‥‥‥‥‥304

　㋓　行政庁が決定した補償額を国等を被告とする訴訟で争わせる

　　類型‥‥‥‥‥‥‥‥‥‥‥‥‥‥‥‥‥‥‥‥‥‥‥‥‥‥‥304

⑵　知財法関係‥‥‥‥‥‥‥‥‥‥‥‥‥‥‥‥‥‥‥‥‥‥‥‥305

　㋐　特許法‥‥‥‥‥‥‥‥‥‥‥‥‥‥‥‥‥‥‥‥‥‥‥‥‥305

　㋑　著作権法‥‥‥‥‥‥‥‥‥‥‥‥‥‥‥‥‥‥‥‥‥‥‥307

目　次

5　形式的当事者訴訟とその他の訴訟類型の選択………………………	307
6　実質的当事者訴訟……………………………………………………	308
⑴　実質的当事者訴訟…………………………………………………	308
⑵　当事者訴訟に対する多様な学説…………………………………	309
⑶　大阪空港事件と当事者訴訟………………………………………	310
⑷　将来の行政処分の受認義務不存在確認訴訟……………………	310
⑸　予防的機能をもつ確認訴訟………………………………………	310
⑹　予防接種に関する損失補償訴訟…………………………………	311
⑺　実質的当事者訴訟と国賠訴訟・損失補償訴訟…………………	311
7　民事訴訟と当事者訴訟の関係………………………………………	312
8　当事者訴訟に関する手続規定と解釈………………………………	313
⑴　当事者訴訟の法的性格……………………………………………	313
㋐　形式的当事者訴訟……………………………………………	313
㋑　実質的当事者訴訟……………………………………………	314
⑵　請求の趣旨、訴えの利益…………………………………………	314
㋐　形式的当事者訴訟……………………………………………	314
㋑　実質的当事者訴訟……………………………………………	314
⑶　出訴期間……………………………………………………………	315
⑷　請求の併合…………………………………………………………	315
㋐　形式的当事者訴訟……………………………………………	316
㋑　実質的当事者訴訟……………………………………………	316
⑸　訴えの変更…………………………………………………………	316
㋐　形式的当事者訴訟……………………………………………	317
㋑　実質的当事者訴訟……………………………………………	317
⑹　被告適格……………………………………………………………	318
⑺　関連請求の移送……………………………………………………	319
㋐　形式的当事者訴訟……………………………………………	319
㋑　実質的当事者訴訟……………………………………………	319
⑻　出訴の通知…………………………………………………………	319
⑼　行政庁の訴訟参加…………………………………………………	320

	㈡ 行訴法23条の準用される範囲…………………………………	320
	㈣ 参加行政庁の地位……………………………………………	321
	㈥ 民事訴訟法による参加………………………………………	321
⑽	釈明権の特則…………………………………………………………	321
	㈡ 形式的当事者訴訟……………………………………………	322
	㈣ 実質的当事者訴訟……………………………………………	322
⑾	職権証拠調べ…………………………………………………………	322
⑿	判決の効力……………………………………………………………	323
⒀	訴訟費用の裁判の効力………………………………………………	323

9 確認訴訟の活用…………………………………………………… 323

- ⑴ 確認訴訟の意味と対象…………………………………………… 323
- ⑵ 非処分と確認訴訟………………………………………………… 324
- ⑶ 行政立法と確認訴訟……………………………………………… 325
- ⑷ 行政指導と確認訴訟……………………………………………… 326

10 非処分の確認訴訟……………………………………………… 326

- ⑴ 確認の訴えと救済の必要性……………………………………… 326
- ⑵ 確認の利益………………………………………………………… 327
- ⑶ 紛争の成熟性……………………………………………………… 328
- ⑷ 民事訴訟との関係………………………………………………… 328
- ⑸ 取消訴訟の排他性の明文規定…………………………………… 329
- ⑹ 無効等確認の訴えの取扱い……………………………………… 329
- ⑺ 差止め訴訟と確認訴訟…………………………………………… 330
  - 【書式36】 在外日本人選挙権制限違法確認等請求事件の訴状例… 330
  - 【書式37】 審決取消請求事件の訴状例⑴……………………… 336
  - 【書式38】 審決取消請求事件の訴状例⑵……………………… 338
  - 【書式39】 その他の当事者訴訟の「請求の趣旨」の例………… 340

11 当事者訴訟と仮の救済………………………………………… 341

- ⑴ 仮処分の排除……………………………………………………… 341
- ⑵ 当事者訴訟と仮の救済…………………………………………… 342

目　次

第12章　住民訴訟

1　総　説‥‥‥‥‥‥‥‥‥‥‥‥‥‥‥‥‥‥‥‥‥‥‥‥‥‥‥343

2　住民監査請求・住民訴訟の手続‥‥‥‥‥‥‥‥‥‥‥‥‥‥‥343

　⑴　住民訴訟の手続‥‥‥‥‥‥‥‥‥‥‥‥‥‥‥‥‥‥‥‥‥343

　⑵　住民訴訟の住民勝訴判決確定後の手続‥‥‥‥‥‥‥‥‥‥‥344

　⑶　議会の議決による長等職員に対する損害賠償請求権等の放棄‥‥‥344

3　平成29年地方自治法改正による地方公共団体の長等の損害賠償

　　責任の見直しとその問題点‥‥‥‥‥‥‥‥‥‥‥‥‥‥‥‥‥345

　⑴　議会の議決による請求権放棄に関する前記最高裁判決‥‥‥‥‥345

　⑵　条例による長等の損害賠償責任の限定‥‥‥‥‥‥‥‥‥‥‥345

　⑶　議会の議決による放棄の手続要件‥‥‥‥‥‥‥‥‥‥‥‥‥346

4　住民監査請求‥‥‥‥‥‥‥‥‥‥‥‥‥‥‥‥‥‥‥‥‥‥‥347

　⑴　意　義‥‥‥‥‥‥‥‥‥‥‥‥‥‥‥‥‥‥‥‥‥‥‥‥‥347

　⑵　要　件‥‥‥‥‥‥‥‥‥‥‥‥‥‥‥‥‥‥‥‥‥‥‥‥‥347

　　㋐　住民監査請求ができる地方公共団体‥‥‥‥‥‥‥‥‥‥‥347

　　㋑　住民監査請求をすることができる資格‥‥‥‥‥‥‥‥‥‥348

　　㋒　住民監査請求の対象となる行為‥‥‥‥‥‥‥‥‥‥‥‥‥348

　　㋓　住民監査請求の期間制限‥‥‥‥‥‥‥‥‥‥‥‥‥‥‥‥349

　⑶　手　続‥‥‥‥‥‥‥‥‥‥‥‥‥‥‥‥‥‥‥‥‥‥‥‥‥351

　　㋐　監査請求の方法‥‥‥‥‥‥‥‥‥‥‥‥‥‥‥‥‥‥‥‥351

　　㋑　監査請求後の手続‥‥‥‥‥‥‥‥‥‥‥‥‥‥‥‥‥‥‥353

　⑷　効　力‥‥‥‥‥‥‥‥‥‥‥‥‥‥‥‥‥‥‥‥‥‥‥‥‥355

　　㋐　監査結果‥‥‥‥‥‥‥‥‥‥‥‥‥‥‥‥‥‥‥‥‥‥‥355

　　㋑　監査結果に対する対応‥‥‥‥‥‥‥‥‥‥‥‥‥‥‥‥‥356

　⑸　再度の監査請求‥‥‥‥‥‥‥‥‥‥‥‥‥‥‥‥‥‥‥‥‥357

　　　【書式40】　住民監査請求書例‥‥‥‥‥‥‥‥‥‥‥‥‥‥357

5　住民訴訟‥‥‥‥‥‥‥‥‥‥‥‥‥‥‥‥‥‥‥‥‥‥‥‥‥359

　⑴　意　義‥‥‥‥‥‥‥‥‥‥‥‥‥‥‥‥‥‥‥‥‥‥‥‥‥359

(2)　要　件……………………………………………………………………359

　　㋐　住民訴訟の類型………………………………………………………359

　　㋑　監査請求前置主義と監査請求との同一性………………………362

　　㋒　原告適格・被告適格等………………………………………………362

　　㋓　住民訴訟の期間制限…………………………………………………364

　(3)　手　続……………………………………………………………………364

　　㋐　住民訴訟の提起………………………………………………………364

　　㋑　住民訴訟提起後の手続………………………………………………367

　(4)　効　力……………………………………………………………………370

　　㋐　住民訴訟の判決の効力………………………………………………370

　　㋑　請求・訴訟提起行為…………………………………………………370

　　㋒　弁護士費用の請求……………………………………………………371

　　㋓　議会の議決による損害賠償請求権等の放棄……………………371

　　【書式41】　1号請求の訴状例………………………………………373

　　【書式42】　2号請求の訴状例………………………………………375

　　【書式43】　3号請求の訴状例………………………………………377

　　【書式44】　4号請求の訴状例………………………………………378

第13章　その他の争訟

第1節　その他の争訟の範囲 ……………………………………382

第2節　選挙訴訟 ………………………………………………385

　　【書式45】　当選訴訟の訴状例………………………………………386

第3節　機関訴訟 ………………………………………………389

1　機関訴訟の意義………………………………………………………389

2　機関訴訟の種類と実例………………………………………………389

31

目　次

　　⑴　一般の関与訴訟‥‥‥‥‥‥‥‥‥‥‥‥‥‥‥‥‥‥‥‥‥389
　　⑵　代執行訴訟‥‥‥‥‥‥‥‥‥‥‥‥‥‥‥‥‥‥‥‥‥‥‥‥390
　　⑶　地方公共団体相互間の紛争に関する訴訟‥‥‥‥‥‥‥‥‥391
　　⑷　公共団体の機関相互間の紛争に関する訴訟‥‥‥‥‥‥‥‥392

第4節　争点訴訟 ‥‥‥‥‥‥‥‥‥‥‥‥‥‥‥‥‥‥393

　1　争点訴訟の意義‥‥‥‥‥‥‥‥‥‥‥‥‥‥‥‥‥‥‥‥‥‥393
　2　争点訴訟の具体例‥‥‥‥‥‥‥‥‥‥‥‥‥‥‥‥‥‥‥‥‥393
　3　行政庁の訴訟参加‥‥‥‥‥‥‥‥‥‥‥‥‥‥‥‥‥‥‥‥‥393

●事項索引‥‥‥‥‥‥‥‥‥‥‥‥‥‥‥‥‥‥‥‥‥‥‥‥‥‥‥394
●執筆者一覧‥‥‥‥‥‥‥‥‥‥‥‥‥‥‥‥‥‥‥‥‥‥‥‥‥‥398

第1部

行政手続・不服審査
概論編

［第1部］第1章　行政手続概論

第1章　行政手続概論

第1節　本章の対象

　そもそも本章の対象である行政手続の概念は、必ずしも一義的ではない。すなわち、行政手続とは、狭義にはいわゆる事前手続のみを指すが、広義には、事後的救済手続をも含めた一連の過程をいうこともある（宇賀克也『行政手続法の解説〔第6次改訂版〕』17頁）。また、行政過程に国民が手続に関与・参画するための法的仕組みを広い意味での行政手続ととらえる立場もある（櫻井敬子・橋本博之『現代行政法〔第2版〕』154頁）。しかし、本書はあくまで実務書であることから、このような行政手続の概念論は脇に置いて、行政活動が始動してから完結するまでの一連の過程を手続面から俯瞰することとする。また、本章では、わかりやすさの観点から、行政処分手続、行政執行手続、事後的救済手続の順に検討を加え、行政立法手続や行政計画手続など事前手続に含めて考えることのできる手続のうち、行政処分手続以外の手続については、事後的救済手続の後の「その他の手続」（本章第2節9）において検討することとした。

　次に、事後的救済手続の中心である行政不服審査手続および行政訴訟等の司法的救済手続に関しては、第1部第2章および第2部で検討されることから、本章では検討の対象としていない。

　最後に、行政手続に関しては、その一般法である行政手続法による規律の存在する手続についても、個別法によって行政手続法が適用除外とされ、別個の規律が定められている分野が少なからず存在するものであるが（本章第2節1）、本章の目的が行政手続の概観であることに鑑み、行政手続法の規律の存在する手続に関してはあくまでも同法の検討を中心に据え、個別法の解説は必要な範囲にとどめるものである。

2

第2節　本　論

1　行政手続と行政手続法

⑴　行政手続法の制定とその背景

　わが国における行政手続の法的整備としては、昭和37年（1962年）に事後的救済に関する手続法である行政不服審査法が制定されたものの、処分の事前手続については長らく一般法がなく、個別法による規律に委ねられてきた。平成5年に至り、行政手続の透明性の向上および公正の確保を図るため、一般法としての行政手続法が成立し、翌年施行された。

⑵　行政手続法の適用範囲

　行政手続法はすべての行政手続を網羅する一般法ではなく、事前手続のうち、①申請に対する処分手続、②不利益処分手続、③行政指導手続、④届出手続および、⑤行政立法手続（意見公募手続、平成17年改正法により追加）のみがその対象とされている。

　また、行政手続法に定められた手続であっても、処分等の主体または相手方の特殊性や、行政分野の特殊性から、行政手続法が適用されない分野も少なくない。国の機関のうち、国会、裁判所、刑務所、学校等の処分や、刑事関係、国税関係、公務員関係、出入国関係等の処分等、行政手続法3条1項各号に列挙される処分には、同法の適用はない。また、地方公共団体のなす処分等のうち、条例または規則に基づくものは地方自治への配慮の観点から同法の適用対象外とされるが（行手3条3項）、同法の趣旨に則り必要な措置を講ずるように努めなければならないものとされている（行手46条）。

⑶　行政手続条例

　地方公共団体は、行政手続法46条の定めを受け、行政手続条例を定めている場合が大半である（総務省自治行政局行政体制整備室による平成19年3月30日付「地方公共団体における行政手続条例等及び意見公募手続制度の制定状況」によれば、平成18年10月1日現在において、都道府県・政令指定都市はすべて制定済みであり（一部は要綱等による）、政令指定都市以外の市町村もその99.6％の市町村において

〔第1部〕第1章　行政手続概論

制定済みである（一部は要綱等による））。内容は、行政手続法とほぼ同様の自治体がほとんどであるが（ただし、意見募集手続については導入が遅れている自治体も少なくない）、中には独自の定めをおく自治体もある。たとえば、神奈川県行政手続条例や伊東市行政手続条例は、相手方に意見を述べる機会を与えることを前提条件としつつ、行政指導に従わない者について、他の条例で定めるところにより、市の機関が行政指導の事実その他当該条例で定める事項を公表することを妨げない旨定めている。

2　行政処分手続

(1)　総　論

　処分とは、行政庁の処分その他公権力の行使にあたる行為をいい（行手2条2号）、行政処分手続とは、行政庁が行政処分に至る過程をいう。ただし、一言に行政処分といっても、不利益処分と申請に対する許認可等の処分とでは、その状況等に大きな違いがあり（たとえば申請に対する処分の場合には処分に先立ち申請者による申請が存在するなど）、適正手続の観点からその過程において求められる手続もおのずと異なるものである。そこで、行政手続法は行政処分手続を不利益処分に関する手続と申請に対する処分に関する手続とに区別して規律している。

(2)　不利益処分に関する手続

(ア)　総　論

　行政手続法は、行政庁による行為のうち不利益処分について、不意打ち防止の観点から事前に手続保障をすべきものと位置づけ、同法の第3章において不利益処分に関する事前手続につき詳細に規律する。

　同法における不利益処分とは、行政庁が法令に基づき、特定の者を名あて人として行う処分であって、その処分の直接の効果としてその者が義務を負い、またはその権利が制限されることになる処分をいう（行手2条4号）。

　したがって、行政上の強制執行行為や即時強制行為などの権力的事実行為は同法上の不利益処分には該当しない（同号イ）。また、申請に対する拒否処分も講学上は不利益処分に該当するが、不意打ちのおそれは小さいので同法では不利益処分に含められていない（同号ロ）。同様の理由から、名あて人の同意

4

のある処分、許認可等の基礎となった事実が消滅した旨の届出を理由とした当該許認可等の効力を失わせる処分についても不利益処分から除外されている（同号ハ、ニ）。

　　（イ）　処分の基準

　行政庁は、不利益処分をするかどうか、および不利益処分をする場合におけるその内容および程度について、その法令の定めに従って判断するために必要とされる基準（処分基準（行手2条8号ハ））を定め、かつ、これを公にしておくよう努めなければならない（行手12条1項）。処分基準は、当該不利益処分の性質に照らしてできるだけ具体的なものとされなければならない（同条2項）。本来的に行政庁の恣意が認められるものではないが、相手方に対する影響の重大性に鑑み、できる限り具体的な処分基準を公にすることにより、不利益処分の適正の確保、相手方の予見可能性の確保および透明性の向上が図られているものである。

　　（ウ）　理由の提示

　行政庁は、不利益処分をする場合には、その名あて人に対し同時に不利益処分の理由を示さなければならない（行手14条1項本文）。理由を示さないで処分をすべき差し迫った必要がある場合は除外されるが、この場合においても、当該名あて人の所在不明など困難な事情がある場合を除き、処分後相当の期間内に理由を示さなければならない（行手14条2項）。

　ここで求められる理由の提示がどの程度のものなのかが問題となる。最高裁は、名宛人に直接に義務を課し、またはその権利を制限するという不利益処分の性質に鑑み、行政庁の判断の慎重と合理性を担保してその恣意を抑制するとともに、処分の理由を名宛人に知らせて不服の申立てに便宜を与えるという行政手続法14条1項本文の趣旨に照らし、当該処分の根拠法令の規定内容、当該処分に係る処分基準の存否および内容並びに公表の有無、当該処分の性質および内容、当該処分の原因となる事実関係の内容等を総合考慮してこれを決定すべきであるとした。そのうえで、建築士法10条1項2号または3号による建築士に対する懲戒処分については、処分要件が抽象的であること、戒告、1年以内の業務停止または免許取消しのいずれの処分を選択するかが処分行政庁の裁量に委ねられていること、処分基準がかなり複雑であることから、処分の原因

5

〔第1部〕第1章　行政手続概論

となる事実および処分の根拠法条に加えて、処分基準の適用関係が示されなければ、処分の名宛人において、いかなる理由に基づいてどのような処分基準の適用によって当該処分が選択されたのかを知ることは困難であるとした（最三小判平成23・6・7判時2121号38頁）。

　　　㈎　理由の不備

　理由の提示がないか、またはあっても不十分な場合、そのことを理由に不利益処分を取り消せるかという問題がある。処分庁の判断の慎重、合理性を担保してその恣意を抑制するとともに、処分の理由を相手方に知らせて不服申立ての便宜を与えるという理由の提示の趣旨に照らせば、瑕疵の治癒が安易に認められると解するべきではない。上記最三小判平成23・6・7も、理由提示が不十分であるとして、一級建築士の免許取消処分等を取り消している。また、行政手続法違反の問題ではないが、最三小判昭和47・12・5（民集26巻10号1795頁）も、法人税の増額更正処分通知書における理由付記の不備が問題となった事例において、理由不備の違法を認定し、理由付記の目的（上記の趣旨）に遡ったうえで瑕疵の治癒の可否を検討し、これを明確に否定したうえで、処分を取り消した下級審判決を維持し、上告を棄却している。

　　　㈏　事前手続

　国民の権利保護の観点からは、不利益処分がなされた場合における事後的な救済手段だけでは不十分であり、不利益処分がなされる前に、処分の名あて人となるべき者に対して防御権を行使する機会を与え、不意打ちを防止することが必要である。そこで、行政庁は、不利益処分にあたっては、事前に聴聞または弁解の機会の付与手続のいずれかを経るものとされる（行手13条1項）。聴聞は類型的に重大な不利益処分に関してなされる正式な手続であり、弁明の機会の付与手続は聴聞と比して略式の手続である。

　なお、次のとおり一定の例外がある（行手13条2項各号）。

① 　公益上、緊急に不利益処分をする必要があるため、前項に規定する意見陳述のための手続を執ることができないとき（1号）。

② 　法令上必要とされる資格がなかったこと、または失われるに至ったことが判明した場合に、必ずすることとされている不利益処分であって、その資格の不存在または喪失の事実が裁判所の判決書または決定書、一定の職

に就いたことを証する当該任命権者の書類その他の客観的な資料により直接証明されたものをしようとするとき（2号）。

③　施設もしくは設備の設置、維持もしくは管理または物の製造、販売その他の取扱いについて遵守すべき事項が法令において技術的な基準をもって明確にされている場合において、専ら当該基準が充足されていないことを理由として当該基準に従うべきことを命ずる不利益処分であってその不充足の事実が計測、実験その他客観的な認定方法によって確認されたものをしようとするとき（3号）。

④　納付すべき金銭の額を確定し、一定の額の金銭の納付を命じ、または金銭の給付決定の取消しその他の金銭の給付を制限する不利益処分をしようとするとき（4号）。

⑤　当該不利益処分の性質上、それによって課される義務の内容が著しく軽微なものであるため、名あて人となるべき者の意見をあらかじめ聴くことを要しないものとして政令で定める処分をしようとするとき（5号）。

　　㋕　聴　聞

　　　(A)　意　義

聴聞とは、不利益処分の名あて人となるべき者について審理の場を設定したうえで、口頭による意見陳述・質問等の機会を与え、名あて人となるべき者等と行政庁側との間でのやり取りを経て事実判断を行う手続をいう（（一財）行政管理研究センター編『逐条解説行政手続法〔改正行審法対応版〕』165頁）。

　　　(B)　聴聞が必要とされる不利益処分

類型的に不利益の程度が大きい処分については聴聞が必要とされており、具体的には以下のとおりである（行手13条1項1号）。

①　許認可等を取り消す不利益処分をしようとするとき（同号イ）。

②　上記①に規定するもののほか、名あて人の資格または地位を直接にはく奪する不利益処分をしようとするとき（同号ロ）。

③　名あて人が法人である場合におけるその役員の解任を命ずる不利益処分、名あて人の業務に従事する者の解任を命ずる不利益処分または名あて人の会員である者の除名を命ずる不利益処分をしようとするとき（同号ハ）。

④　上記に掲げる場合以外の場合であって行政庁が相当と認めるとき（同号

〔第1部〕第1章　行政手続概論

ニ）。

（C）　聴聞の手続

（a）　通　知

行政庁は、聴聞を行うにあたっては、聴聞を行うべき期日までに相当な期間をおいて、不利益処分の名あて人となるべき者に対し、次に掲げる事項を書面により通知しなければならない（行手15条1項各号）、なお、聴聞手続を経なかったことを理由として、不利益処分を取り消した事例（東京高判平成21・10・14TKC25451725）がある。

①　予定される不利益処分の内容および根拠となる法令の条項（同項1号）

②　不利益処分の原因となる事実（2号）

③　聴聞の期日および場所（3号）

④　聴聞に関する事務を所掌する組織の名称および所在地（4号）

上記の書面においては、次の事項を教示しなければならないこととされる（行手15条2項各号）。

①　聴聞の期日に出頭して意見を述べ、および証拠書類または証拠物（以下、「証拠書類等」という）を提出し、または聴聞の期日への出頭に代えて陳述書および証拠書類等を提出することができること（同項1号）。

②　聴聞が終結する時までの間、当該不利益処分の原因となる事実を証する資料の閲覧を求めることができること（2号）。

【書式1】　聴聞通知書例　　　　　　　　（表）

第○○○号

聴　聞　通　知　書

令和○○年○○月○○日

○○○○　様

○○市長　○　○　○　○　㊞

あなたに対する下記の事実を原因とする不利益処分に係る

の規定による聴聞を下記のとおり行いますので通知します。

第2節　本　論

記

聴　聞　の　件　名		
予 定 さ れ る 不利益処分の内容		
根 拠 と な る 法 令 の 条 項		
不利益処分の原因と な　る　事　実		
聴　聞　の　期　日	年　　　　月　　　　日 　　　　　　　　　時　　　　分　から	
聴　聞　の　場　所		
聴聞に関す る事務を所 掌する組織 の　名　称	名　称	
	所在地	

（備考）

 1 あなたは聴聞の期日に出頭して意見を述べ，及び証拠書類又は証拠物件
  （以下「証拠書類等」という。）を提出し，又は聴聞の期日への出頭に代え
  て陳述書及び証拠書類等を提出することができます。

 2 あなたは聴聞が終結する時までの間，当該不利益処分の原因となる事実
  を証する資料の閲覧を求めることができます。

 3 その他聴聞に際しての留意事項は裏面のとおりです。

※規則等で様式が定められていることが多い。

（裏）

聴聞に際しての留意事項

1 あなたが聴聞の期日に出頭しない場合には，あなたに代わって代理人を聴聞
 の期日に出頭させ意見を述べ，及び証拠書類等を提出することができますので，
 聴聞の件名，代理人の氏名及び住所並びに当該代理人に聴聞に関する一切の手
 続きをすることを委任する旨を明示した代理人資格証明書を○○市長に提出し
 てください。

2 聴聞の期日において補佐人とともに出頭しようとする場合には，聴聞の件名，

9

〔第1部〕第1章　行政手続概論

補佐人の氏名，住所，あなたとの関係及び補佐する事項を記載した補佐人出頭
許可申請書を聴聞の期日の○日前までに主宰者に提出して許可を受けてください。

3　参考人として聴聞の期日に出頭させたい者がある場合には，聴聞の件名，そ
の者の氏名，住所及び陳述の要旨を記載した参考人出頭申出書を，聴聞の期日
の○日前までに主宰者に提出してください。

4　あなたが病気その他のやむを得ない理由がある場合には，○○市長に対し，
変更申出書により，聴聞の期日又は場所の変更を申し出ることができます。

5　あなた又はあなたの代理人が聴聞の期日に出頭する場合は，この通知書を持
参してください。

聴　聞　の　主　宰　者	職　名 氏　名 連絡先

【書式2】　陳述書例

陳　述　書

令和○○年○○月○○日

殿

住所

氏名　　　　　㊞

聴聞の期日への出頭に代えて陳述書を提出します。

聴　聞　の　件　名	
聴聞に係る不利益処分の原因となる事実その他当該事案の内容についての意見	

（b） 代理人の選任

聴聞の通知を受けた者は、代理人（弁護士に限られない）を選任でき、代理人は聴聞に関する一切の行為をすることができる（行手16条1項・2項）。代理人の資格は委任状などの書面で証明しなければならない（行手16条3項）。

【書式3】 代理人資格証明書例

代理人資格証明書

令和〇〇年〇〇月〇〇日

〇〇〇〇　殿

　　　　　　　　　　　　　　　　　　住所
　　　　　　　　　　　　　　　　　　氏名　　　　　　　㊞

　令和〇〇年〇〇月〇〇日〇〇〇〇〇において行われる弁明通知書（令和〇〇年〇〇月〇〇日付〇〇〇第〇〇〇号）に係る聴聞/弁明の機会の付与については，下記の者を代理人として選任し，私のために聴聞/弁明の機会の付与に関する行為をすることを委任します。

記

聴聞 / 弁明 の 件 名	
住　　　　　所	
氏　　　　　名	
電　話　番　号	

※規則等で様式が定められていることが多い。

（c） 参加人

聴聞主宰者は、必要があると認めるときは、当事者以外の者で当該不利益処

〔第1部〕第1章　行政手続概論

分につき利害関係を有するものと認められる者を、その求めによりまたは職権
で聴聞手続に参加させることができる（行手17条1項）。参加人も代理人を選任
することが可能である（行手17条2項・3項、16条2項ないし4項）。

【書式4】　参加人許可申請書例

参加人許可申請書

令和○○年○○月○○日

○○○○　　殿

住　　所
氏　　名　　　　㊞

　　　　年　　　月　　　日に行われる聴聞に関する手続に参加したいので，下記
のとおり申請します。

記

聴　聞　の　件　名	
聴聞に係る不利益処分につき利害関係を有することの疎明	
連　　絡　　先	

(d)　文書等の閲覧

　当事者は聴聞通知から聴聞終結までの間、行政庁に対し、当該事案について
した調査の結果に係る調書その他当該不利益処分の原因となる事実を証する資
料の閲覧を求めることができる。不利益処分がされた場合に自己の利益を害さ
れることとなる参加人も同様である（行手18条）。

第2節 本 論

【書式5】 文書閲覧請求書例

文書閲覧請求書

令和○○年○○月○○日

○○○○　殿

住　所

氏　名　　　　　㊞

令和○○年○○月○○日○○○○○において行われる聴聞に関し、下記の標目
に係る資料の閲覧を求めます。

記

聴　聞　の　件　名	
閲覧をしようとする 資　料　の　標　目	

(e) 審理の方式

　審理は原則として非公開である（行手20条6項）。主宰者は、最初の期日の冒
頭において、行政庁の職員に、予定される不利益処分の内容および根拠となる
法令の条項並びにその原因となる事実を説明させなければならない（同条1
項）。当事者または参加人は、聴聞の期日に出頭して意見を陳述し、証拠書類
等を提出し、主宰者の許可を得て行政庁の職員に対して質問をすることができ
る（同条2項）ほか、出頭に代えて聴聞の期日までに陳述書および証拠書類等
を提出することも認められる（行手21条1項）。当事者または参加人は、主宰者
の許可を得て補佐人とともに出頭することができる（同法20条3項）。補佐人は、
専門的知識をもって当事者または参加人を援助する者をいい、代理人との違い
は、聴聞期日における付添人としての地位しか認められていない点にある。

　主宰者は、聴聞の期日における審理の結果、必要と認めるときは続行期日を
指定することができる（同法22条1項）。

13

〔第1部〕第1章　行政手続概論

　当事者および参加人の一部または全部が正当な理由なく期日に出頭せず、そ
れに代えた陳述書や証拠書類を提出しない場合には、聴聞を終結することがで
きる（同法23条1項）。

　(f)　聴聞調書および報告書の作成

　主宰者は、審理の経過および不利益処分の原因となる事実に対する当事者お
よび参加人の陳述の要旨を記載した聴聞調書を速やかに作成しなければならな
い（行手24条1項・2項）。また、聴聞の終結後速やかに、不利益処分の原因と
なる事実に対する当事者等の主張に理由があるかどうかについての意見を記載
した報告書を作成し、聴聞調書とともに行政庁に提出しなければならない（同
条3項）。調書および報告書は、当事者および参加人において閲覧することが
可能である（同条4項）。行政庁は、聴聞の終結後に生じた事情に鑑み必要と
認めるときは、報告書を返戻して聴聞の再開を命ずることができる（同法25
条）。

【書式6】　聴聞調書例　　　　　　　（表）

<table>
<tr><td colspan="2" style="text-align:center">聴　聞　調　書

令和○○年○○月○○日
主宰者の職名及び氏名
㊞</td></tr>
<tr><td>聴　聞　の　件　名</td><td></td></tr>
<tr><td>聴　聞　の　期　日</td><td></td></tr>
<tr><td>聴　聞　の　場　所</td><td></td></tr>
<tr><td>当事者の住所及び氏名
（代理人，補佐人の住
所　及　び　氏　名）</td><td></td></tr>
<tr><td>参加人の住所及び氏名
（代理人，補佐人の住
所　及　び　氏　名）</td><td></td></tr>
<tr><td>参考人の住所及び氏名</td><td></td></tr>
<tr><td></td><td></td></tr>
</table>

14

説明を行った職員の職名及び氏名	
聴聞の期日に出頭しなかった当事者及び参加人又はこれらの者の代理人若しくは補佐人の住所及び氏名	
聴聞の期日に出頭しなかった当事者及びその代理人の出頭しなかったことについての正当な理由の有無	

（裏）

当事者及び参加人又はこれらの者の代理人若しくは補佐人並びに参考人の陳述の要旨	
職員が行った説明の要旨	
証拠書類等が提出されたときは，その標目	
その他参考となるべき事項	

【書式7】　聴聞報告書例

聴 聞 報 告 書

令和〇〇年〇〇月〇〇日

主宰者の職名及び氏名

㊞

　聴聞通知書（令和〇〇年〇〇月〇〇日付〇〇〇第〇〇〇号）に係る聴聞を終結したので，その結果を報告します。

15

〔第1部〕第1章　行政手続概論

聴　聞　の　件　名	
不利益処分の原因となる事実に対する当事者等　の　主　張	
当事者等の主張に理由があるかどうかの意見及　び　そ　の　理　由	

【書式8】　聴聞調書等閲覧請求書例

聴聞調書等閲覧請求書

令和○○年○○月○○日

（あて先）

殿

住　所
氏　名　　　　　　㊞
電話番号

○○○○の規定により，次の聴聞に係る聴聞調書（報告書）の閲覧を求めます。

聴　聞　の　件　名	
聴　聞　の　期　日	
聴　聞　の　場　所	
閲覧しようとする聴聞調書又は報告書の別	
写しの要・不要	

16

第2節 本　論

⒢　不利益処分の決定

　行政庁は、聴聞調書および報告書に記載された主宰者の意見を十分に参酌して不利益処分の決定を行う（行手26条）。

⒣　不服申立ての制限

　利害関係人に対する参加の許可等、行政庁または主宰者が聴聞の節の規定に基づいてした処分は、事前手続に派生した処分にすぎないため、審査請求をすることはできない（行手27条）。

　　㈩　弁明の機会の付与

　　　⒜　意　義

　弁明の機会の付与とは、不利益処分の名あて人となるべき者について、処分の原因となる事実に関する意見陳述のための機会（原則として書面）を与える手続をいう。なお、行政庁が口頭ですることを認める場合には、弁明を口頭（および書面）ですることができる（行手29条）。なお、書面での弁明が予定されている場合にも、口頭での弁明を求めれば応じる場合が多い。

　　　⒝　弁明の機会の付与が必要とされる不利益処分

　聴聞の対象とならない不利益処分である（行手13条1項2号）。

　　　⒞　弁明の機会の付与の手続

　⒜　通　知

　行政庁は、弁明書の提出期限（口頭による弁明の機会の付与を行う場合には、その日時）までに相当な期間をおいて、不利益処分の名あて人となるべき者に対し、次に掲げる事項を書面により通知しなければならない（行手30条各号）。

　①　予定される不利益処分の内容および根拠となる法令の条項（1号）

　②　不利益処分の原因となる事実（2号）

　③　弁明書の提出先および提出期限（口頭による弁明の機会の付与を行う場合には、その旨並びに出頭すべき日時および場所）（3号）

　⒝　弁明の機会の付与の方式

　弁明は、行政庁が口頭ですることを認めたときを除き、弁明書を提出してする（行手29条1項）。証拠書類の提出も可能である（同条2項）。

　当事者は代理人を選任することができる（行手31条、16条）。代理人は弁明の機会の付与に関する一切の行為をすることができる（同法31条、16条1項・2

17

〔第1部〕第1章　行政手続概論

項）。代理人の資格は委任状などの書面で証明しなければならない（同法31条、16条3項）。

【書式9】　弁明通知書例　　　　　　　（表）

第○○○号

弁　明　通　知　書

令和○○年○○月○○日

　　　　　　　　　　様

　　　　　　　　　　○○市長　○　○　○　○　印

　あなたに対する下記の事実を原因とする不利益処分に係る弁明の機会の付与を下記のとおり行いますので通知します。

記

弁　明　の　件　名	
予定される不利益処分の内容	
根　拠　と　な　る法　令　の　条　項	
不利益処分の原因となる事実	
弁明書の提出先	
弁　明　書　の提　出　期　限	年　　　　月　　　　日まで
備　　　　　考	

弁明の機会の付与に際しての留意事項は裏面のとおりです。

※口頭による弁明の機会の付与を行う場合には，備考欄にその旨並びに出頭すべき日時及び場所を記載する。

18

第2節　本　論

（裏）

弁明の機会の付与に際しての留意事項

1　弁明書には，あなたの氏名，住所，弁明の件名及び弁明に係る不利益処分の
　原因となる事実その他当該事案の内容についての意見を記載してください。

2　弁明をするときは，証拠書類又は証拠物を提出することができます。

3　あなたが弁明をしない場合には，あなたに代わって代理人を選任できますの
　で弁明の件名，代理人の氏名及び住所並びに当該代理人に弁明の機会の付与に
　関する一切の手続をすることを委任する旨を明示した代理人資格証明書を○○
　市長に提出してください。

4　口頭による弁明の機会の付与を行う場合であって，あなたが病気その他のや
　むを得ない理由があるときには，○○市長に対し，変更申出書により，弁明の
　日時又は場所の変更を申し出ることができます。

【書式10】　弁明書例

弁　明　書

令和○○年○○月○○日

主宰者

殿

住所

氏名　　　　　㊞

19

〔第1部〕第1章　行政手続概論

　　弁明書を提出します。

弁　明　の　件　名	
弁明に係る不利益処分の原因となる事実その他当該事案の内容についての意見	

　　㈞　事前手続としての行政審判

　行政権の行使にあたって、その公正を保障するためになされる事前手続としての行政審判は、行政手続法における聴聞手続よりも慎重な手続であるとされている。これについては本節6「行政審判手続」を参照されたい。

　⑶　**申請に対する処分に関する手続**

　　㋐　審査基準

　行政庁は、申請により求められた許認可等をするかどうかをその法令の定めに従って判断するために必要とされる基準（審査基準）を、当該許認可等の性質に照らしてできる限り具体的に定め（行手5条2項）、行政上特別の支障があるときを除き、当該申請の提出先とされている機関の事務所における備付けその他適当な方法により公にしておかなければならない（同条3項）。

　許認可等の要件を定めた法令の定めは抽象的である場合が多く、行政庁によって恣意的な判断がなされる余地があることから、審査基準の定めを義務づけることにより、申請に対する公正な処理を確保するとともに、行政過程の透明性の向上が図られている。審査基準を知ることによって、申請者は、許認可等を得られるかの見通しを立てることができ、効率的に準備をすることが可能となる。

　なお、「公に」しておくとは、積極的に周知することまでは意味せず、公にする方法としては、窓口における備付けのほか、申請をしようとする者の求めに応じて提示するなどの方法が考えられる。方法選択は各行政庁の判断に委ねられている（(一財)行政管理研究センター編『逐条解説行政手続法〔改正行審法対

20

応版〕』136頁）。最近では、インターネットのホームページに審査基準を掲載する場合も多い。

審査基準の定めに違反した場合における行政処分の効果について明文の規定はないが、法令上抽象的な免許基準が定められているにすぎない場合においては、内部的にせよその趣旨を具体化した審査基準を設定して、これを公正かつ合理的に適用しなければならず、これに反する審査手続によって免許の申請の却下処分がされたときは、処分の違法事由となる旨判示した最判昭和46・10・28（民集25巻7号1037頁、個人タクシー事件）が参考になろう。また、審査基準そのものの合理性が争われた事件として最一小判平成10・7・16（判時1652号52頁）がある。

　(イ)　標準処理期間

行政庁は、申請がその事務所に到達してから当該申請に対する処分をするまでに通常要すべき標準的な期間を定めるよう努めるとともに、これを定めたときは当該申請の提出先とされている機関の事務所における備付けその他の適当な方法により公にしておかなければならない（行手6条）。

もっとも、申請の審査にあたり事実関係の認定に難易差があるなど、標準処理期間の設定が行政庁にとって困難な場合もあり得ることから、行政手続法6条は努力義務の定めにとどまる（（一財）行政管理研究センター編『逐条解説行政手続法〔改正行審法対応版〕』138頁）。

なお、申請をなしたにもかかわらず、行政庁が長期にわたりこれに対する応答を怠った場合、当該不作為について行政上の不服申立てや不作為の違法確認訴訟、義務付け訴訟（および仮の義務付け）などを提起して救済を求めることになる。不作為の違法確認訴訟の要件である「相当の期間」（行訴3条5項）との関係について、宇賀克也教授（当時）は、行政手続法上の標準処理期間とは当然には一致せず、標準処理期間を経過しても、不作為の違法確認訴訟においては相当の期間を経過していないと解されることもあり得るし、逆もあり得るとしつつも、「標準処理期間が不作為の違法確認訴訟における『相当の期間』を判断するための重要な参考になるということはいえよう」と述べるが、妥当な見解であろう（宇賀克也『行政法概説Ⅰ　行政法総論〔第6版〕』428頁）。

〔第1部〕第1章　行政手続概論

　　　(ウ)　申請に対する審査、応答

　行政庁は、申請がその事務所に到達したときは遅滞なく当該申請の審査を開始しなければならず、かつ、法令に定められた申請の形式上の要件に適合しない申請については速やかに申請者に対し相当の期間を定めて当該申請の補正を求め、または当該申請により求められた許認可等を拒否しなければならない（行手7条）。

　従来、行政庁の窓口では、係員が申請書を受け取っても「未だ受付をしていない」とか「未だ受理していない」などといって、申請の審査を開始せず、または審査を開始しても応答を引き延ばしたり、申請書の返戻をしたりする例が少なくなかった（関哲夫『要説行政法〔新訂版〕』187頁）。このような取り扱いに対しては、返礼等を拒否処分とみなしたうえで抗告訴訟で争う余地もあるが、紛争の早期解決という観点からは、必ずしも望ましい方法とは限らない。そもそも個々の申請が国民の申請権の具体的行使である点に鑑みれば、申請が権限ある機関の事務所（窓口）に到達したにもかかわらず、受理をしないという取り扱いは排除されるべきである。そこで、申請者が徒らに不安定な立場におかれることを防止するため、行政庁が当該申請の補正を求める（審査を継続する）のか、または当該申請により求められた許認可等を拒否する（審査を打ち切る）のか、いずれの態度をとるのかを申請者に対して速やかに明らかにすべきことが規定されたのである（（一財）行政管理研究センター編『逐条解説行政手続法〔改正行審法対応版〕』143頁参照）。

　　　(エ)　理由の提示

　行政庁は、申請により求められた許認可等を拒否する処分をする場合は、申請者に対し、同時に、当該処分の理由を示さなければならない（行手8条1項本文）。その例外として、根拠法令に定められた許認可等の要件または公にされた審査基準が数量的指標その他の客観的な指標により明確に定められている場合であって、当該申請がこれらに適合しないことが申請書の記載または添付書類その他の申請の内容から明らかであるときは、申請者の求めがあったときにのみ、拒否理由を示せばよいこととなっている（行手8条1項ただし書）。

　なお、処分を書面でするときは、理由の提示は書面でしなければならない（同条2項）。

22

申請に対する行政庁による公正な判断を担保する意味でも、申請を拒否された申請者が事後的救済を求め、あるいは申請内容を変更して再度申請をなす便宜のうえでも、理由の提示は重要である。

理由の提示の程度について明文の規定はないが、理由付記を義務付けた旅券法14条に関連して、最三小判昭和60・1・22（民集39巻1号1頁）が、最二小判昭和38・5・31（民集17巻4号617頁）の「どの程度の記載をなすべきかは処分の性質と理由附記を命じた各法律の規定の趣旨・目的に照らしてこれを決定すべきである」との判示を引用したうえで、「一般旅券発給拒否通知書に付記すべき理由としては、いかなる事実関係に基づきいかなる法規を適用して一般旅券の発給が拒否されたかを、申請者においてその記載自体から了知しうるものでなければならず、単に発給拒否の根拠規定を示すだけでは、それによつて当該規定の適用の基礎となつた事実関係をも当然知りうるような場合を別として、旅券法の要求する理由付記として十分でないといわなければならない」と判示したことが参考となろう。その他の参考判例として、最二小判昭和38・5・31（民集17巻4号617頁、金子宏編『租税判例百選〔第2版〕』第72事件156頁）、最三小判昭和60・4・23（民集39巻3号850頁、金子宏ほか編『租税判例百選〔第3版〕』第78事件158頁）、最一小判平成4・12・10（成田頼明ほか編『地方自治判例百選〔第2版〕』第15事件32頁、判タ813号184頁）などがある。

　(オ)　情報の提供

行政庁は、申請者の求めに応じ、当該申請に係る審査の進行状況および当該申請に対する処分の時期の見通しを示すよう努めなければならない（行手9条1項）。また、行政庁は、申請をしようとする者または申請者の求めに応じ、申請書の記載および添付書類に関する事項その他の申請に必要な情報の提供に努めなければならない（行手9条2項）とされる。

標準処理期間が明らかにされても、申請者にとっては、審査がどのような状況にあるのか、いつごろ処分が出るのかは関心事であるため、行政サービスの観点から行政庁に一定の努力義務を課したものである。

　(カ)　公聴会の開催等

行政庁は、申請に対する処分であって、申請者以外の者の利害を考慮すべきことが当該法令において許認可等の要件とされているものを行う場合には、必

〔第1部〕第1章　行政手続概論

要に応じ、公聴会の開催その他適当な方法により当該申請者以外の者の意見を聴く機会を設けるよう努めなければならない（行手10条）。

社会経済情勢が複雑化・多様化した今日においては、申請者以外の者の利害にも十分配慮した的確な行政運営をすることが必要となってきている。他方で、意見聴取を行うことが不適切である場合や、合理的とはいえない場合もあることから、一律にこれを義務付けることはせず、実施の要否や方法は行政庁の裁量に委ねられている。

　　㈭　複数の行政庁が関与する処分

行政庁は、申請の処理をするにあたり、他の行政庁において同一の申請者からされた関連する申請が審査中であることをもって、自らすべき許可等をするかどうかについての審査または判断をことさらに遅延させるようなことをしてはならない（行手11条1項）。

店舗を建築して飲食店を開業しようとする者は、店舗の建築には建築基準法に基づく建築確認処分を、飲食店の開業には食品衛生法に基づく営業許可処分をそれぞれ得る必要がある。このような場合に、建築確認処分の要件が充足されているにもかかわらず、営業許可処分が出されるまでは建築確認を留保するなどの運用が行われることがある。しかしながら、これらの手続には法令上の関連性がないから、かかる取扱いは相当ではない。このように、複数の行政庁の審査が進行中の場合には、行政庁が相互にもたれ合い、責任の所在が不明確になるという弊害が生じやすいことから本条が設けられた。

3　行政執行手続

⑴　総　論

行政上の強制執行とは、行政処分によって義務を命ぜられた者がその義務を履行しない場合に、義務を命じた行政庁が、裁判所の手続を経由することなく自力で義務者に対して直接的または間接的に強制力を行使し、義務違反のない状態を実現する作用をいう。

戦前は、行政執行の一般法として行政執行法が存在し、同法には行政代執行、執行罰、直接強制の定めがあった。しかし、行政権が濫用されるなどの弊害があったため（直接強制が濫用されたにとどまらず、この法律が、相手方に義務を課

すことなく、行政上望ましい状態を実現するために実力を行使する即時強制の一般法としての性格も持っており、検束、家宅への侵入等の即時強制が濫用され、人権侵害の弊が甚だしかったとの指摘がなされ（宇賀克也『行政法概説Ⅰ―行政法総論〔第6版〕』223頁))、日本国憲法の施行とともに廃止され、現在は、一般法としては、昭和23年に成立した行政代執行法が行政代執行を規律するにとどまる。そして、行政代執行法は1条において、「行政上の義務の履行確保に関しては、別に法律で定めるものを除いては、この法律の定めるところによる」と定めたうえで、代執行のみを規律することから、執行罰および直接強制は一般的に容認される手続ではなく、個別法に定めがある場合のみ認められる手段となっている。

　なお、金銭納付債務に関しても、一般法は存在しないが、国税については国税徴収法に強制徴収の定めがあり（同法47条以下）、他の法律においても、金銭納付義務の多くについて同法の定めが準用されている。

　　(2)　各　論
　　　㋐　行政代執行
　　　　(A)　意義および要件
　行政代執行とは、代替的作為義務の違反者に対し、行政庁が自らまたは第三者をして義務者に代わり義務を行い、これに要した費用を義務者から強制徴収する手続をいう。

　行政上の代替的作為義務の不履行があり、他の手段によってその履行を確保することが困難であり、かつ、その不履行を放置することが著しく公益に反すると認められる場合には、義務を命じた行政庁は行政代執行により義務履行を確保することが可能である（行政代執行法2条）。

　　　　(B)　方　式
　行政代執行に先立ち、行政庁は義務者に対し、相当の履行期限を定めその期限までに履行がなされないときは代執行をなすべき旨を予め文書で戒告し（同法3条1項）、それでも義務の履行がないときは原則として代執行令書により代執行をなすべき時期、代執行のために派遣する執行責任者の氏名および代執行に要する費用の概算による見積額を通知したうえで（同法3条2項）、代執行を実施する。代執行後、行政庁は義務者に対し、代執行に要した費用の納付を

25

文書をもって命じなければならず（同法 5 条）、納付がなされないときは国税
滞納処分の例により強制徴収をすることができる（同法 6 条）。

　　　(イ)　執行罰（間接強制）

　行政庁が、行政上の非代替的作為義務または不作為義務に違反する者に対し、
一定の期間内に履行しなければ過料に処する旨を戒告することによって心理的
圧迫を加え、履行がなされない場合には過料を徴収する、いわゆる間接強制の
手続である。戒告書を送付しても義務者において義務の履行がない場合には、
過料に処することになる。もっとも、現行法においては、砂防法36条を除き個
別法に定めはほとんどない（阿部泰隆『行政の法システム(上)〔新版〕』281頁は、
砂防法36条の規定も法文の整理漏れにすぎないとする）。

　　　(ウ)　直接強制

　行政庁が、行政上の義務に違反する者の身体または財産に直接に実力を行使
し、義務違反のない状態を実現することをいう。直接強制は、作為義務か不作
為義務かを問わず、あるいは代替的義務か非代替的義務かを問わず義務一般に
適用が可能であり、事前の戒告も必要がないことから、迅速に義務違反を是正
しうる執行手段であるが、人権侵害を伴いやすいという弊害がある。そこで、
現行法下では、個別法に定めのある場合のみこの手段によることが認められる
（成田国際空港の安全確保に関する緊急措置法 3 条 6 項・8 項、学校施設の確保に関
する政令21条、道路交通法51条 1 項・2 項など）。なお、行政目的を達成するため
に、義務のない者に対し行政庁が直接に実力を行使する即時強制（消防法29条、
道路交通法51条 3 項など）とは区別される。

　　　(エ)　強制徴収

　国税徴収法および国税通則法は、国税の納付義務の不履行があった場合につ
き強制徴収（滞納処分）の手続を定めている。具体的には、行政庁は国税を納
付期限までに完納しない者に対し、原則として納付期限後50日以内に督促状を
発しなければならず（国税通則法37条 2 項）、督促状が発せられた日から起算し
て10日が経過した日までに滞納者が完納しない場合には財産を差し押さえ（国
税徴収法47条 1 項 1 号）、金銭でない差押財産はこれを公売して換価して（国税
徴収法89条、94条）国税その他の債権に配当し、残金を滞納者に交付する（国
税徴収法129条 1 項ないし 3 項）という手続である。多くの法律において、金銭

納付義務の実現につき国税滞納処分の規定が準用されている（道路法73条3項、土地収用法128条5項など）。なお、行政上の強制徴収が認められている場合には、行政庁は民事執行の方法により金銭債権を実現することはできないというのが判例の立場である（最判昭和41・2・23民集20巻2号320頁）。

4 行政刑罰手続

行政上の義務違反に対する制裁の制度として、行政刑罰およびこれよりは軽い制裁である行政上の秩序罰（過料）があり、これらを併せて行政罰という。

⑴ 行政刑罰

㋐ 総　論

行政刑罰も刑罰であるから、原則として刑法8条により、刑法総則の規定の適用があるが、個別法令に刑法8条ただし書にいう特別の規定が定められている場合には個別法令の定めが優先する。行政刑罰の特徴として、法人等の事業主体の代理人、使用人その他の従業者が事業主体の業務に関して違反行為をした場合に、行為者のみならず当該事業主体に罰金、科料を科すいわゆる両罰規定が設けられている場合が多い（道路交通法123条など）。また、刑法38条の規定にかかわらず、明文の規定がなくとも過失犯が罰せられると解釈される場合がある（最二小判昭和37・5・4刑集16巻5号510頁）。

㋑ 手　続

⒜ 原　則

行政刑罰も刑罰であるから、原則として刑事訴訟法の適用がある。

⒝ 例　外

刑事訴訟法の特別法が定められている場合がある。交通事件即決裁判手続は、交通事件即決裁判手続法に基づく、交通に関する刑事事件（道路交通法8章の罪に当たる事件）の迅速・適正な処理を図るための手続である（同法1条）。検察官は、被疑者に異議がない場合には、公訴の提起と同時に簡易裁判所に即決裁判を請求することができる（同法3条2項、4条1項・2項）。裁判所は即決裁判をすることが相当でないなどの例外にあたらない限り（同法6条1項）、即日期日を開いて審理する。なお、被告人または検察官は、即決裁判の宣告に不服があるときは、宣告のあった日から14日以内に正式裁判を請求することがで

〔第1部〕第1章　行政手続概論

きるとされている（同法13条）。

　もっとも、現在では、事件数が大量に上ることから、即決裁判手続は利用され ず、刑事訴訟法461条以下の略式手続が多用されている（（宇賀克也『行政法 概説Ⅰ─行政法総論〔第6版〕』246頁）。ただし、略式手続もなお煩雑であり、必ず しも活用されているとはいえないとの指摘もある（櫻井敬子・橋本博之『現代行政 法〔第2版〕』129頁））。

　　　(ウ)　非刑罰的処理

　大量に発生するある種の行政犯については、非刑罰的処理（ダイバージョン） が制度化されている場合がある。間接国税および関税犯則事件に関する通告処 分や道路交通法上の反則金制度がその例である。

　まず、間接国税および関税犯則事件については、国税局長等が犯則の心証を 得て、罰金または科料に相当する金額の納付をすべきことを通告しなければな らない（国税通則法157条1項）。通告を受けた者が通告を受けた日から20日以 内に納付したときには手続は終了して公訴を提起されることがない一方で、納 付がされないときには告発により正式裁判に移行する（同法158条1項）。

　次に、道路交通法上の反則金制度については、同法第9章において、その対 象は違反行為のうち、軽微かつ定型的な行為を反則行為とされている（道路交 通法125条1項、別表第2）。警察官が反則行為を認めたときには、反則者に対 して書面で反則行為となるべき事実の要旨や通告を受けるための出頭日等を告 知する。次に警察本部長は、当該告知を受けた者が反則行為をした反則者と認 める場合には、同人に対し反則金の納付を通告する（同法127条）。通告を受け た者が原則として通告を受けた日の翌日から起算して10日以内に反則金を納付 したときは、公訴を提起されないこととしている（同法128条）。反則金の納付 がないときには、刑事手続に移行する。なお、最高裁判所は、反則金納付の通 告は、反則金の納付を義務付けるものではなく、通告を受けた者が自由意思に より反則金を納付したうえで反則金通告に対して抗告訴訟で争うことはできな いとする（最一小判昭和57・7・15民集36巻6号1169頁）。

　(2)　**行政上の秩序罰**

　　(ア)　意　義

　行政上の秩序罰とは、単純軽微な行政上の義務違反に対して、行政上の秩序

維持のために制裁として科される過料（金銭罰）をいう。

　　㈗　行政刑罰との違い

　刑罰ではないので、刑法総則の適用はなく、故意過失も不要であると一般に解されている。もっとも、これに対しては、制裁である以上責任主義などの刑法の原則が基本的に妥当すると考えるべきとの反対説がある（宇賀克也『行政法概説Ⅰ―行政法総論〔第6版〕』252頁）。

　　㈘　概　要

　行政上の秩序罰は刑罰ではないから、刑事訴訟法の適用はない。国の過料は非訟事件手続法に基づき当事者の普通裁判籍の所在地を管轄する地方裁判所が科すこととされている（非訟119条）。通説・判例は、この裁判を実質において行政処分としての性格を有するものと解しており、非訟事件手続法による手続も違法・不当に過料に処せられることがないよう十分配慮しているのであるから憲法31条に反するものではないと解している。（最大決昭和41・12・27民集20巻10号2279頁）。

　地方公共団体は、条例または規則に基づき（自治14条3項、15条2項）、行政処分の事前手続を経たうえで（同法255条の3）、過料の処分をすることができる。なお、これに対しては行政上の不服申立てができる（行服4条）。

5　行政不服審査手続

　本書第1部第2章「行政不服審査概論」を参照されたい。

6　行政審判手続

⑴　概　念

　行政審判は法令上の用語ではなく学問上の用語であって、通常の行政機関の系統から独立した行政委員会またはそれに準ずる行政機関が、裁判類似の手続である準司法手続によって一定の決定を行う場合の決定そのもの、あるいはその決定にかかる手続を含めた制度全体を指すとするのが一般的である（塩野宏『行政法Ⅱ〔第6版〕』42頁）。行政権の作用という意味では行政不服審査法の定める不服申立てと同じであるものの、準司法手続がとられていることから、より適正手続に配慮された手続であると考えられる。

〔第1部〕第1章　行政手続概論

(2) 種　　類

　行政審判は、大きく2つの種類に分類することができる。第1は、行政権の行使にあたって、その公正を保障するためになされる、事前手続としてのもの、第2は、紛争解決のためになされる事後手続としてのものであり、事後手続はさらに行政行為に対する不服の審査としてなされる行政審判と私人間の紛争を解決するためになされるものとに分けられる（植松勲・南博方・青木康・岸田貞夫『行政審判法』はしがき）。

　事前手続としての行政審判には海難審判庁による海難審判手続（海難審判法30条以下）や、電波監理審議会が無線局の免許の取消し等に関し総務大臣から諮問を受けたときに行う意見の聴取等の手続（電波法99条の12）などがある。

　事前手続のうち紛争解決のためになされる行政審判としては、行政処分に対する不服の審査としてなされるものとして、公害等調整委員会の行う裁定（土地利用調整法（鉱業等に係る土地利用の調整手続等に関する法律）1条および25条以下）、電波法に基づく総務大臣の処分に対する審査請求につき電波監理審議会の行う裁決（電波法85条以下）、特許審判（特許法121条以下）等がある。私人間の紛争解決のためになされる行政審判の例としては、労働組合法27条以下の労働委員会の審問、公害紛争処理法42条の12以下による公害等調整委員会の責任裁定、同法42条の27以下による原因裁定などがある。

(3) 特　　徴

　行政審判には以下のような特徴がみられる。

㋑　職務行使の独立性

　審判機関は合議制であり、多かれ少なかれ他の行政機関から独立して権限を行使する（対象案件が審査段階にあった当時、審査部長であった委員が審決に加わったことを理由に公正取引委員会の審決を取り消した例として東京高判平成6・2・25高民集47巻1号17頁、判時1493号54頁）。行政手続法の聴聞手続においては、主宰者（行手19条）と不利益処分を求める職員とが別の部局に属すること等の組織的分離が義務付けられておらず、このため、当該不利益処分案件について調査した職員であることも、少なくとも明示的には主宰者の除斥事由とはされていない。これに対し、審判機能と訴追機能との分離がなされている点が行政審判手続の特色であるとされる（宇賀克也『行政法概説Ⅰ─行政法総論〔第6

30

版）』460頁）。

(イ)　準司法的手続

審判手続は、司法手続に準ずる手続とされている。具体的には以下のような特徴がある。

(A)　公開の口頭審理

公開の口頭審理の機会が法律上保障されている（特許法145条、海難審判法34条、電波法91条、労働組合法27条等）。

(B)　証拠についての特別の定め

行政不服審査法による不服申立てにおけるのとは異なり、事実認定は手続に現れた証拠によってのみなされる（海難審判法37条、武力攻撃事態および存立危機事態における外国軍用品等の海上輸送の規制に関する法律53条）。

これが、行政不服審査法の一般的手続と最も異なる行政審判の特色であり、当事者の防御活動が有効になされるといわれる（塩野宏『行政法Ⅱ〔第6版〕』47頁）。

(ウ)　実質的証拠法則等

取消訴訟との関係で実質的証拠法則が認められる場合（土地利用調整法52条、電波法99条）があるほか、審判が、一審判決に準じて扱われ、審級が省略される場合がある（土地利用調整法57条、電波法97条、特許法178条等）。実質的証拠法則とは、行政審判において認定された事実は、これを立証する実質的証拠があるときは裁判所を拘束するという法則をいう。実質的証拠の意義については、東京高判昭和28・8・29（高民集6巻11号667頁）による「審決認定事実の合理的基礎たり得る証拠の意味である。すなわち、その証拠に基き、理性ある人が合理的に考えてその事実認定の到達し得るところのものであれば、その証拠は実質的な証拠というべきである。しかし、ある証拠が経験則上とうてい信ずることができないかどうか、及び当該事件の記録中に相矛盾する証拠がある場合に被告のした証拠の取捨選択が経験則に反していないかどうかの問題は、ともに当裁判所の審査すべきことである」との判示が参考となる。

〔第1部〕第1章 行政手続概論

7 司法的救済手続

第2部の「訴訟編」を参照されたい。

8 苦情処理手続

(1) 総 論

　行政の活動に対し不服がある者の代表的な救済手段は行政訴訟や行政上の不服申立てであるが、これらの争訟手段は利用者にとって簡易なものとは言い難い。また、これらの手続の対象は処分や不作為など一定の範囲に限られているうえ、行政の活動は広範囲かつ多岐に及ぶから、正規の争訟手段による解決がなじまない苦情も多く存する。

　苦情処理は、広く行政機関がその業務に関する国民の苦情を聴き、何らかの対応をすることを指す。あくまで事実上の対応にすぎず、強制力を持たない手続であるが、行政争訟と比べ、申し出が簡易であり、対象も広範で申出期間の制限もないというメリットがある。

　なお、特別に設けられた苦情処理機関に苦情を申し出ることにより、簡易かつ柔軟な方法で国民の救済を図る制度として苦情処理手続も用意されているので、以下で紹介する。

(2) 苦情処理機関

(ア) 総務省の苦情処理

　総務大臣から行政相談委員法に基づき委嘱された行政相談委員は、苦情申出人に対し必要な助言を行い、苦情内容を総務省の苦情処理機関等に通知する（行政相談委員法2条1項1号）。通知を受け付けた管区行政評価局または行政評価事務所は、苦情処理機関として申出人から事情を聴取し、関係機関に照会するなどの調査を行い、申出に理由があると認めたときには、関係機関等に対して苦情内容を連絡するとともに、必要がある場合、意見を付してあっせん案（総務省設置法4条15号）を提示する。

(イ) 法務省人権擁護局の苦情処理

　法務省の人権擁護局および各法務局、地方法務局の人権擁護部等の任務のうち、公務員による人権侵犯事件の調査および相談は、行政に関する苦情処理制

32

度としての役割を果たしていると考えられる（関哲夫『要説行政法〔新訂版〕』205頁）。

　　　㈡　地方公共団体の苦情処理

　地方公共団体も、市民相談室や公害苦情相談員（公害紛争処理法49条）などの苦情処理機関を有する。

9　その他の手続

⑴　届出手続

　　㈠　意　義

　届出とは、行政庁に対し一定の事柄の通知をする行為のうち、申請以外のもので、法令により直接に当該通知が義務付けられているもの（自己の期待する一定の法律上の効果を発生させるためには当該通知をすべきこととされているものを含む）をいう（行手2条7号）。

　　㈡　概　要

　届出の記載事項に不備がなく、必要な書類が添付されていることその他法令に定められた届出の形式上の要件に適合している場合には、当該届出が法令により当該届出の提出先とされている機関の事務所に到達した時に、当該届出をすべき手続上の義務の履行が完了する（行手37条）。

　行政庁に対して一定の申請をして許認可等を受ける場合と異なり、届出の場合、届出義務者による法令に定められた形式的要件に適合した一方的な通知により、法令上の届出義務が当然に完了するはずである。しかし、従来は、行政庁の側において恣意的に届出を受理しない、あるいは返戻するなどの不利益な取扱いがなされる場合があったため、かかる弊害を排除するために明文の規定が設けられたものである。

　なお、個別法令上「届出」という文言が用いられていても、これが行政手続法上の届出にあたるとは限らず、個々の法解釈によるべきものとされる。たとえば、民法739条の婚姻の届出は同法740条において受理に関する規定が定められているから、行政手続法上の申請にあたるものと解されている。

〔第1部〕第1章　行政手続概論

(2)　行政立法手続

㋐　総　論

　当初、行政手続法は処分についての手続を規律するにとどまった。他方で、命令等に基づく行政上の行為が国民に及ぼす影響は大きく、その適正確保の要請が強いことから、行政改革の一環として徐々に整備が進められ、命令等を定める場合の一般的な手続規定として行政立法手続法に関する規定が平成17年の行政手続法改正により追加された。

㋑　概　要

　命令等（内閣または行政機関が定める命令（処分の要件を定める告示を含む）または規則、審査基準、処分基準、行政指導指針をいう。行手2条8号）を定める機関（命令等制定機関）は、①命令等がその根拠となる法令の趣旨に適合するものとなるようにしなければならず（行手38条1項）、②命令等制定後も、規定の実施状況や社会情勢の変化等を勘案し、必要に応じて検討を加え、内容の適正確保に努め（同法38条2項）、③命令等を定める際には、原則として意見公募手続（パブリック・コメント手続）を取らなければならない（同法39条）。

㋒　意見公募手続

　命令等制定機関は、命令等を定めるにあたり当該命令等の案およびこれに関連する資料をあらかじめ公示し、意見の提出先および意見の提出のための30日以上の期間（意見提出期間）を定めて広く一般の意見を求めなければならない（行手39条）。ただし、公益上緊急に命令等を定める必要がある場合など、行政手続法39条4項各号に列挙する事由に該当する場合には適用除外となる。これに該当しない場合でも、30日以上の意見提出期間を定めることができないやむを得ない理由があるときは、公示の際にその理由を明らかにしたうえで、30日を下回る意見公募期間を定めることができる（行手40条1項）。また、行政手続法39条4号の要件に該当しない委員会等の審議を経て命令等が定められる場合で、当該委員会等が意見公募手続に準じた手続を実施したときには、意見公募手続は不要とされる（行手40条2項）。

　命令等制定機関は、意見公募手続を実施して命令等を定める場合には、意見書提出期間内に提出された意見（提出意見）を十分に考慮しなければならない（行手42条）。また、当該命令の公布と同時期に、①命令等の題名、②命令等の

第2節　本　論

案の公示の日のほか、③提出意見（提出意見がなかった場合にあっては、その旨）、④提出意見を考慮した結果（意見公募手続を実施した命令等の案と定めた命令等との差異を含む）およびその理由を公示しなければならない（行手43条1項）。なお、行政手続法43条2項以下では公示の一部または全部に関する除外事由の定めがある。

(3)　行政指導手続

㋐　意　義

行政指導とは、行政機関がその任務または所掌事務の範囲内において一定の行政目的を実現するため、特定の者に一定の作為または不作為を求める指導、勧告、助言その他の行為であって処分に該当しないものをいう（行手2条6号）。

行政指導の範囲は広く、たとえば「○○のお願い」など申し入れの形をとるものも「求める」行為であるとして、行政指導に該当すると考えられる。

㋑　概　要

行政指導は、変化の著しい社会情勢の中にあって、法令の改正で対応しきれない新規の事象に対して柔軟に対応できるなどのメリットもあるが、他方で、行為主体や発動要件が法令に明確に規律されているものを除けば、多くの場合、法令の根拠なく事実上行われ、責任の所在も明確でないことから、濫用的な運用がなされるおそれが類型的に高いというデメリットも存する。

行政指導手続の法制化をめぐっては、これを法令で定めることで行政指導の存在にかえってお墨付きを与えてしまうなどの弊害も指摘されたが、濫用を抑止する必要性が高いことから、行政手続法に一般的な原理原則が定められるに至ったものである。行政手続法は、行政指導の一般原則として、行政指導の限界および不利益取扱いの禁止を定める。

(A)　行政指導の限界

行政指導に携わる者は、いやしくも当該行政機関の任務または所掌事務の範囲を逸脱してはならないこと、および行政指導の内容があくまでも相手方の任意の協力によってのみ実現されるものであることに留意しなければならない（行手32条1項）。

(B)　不利益取扱いの禁止

行政指導に携わる者は、その相手方が行政指導に従わなかったことを理由と

35

〔第1部〕第1章 行政手続概論

して、不利益な取扱いをしてはならない（行手32条2項）。不利益な取扱いとは、たとえば、行政指導に従わない者に対して、それまでは平等に提供してきた情報を当該者にだけ提供しなくするとか、別の場面において許認可等を行う場合に意図的に差別的な扱いをするといった、当該者が行政指導を受ける以前には得られていた利益を損なわしめ、またはそれまで被っていなかった不利益を与えるようなことを制裁的な意図を持って行う行為をいう（（一財）行政管理研究センター編『逐条解説行政手続法〔改正行審法対応版〕』243頁参照）。

　㋑　申請に関連する行政指導

　行政指導に携わる者は、申請の取下げまたは内容の変更を求める行政指導にあっては、申請者が当該行政指導に従う意思がない旨を表明したにもかかわらず、当該行政指導を継続すること等により当該申請者の権利の行使を妨げるようなことをしてはならない（行手33条）。

　許認可等の申請を受け付けた行政機関が、公益上の必要性などから処分を行わずに申請の取下げや変更を求める場合がある。相手方が任意にこれに応じる場合にまで禁止する必要はないが、他方で、相手が行政指導に従う意思がない旨を表明している場合には、行政指導を継続することが、当該行政指導に従うことを事実上強制する効果を持つ可能性があるばかりでなく、本来、拒否処分がなされていれば可能なはずの抗告訴訟等による救済を受けることができないという事態を招きかねない。そこで、このような場合には行政指導を継続すること等により申請者の権利を侵害してはならないものと定められたものである（なお、行政手続法成立以前の事例として最三小判昭和60・7・16民集39巻5号989頁、最二小決平成元・11・8判時1328号16頁を参照）。

　㋒　許認可等の権限に関連する行政指導

　許認可等をする権限または許認可等に基づく処分をする権限を有する行政機関は、当該権限を行使することができない場合または行使する意思がない場合においてする行政指導にあっては、当該権限を行使し得る旨をことさらに示すことにより相手方に当該行政指導に従うことを余儀なくさせるようなことをしてはならない（行手34条）。

　本条は、（法令上の要件を満たさない等の理由で）本来権限を行使できないまたは権限を行使する意思がないにもかかわらず、行政指導に従わなければ当該

第2節　本　論

権限を行使するようなことを示唆したり、当該権限に基づいて何らかの不利益な取扱いを行い得るようなことを暗示する等、ことさらに権限を有することを利用して相手方に行政指導に従わざるを得ないように仕向けることを禁ずるものである（（一財）行政管理研究センター編『逐条解説行政手続法〔改正行審法対応版〕』248頁）。

　　㋒　行政指導の方式

　行政指導にあたっては、当該行政指導の趣旨および内容並びに責任者を明確に示さなければならず（行手35条1項）、行政指導が口頭でされる場合において、相手方から書面の交付を求められたときは、当該行政指導に携わる者は、行政上特別の支障がない限り原則としてこれを交付しなければならない（同条3項）。

　行政指導に携わる者は、当該行政指導をする際に、行政機関が許認可等をする権限または許認可等に基づく処分をする権限を行使し得る旨を示すときは、その相手方に対して、当該権限を行使しうる根拠となる法令の条項、当該条項に規定する要件、当該権限の行使が前号の要件に適合する理由を示さなければならない（同条2項）。

　「権限を行使し得る旨を示すとき」とは、当該行政指導をする時点においてすでに当該権限を行使することが可能である場合に、当該権限を行使しうる旨を示すときのほか、当該行政指導に従わないときに法令上当該権限を行使することができることとされている場合に、当該権限を行使しうる旨を示すときも含まれる（平成26年11月28日総管管第93号「行政手続法の一部を改正する法律の施行について」）。

【書式11】　行政指導の相手方に示す文例

　「あなたの○○という行為が，○○法第○条の規定に違反することが認められたため，○○業務の運営の改善措置を講ずるよう指導します。

　　また，この指導に従わず，業務の運営の改善が確認できない場合や，再び違反行為があった場合には，以下のとおり，○○業務に関する許可が取り消される場合があります。

（1）　許可取消処分の権限を行使し得る根拠となる法令の条項（行政手続法第35条

37

〔第1部〕第1章　行政手続概論

　　第2項第1号）…法第○条
⑵　上記の条項に規定する要件（行政手続法第35条第2項第2号）…法第○条第
　　○○号の政令で定める技術的基準に適合しないこと
⑶　当該権限の行使が上記の要件に適合する理由（行政手続法第35条第2項第3
　　号）…あなたの○○という行為が，許可取消処分の要件である…法第○条第○
　　号の政令で定める技術的基準のうち…施行令第○条第○号に定める「○○」と
　　いう類型に該当しないため」
　　（平成26年11月28日総管管第93号「行政手続法の一部を改正する法律の施行
　　について」）

　　　㈎　複数の者を対象とする行政指導
　同一の行政目的を実現するため一定の条件に該当する複数の者に対し行政指
導をしようとするときは、行政機関はあらかじめ事案に応じて行政指導指針を
定め、かつ行政上特別の支障がない限りこれを公表しなければならない（行手
36条）。いわゆる指導要綱などがこれに当たる。発生した状況に対して対応す
べき方法が異なる場合もあり、すべてについて指針を定めることが困難な場合
もあるので、あくまで事案に応じた対応を求めるにとどまっている。
　　　㈏　行政指導の中止等の求め
　「行政指導の中止等の求め」（行手36条の2）は、法令（行手2条1号）に違反
する行為の是正を求める行政指導であって、その根拠や要件が法律に規定され
ているものについて、行政指導の相手方の申し出により、当該行政指導をした
行政機関が改めて調査を行い、当該行政指導がその要件を定めた法律の規定に
違反する場合には、その中止その他必要な措置を講ずることとすることにより、
行政運営における公正の確保と透明性の向上を図り、行政指導の相手方の権利
利益の保護を図ることを目的とするものである。
　本申し出には法令上の様式はなく、同条2項の内容を記載した任意の書式で
申し出ることが可能である。以下で参考までに一例を示す。

38

第2節　本　論

【書式12】　行政指導の中止等の求め

行政指導の中止等の求め

令和○○年○○月○○日

○○市長○○　殿

住所
住所
申出人氏名　　　　　　㊞

　申出人は，下記のとおり，貴庁の行政指導を中止（及び申出人が法令に違反したとして行われた行政指導に関する公表を中止）するよう申し出ます。

記

1　行政指導の内容

　　貴庁が，申出人に対し，令和○年○月○日付けにて行った申出人の○○という行為が，○○法第○条第○項の規定に違反するとして，○○を行うよう求めた行政指導。

2　行政指導がその根拠とするその根拠とする法令の条項

　　○○法第○条第○項

3　前号の条項に規定する要件

　　…（法令に書かれた要件を具体的に示す）

4　行政指導が前号の要件に適合しないと思料する理由

　　…（行政指導が法令に定められた要件に適合しない理由を具体的に示す）

5　その他参考となる事項

　対象となる行政指導は、①法令に違反する行為自体の解消を内容とするもののほか、②法令に違反する行為自体は終了しているが、当該行為によって生じた影響の除去または原状の回復を内容とするもの、③法令に違反する行為自体は終了しているが、当該行為の再発防止を内容とするものが含まれる。

　「弁明その他意見陳述のための手続を経」た場合とは、当該行政指導を行うことについて、相手方に意見を陳述する機会が付与されたことをいい、この場合には、中止等の求めを行うことはできない（同条1項ただし書）。

39

〔第1部〕第1章　行政手続概論

　意見を陳述する機会としては、法定された弁明手続に限らず、運用上、意見を陳述する機会が付与された場合も含まれるが、後者の場合には、相手方に対し、書面などにより、行おうとする行政指導の内容およびその理由（根拠条項、原因となる事実等）を明らかにした上で、当該行政指導を行うことについて意見を陳述する機会が付与されたものである必要がある。また、社会通念上、意見を陳述するために十分な期間を定めて意見陳述の機会を付与したにもかかわらず、正当な理由なく何ら意見が提出されなかった場合などは、「意見陳述のための手続を経て」に含まれる。

　申し出を受けた行政機関は、当該行政指導の根拠となる法律に規定する要件に違反するか否かを確認する必要があるが、申出書の記載に具体性がなく、その確認が困難な場合や、既に詳細な調査を行っており、事実関係が明らかで申出書の記載によってもそれが揺るがない場合などは、各行政機関の判断により、改めて「必要な調査」を行わない場合もあり得る。

　なお、申し出を受けた対応の結果について、申出人に対する通知義務は行政機関に課されていないため、通知をするかどうかは行政機関の任意である。

　　　(ク)　処分等の求め

　何人も、法令に違反する事実がある場合において、その是正のためにされるべき処分または行政指導（その根拠となる規定が法律に置かれているものに限る）がされていないと思料するときは、当該処分をする権限を有する行政庁または当該行政指導をする権限を有する行政機関に対し、その旨を申し出て、当該処分または行政指導をすることを求めることができる（行手36条の2）。行政指導の中止等の求め同様に、様式の定めはないので申出人の任意の書面で申し出が可能である。以下で参考までに一例を示す。

【書式13】　（処分）行政指導の求め

令和○○年○○月○○日

○○市長○○　殿

住所

住所

申出人氏名　　　　　　㊞

40

第2節　本　論

> 　申出人は，貴庁に対し，下記のとおり，○○に対する行政指導（処分）をすることを申し出ます。
>
> 記
>
> 1　法令に違反する事実の内容
> 　　○○が○○していること。
> 2　（当該処分又は）行政指導の内容
> 　　○○法第○条第○項に基づき，○○に対し○○を求める行政指導（に基づく○○の処分）。
> 3　（当該処分又は）行政指導の根拠となる法令の条項
> 　　○○法第○条第○項
> 4　（当該処分又は）行政指導がされるべきであると思料する理由
> 　　…（行政指導がされるべきである根拠を具体的に示す）
> 5　その他参考となる事項

　行政指導の中止等の求めと異なり、申出人は当該（処分）行政指導と利害関係等を有する必要はない。申し出を受けた行政機関等は、必要な調査を行うこととされるが、その結果、必要があると認めるときのみ（処分）行政指導をすることが義務付けられる。要件の判断が当該行政機関等に委ねられている点で、義務付け訴訟のような実効性のある制度とはいえないであろう。

(4)　行政調査手続

㋐　意　義

　行政調査とは、行政機関がその目的を達成するために必要な情報を収集することをいう。具体的には、立入検査、質問、書類や帳簿などの検査であり、任意に行われる調査と強制的に行われる調査の両者を含む概念である。

㋑　概　要

　行政調査、特に強制力を伴う行政調査は、不利益処分に先立ち行われる場合が多く、調査の結果が不利益処分の基礎となる資料となることが少なくないため、適正手続の観点からの手続的統制が必要である。行政手続法は「報告又は物件の提出を命ずる処分その他その職務の遂行上必要な情報の収集を直接の目的としてされる処分及び行政指導」を同法の適用除外としているため（行手3

41

条1項14号）、一般法による規律はないが、個別法による規律は少なくない。

　個別法による規律としては、身分証明書の携帯と提示（国税通則法140条、関税法129条、風営法37条3項、自然環境保全法31条4項、独占禁止法47条3項、廃棄物処理法19条3項）、立入調査の事前通告（土地収用法12条1項・2項）、意見書提出（自然環境保全法31条2項）、行政調査に先立つ裁判官の許可（出入国管理及び難民認定法31条、国税通則法132条、関税法121条、独占禁止法102条）などがある。

(ウ)　行政調査と令状主義

　個別法において裁判所の許可についての定めがない行政調査についても、強制的な調査については憲法35条が適用され、違憲となり得るのではないかが問題となる。最判昭和47・11・22（刑集26巻9号554頁、判時684号17頁、川崎民商事件）は、税務署による帳簿書類等の検査を拒み検査拒否罪で起訴された被告が、裁判所の令状なしに強制的な検査権を認める所得税法の規定について、これが憲法35条に違反するなどの主張をした事案である。この事案の判決において最高裁は、憲法35条1項の規定は本来主として刑事責任追及の手続における強制が司法権による事前の抑制の下に置かれるべきことを保障した趣旨であるとしつつも、当該手続が刑事責任追及を目的とするものでないとの理由のみで、行政手続における一切の強制が当然に同条による保障の枠外にあると判断することは相当ではないと判示し、同条が行政手続にも適用される可能性があることを示唆した。

　もっとも、同判決は、所得税法上の検査の目的はもっぱら所得税の公平確実な賦課徴収のために必要な資料の収集をする点にあるのであって、刑事責任の追及を目的とするものではないこと、強制の態様が、検査を拒んだ者に刑罰を加えることによって間接的心理的に検査の受忍を強制するもので直接的物理的な強制と同視すべき程度にまで達しているわけではないこと、所得税の公平確実な賦課徴収という公益上の目的を実現するための手段としてあながち不均衡、不合理なものといえないことなどを総合判断して、所得税法上の質問検査は憲法35条の法意に反するものではないとして、同条違反の主張を斥けている。この最判の基準に従えば、明文の規定のない行政調査の強制が違憲かどうかは、強制の態様（直接強制かどうか）や行政調査の目的などに照らして総合判断されることとなろう。

㈐　行政調査と黙秘権

　行政調査の中には、調査の拒否や虚偽の報告に対して罰則が課される場合がある。

　たとえば、報告徴収における虚偽報告に対する罰則（廃棄物処理法30条7号、運輸安全委員会設置法32条1号）、質問に対する陳述拒否または虚偽の陳述に対する罰則（国税通則法34条の7第1項4号、金融商品取引法205条の3第1号）などである。

　このような場面において、憲法38条1項の黙秘権の規定が適用されるのかが問題となる。

　前掲川崎民商事件においては、憲法38条1項が行政調査に適用されるかどうかも問題となり、純然たる刑事手続におけるばかりではなく、それ以外の手続においても、実質上、刑事責任追及のための資料の取得収集に直接結びつく作用を一般的に有する手続には、黙秘権の保障が等しく及ぶと判示された。

　同判決は、所得税法の質問検査について、その性格に照らし、憲法38条1項にいう自己に不利益な供述を強要するものということはできないと結論づけている。

　なお、最高裁は、国税犯則取締法に基づく調査手続に関しては、最判昭和59・3・27（刑集38巻5号2037頁、判時1117号8頁）において、刑事責任を問われる事項についても供述を求めることになるとして、憲法38条1項による供述拒否権の保証が及ぶものと判示している。これは、国税犯則取締法上の調査手続が、行政手続と刑事手続のいわば接点に位置し、刑事手続に極めて近いためであると考えられる（判時1117号10頁）。

㈙　行政調査の瑕疵

　違法な行政調査を基礎として不利益処分などの行政行為がなされた場合、当該行政行為の効果に何らかの影響が生じるかが問題となるが、適正手続の観点からは、軽微な瑕疵を除けば行政行為の瑕疵となり得るものと解すべきということになろう。裁判例においては結論が分かれており、行政調査の瑕疵が行政行為に影響を及ぼさないと解するものもあれば（大阪地判昭和59・11・30行集35巻11号1906頁）、違法性の程度が甚だしい場合には、かかる行政調査により得られた資料は行政行為を基礎づける資料から排除されるとするもの（東京地判昭

〔第1部〕第1章　行政手続概論

和61・3・31判時1190号15頁)、また、調査を欠きあるいは公序良俗に反する方法で基礎資料を収集するなど、調査に重大な瑕疵がある場合には処分の取消事由になり得るとするもの（広島地判平成6・11・24判タ886号169頁）などもある。

(5)　行政計画策定手続

㋐　意　義

行政計画とは、一定の行政目標に向けて行政活動を実施するために、総合的な視野から立てられる計画のことをいう。

行政計画は、あらゆる行政の分野に関して策定されており、法的拘束力を持つ計画はもちろんのこと、法的な拘束力を持たない非拘束的計画であっても、将来の行政活動の内容を事実上決定付ける機能を有する。

㋑　概　要

行政計画はその内容が高度に専門化、複雑多様化して国会による統制が困難となっており、行政計画の策定権者に大きな裁量が与えられることから、行政計画策定に対する手続的な統制が重要性を増している。

もっとも、我が国の行政手続法は、行政計画策定手続について一般的な定めを置いていないから、手続的統制はもっぱら個別法で行われている。現行法令における手続的統制としては、①審議会の調査審議の経由（国土利用計画法5条3項、都市計画法18条、19条、景観法9条2項）、②利害関係人等からの意見聴取、同意等（都市計画法16条2項、景観法11条2項、9条1項）、③関係機関・団体との協議、意見聴取、承認等（国土利用計画法5条3項、7条3項、9条10項、都市計画法18条3項、19条3項、景観法9条3項）などがある。

この点、環境影響評価法は、環境アセスメントの対象事業につき、住民からの意見聴取や説明会の手続を規定しており、一定の公共事業について事業実施計画の段階での環境評価が住民参加のもとで実施される仕組みをとっている（同法7条の2、17条）。もっとも、この仕組みについては、事業実施段階では既に事業の大枠が決定されてしまっており、それを前提に既成事実が積み重ねられていることが少なくないなどの問題点の指摘もなされており（宇賀克也『行政法概説Ⅰ─行政法総論〔第6版〕』310頁）、なお改善の余地を残すものであるといえよう。

44

㋑　行政計画と司法的救済

　行政計画については、処分性（本編第4章第1節）との関係で、抗告訴訟における訴訟要件が問題となる。判例は、拘束的計画であっても、利害関係者の権利に対する影響が具体的に確定していないものや、紛争の成熟性が認められないものについては処分性を否定する傾向にあったが（最大判昭和41・2・23民集20巻2号271頁、最一小判昭和57・4・22民集36巻4号705頁、最二小判平成6・4・22判時1499号63頁）、近時は処分性を拡張する傾向にある（最大判平成20・9・10民集62巻8号2029頁）。

(6)　行政契約の締結手続

　㋐　意　義

　行政契約とは、狭義には公法関係を発生、変更、消滅させるいわゆる公法上の契約を指すが、広義には当事者の一方または双方が行政主体である契約を指す。

　そして近時は公法と私法との区別が相対化していることから、広く行政主体が当事者となる契約を行政契約と捉えるべきものとする立場が有力である。

　行政契約の例としては、政府調達契約や請負契約など、私法上の契約に近い性質を持つものや、規制行政の分野における法令等の補完的役割を果たすものとして定められる「合意による行政措置」（三好充・仲地博編著『テキストブック行政法』132頁）としての性格を有する公害防止協定、給付行政の分野における給水契約や公営バスの運送契約、公共的・独占的事業について市町村とガス会社・電力会社との間で締結されるいわゆる報償契約などが挙げられる。なお、規制行政の分野にかかる行政契約はもちろんのこと、私人と同様の立場で経済取引をする場合の契約であっても、当事者の少なくとも一方が行政である以上、国民の平等取扱いなどの公益上の要請が存し、契約自由の原則がそのままあてはまるわけではない。

　㋑　概　要

　行政契約の締結手続については行政手続法に規律がないが、平成13年4月には「公共工事の入札及び契約の適正化の促進に関する法律」が施行され、平成15年1月からは「入札談合等関与行為の排除及び防止に関する法律」が施行され、公共工事の入札等に関する規律がなされた。また、国の政府調達手続につ

〔第1部〕第1章　行政手続概論

いては「会計法」「予算決算及び会計令」の規律があり、地方公共団体の契約に関しては地方自治法234条以下の定めがある。

10　デジタル手続法（旧・行政手続オンライン化法）

⑴　総　論

平成14年、行政機関等に係る申請、届出、その他の手続等に関し、電子情報処理組織を使用する方法その他の情報通信の技術を利用する方法により行うことができるようにするための共通する事項を定める「行政手続等における情報通信の技術の利用に関する法律」（行政手続オンライン化法）が成立し、翌年施行された。なお、この法律は、令和元年5月31日に公布された改正法により、「情報通信技術を活用した行政の推進等に関する法律」（デジタル手続法（またはデジタル行政推進法））と名称変更された。

⑵　申請等についてのオンライン化可能規定

行政機関等は、申請等のうち当該申請等に関する他の法令の規定により書面等により行うこととしているものについては、当該法令の規定にかかわらず、主務省令で定めるところにより、電子情報処理組織を使用して行わせることができる（同法3条1項）。換言すれば、行政機関等に申請等手続をオンライン化するか否かについての裁量を与えている（宇賀克也『行政手続法の解説〔第6次改訂版〕』197頁）。

⑶　処分通知等についてのオンライン化可能規定

行政機関等は、処分通知等のうち当該処分通知等に関する他の法令の規定により書面等により行うこととしているものについては、当該法令の規定にかかわらず、主務省令で定めるところにより、電子情報処理組織を使用して行うことができる（同法4条1項）とし、処分通知に関しても、上記と同様に行政機関に裁量を与えている。

なお、同法は、処分通知等をオンラインで行う場合に相手の同意を要する旨の規定を置いていないが、処分通知等が相手に到達したといえるためには、一般に意思表示が相手の支配圏内に入ることが当然ながら必要である。相手方がオンラインによる処分通知等を受けられる状態にないにもかかわらず行政庁がオンラインで処分通知等を行っても、そもそも相手の支配圏内に意思表示が到

46

達したといえないから、処分通知等の法効果は発生しないことから、相手方の同意を要する旨の規定を行政手続オンライン化法に置いておく必要はないと判断されたものである（宇賀克也『行政手続法の解説〔第6次改訂版〕』198頁）。

（本章担当・関　葉子）

〔第1部〕第2章 行政不服審査概論

第2章 行政不服審査概論

1 行政不服審査手続の意義

　行政不服審査法は、昭和37年に制定されて以来改正されてこなかったが、平成26年6月に全部改正され、平成28年4月1日から施行されている。改正のポイントは、審理の公正性の向上（審理員による審理手続の導入、外部の有識者で構成する第三者機関である行政不服審査会への諮問手続の導入）、国民の利便性の向上（審査請求への一元化、審査請求期間を60日から3カ月に延長、不服申立て前置の見直し）である。本章では、改正された行政不服審査法を前提として、行政不服審査手続の活用方策を述べることとする。

　行政不服審査手続は、国民の権利利益の救済を図るとともに行政の適正な運営を確保することを目的として、行政庁の違法または不当な処分その他公権力の行使にあたる行為に関し、国民が簡易迅速かつ公正な手続の下で広く行政庁に対する不服申立てをすることができるための制度として定められている（行政不服審査法（以下、本章では「法」という）1条）。

　行政不服審査手続は、それを行政訴訟との関係でみるならば、国民が、行政庁からどうしてその処分がなされたのかの理由、つまり、処分庁がどういう証拠に基づいてどういう事実を認定し、どの法令をどのように解釈して処分をしたのかを、処分担当者から直接説明を受け、処分担当者と対話をする場として位置づけられる。行政不服審査手続の機能として、①争点明確化機能、②証拠開示機能、③サマリージャッジメント機能が重要である。そして、行政不服審査手続を踏まえて、国民はさらに権利救済を求めて行政訴訟を提起するかどうかを判断することになる。そこでは、行政不服審査の「審査」機能が重視されるということができる。

　他方、行政の立場からも、行政不服審査手続は、行政活動の plan-do-see の

48

see の機能を持つものとして積極的肯定的に受けとめられるべきである。なぜなら、行政不服審査手続は、苦情処理の延長として、行政内部で、原処分を見直す場であり、是正すべきものは早期に是正し、訴訟に堪えられるものか否かを吟味する場（訴訟で対応すべき事案か、その前に早期に解決すべき事案かを振り分ける場）として位置づけられるからである。本来、処分時に的確な事実認定をし、適切に法令の適用関係を精査できていれば、行政不服申立てをされても何ら手間は増えない。しかし、そうでない場合（現実問題として、行政としても数多くの事務を同時並行的に効率的に行わなければならず、人手も時間も限られている中、すべての事案につきそこまでやってられないことも多いだろう）は、行政不服申立てをされて初めて、事実認定と法令の適用関係を精査できるのであるから、審査請求を申し立ててもらって感謝する姿勢を持つべきであろう。それは、処分庁をして、処分の段階から、審査請求されたときに備えて事実認定と法令の解釈適用と妥当性審査を意識的に行う良きプラクティスを生むものである（see から do へ）。行政の立場からは、行政不服審査の「不服」処理に重点がおかれる。

　その基本は、苦情処理・行政不服申立てを顧客満足度（CS）を高めるための方策としてとらえることであり、顧客からの声に向き合い、苦情・行政不服申立てを適切に処理することが大切である。経営コンサルタント、ジョン・グッドマンが提唱した苦情処理のフレームワーク「グッドマンの法則」[1]を行政関係者も肝に銘じることが重要である。

　行政不服審査手続は、以上のような意義を持つものであるから、弁護士として処分性のある行政作用について事件の依頼を受けたときは、まずもって行政不服申立てを検討する。特に、多忙なとき、事件の内容がわからないとき、処分の違法性に係る請求原因の記載に悩むときは、行政不服申立てをすることが

1　グッドマンの法則
　第1法則：「不満を持った顧客のうち、苦情を申し立て、その解決に満足した顧客の当該商品サービスの再入決定率は、不満を持ちながら苦情を申し立てない顧客のそれに比べて高い」
　第2法則：「苦情処理に不満を抱いた顧客の非好意的な口コミは、満足した顧客の好意的な口コミに比較して、2倍も強く影響を与える」
　第3法則：「企業の行う消費者教育によって、その企業に対する消費者の信頼度が高まり好意的な口コミの波及効果が期待されるばかりか、商品購入意図が高まり、かつ市場拡大に貢献する」

〔第1部〕第2章　行政不服審査概論

選択されてしかるべきだろう。また、弁護士が自ら申立てせずとも、相談者に
まずは自分で審査請求手続をすることを薦めるというのも一考である。

2　簡易迅速な権利救済手続──簡易とは

(1)　審査請求は手数料が無料である

(2)　不服申立ての方法

　不服申立ての方法は、改正前は処分庁に上級行政庁があるかどうかに応じて
審査請求と異議申立ての二元制度になっていたが、一般に国民にはどこが最上
級行政庁かわからないし、上級行政庁がなければ異議申立てという簡易な救済
しか受けられないのは権利救済の見地に反する。そこで、改正後は審査請求に
一元化された。ただし、国税の関係では、国税不服審判所に対する審査請求の
ほかに、課税庁に対する再調査の請求が残された。

　審査請求には、処分に対する審査請求（法2条）と不作為に対する審査請求
（法3条）がある。

　処分に対する審査請求では、不服とする処分の取消しを求めることが一般で
あるが、それと合わせて、しかるべき処分をするよう（処分の義務づけ）求め
ることも許される。具体的には、法46条1項のいう「処分の変更」や、同条2
項のいう「申請に対して一定の処分をすべき旨を命じること」を求める。

　また、不作為に対する審査請求では、法令に基づき行政庁に対して処分につ
いての申請をした者は、当該申請から相当の期間が経過したにもかかわらず、
行政庁の不作為（法令に基づく申請に対して何らの処分をもしないことをいう）が
ある場合に、不作為が理由なく違法不当であることの宣言と当該処分をするこ
とを求める（法49条）。

(3)　審査請求の宛先

　審査請求は原則として処分庁の最上級行政庁に対して行う。最上級行政庁が
ないときは処分庁に対して行う（法4条）。

　国民にはどこが最上級行政庁かわからないのは、改正前と同じであるが、処
分通知書に記載されている教示（法82条1項）を見れば、そこに審査請求すべ
き宛名が記載されているのでその宛名宛に審査請求書を提出する。

　教示がないときは、処分庁に対して、教示を求めることができる。あるいは、

50

教示があってもその内容がわからないときも、処分庁に対して確認することができる（法82条2項）。法は、求めがあるときは、当該行政作用は不服申立てをすることができるか、不服申立てをすべき行政庁はどこか、不服申立期間がいつまでかを書面で教示しなければならないこととしている（法82条3項）。

しかし、それでも審査請求先（審査庁）がわからないときは、処分庁に対して、宛先を「審査庁殿」と記載した審査請求書を提出すればよい。審査請求できるときは、処分庁を経由してしかるべき審査庁に送られる（法21条1項）。

自治体によっては「審査請求の手引き」を窓口に用意しているところもあるので、ホームページなどで検索してみるのもよい。

⑷　審査請求書の記載事項

審査請求書には次の事項を書くものとされている（法19条2項1号）。

一　審査請求人の氏名・名称および住所・居所

二　審査請求に係る処分の内容

三　審査請求に係る処分（当該処分について再調査の請求についての決定を経たときは、当該決定）があったことを知った年月日

四　審査請求の趣旨および理由

五　処分庁の教示の有無およびその内容

六　審査請求の年月日

特に定まった様式はないので、書式を参考に適宜記載すればよい。

「審査請求の趣旨」としては、「原処分を取り消し、しかるべき処分をなされたい」と書くので足りる。

「審査請求の理由」としては、原処分が取り消され、変更されるべき理由を書く。具体的には原処分の違法不当事由を書く。悩むのは、原処分の違法不当事由として、何をどのように書くか、であろう。しかし、審査請求書ではとりあえずは「原処分は違法不当である」と記載すれば足りる。後は、処分庁から原処分の適法であるとする根拠が弁明書で詳細に示されてから反論書の中で記載する。むしろ、行政不服審査手続を利用する最大の目的である処分庁から原処分の理由を聞くためには、なまじ審査請求人がどこに不服を持っているかを示すようなことをせずに、処分庁から原処分の根拠全体の弁明を待つのがよい。違法不当事由があらかじめ特定できなくても、取消訴訟の訴状のように審査庁

〔第1部〕第2章　行政不服審査概論

や審理員から補正を求められることはない。仮に「審査請求の理由や原処分の違法不当事由を補正せよ」と求められたときは、「違法不当の詳細は、処分庁から弁明書や証拠書類の提出を受けてから、反論書で特定する」と答えればそれで十分である。

(5)　書証の準備

書証の準備も、審査請求時には不要である。

(6)　処分庁の弁明書

行政不服審査手続で最も重要なのは、処分庁の弁明書である。処分庁の弁明書には、原処分の判断過程を具体的に記載されるべきである。具体的には、

① 　処分の根拠法令およびその解釈

② 　その解釈の根拠となる通達・解釈基準・裁量基準（出典）

③ 　処分の基礎となった事実

④ 　その事実を認定した根拠・資料

が記載され、かつその根拠資料が添付されるべきである。そのような記載・資料がないときは、審理員を通して、処分庁に対し弁明書の記載や添付資料の補足・追加を求める。

処分庁から提出を受けるべき証拠資料として重要なものは、次のとおり。

① 　審査基準や不利益処分基準その他当該行政作用の解釈運用基準・裁量基準

② 　処分の基礎とされた事実を認定した基礎資料（行訴23条の2第1項第1号でいう「処分の原因となる事実その他処分の理由を明らかにする資料」）。

③ 　事実認定資料一切の提出を求めるが、その中でも重要なものとしては、当該行政作用の起案決裁文書が不可欠である。行政庁は、行政決定をするにあたっては内部決裁を経るべきもので、決裁を得るために、どうしてそのような意思決定をするのかという事情を記載した文書を起案して決裁を受ける。かかる起案決裁文書には、その必要性とそれまでの経過を示す資料が添付される。また、起案決裁文書を見れば、起案者（当該事案の担当者であることが多い）と決裁権者（本来の権限者ではない、下位の者が決裁しているときがある。そのときは権限が委任されたり、事務が専決されているから、その根拠となる事務委任・決裁規程の提出も求める。起案決裁文書を求め

52

ると、ときには、決裁権者の押印がなかったりもするから、極めて重要な資料
である）がわかる。証人尋問をするときに誰を証人として呼ぶべきか、あ
るいは後に国賠訴訟を提起するときに、どの公務員の注意義務違反を問題
とすべきかを判断する材料ともなる。また、課税処分では、税務調査時の
納税者の申述内容を記録した質問応答記録書が作成されている（佐藤善
恵・塩津立人著『元審判官が教える‼ 国税・地方税の審査請求の実務』）。

　行政不服審査手続により、処分の具体的で詳細な理由がわかり、基礎資料が
確認できるというのは、簡易な手続として極めて重要である。

【書式14】 審査請求書例

審査請求書

令和○年○月○日

○○市長　○○　殿

審査請求人　氏名　　△△　△△　　　㊞

第1　審査請求人の名称並びに住所
　　　○県○市△番地
　　　○○

第2　審査請求にかかる処分
　　　処分庁○○市税事務所長が審査請求人に対して令和○年○月○日付○年度
　　固定資産税・都市計画税納税通知書（通知書番号○○）でなした令和○年度
　　固定資産税・都市計画税賦課決定処分（以下「原処分」という）

第3　前項の処分があったことを知った日
　　　令和○年○月○日

第4　審査請求の趣旨
　　　第2記載の処分を取り消すとの裁決を求める。

第5　審査請求の理由
　1　原処分は違法不当であるから取り消されるべきである。違法事由の詳細は、

53

〔第1部〕第2章　行政不服審査概論

処分庁からの弁明書で原処分の原因となる事実その他処分の理由が明らかに
されてから主張する。
2　処分庁は，弁明の際，処分の原因となる事実その他処分の理由を認めた根
拠となる資料を提出されたい。
3　なお，審査請求人は原処分で納付を命じられた金員は納付するものである
が，それは原処分を正当と認めて納付するものではないことを申し添えてお
く。
第6　処分庁の教示の有無及びその内容
「この処分について不服があるときは，この命令書を受け取った日の翌日
から起算して3か月以内に○○市長に審査請求することができます」との教
示を受けた。
第7　口頭意見陳述の機会の付与
口頭意見陳述の機会を求める。
第8　証拠書類
令和○年度固定資産税・都市計画税納税通知書

以　　上

【書式15】　審査請求書例（参考様式第1号の1）

審査請求書

○年○月○日
（審査請求年月日）

（宛先）　（審査庁）　○○　○○

審査請求人　住所　△県△市△△○○番地
氏名　○○　○○　　　　㊞
（連絡先　××××―××―××××（電話番号））

【審査請求人が法人等の場合】
△県△市△△○○番地
株式会社○○○
△県△市△△○○番地

次のとおり審査請求をします。

1　審査請求に係る処分の内容

54

2 簡易迅速な権利救済手続──簡易とは

（処分庁）の○年○月○日付け
の審査請求人に対する○○に関
する処分（当該処分の文書番号
がある場合は併せて記載するこ
とが望ましい）（注1）

2 審査請求に係る処分があったこ
とを知った年月日
○年○月○日

3 審査請求の趣旨
「1記載の処分を取り消す」と
の裁決を求める。

4 審査請求の理由

(1) （処分に至る経緯等を記載の
上）（処分庁）から1に記載す
る処分を受けた。

(2) （処分庁）は，その理由を，
……のためとしている。

(3) しかしながら，本件処分は
……であるから，○○法○条の
規定に違反しており，違法であ
る。

代表取締役 ○○ ○○ ㊞
（連絡先 ××××─××─×××× （電話番号））

【審査請求人が総代を互選した場合】
△県△市△△○○番地
総代 ○○ ○○ ㊞
（連絡先 ××××─××─×××× （電話番号））
△県△市△△○○番地
○○ ○○
△県△市△△○○番地
○○ ○○
△県△市△△○○番地
○○ ○○
（以下，全員連記）

【審査請求人を代理人がする場合】
△県△市△△○○番地
○○ ○○
△県△市△△○○番地
代理人 ○○ ○○ ㊞
（連絡先 ××××─××─×××× （電話番号））

(4) 本件処分により，審査請求人は，（法的権利又は利益）を侵害されている。

(5) 以上の点から，本件処分の取消しを求めるため，本審査請求を提起した。

5 処分庁の教示の有無及びその内容
「この決定に不服がある場合は，この決定があったことを知った日の翌日か
ら起算して3か月以内に，行政不服審査法（平成26年法律第68号）第2条の
規定により，（審査庁）に審査請求をすることができます」との教示があっ
た。

6 その他として，次の書類を提出します。

(1) 添付書類 ○○ 1通（注2）

(2) 証拠書類等 ○○ 1通（注3）

55

〔第1部〕第2章　行政不服審査概論

注1　処分の特定に問題がない場合には，「（処分の決定書等の文書番号）の処分」という記載をすることも差し支えない。
注2　添付書類としては，例えば，総代や法人の代表者等の資格を証明する書面，委任状等がある。
注3　審査請求に係る処分の通知書の写しを添付する場合は，こちらに記載する。

（三重県桑名市「審査請求の手引」より引用）

【書式16】　審査請求書例（参考様式第1号の2）

審査請求書

〇年〇月〇日
（審査請求年月日）

（宛先）　（審査庁）〇〇　　〇〇

審査請求人　住所　△県△市△△〇〇番地

氏名　〇〇　　〇〇　印

（連絡先　××××―××―××××（電話番号））

次のとおり審査請求をします。

1　当該不作為に係る処分についての申請の内容及び年月日
　審査請求人は，〇年〇月〇日，（不作為庁）に対して，〇〇法第〇条の規定による〇〇〇を求める申請をした。
2　審査請求の趣旨
　1記載の申請について，速やかに許可（許可等の記載は，上記求めの内容に応じて適宜変更する）の処分をするよう求める。
3　その他として，次の書類を提出します。
　⑴　添付書類（注1）　　〇〇　　1通
　⑵　証拠書類等（注2）　〇〇　　1通

注1　添付書類としては，例えば，総代や法人の代表者等の資格を証明する書面，委任状等がある。

56

2 簡易迅速な権利救済手続――簡易とは

> 注2 当該不作為に係る処分についての申請書の写しを添付する場合は，こちら
> に記載する。

（三重県桑名市「審査請求の手引」より引用）

【書式17】 行政不服審査法による処分に対する審査請求の方法

行政不服審査法による処分に対する審査請求の方法

1 審査請求は，審査請求書を提出してください。（法第19条）

2 法人の場合は，代表者の「資格証明書（登記簿謄本）」を提出してください。

3 多数人が共同して審査請求をする場合で，総代を互選した場合は（3人以
内），「総代互選書」を提出してください。（法第11条）

4 総代を互選しないときは「送達場所」を明示してください。

5 代理人によって請求する場合には，「委任状」を提出してください。（法第12
条）

6 審査請求のできる期間は，原則として，処分があったことを知った日の翌日
から起算して「3月以内」です。

　なお，上記「3月以内」であっても，処分があった日の翌日から起算して1
年を経過したときは，原則として，審査請求をすることができません。（法第
18条）

7 審査請求の記載事項（法第19条）

(1) 「記載例を参考」にしてください。

　　※ 参考様式第1号の1：審査請求書及び記載例

　　　参考様式第2号　　：代表者（管理人）資格証明書及び記載例

　　　参考様式第3号　　：総代互選書及び記載例

　　　参考様式第4号　　：委任状及び記載例

　　　参考様式第5号　　：審査請求取下書及び記載例

(2) できるだけ，「A4版縦，横書き」にしてください。

(3) 審査請求書や反論書に添付する書類に図面等がある場合は，それらも「A
4版縦，横書き」に整え提出をお願いします。

8 審査請求人は，裁決があるまでは，いつでも審査請求を取り下げることがで
きます。

〔第1部〕第2章　行政不服審査概論

　　ただし，審査請求の取下げは，書面にて提出してください。（法第27条）
　　なお，「代理人が取下書を提出する場合」には，審査請求人から別に「取下げについての委任状」が必要です。（法第12条）

> 「事務連絡先」
> 〒
> ○○市××
> ○○市役所総務部総務課
> ＴＥＬ　△△―
> ＦＡＸ　△△―
> E-mail

（三重県桑名市「審査請求の手引」より引用）

【書式18】　反論書例

反　　論　　書

令和○年○月○日

○○市審理員　○○　殿

審査請求人　氏名　△△　△△　　㊞

1　固定資産税は固定資産の所有者（家屋については登記簿または家屋課税台帳に所有者として登記または登録されている者）に対して課される税金であり，その賦課期日は当該年度の初日の属する年の1月1日とされる（地方税法359条）から，本件の場合でいえば，○年1月1日時点の所有者として登記または家屋課税台帳に登録されている者に課せられる。本件家屋は未登記建物であるが，処分庁は，○年1月1日現在の所有者が審査請求人であるとして家屋台帳に登録した。しかし，審査請求人が本件家屋を新築したのは○年1月以降のことである。審査請求人が○年1月1日現在，本件家屋として特定される建物を所有していた事実はなく（少なくともそれを証明する明確な証拠はなく），課

58

税台帳登録は事実に反する記載である。

2　処分庁は，審査請求人が○年１月１日現在の本件家屋の所有者であると認める根拠となる証拠は，○市の委託により××株式会社が撮影したデジタル航空写真であるというが，その写真には本件家屋の屋根と思しきものが写っているだけでその構造・床面積がわかるものではないばかりか，その撮影年月日は○年１月３日11時30分から同日11時38分までの間であるというのであるから，それだけで審査請求人が○年１月１日に既に完成された本件家屋を建築して所有していたという証拠にはならない。

3　審理員からこの間，本審査請求の争点は貴殿の所有する本件家屋がいつ建築されたのかということですので，反論書の記載にあたっては，①建築工事開始時期，②建築工事終了時期，③工事期間，④業者に委託して建築工事を行った場合は当該業者の名称および連絡先をできる限り具体的に主張してくださいとの連絡を受けたが，知り合いの大工と２人で建築工事をしたものであって，①②は正確には思い出せず，③は２，３カ月であった。

4　以上の通り反論する。

3　簡易迅速な権利救済手続──権利救済とは

(1)　審査請求期間

審査請求期間は60日から３カ月に変更された。

(2)　審査請求人適格や審査請求適格

審査請求人適格（行政訴訟における原告適格）や審査請求適格（行政訴訟における処分性）についても行政訴訟ほど厳格には問題にされずに本案に入っての判断を受けやすい。

(3)　不当を理由とする取消し

不当を理由とする取消しも認められる。これが特に重要である。というのは、都市計画、土地区画整理法に基づく土地区画整理事業計画や換地処分等広範な裁量が認められる行政作用については、裁判所に取消訴訟を提起しても、裁判所が裁量の逸脱濫用を認めてこれを取り消すことはほとんどないからである。その意味では、このような広範な裁量の認められる行政作用から国民の権利救

59

〔第1部〕第2章　行政不服審査概論

済を図る途は、唯一、行政不服審査手続のみである。

　ただし、これまで行政法学では、もっぱら「違法」の研究はされてきたが、「不当」の研究の蓄積はほぼない。法治行政原理の観点からはどうしても違法の研究が中心とならざるを得ない。

　それでは、「不当」とは何か（どういう場合をいうのか）。一言でいえば、不当とは、原処分が取り消されるべきであること、審査請求人が救済されるべきであること、それはちょっとひどいんじゃないの、それぐらい認めてあげていいんじゃないの、という市民感覚であろう。申請に対する拒否処分の場合は、調査不十分で申請案件の処理をし直した方がいいという場合も含まれよう。実際、総務省ホームページの「行政不服審査裁決・答申データベース」をみると、調査不十分を理由に取り消している事例が多い。調査不十分がどう処分の違法事由となるのかというと理論的には難しい問題もあるが、上訴における審理不尽で原判決取消し差戻しという感覚に近いのではないかと思われる。

⑷　執行停止

　権利救済の観点からは、行政不服審査手続における執行停止は、審査庁、すなわちほぼ処分庁による全くの裁量に委ねられており、審理員や行政不服審査会が関与する場面はほとんどなく、手続の明確な規律もなければ、判断基準も整備されていないため、執行停止を求めたいときは行政不服審査手続きは不向きではないかとも思われるところであるが、総務省の行った平成28年度施行状況調査結果によると、都道府県では38件の申立てに対し執行停止決定数５件（認容率13％。ちなみに、審査請求の全部認容率・一部認容率合わせて3.3％）ということであるので、事案によっては、行政事件訴訟で執行停止を申し立てるよりも権利救済の観点で優れているということができる。

　2　総務省行政不服審査法に関するHPの行政不服審査法等の施行状況に関する調査結果の欄に平成28年度調査結果が国・地方公共団体に分けて掲載〈http://www.soumu.go.jp/main_sosiki/gyou-kan/kanri/fufuku/〉

　3　平成30年における地方裁判所の執行停止申立事件の既済件数は179件であり、このうち認容決定のあったもの（一部認容を含む）は53件（26.9％）である（最高裁事務総局行政局「平成30年度行政事件の概況」法曹時報第71巻第9号）

60

4 公正な手続保障

改正行政不服審査手続の公正な手続保障の目玉は、審理員審理と行政不服審査会審査である。その意味で、国民の立場からは、審理員と審査会をどう活用するかが極めて重要である。

行政不服審査手続は、行政機関に対して申し立てられる行政救済手続であり、行政内部で行われる、非司法的な手続という位置づけであるが、改正後は、処分のラインとは異なる部署の職員が行う審理員審理や外部の有識者で構成される第三者機関としての行政不服審査会審査が行われ、審理員には弁護士が非常勤職員や任期付き職員として就くこともあるし、審査会は学者・弁護士等の外部委員で構成されるから、その限りで準司法的な行政救済手続という位置づけになっており、公正性が向上した。改正後の行政不服審査手続の大きな目玉の1つである。

(1) 審理員

処分に関与していない職員が審理員となって事案の審理を行う（法9条1項・2項）。

審理員は処分に関与していない（中には、非常勤職員または任期付き職員である弁護士が審理員に指名されることもある）から、事案に全く精通していないことがほとんどであるため、審理員に対し、審理員の職権を発動して、処分庁に対して証拠書類等（法32条）、物件の提出（法33条）をするように求め、参考人の陳述や鑑定、さらには検証を求め（法34条、35条）、また審理関係人に質問する（法36条）ように求めることが重要である。

(2) 資料の閲覧・写しの交付請求

処分庁から提出された資料は閲覧や写しの交付請求ができる（法38条）。ただし、条文上の閲覧・写し交付の請求対象は、法29条4項各号により弁明書に添付された資料、法32条により提出された証拠書類等、法33条の物件提出要求により提出された資料に限られるから、処分庁の手持ち証拠でまだ提出されていない資料や審理員が職権で収集した資料は閲覧・写し交付請求の対象にならない。そこで、処分庁の手持ち未提出資料については、まずは審理員に対して、処分庁に書類その他の物件の提出を求めるよう申し立てる（法33条：物件提出

〔第1部〕第2章　行政不服審査概論

要求）。審理員の職権収集資料については、審理員審理の透明・公正の見地から、法33条の物件提出要求に基づいて提出された資料と同視して、これも閲覧・写しの交付の対象に含まれるものと考えるべきである。

　ところで、法は閲覧・写しの交付請求の手続により証拠開示することを予定しているが、それで足りるとするのが法の趣旨ではない。法の趣旨は審査請求人の権利利益の救済と行政の適正な運営の確保のために手続の透明を図り、行政の説明責任を尽くすということであるので、本来は、審理員が審査請求人の請求を待たずに写しの交付をすべきところであるが、これまでの行政不服審査の歴史や処分庁の負担を考えて、審査請求人の請求を待つ制度としただけである。実際、審理員によっては、審査請求人の請求を待たずに、法定書類以外でも職権で写しを交付している。[4] 正式な閲覧交付請求をする前にまずは審理員に写しを交付するよう求める。この制度が行政訴訟提起前の証拠開示機能を果たしている。

(3)　口頭意見陳述

　審査請求人の申立てがあった場合には、審理員は、口頭で意見を述べる機会を与えなければならない（法31条1項）。口頭意見陳述は、審理員が期日および場所を指定し、すべての審理関係人を招集して行う（同条2項）。審理員の許可を得れば、補佐人とともに出頭することができる（同条3項）。口頭意見陳述に際し、審査請求人は、審理員の許可を得て、審査請求に係る事件に関し、処分庁等に対して、質問を発することができる（同条5項）。

　実際の口頭意見陳述では、条文の流れに沿って、審査請求人がまず口頭で意見を陳述し、それが終わってから審査請求人が質問権を行使するという運用が一般であるが、処分庁に対する質問権の行使の後に意見陳述をするのが法の本来予定するところであろう。

　審査請求人は、処分庁に対して、事件に関連して（事件に関係のない事項にわたる質問は制止される）何でも質問できるし、処分庁はこれに対して応答しな

4　幸田雅治編『行政不服審査法の使いかた』44頁では、「証拠書類等の閲覧・交付は手間がかかりますので、審理員は、運用として、証拠書類の副本の提出を処分庁に命じて、これを審査請求人に送付することが望ましいといえます。ただ、全ての審理員がこのような運営をしてくれるとはかぎりませんので、あらかじめ、審査請求人等の側から審理員にたいして、このような取扱いをしてもらいたい旨を要望しておくのがよいと思います。」とされる。

62

ければならない。行政訴訟になると、処分庁にも指定代理人・訴訟代理人が就くため直接質問できないが、口頭意見陳述の機会だけは、処分庁担当者に対して直接質問できるし、職員も率直に答えてくれる。処分庁による説明責任が直接履行される場である。証人尋問の予審手続のようなものでもある。

それと同時に重要なことは、口頭意見陳述は、弁明書と反論書が出され、原処分の基礎資料がそろったところで、審理員とすべての審理関係人が一堂に会する場であるので、お互いの顔を見てお互いの認識を出し合って争点の認識の共有ができることである。直接顔を突き合わせてお互いの認識をぶつけていくことで、その事案の本当の姿がみえてきたり、審査請求人が本当に不服とするところがみえてくる。書面だけをみていてもわからなかったことが、直接話を聞くことでその真意が理解できることは日常的に多々ある。訴訟においてもそうである。それを、処分からまだ時間の経っていない時点で行うことは、事案の解決にとって極めて重要なことである。審理員は口頭意見陳述の場の主宰者として、審査請求人の発問を許可するだけでなく、自ら審理関係人に事案の理解のために必要な事項を積極的に質問して確認していくべきである。審査請求人としては、口頭意見陳述の場を通して、事件の全体像と争点を把握し、行政訴訟となったときの見通しをつかむことになる。口頭意見陳述は、口頭審理の場として位置づけられるべきである。

⑷　争点整理表

国税不服審判所では、審査請求書、弁明書、反論書に基づいて審判官が争点整理表を作成しそれを審査請求人と処分庁に確認させて確定するという作業が行われている。争点整理表には、事実経過、争点の概要、争点に係る法律上の課税要件、調査担当者の事実認定（または法令解釈）、その事実、証拠書類等、納税者側の主張、その事実、証拠書類等、審理担当者等の意見を記載するものとされている。争点整理表は一般の行政不服審査手続においても、争点を明確にして審理関係人が認識を共有するためには必要と考えられる。

5　この書式は、平成24年6月27日付国税庁長官「署課税部門における争点整理表の作成および調査審理に関する協議・上申等に係る事務処理手続について（事務運営指針）」で定められたものであるが、それ以前は、争点ごとに争点に対する当事者双方の主張を表組みの形で対比させた争点整理表を作成して、それを当事者双方に送付して確認・加除訂正を求めて確定させていた。

63

〔第1部〕第2章　行政不服審査概論

　審理員は、口頭意見陳述の前には争点整理表の原案を作成し、口頭意見陳述を踏まえてそれを確定させる運用が望ましい。少なくとも、口頭意見陳述により口頭で審理関係人全体で争点の理解の共有が図れた時点で速やかに争点整理表を作成して審査請求人と処分庁に確認を求めるべきである。そのうえで、最終的な意見を追加して争点整理表を確定したうえで審理手続を終結する運用がなされるべきである。

(5)　審理の終結

　審理員は必要な審理を終えたときは審理手続を終結する（法41条1項）。審理手続を終結したときは、速やかに審理関係人に対し審理手続を終結した旨と審理員意見書および事件記録を審査庁に提出する予定時期を通知する（法41条3項）。

　審理員は審理手続を終結した後遅滞なく審理員意見書を作成する（法42条）。

(6)　審理員意見書

　審理員意見書には、事案の概要、審理関係人（審査請求人・処分庁等）の主張の要旨、関係する法令の規定、その解釈・裁量基準、争点についての判断、結論が記載される。

(7)　審査会への諮問

　この意見書の提出を受けた審査庁は、原則として行政不服審査会に諮問をし、審査会の答申を受けて審査庁は裁決をする。審理員意見書が審査請求人に送付されるのは事件が行政不服審査会に諮問されたときである。

　審査庁は原則として審査会に事件を諮問するが、例外的に諮問しなくてもいい場合がある（法43条1項各号）。

①　事前手続または事後手続のいずれかにおいて、ほかの法律の規定に基づく審議会等の議を経ている場合（1号、2号）

②　法46条3項または49条4項の規定により審議会等の議を経て裁決をしようとする場合（3号）

③　審査請求人が諮問を希望しない場合（4号）

④　行政不服審査会が国民の権利利益および行政の運営に対する影響の程度その他当該事件の性質を勘案して諮問を不要と認める場合（5号）

⑤　審査請求が不適法であり、却下する場合（6号）

64

⑥　審査請求の全部を認容する場合（7号、8号）

⑦　法令により審理員を置かないと定めた（審理員審理が行われなかった）場合（法9条1項ただし書、同条3項により法42条の適用排除）

(8)　諮問の辞退

審査請求人が諮問を希望しない旨の申出をすることができる。行政不服審査会の審査も行政不服審査手続の公正を担保する手段であるが、その審査を経るのに時間がかかるため、審理員意見書で客観的で有利な見解が得られているのであれば、それ以上時間をかけてまで行政不服審査会審査を望まないという選択肢もあり得る。しかし、審理員意見書が請求認容の結論であったとしても、審査庁が審理員意見書通り裁決するとは限らない。逆に、審理員意見書が請求を棄却する内容のものであるときは、行政不服審査会の審査を辞退する理由はないだろう。なお、審査請求を継続しつつ、審査請求をしてから3カ月を経過したことを理由に処分取消しの訴えを並行して提起することは妨げられない（行訴8条2項1号）。

(9)　諮問書

行政不服審査会に諮問されたときは、諮問通知書が審理員意見書の写しとともに送付されてくる。審査請求人としては、審理員意見書を検討して、その内容が請求を棄却するものであるときは、その反論の準備をする。しかし、審理員意見書とともに重要なのは、審査庁から審査会宛の諮問書であるので、その写しの交付を受けることである。

諮問書は、審査庁によっては、審理員意見書を踏まえて審査庁の見解（場合によっては答申案まで）を示した諮問書が出されるが[6]、それは送付されてこないので、それを入手することが不可欠である。審査請求人はそれを見たうえで審査会に対する主張書面や意見書を検討・提出することになる。

(10)　審査会における審査

審理員審理の段階は、審理手続の計画的遂行も意識され（法28条、37条）、審理関係人の間で頻繁に書面のやり取りや連絡・求釈明がなされ、ある程度可視

6　日弁連が令和元年5月の行政不服審査法シンポジウムの準備のために都道府県に対して行った調査結果では、審査庁の考えを示して諮問するのが通常であり、裁決案まで示して諮問するという都道府県も複数見られた。

〔第1部〕第2章　行政不服審査概論

化されて透明であるのに対し、審査会審査は、最初に諮問通知がくるだけで、あとはどのような進行になっているのか傍からはよくみえない。審査会審査の可視化が必要とされる。それを補うために、審査請求人からは審査会事務局に進行状況を問い合わせるのがよい。可視化の一環として、早期に諮問書の交付も求めて、審査会審査で行われるべきこと・希望することを意見書として提出するのが望ましい。

　審査請求人は審査会に対し主張書面や資料の提出をすることができる（法76条）。また、口頭で意見陳述することができる。ただし、審査会がその必要がないとして意見陳述の機会を与えられない場合もある（法75条1項）。口頭意見陳述には、補佐人とともに出頭することができる（同条2項）。口頭意見陳述の場は非公開であるため、審査請求人の従業員や親族等が出頭を希望する場合には補佐人として出頭させることができる。

　　㋐　審査会における口頭意見陳述の意義

　口頭意見陳述は審理員審理でも行っているし、審理員審理における口頭意見陳述では審理関係人全員が出席し質問権も保障されているのに対し、審査会での口頭意見陳述は審理関係人全員の出席もなければ質問権も保障されていないので、二番煎じの感は否めず、その必要性有用性は審理員審理における場合と比較してあまり認められないという意見も強い。

　しかし、審査会委員に審査請求人の顔となりを見てもらい、審査請求人の思いと救済の必要性を伝えることは極めて重要である。書面だけではわからない機微・審査請求人の「顔」・救済の必要性を伝え、事案の本質を審査会委員に理解してもらうための場として、審査請求人はその活用を十分に意識すべきである。

　　㋑　行政不服審査会での審査

　行政不服審査会では、審理員審理のように、一から事案を審査し直すことは予定されていない。審理員から送付されてきた事件記録と審理員意見書をレビューすることが基本である。しかし、行政不服審査会で審理員意見書が不十分であると考えるときは、審査会は職権で調査を行う。審査会は、適当と認める者にその知っている事実の陳述または鑑定を求めること、その他必要な調査をすることができるものとされており（法74条）、必要があると認めるときは委

66

員に調査をさせることができる（法77条）。実際、審理員意見書が事実認定や法令の解釈に不備があると認められるときは、行政不服審査会による調査が行われることもよくあるようである。処分庁に対する聞取りは日常的によく行われている。ただし、審査会で調査をするのは機動的ではないので、委員が直接関係者に対する事情聴取をすることもよく行われている。

⑾　提出資料の閲覧（法78条1項）

審査関係人は審査会に提出された主張書面や資料の閲覧・写しの交付申請ができる。ただし、これも条文上は、「審査会に提出された」ものに限られるが、審査会審査の透明・公正の見地からは、審査会が職権調査をして収集した資料も、「審査会に提出された」ものと区別する理由はないので、閲覧・写しの交付の対象に含まれるものと考えるべきである。

⑿　審査会審査の瑕疵と裁決取消事由

前述したとおり、法の全面改正により、審理の公正性の向上のために、審理員による審理手続の導入と合わせて導入されたのが、外部の有識者で構成する第三者機関である行政不服審査会への諮問手続である。審理員審理と審査会審査は、イメージとしては地裁と高裁のようなものである。地裁でしっかり審理したが敗訴判決が出たので高裁でその審査を求めるようなイメージである。高裁は地裁判決をレビューしてそれを是とするか非とするかを判断する。そして、高裁で地裁判決が覆されるように、審査会で審理員意見書が変更されることもしばしばある。

審査会への諮問は審理員意見書に基づくことは求められていないし、裁決も審査会の答申に基づくことは求められていない。しかし、改正法が行政不服審査手続の公正を確保するために審理員審理と審査会審査を導入した趣旨に照らせば、審査庁は審理員意見書に基づいて、審理員意見書を尊重して審査会への諮問を行うべきであり、合理的な根拠もなく審理員意見書を無視軽視することは許されない。審査庁も、審査会答申に基づいて、審査会答申を尊重して裁決

7　前掲日弁連の調査結果では、審査会からみた審理員意見書について、事実認定が証拠・資料に基づいていない、事実認定に至る経過が説明されていない、法令解釈に問題がある、争点が適切に整理されていない、審査請求人が不服とする内容に対して答えていない、判断が妥当でないと判断したという回答がそれなりにあった。

〔第 1 部〕第 2 章　行政不服審査概論

を行うべきであり、合理的な根拠もなく審査会答申を無視軽視することは許されない。審査庁が審査会答申と異なる判断をするときは、そのように判断した合理的理由を説明すべきである。それにもかかわらず、審査庁が合理的根拠なく審理員意見書を無視軽視した諮問を行い、また審査庁が合理的根拠なく審査会答申を無視軽視した裁決をしたときは、裁決手続の瑕疵を理由に裁決は取り消されると考えるべきである。また、そもそも審理員意見書や審査会答申が法の趣旨に反して杜撰であるときもまた、裁決は裁決手続の瑕疵を理由に取り消されるべきである。[8]

⒀　裁　決

裁決には、審査請求が不適法である場合にする却下裁決、審査請求は適法であるが理由がない場合にする棄却裁決、審査請求に理由があるとする場合にする認容裁決（裁決の全部を取り消す全部認容裁決と、一部を取り消す一部認容裁決がある）、原処分は違法または不当であるが処分を取り消すと公共の福祉に著しい損害を生ずるために請求を棄却する事情裁決がある。

裁決には、拘束力があり関係行政庁を拘束する（法52条 1 項）。したがって、審査請求人は棄却裁決等を受けても原処分または裁決の取消しを求めて訴訟を提起できるが、処分庁は認容裁決に不服があっても訴訟を提起することはできない。

裁決や答申の内容は、総務省ホームページの「行政不服審査裁決・答申データベース」〈http://fufukudb.search.soumu.go.jp/koukai/Main〉で、国・地方を問わず、裁決や審査会答申が検索できる。答申の全文が閲覧できるので、検索に手間はかかるが、何が争点になり、審査請求人がどういう主張をし、処分庁がどういう弁明をし、審査会がどういう審査をして、どのような判断に至ったのかがわかるので、大変便利である。

また、国税不服審判所の裁決については、国税不服審判所のホームページの「裁決要旨検索システム」〈http://www.kfs.go.jp/cgi-bin/sysrch/prj/web/〉で裁決の要旨が検索できる。

8　2019年第19回行政法研究フォーラム南川和宣岡山大学大学院法務研究科教授報告同旨

⒁　執行停止

　法は、審査請求は、処分の効力、処分の執行または手続の続行を妨げないと
して執行不停止原則を採用する（法25条1項）とともに、裁量的執行停止と義
務的執行停止を定める。

　処分庁の上級行政庁または処分庁である審査庁は、必要があると認める場合
には、審査請求人の申立てによりまたは職権で、処分の効力、処分の執行また
は手続の続行の全部または一部の停止その他の措置（以下、「執行停止」という）
をとることができる（法25条2項）。

　審査請求人の申立てがあった場合において、処分、処分の執行または手続の
続行により生ずる重大な損害を避けるために緊急の必要があると認めるときは、
審査庁は、執行停止をしなければならない（法25条4項）。

　執行停止の申立てがあったとき、または審理員から執行停止をすべき旨の意
見書が提出されたときは、審査庁は、速やかに、執行停止をするかどうかを決
定しなければならない（法25条7項）。

　執行停止をするのは審査庁であるので、執行停止は審査庁に対して求める。
審理員に対して執行停止を求めても、審理員はそれを取り上げて審理をする義
務はない。審理員が執行停止に関して審理する例はあまりない。審理員から執
行停止をすべきという意見書が提出されても、審査庁はそれに拘束されない。
したがって、審査請求人としては、審査庁に対して、重大な損害を避けるため
に緊急の必要がある証拠を、申立てと同時か申立て後速やかに示して執行停止
を求めなければならない。法25条2項は、重大な損害を避けるために緊急の必
要がなくても執行停止できる余地を認めているが、現実には重大な損害を避け
るために緊急の必要もないのに執行停止が認められることはない。のんびり構
えていたら、あっという間に執行停止申立ては却下される。

5　不服申立て前置

　旧法では異議申立てを経ないと審査請求ができず（二重前置）、審査請求が
できないと訴訟提起ができないとする不服申立て前置が多くとられており、事
実上それが原則ともいえる状態であった。行政不服審査手続は簡易迅速な権利
救済手続であり、訴訟前に簡易迅速に救済できるものは救済し、訴訟案件をス

〔第1部〕第2章　行政不服審査概論

クリーニングして裁判所の負担を小さくするというのがその趣旨であったが、出訴期間よりも短い不服申立期間内に申立てしないと出訴の途も絶たれ、しかも不服申立てが不適法であれば不服申立てを前置したことにもならないため、裁判により権利救済を受ける国民の権利を侵害するおそれのあるものであった。そこで、改正により、法は審査請求に一元化されたから二重前置は廃止され（国税通則法では、異議申立てに代わる再調査の請求が定められたが、納税者は再調査の請求を経ずに審査請求をすることができる。国税通則法75条1項1号）、不服申立て前置を定める96の個別行政法規のうち68の法律で不服申立て前置が廃止・縮小された。しかし、不服申立て前置主義が残された法領域では、審査請求を適法に経なければ出訴の途を断たれるので注意が必要である。

　現在も不服申立て前置を残している主な法律は以下のとおり。国税通則法115条、地方税法19条の12、国家公務員法92条の2、103条7項、地方公務員災害補償法56条、地方公務員法51条の2、健康保険法192条、国民健康保険法103条、国民年金法101条の2、厚生年金保険法91条の3、雇用保険法71条、生活保護法69条、労働者災害補償保険法40条、地方自治法231条の3第10項、特許法178条2項、意匠法59条2項、実用新案法47条2項、宗教法人法87条、公害健康被害の補償等に関する法律108条、じん肺法20条。

　なお、児童手当法、児童扶養手当法、障害者雇用促進法、住民基本台帳法、建築基準法、都市計画法、国土利用計画法、鉱業法、採石法、砂利採取法、農地法、漁業法、水産資源保護法、文化財保護法では不服申立て前置は廃止されている。

（本章担当・湯川二朗）

第2部

訴 訟 編

〔第2部〕第1章　行政訴訟概論

第1章　行政訴訟概論

第1節　行政訴訟の定義と分類

1　行政訴訟とは何か

(1)　定　　義

　いろいろの定義があるが、結局は行政事件訴訟法（昭和37年法律139号、以下、単に「行訴法」という）に定める行政事件訴訟が行政訴訟であると言ってよい。

　行訴法は、行政訴訟とは何かを定義せずに、2条で行政事件訴訟の定義をしている。

(2)　行訴法に定めがない事項は民事訴訟で

　行訴法に定めがない事項は民訴の例による。

　行訴法7条は「行政事件訴訟に関し、この法律に定めがない事項については、民事訴訟の例による」と定める。民事訴訟法以外にも民事執行法、民事保全法の規定の適用も検討しなければならない[1]。

　取消訴訟以下の訴訟類型そのものには行訴法が適用され、民訴法が適用される余地はない。

　しかし訴訟は進行するのであって、順次行訴法と民訴法が混交していく。行訴法は訴訟法が当然具備すべき多くの規定を持っていないから、その過程で民訴法が登場するのである。この点は本書で順次述べていくことになるが、行政訴訟は民事訴訟と異なる特殊の裁判だと考える必要はない。

1　斎藤　浩『行政訴訟の実務と理論〔第2版〕』1頁～2頁

72

⑶ 同じ論点、対象を民訴法でも扱える領域はあるか

　たとえば地方自治体が道路計画をする場合に、道路配置計画の取消訴訟を提起するか、環境破壊の人権侵害を理由として道路建設の続行禁止を求める民事訴訟（仮処分を含む）を提起するかは、当事者の選択に委ねるべきである。

　また建築主事や確認検査機関が建築確認をして建物が建つ場合に、建築確認処分に取消訴訟や差止め訴訟を提起するか、日照、通風、景観などを理由として建築禁止の仮処分を提起するかは、当事者の選択に委ねるべきである。

　大阪空港訴訟大法廷判決[2]は、空港供用禁止について、民事訴訟の道はなく行政訴訟の道もあるとは言えないという趣旨を述べる。すなわち、空港という営造物の管理権は非権力的な機能で私法的規制に親しむものがあることを認めつつ、航空行政全般にわたる政策的判断を不可欠とする国営空港の特質から、大阪空港の供用が、運輸大臣の有する公権力の行使をその本質的内容としない空港管理権と、公権力の行使を本質的内容とする航空行政権という二重の権限総合的判断に基づいた不可分一体的な行使の結果であるとして、住民は行政訴訟の方法により何らかの請求をすることができるかどうかはともかくとして、民事訴訟の差止めはできないという。

　いわゆる第４次厚木基地訴訟判決１は、行政事件訴訟法37条の４第１項所定の「重大な損害を生ずるおそれ」があると認めたものの、「被害軽減のため、自衛隊機の運航に係る自主規制や周辺対策事業の実施など相応の対策措置が講じられている等の事情を総合考慮すれば、同飛行場において、将来にわたり自衛隊機の運航が行われることが、社会通念に照らし著しく妥当性を欠くものと認めることは困難であるから、同飛行場における自衛隊機の一定の運航に係る防衛大臣の権限の行使が、行政事件訴訟法37条の４第５項の行政庁がその処分をすることがその裁量権の範囲を超えまたはその濫用となると認められるときに当たるということはできない」として、原告らの訴えをすべて認めなかった。運航という事実行為に対し自衛隊機運航処分という不自然な構成をし、差止め訴訟の基礎にしたのは、上記大阪空港判決のためである。不自然な行政処分構成をやめ、民事訴訟や当事者訴訟で争えるようにする責任は最高裁大法廷にあ

2　最判昭和56・12・16裁判所HP

〔第2部〕第1章　行政訴訟概論

ろう。

しかし、行政が関与する行為について、国民が民事訴訟も行政訴訟もできないという事態は何としても避けなければならない。

2004年の行訴法改正について衆参両院の法務委員会の附帯決議が付いており、この点を厳しく政府と最高裁に釘をさしている。

衆議院の附帯決議のその部分は次のとおりである。

　　「政府及び最高裁判所は、本法の施行に当たり、次の事項について格段の配慮をすべきである。

　　1　本法については、憲法で保障された諸権利に十分に留意し、国民の権利利益の実効的な救済の確保の観点から、国民が多様な権利救済方式を適切に選択することができるように配慮するとともに、行政訴訟の特性を踏まえた当事者の実質的な対等性の確保が図られるよう周知徹底に努めること」。

このような附帯決議のついた改正法下での解釈においては、大阪空港事件大法廷判決のような立場は今後取れない。

⑷　定めがなくても民訴法を適用しない領域

行訴法に規定がなくても民訴法の適用をしないと学説・判例が考える領域がある。

訴訟の終了の自主的な方策である和解、認諾、放棄、取下げについては後掲の「訴訟の終了」（第2部「第5章　訴訟の終了」）の箇所を参照されたい。

民訴法には主張制限の規定が随所に置かれているが（147条の3第3項、156条の2、157条1項、167条、170条5項、174条など）、これは対等の当事者同士の規定である。ところが行訴法10条1項は、「取消訴訟においては、自己の法律上の利点に関係のない違法を理由として取消しを求めることができない」と定めて、原告側の主張制限をしている。この規定の反対解釈として、行政庁には主張制限はないと通説・判例は考えるのである。我々はこのような解釈は誤りだと考えるので、判例変更をめざすべきである。これらの点は10条1項の「理由の追加・差替え」を論じる箇所（第2部第4章第5節）で詳しく再論する。

⑸　仮処分排除の行訴法44条について

上記⑷の連続線上にある問題だが、後述の訴訟要件（第2部第3章第1節）

第1節　行政訴訟の定義と分類

の処分性の箇所で述べる。

2　行政訴訟、行政事件訴訟の類型

種類と適用条文は次のとおりである。

① 抗告訴訟（行訴2条、3条、7条〜38条、44条、46条）

・取消訴訟（行訴3条2項・3項、7条〜35条、44条、46条）

・無効等確認訴訟（行訴3条4項、10条2項、11条〜13条、16条〜19条、20条〜29条、32条2項、33条、35条、36条、38条、44条）

・不作為の違法確認訴訟（行訴3条5項、8条、10条2項、11条〜13条、16条〜19条、21条〜24条、33条、35条、37条、38条、44条）

・義務付け訴訟（行訴3条6項、11条〜13条、16条〜19条、21条〜24条、33条、35条、37条の2、37条の3、38条、44条）

・差止め訴訟（行訴3条7項、11条〜13条、16条〜19条、21条〜24条、33条、35条、37条の4、38条、44条）

・無名抗告訴訟（行訴3条1項、44条）

② 当事者訴訟（行訴4条、13条、16条〜19条、23条〜24条、33条1項、35条、39条〜41条）

・形式的当事者訴訟

・実質的当事者訴訟

〈確認訴訟〉

〈給付訴訟〉

〈形成訴訟〉

③ 民衆訴訟（行訴5条、8条、10条2項、11条〜35条、40条2項、41条〜43条）

④ 機関訴訟（行訴6条、8条、10条2項、11条〜35条、40条2項、41条〜43条）

⑤ 争点訴訟（行訴23条1項・2項、23条の2、24条、35条、39条、45条、民訴45条1項・2項）

これらの類型のうち、民衆訴訟、機関訴訟を客観訴訟と言い、それ以外を主

75

〔第2部〕第1章　行政訴訟概論

観訴訟と言う学説上の分類がある。行訴法は、個人的な権利・利益を目的とする主観訴訟を主として規定し、公益を目的とする客観訴訟の条文をわずかに用意している。

第2節　行政訴訟類型

第2節　行政訴訟類型

1　抗告訴訟

　行訴法は、訴訟類型の中核となる「行政庁の公権力の行使に関する不服の訴訟」を抗告訴訟としている（行訴3条1項）。

　民訴法で判決以外の裁判である決定および命令に対する独自の上訴のことを抗告と呼び、簡易な決定手続で行われるが、この語感に惑わされることなく、本格的な審理が行われるべきである。

　抗告訴訟の種類は次のようになる。

① 取消訴訟
② 無効等確認訴訟
③ 不作為の違法確認訴訟
④ 義務付け訴訟
⑤ 差止め訴訟
⑥ 無名抗告訴訟（法定外抗告訴訟）

　平成16年行訴法改正前までは、主として義務付け訴訟、差止め訴訟のことを無名抗告訴訟または法定外抗告訴訟と呼んできた。取消訴訟、無効等確認訴訟、不作為の違法確認訴訟と行訴法3条2項から5項で定められた訴訟類型のほかに義務付け訴訟、差止め訴訟は行訴法3条1項の解釈からも認められると考えられたからである。

　しかし、義務付け訴訟、差止め訴訟が法定された平成16年行訴訟改正後にもまだ無名抗告訴訟または法定外抗告訴訟は存在する。それはたとえば、一般に行政の公権力の行使につきそれを直接に攻撃する確認訴訟、当事者訴訟ではない抗告訴訟としての確認訴訟、無効等確認訴訟の要件に合致しない違法確認訴訟である。

(1)　取消訴訟

　　詳しくは、第2章以下（79頁）を参照してください。

77

〔第 2 部〕第 1 章　行政訴訟概論

(2)　**無効等確認訴訟**

詳しくは、第 7 章（231頁）を参照してください。

(3)　**不作為の違法確認訴訟**

詳しくは、第 6 章（220頁）を参照してください。

(4)　**義務付け訴訟**

詳しくは、第 8 章（242頁）を参照してください。

(5)　**差止め訴訟**

詳しくは、第 9 章（256頁）を参照してください。

2　当事者訴訟

詳しくは、第11章（298頁）で論じているので、参照していただきたい。

3　民衆訴訟

詳しくは、第12章（343頁）を参照してください。

4　選挙訴訟

詳しくは、第13章第 2 節（385頁）を参照してください。

5　機関訴訟

詳しくは、第13章第 3 節（389頁）を参照してください。

6　争点訴訟

第13章第 4 節（393頁）を参照してください。

（本章担当・斎藤　浩）

第2章　取消訴訟総論

第1節　取消訴訟の特徴

1　総　説

　行訴法上、抗告訴訟の中心に座るのが取消訴訟である。

　取消訴訟とは、行訴法3条2項が定義するように「行政庁の処分その他公権力の行使に当たる行為……の取消しを求める訴訟」である。

　行政の行為の中核的なものである公権力行使に当然備わっているべき要素が欠けている場合に、司法はそれを取り消せるのである。取消しは、公権力行使が法に反して行使されている場合に行われる。

　行訴法は取消訴訟を主に規定し、他の訴訟にはその規定の準用の差異でもって特徴づけをしている。抗告訴訟について定める3章の大部分を取消訴訟に関する規定とし、他の抗告訴訟には取消訴訟の条文を準用するという方式をとっている（38条）。無名抗告訴訟もあると言われながら、こちらには準用条文すら置かれていないという体裁をとっていたのである。[1]

1　義務付け、差止め訴訟が明定された改正法下でも無名抗告訴訟はありうる。行訴法1条は「行政庁の違法な処分の取消又は変更に係る訴訟その他公法上の権利関係に関する訴訟については、この法律によるの外、民事訴訟法の定めるところによる」と定めており、行政訴訟の概念を取消訴訟を含む「公法上の権利関係に関する訴訟」（当事者訴訟）と規定していたから、当事者訴訟の中に取消訴訟が含まれると観念され、または観念される可能性をもっていた。行訴法は、行政訴訟の概念を「抗告訴訟」、「当事者訴訟」、「民衆訴訟」、「機関訴訟」と4分類して当事者訴訟から抗告訴訟、その中核である取消訴訟を引き離したうえで、行政訴訟一般という概念を立てなかった。

〔第2部〕第2章　取消訴訟総論

2　取消訴訟中心主義

　この行訴法の規定ぶりと、その後の判例・学説の行政訴訟運用ぶり、解釈ぶりを総称して取消訴訟中心主義と称されることがある。

　取消訴訟の訴訟要件（処分性や原告適格など）重視や出訴期間の厳密などを論じていれば（あるいは訴訟で重視していれば）、行政訴訟がわかっているのだというような悪しきムードが行政訴訟全体を国民生活からは縁遠いものにしてきた。訴訟当事者と裁判所が、国民の視点で、様々な訴訟形式や争い方を工夫して創造し、学説がそれを肯定的に評価し体系化するという本来あるべき訴訟運営の対極に取消訴訟中心主義があって、これが行政訴訟を支配してきた。

　国民、企業にとっての行訴法の使い勝手の悪さ、言い換えれば行政裁判への不信は、同法とその運営をつかさどる裁判所の同法解釈、そしてそれを支える有力学者が過度の取消訴訟中心主義に陥ってきたところに最大の要因があった。

3　公定力

　そして取消訴訟が中心であるということは、出訴期間が存在する取消訴訟によって取り消されるまでは（取り消されれば行為時まで遡って無効となる）、違法な行政処分も有効のまま存在し続ける[2]という効果を強めてきた。これが伝統的に公定力と言われてきた内容である。

　つまり、公定力とは行政処分は仮に違法であっても、取消権限のある者によって取り消されるまでは、何人であってもその効果を否定することはできないという法現象をさす。[3]

4　取消訴訟の排他的管轄

　公定力はそのような法現象であり、学問上の概念である。そのような中で、公定力の制度的根拠は、この取消訴訟制度の存在に求められた。出訴期間の付いた取消訴訟で取り消されないかぎり、行政処分は公定力をもつということになるのである。逆に言えば、訴訟段階で行政処分を直接に攻撃できるのはこの

2　最判昭和39・10・29裁判所ウェブが、処分性要件のリーディングケース判例と言われている。

3　塩野宏『行政法Ⅰ〔第6版〕』161頁、小早川光郎『行政法（上）』266頁参照

80

第1節　取消訴訟の特徴

訴訟だけであるとして、ここから取消訴訟の排他的管轄と呼ばれる考え方も生まれてきて、判例上、定着した。

5　取消訴訟中心主義からの脱却の試みと改正法

実定法である行訴法が取消訴訟中心主義をとっているので、判例がそのように解釈するのはある意味でやむを得ないが、判例はこれに加えて取消訴訟中心主義の具体化を誤った方向でしていった。それは訴訟要件である原告適格と処分性概念の狭小化であった。

しかし、心ある実務家、研究者は、これらの状態からの脱却を求めてきた。国民と行政との関係を考えるならば、このような状態は極めて不正常なことだからである。

ただ、脱却理論がまとまっていない。なぜまとまっていないかというと、取消訴訟をその要件を緩和して使い勝手のよいものにしようという努力と、そもそも取消訴訟の考えは裁判所で取り消されるまで瑕疵ある処分も有効だと言うものであり、そのような制度に抜本的にメスを入れなければならないという努力がそれぞれなされ、帰一するところがなかったからである。

概括すれば、前者の努力は学者により、後者の努力は日弁連などにより行われてきた。[4]

この大きく見て2つの努力は、判例の現状を改善・改革しようという点では一致するが、法改正の具体的な案としては正反対とも言えるものであり、容易に調整ができなかったというのが、平成16年行訴法改正で改正案が具体化されなかった原因であった。

そして、結論としては、訴訟類型で抗告訴訟に義務付けの訴え（行訴3条6項）と差止めの訴え（行訴3条7項）が追加され、当事者訴訟の公法上の法律関係に関する訴訟に注意的に「公法上の法律関係に関する確認の訴えその他の」という修飾節が付加されるという方向が選択された。

この結果は、改正法として取消訴訟以外の抗告訴訟類型の追加、確認訴訟活用の明確化がなされたことにより、取消訴訟中心主義が緩められたと評すべき

4　あまりすっきりした整理ではないが、行政訴訟検討会の2003年7月4日付「行政訴訟検討会における主な検討事項」（以下、「主な検討事項」という）で、これらをいくつかの類型に分類している。

81

〔第 2 部〕第 2 章　取消訴訟総論

であり、どれほどに緩まるかは利用者の法実践と裁判所の対応にかかることに
なった。

第2節　裁決取消訴訟の諸問題

1　処分取消訴訟と裁決取消訴訟の関係についての行訴法の規定

　行訴法3条3項は、3条2項の処分の取消訴訟以外に、裁決の取消しの訴えという類型の取消訴訟があることを規定する。

　行政処分に対して審査請求などの不服申立てをした場合、この結果である裁決にも不満な者は、行政処分の取消訴訟と裁決の取消訴訟の2つの訴訟を構えることができる。

　この2つの訴訟の関係を10条2項が規定している。

　行訴法10条2項において裁決取消訴訟の中では処分の違法を主張することができないと言う意味は、裁決の違法だけを主張できると言うことである。逆に処分の違法は処分取消訴訟で主張するべきであるとまでは言える。これが原処分主義という内容ではなかろうか。

　処分取消訴訟で裁決の違法を主張できるかどうかは、この条文からだけでは可能と読める。ただ考えてみれば、処分取消訴訟において裁決の違法を主張して認められても、原処分の違法には結びつかないから意味はない。

　これに対抗する概念が裁決主義である

2　裁決固有の瑕疵

　行服法等の定める裁決等の手続違反はこれに当たる。主なものとしては第1に適式な審査庁が判断したかどうか、第2に適式な審理手続に従ったか、第3に適式な裁決かがあげられる。

3　却下裁決、一部取消し一部棄却裁決、修正裁決

　行服法40条1項の却下裁決の場合、行訴法10条2項は適用されないが、それでは2つの取消訴訟のどちらでも原処分の違法も裁決固有の瑕疵も自由に主張できるかというと、それは意味のないことであろう。却下裁決にも様々あり、審査請求手続違反の却下であれば、その理由は裁決取消訴訟で主張するのがよ

83

〔第2部〕第2章　取消訴訟総論

く、処分取消訴訟で主張するのは無意味である。実体判断での却下であれば、その理由は取消訴訟で主張することもできると解すべきである。

　一部取消し一部棄却裁決は、棄却している部分は原処分が残っているから、その部分の取消しを求めるのは原処分の取消訴訟となる。

　修正裁決の場合は、修正された内容で原処分が当初から存在したものと見るのが判例の立場である（最判昭和62・4・21裁判所ウエブ）から、これを訴訟で争う場合には行訴法10条2項がそのまま適用される。

4　両取消訴訟が提起されている場合の処分取消判決の影響

　処分取消訴訟で処分が取り消されると、その処分を維持していた裁決は無効と帰するから、裁決取消訴訟は却下される。その前に原告は取り下げるであろう。

　処分取消訴訟が却下されると、裁決取消訴訟は訴えの利益を失い却下される（最判平成5・9・10民集47巻7号4955頁）。

　処分取消訴訟が棄却され確定した場合に、残っている裁決取消訴訟は意味がなくなったとするのが古い判例（最判昭和37・12・26裁判所ウエブ）の立場であるが、いずれ変更されよう。裁決取消訴訟で取消しが出れば、新裁決が原処分[5]を取り消すことがないとは言えないのは自明のことである。

5　両訴の関係

　関連請求となり（行訴13条3号）、その特徴も行訴法20条に定められている。

6　裁決主義

　上記原処分主義と逆なのが裁決主義で、行訴法10条2項は適用されないことは当然だが、同項と逆に原処分と裁決のうち、裁決しか争わせないようにし、かつ裁決取消訴訟の中で、原処分の違法性と裁決固有の瑕疵の両方が主張できるのである。その結果、裁決取消訴訟で裁決が取り消されたら、原処分も取り消されたことのなるのである（最判昭和50・11・28民集29巻10号1797頁）。

5　塩野宏『行政法Ⅱ〔第5版〕』93頁、宇賀克也『行政法概説Ⅱ〔第5版〕』214頁参照

裁決主義を採っている立法例はかなりの数にのぼる。[6]

（本章担当・斎藤　浩）

6　司法研修所編『改訂行政事件訴訟の一般的問題に関する実務的研究』参照。ただし弁護士法62条
　2項とあるのは61条2項である。

〔第2部〕第3章 取消訴訟の訴訟要件

第3章　取消訴訟の訴訟要件

　訴状の請求原因につき、当該訴状にいう取消訴訟ははたして訴訟要件を満たしているかが最初に問題になる。要件を欠けば実体審理に入ることなく訴訟は却下で終了するが、要件判断が難しいときは実体審理と並行して行われて、最終的な判決で要件判断がなされ却下されると言うこともある。

　訴訟要件はこれを満たさないかぎり、訴訟は門前払い（却下）される。

第1節　処分性

　平成16年行訴法改正からは除かれたが、判例は明らかに変化してきており、その傾向をつかみ、各個の事例で、原告弁護士は拡大に努めるべきである。

1　行政処分

　行訴法は、3条2項で「処分」を定義し、処分は「行政庁の処分その他公権力の行使に当たる行為」とされる。取消訴訟は前述のように、この処分の取消しの訴訟のほか、3条3項の裁決の取消しの訴訟を含む。「裁決」は、3条3項で、「審査請求、異議申立てその他の不服申立てに対する行政庁の裁決、決定その他の行為」とされている。

　以下の処分性の検討は3条2項の処分取消しの訴えの対象である処分性である。

2　判例における定義

　特例法時代から一貫して、処分とは「その行為によって、国民の権利義務を形成し又はその範囲を確定することが法律上認められている場合」といっている。[1]

86

第1節　処分性

行政指導や行政計画がこの定義からして処分と言えるかどうかが、実務では
よく問題となる。

3　現時点での処分性問題についての最高裁の基準

最高裁は明らかに拡大させている[2]。原告弁護士はこれらを正確に分析し、当
面する事件の処分性拡大に営々と努力すべきである。

(1)　名宛人なしの行政の意思表明（条例、行政立法を含む[3]）

〈条例〉　横浜市立保育所を廃止する条例の取消し請求につき、最判平成21・
11・26裁判所ウエブは、市の設置する特定の保育所を廃止する条例の制定行為
は、利用関係が保護者の選択に基づき保育所および保育の実施期間を定めて設
定されるものであり、現に保育を受けている児童およびその保護者は当該保育
所において保育の実施期間が満了するまでの間保育を受けることを期待しうる
法的地位を有すること、同条例が、ほかに行政庁の処分を待つことなくその施
行により当該保育所廃止の効果を発生させ、入所中の児童およびその保護者と
いう限られた特定の者らに対して、直接、上記法的地位を奪う結果を生じさせ
るものであることなど判示の事情の下では、抗告訴訟の対象となる行政処分に
あたるとして、初めて条例に処分性を認めた。

〈指定〉　建築基準法の2項道路指定について処分性を認めた判例（最判平成
14・1・17裁判所ウエブ）。この判決までは、処分性は否定されていたのを変更
したものである。この判決での肯定のあと同旨判決が下級審でも相次いだ。判
決の要点は次の通り。建築基準法42条2項は、1項各号の道路に該当しない道
であっても、法第3章の規定が適用されるに至った時点において、現に建築物
が立ち並んでいる幅員4m未満の道で、特定行政庁の指定したものは、同項
の道路とみなし、その中心線から水平距離2mの線を道路の境界とみなすも
のとしている。本件告示のように、一定の条件に合致する道について一律に2
項道路に指定するいわゆる一括指定の方法でされることがある。その敷地所有

1　最判昭和30・2・24裁判所ウエブ、最判昭和39・10・29裁判所ウエブ
2　なお亘理格「行訴法改正と裁判実務」（ジュリ1310号7頁）は、判例による処分性拡大の判断手
　法には改正行訴法9条2項的思想があると北大での研究会結果を伝えている。
3　行政立法とは行手法2条1号の法令、8号の命令等を指すこととしたい。

87

者は当該道路につき道路内の建築等が制限され（法44条）、私道の変更または
廃止が制限される（法45条）等の具体的な私権の制限を受けることになるので
ある。具体的な私権制限を発生させるものであり、個人の権利義務に対して直
接影響を与えるもので抗告訴訟の対象となる行政処分に当たると解すべきであ
る。

〈通達に基づく決定〉　通達に基づく労災就学援護費の支給決定を労働者災害
補償保険法23条に基づくものとして処分性を認めた事例がある（最判平成15・
9・4裁判所ウエブ）。

(2)　行政の段階的行為のうちの最終的ではない重要な意思表明（行政指導を含む）

勧告や通知について最高裁の積極姿勢は顕著である。

〈勧告〉　病院開設中止勧告について処分性を肯定した（最判平成17・7・15裁
判所ウエブ）。医療法の病院開設の許可申請に対し、知事が同法30条の7に基
づいてする病院の開設中止勧告の処分性を肯定したのである。下級審では判断
が分かれていた。最高裁は「医療法及び健康保険法の規定の内容やその運用の
実情に照らすと、医療法30条の7の規定に基づく病院開設中止の勧告は、……
当該勧告を受けた者に対し、これに従わない場合には、相当程度の確実さをも
って、病院を開設しても保険医療機関の指定を受けることができなくなるとい
う結果をもたらすものということができる」として処分性を肯定した。

病床数削減勧告について処分性を肯定した（最判平成17・10・25裁判所ウエ
ブ）。医療法の病院開設の許可申請に対し、知事が同法30条の7に基づいてす
る病床数削減勧告に処分性を肯定したのである。上記病院開設中止勧告判決と
同じ理由付けである。藤田宙靖裁判官の補足意見が、行政指導とその他の数多
くの行為のメカニズムによる把握の必要性を述べている。

〈通知〉　輸入業者への食品衛生法違反の通知について千葉地判、東京高判を
覆して処分性を認めた（最判平成16・4・26裁判所ウエブ）。検疫所長の食品衛生
法16条に基づく違反通知により、当該食品について、関税法70条2項の「検査
の完了又は条件の具備」を税関に証明し、その確認を受けることができなくな
り、その結果、同条3項により輸入の許可も受けられなくなるのであり、上記
関税法基本通達に基づく通関実務の下で、輸入申告書を提出しても受理されず

第 1 節　処分性

に返却されることとなるからと言う理由である。下級審は輸入許可の権限は税関が持っているからその段階で争えばいいと言っていたのを最高裁が正した。

(3)　行政が国民に対してなす受理、不受理、不交付、返戻などのやり取り

申請に対する処分については、行政手続法（7条）ができた平成5年（1993年）からは不受理や返戻などの事態は起こらないはずであるが、実際には起こるのであり、これについての確定的判断が最高裁により下される必要がある。

(4)　間違って納めた登録免許税の返還方式

還付金返還訴訟（不当利得返還請求訴訟、後述する当事者訴訟としての給付訴訟である）を認めることではどの判例も一致していたが、加えて拒否通知を処分とみて取消訴訟を認めるかどうかで分かれていた。最高裁は拒否通知に処分性を認め、給付訴訟と取消訴訟の両様の争い方を認めた。ただし前者による訴訟を起こして敗訴が確定した当該事案では、後者でも訴えの利益は認められない（最判平成17・4・14判時1897号5頁）。

(5)　都市計画関連の事例

・区画整理事業計画決定（最大判平成20・9・10裁判所ウエブ）

最大判昭和41・2・23裁判所ウエブが判例変更された。

浜松市が施行した土地区画整理事業の事業計画の決定について、施行地区内に土地を所有している上告人らが、その違法を主張して取消しを求めた事案。市町村の施行に係る土地区画整理事業の事業計画の決定は、施行地区内の宅地所有者等の法的地位に変動をもたらすもの（「土地区画整理事業の手続に従って換地処分を受けるべき地位に立たされるものということができ、その意味で、その法的地位に直接的な影響が生ずるものというべきであり、事業計画の決定に伴う法的効果が一般的、抽象的なものにすぎないということはできない。

……もとより、換地処分を受けた宅地所有者等やその前に仮換地の指定を受けた宅地所有者等は、当該換地処分等を対象として取消訴訟を提起することができるが、換地処分等がされた段階では、実際上、既に工事等も進ちょくし、換地計画も具体的に定められるなどしており、その時点で事業計画の違法を理由として当該換地処分等を取り消した場合には、事業全体に著しい混乱をもたらすことになりかねない。それゆえ、換地処分等の取消訴訟において、宅地所有者等が事業計画の違法を主張し、その主張が認められたとしても、当該換地処分等を取り消すことは公共の福祉

89

〔第2部〕第3章　取消訴訟の訴訟要件

に適合しないとして事情判決（行政事件訴訟法31条1項）がされる可能性が相当程度あるのであり、換地処分等がされた段階でこれを対象として取消訴訟を提起することができるとしても、宅地所有者等の被る権利侵害に対する救済が十分に果たされるとはいい難い。そうすると、事業計画の適否が争われる場合、実効的な権利救済を図るためには、事業計画の決定がされた段階で、これを対象とした取消訴訟の提起を認めることに合理性があるというべきである」）であって、また、実効的な権利救済を図るという観点から見ても、これを対象とした抗告訴訟の提起を認めるのが合理的であるとした。

　都市計画法上の地区計画には認めない（最判平成6・4・22裁判所ウエブ）。地域指定の処分性を否定する最判昭和57・4・22裁判所ウエブの部類に属する。いわく、都市計画法の地区計画の決定、告示は、区域内の個人の権利義務に対して具体的な変動を与えるという法律上の効果を伴うものではないと。

　他方、都市計画場面でも処分性を認めるものもある。土地改良事業の計画決定については早くから処分性が認められている（最判昭和61・2・13裁判所ウエブ）。

　また、第2種市街地再開発計画認可については認めた（最判平成4・11・26裁判所ウエブ）。第2種市街地再開発事業については、土地収用法3条各号の一に規定する事業に該当するものとみなして同法の規定を適用するものとし（都市再開発法6条1項、都市計画法69条）、都道府県知事がする設計の概要の認可をもって土地収用法20条の規定による事業の認定に代えるものとするとともに、再開発事業計画の決定の公告をもって同法26条1項の規定による事業の認定の告示とみなすものとしている（都市再開発法6条4項、同法施行令1条の6、都市計画法70条1項）。したがって、市町村は、上記決定の公告により、同法に基づく収用権限を取得するとともに、その結果として、施行地区内の土地の所有者等は、特段の事情のない限り、自己の所有地等が収用されるべき地位に立たされることとなる。しかも、この場合、都市再開発法上、施行地区内の宅地の所有者等は、契約または収用により施行者（市町村）に取得される当該宅地等につき、公告があった日から起算して30日以内に、その対償の払渡しを受けることとするかまたはこれに代えて建築施設の部分の譲受け希望の申出をするかの選択を余儀なくされる（同法118条の2第1項1号）。そうであるとすると、公

第 1 節　処分性

告された再開発事業計画の決定は、施行地区内の土地の所有者等の法的地位に直接的な影響を及ぼすものであって、抗告訴訟の対象となる行政処分に当たるというのである。

　否定例についての争い方が、改正法による確認訴訟の強調により変わってくるかどうかも現在の解釈論上のイッシューである。確認の利益をどのように捉えるかで結論は大いに変わってくるが、今後、処分性の拡大努力とともに確認訴訟を積極的に活用することも重要である。

　⑹　その他

・進級拒否（最判平成 8・3・8裁判所ウエブ）

　エホバの証人に関する著名判例。高等専門学校において学生を進級させない処分が単なる教育的措置ではなく、学生が高等専門学校という教育施設を利用する権利に制限を加えるものであるから、本件各進級拒否処分は行政処分にあたる。2回目の進級させない決定（判定）は本件退学命令処分の前提としての意味しかなく、この決定によって、学生の権利義務を直接形成しまたはその範囲を確定するものではないと主張するが、2回目の進級させない決定（判定）は、学生の権利を制限するものであり、このような拘束力の形成を前提として、本件退学命令処分が行われたのであって、その各処分の目的や効果を異にするから、2回目の進級拒否処分も、独立の行政処分であると控訴審は判断している。当然の判断である。

・5年であるべき運転免許を 3年で出す行為（最判平成21・2・27裁判所ウエブ）

　最高裁は、「確かに、免許証の更新処分において交付される免許証が優良運転者である旨の記載のある免許証であるかそれのないものであるかによって、当該免許証の有効期間等が左右されるものではない。また、上記記載のある免許証を交付して更新処分を行うことは、免許証の更新の申請の内容を成す事項ではない。しかしながら、上記のとおり、客観的に優良運転者の要件を満たす者であれば優良運転者である旨の記載のある免許証を交付して行う更新処分を受ける法律上の地位を有することが肯定される以上、一般運転者として扱われ上記記載のない免許証を交付されて免許証の更新処分を受けた者は、上記の法律上の地位を否定されたことを理由として、これを回復するため、同更新処分の取消しを求める訴えの利益を有するというべきものである。…本件更新処分

91

〔第2部〕第3章　取消訴訟の訴訟要件

は、被上告人に対し優良運転者である旨の記載のない免許証を交付してされた免許証の更新処分であるから、被上告人は、上記記載のある免許証を交付して行う免許証の更新処分を受ける法律上の地位を回復するため、本件更新処分の取消しを求める訴えの利益を有するということができ、本件更新処分取消しの訴えは適法であることとなる」とした。

4　仮処分の排除

⑴　行訴法44条

行訴法44条は「行政庁の処分その他公権力の行使に当たる行為については、民事保全法（平成元年法律第91号）に規定する仮処分をすることができない」と規定し仮処分排除をうたう。

この条文の適用範囲は「処分その他公権力の行使に当たる行為」を争う行政事件訴訟全体に及ぶことに文言上なるわけで、取消訴訟、無効等確認訴訟、その他公権力の行使を対象とする訴訟手続に、広範に仮処分が制限されるように運用されてきた。

しかし無制限に44条を適用しては、行政関係分野における仮の救済は狭められるので、学説や一部の判例は44条を制限する努力を行って現在に至っている。

⑵　改正後の判例の状況

・福岡高決平成17・5・16判時1911号106頁は、諫早湾干拓工事差止め仮処分申立てで、仮処分決定が出され、異議が出されたが認可され（佐賀地決平成17・1・12訟月53巻3号766頁）、その抗告審である。行訴法44条についての言及がある。

この判例は、仮処分の本訴が当事者訴訟であるか否かを明言せずに、差止め対象が埋立工事だとして、工事に公権力性はなく、その工事を差し止めることは行政処分を否定する要素はないとしている。事件番号が地裁で㈲とされ高裁はそれを前提に抗告事件の㈲を使用していることからも民事事件と扱っていると思われる（この点、続いてみる大阪地裁の事例とは異なる）。

許可抗告審（最決平成17・9・30訟月53巻3号773頁）も高裁判断を全員一致で支持したから、最高裁もこの申立ては民事事件とみたものであろう。

・東京高決平成24・7・25判時2182号49頁は、高名な医薬品のインターネット

販売訴訟の仮処分事件で、高裁は、債権者らの本件申立ては、本件に係る本案事件と同様、実質上は厚生労働大臣の省令制定行為あるいは改正省令の無効を前提として、改正省令の効力停止を求める実質を有するものであるから、本件申立てについては、行政事件訴訟法44条の規定が適用され、民事保全法上の仮処分を求めることはできないと却下した。

・大阪地決平成27・3・31判地自407号51頁は、判断の冒頭に「民事保全法上の仮処分の適法性」と題する項目を設けた。この判例は、原告（債権者）が当事者訴訟の形をとっても、対象が行政処分であれば44条の禁止にかかり、契約であればかからないと割り切っている。前者は、本来は当事者訴訟でないというのである。この判断様式は当事者訴訟に関する最高裁の誘導方向であり、その意味で手堅いものであろう。

・大阪地決平成29・10・2判時2370号22頁は、いわゆる森友学園関係の文書を国（近畿財務局）が「変更、改ざん、隠匿、廃棄してはならない」と求めた仮処分申請だが、裁判所は情報公開法は、公開請求し、同法9条により公開か非公開かなどを行政処分で決めるしくみであり、公開決定がない文書に上記のような求めをすることはできなとの趣旨を判示し、被保全権利なして却下した。この決定は、行訴法44条のことを持ち出してはいないが、同条の趣旨からして、当然の決定と言い得よう。

(3) 改正前の判例の状況

(ｱ) 公務員・公共企業体職員・公営企業職員の不利益処分

判例は行政処分説にかたまっている。

「取消訴訟＋執行停止」、「差止め訴訟＋仮の差止め」で対処することとなる。現状では仮処分の出番はないと考えられる。

(ｲ) 道路工事

道路工事は権力的に捉えられ、仮処分を認めた判例はわずかである。

広島地決昭和53・12・5（判タ373号115頁）、抗告審・広島高決昭和54・3・3（判タ382号105頁）は、市道建設工事の続行禁止を求める仮処分申請は、道路の配置計画自体の瑕疵を主張しその建設工事の続行禁止を求めるものであるが、このような仮処分は結局道路の区域決定ないし区域変更という行政処分の実効性を失わせ、実質上その効力を停止する作用を営むことになるとして、44条に

〔第2部〕第3章　取消訴訟の訴訟要件

より許されないとした。改正法後は確認訴訟を本案とする仮処分の努力がなされよう。[4]

広島高決平成4・9・9（訟月39巻8号1389頁）も、道路建設予定地またはその周辺に居住する住民がした、同予定地の売買契約および道路建設工事の禁止を求める仮処分申請につき、行訴法44条の立法趣旨は、行政の目的の適正・迅速かつ確実な実現を確保するために、行政庁の処分その他公権力の行使に当たる行為について、仮処分をもって直接その行政権の作用を阻止することを認めないとするものと解されるところ、道路建設という行政目的実現のために不可分一体と認められる一連の過程の一部である前記売買契約および道路建設工事について仮処分を認めると、当該仮処分は、先行の行政処分たる道路区域決定（区域変更）の効力を無に帰するから、前記仮処分申請は、同条の立法趣旨に照らし、不適法であるとした。この決定も、今後は当事者訴訟との関係が問題となろう。

名古屋地判平成18・10・13は、民事訴訟による道路工事の差止めが不適当であることを詳細に判示し、取消訴訟の活用を勧めている。仮処分の事例ではないが、それを否定する論理を詳述している。

これらに対して、神戸地尼崎支決昭和48・5・11（訟月19巻12号33頁）は、高速道路建設工事が公権力行使であるとしながら、全面的かつ長期間にわたって停止するような内容でないかぎり、仮処分による部分的停止は許されるとしている。

　　㈦　公共工事一般

公共工事を公権力の行使と見ない一連の事例がある。

浦和地判昭52・1・28（判時843号29頁）、控訴審・東京高判昭52・11・16（行集28巻11号1226頁）は、町立小学校の旧校舎の取壊し、静岡地沼津支決昭和53・5・29（訟月24巻7号1456頁）は市道改良工事、神戸地尼崎支判昭53・10・27（判タ374号139頁）は、都市計画道路である市道の整備工事の一環として市が施行する橋りょう工事、和歌山地決昭和57・11・11（訟月29巻6号1042頁）は国道改築工事およびこれに伴う県道、農業用水路および農業用道路付替

4　確認訴訟の仮の救済は執行停止だと言う説もある。

94

工事の起業者である建設大臣の行う橋りょう架設工事である。

㈍　公立学校に関係するもの

⒜　否定判断から

このような事例は今後当事者訴訟性を強調して対処するのが適切である。

広島地決昭和56・1・16（判時1003号122頁）は、停学処分を受けた公立高校の生徒が、授業を受けることの妨害排除を求めた仮処分について、停学処分は公権力の行使に当たる行為であるから不適法であるとした。

名古屋地決昭和56・7・18（行集32巻7号1234頁）、抗告審・名古屋高決昭和56・7・20（労働判例387号付録37頁）は、県公立学校教員採用選考試験を受けるべき地位にあることを仮に定めること、および同試験を受けることの妨害禁止を求める仮処分の申請につき、県教育委員会のした同試験願書の返戻行為は、単なる事実行為ではなく、受験申請を拒否し願書を受理しない旨の意思を表示したものであって、願書提出者に試験を受ける機会を失わせる効果をもたらすものであるから、行政庁の処分に当たるところ、前記仮処分申請は、同行政処分の効力を否定し、これを直接阻害することを内容とするものであることが明らかであり、行訴法44条により許されないとした。

京都地決平成元・1・11（判例地方自治56号40頁）は、市立養護学校高等部の入学者の応募資格を有する地位にあることを仮に定める旨の仮処分申請が、公立学校の在学関係は、契約関係ではなく、いわゆる公法上の特別権力関係に属するものであるとして、許されないとした。

⒝　仮処分を適法と認める判断

静岡地判昭和39・11・30（行集15巻11号2158頁）は、停職処分を受けた県立高校教諭が、教職員組合の組合活動をするため、学校施設内に立ち入ることの妨害禁止を求める仮処分申請につき、行訴法44条は、行政庁のする行為の全般にわたって全面的に仮処分を禁止するものではなく、行政庁の行為であっても、私法上ないし労働法上の規律を受ける行為については仮処分の目的とすることも許されると解すべきであるとした。

大阪地決昭和55・3・14（訟月26巻6号920頁）は、国立大学の学舎移転に伴い受教育地の変更通知を受けた学生らが、国を相手として申請した旧学舎において教育を受ける地位を有することを仮に定める旨の仮処分申請につき、国立

〔第2部〕第3章 取消訴訟の訴訟要件

大学学生の在学関係は私法上の契約関係であるとして仮処分申請は適法であるとした。

　　　㋔　学校以外の公物・営造物に関するもの

　大阪地決昭和43・9・4（訟月14巻12号1362頁）は、地方建設局長が庁舎管理権に基づいて組合の掲示板を移動撤去させる行為は、処分あるいは公権力の行使に当たる行為であり、仮処分の対象となしえないとしている。

　大阪地決昭和49・12・10（判時770号76頁）は、公営住宅入居者決定後の利用の法律関係は私法上の賃貸借関係であるけれども、利用関係の発生原因である公営住宅法18条に定める入居者の決定は、事業主体の長が法令の規定に従って行う行政行為とみることができ、行政庁の処分に該当するものと解せられる。入居手続を申請人らと協議せずに進めてはならない旨の仮処分申請は、行政庁の処分に関し、その効力作用を阻止することを目的とするものであって、行訴法44条に抵触し不適法であるとした。

　東京地八王子支決昭和50・12・8（判時803号18頁）は、公共下水道の使用関係は、地方公共団体の独占事業であり、排水区域内の住民であることにより事実上当然にその使用を強制される（下水道法10条1項）ことから契約でなく、公道の使用に近く、いわゆる公共用営造物の一般使用の関係、すなわち公法関係であり、事業主である地方公共団体が公共下水道の使用を制限する行為は、公権力の行使に該当するから、申請人の公共下水道使用に対する事業主の妨害排除を求める旨の仮処分申請は行訴法44条により許されないとした。他方、公営水道は、行政主体が優先的な意思の主体として住民に公権力を行使することを本質とするものではなく、水道事業における一定量の水の供給とその料金の支払いとは相互に対価関係に立つものであり、その点において私法上の双務契約と性質を異にするものではなく、さらに、水道法15条1項で「給水契約」なる文言が使用されており、同法は、水道事業者と需要者との関係は対等な立場であることを明言していると解されることから、公営水道使用の法的性質は、私法上の当事者関係であるとして、また水道事業は法の建前としてはその経営を地方公共団体の独占事業とはせず何人も事業計画を定めて厚生大臣の認可を受ければ経営できることから（6条、7条）、事業者に水道事業による水の供給を命ずる仮処分が許されるとした。

第1節　処分性

　大阪高決昭和40・10・5（行集16巻10号1756頁）は、庁舎使用許可取消処分後の庁舎の明渡しないし立退き要求については行政代執行は許されず、庁舎の管理主体たる茨木市より相手方に対し、公法上の法律関係に関する訴えたる当事者訴訟を提起し、その確定判決に基づく強制執行によるか、あるいは仮処分によるなど、民訴法上の強制的実現の方法に出るべきものであるとした。

　㋕　その他の事例

　青森地決平成13・5・25は、次のように判示して子の引渡し仮処分の適法性を認めた。すなわち、行政処分の無効または存在しないことが争点となるような私法上の法律関係に関する訴訟を提起することが許され（行訴45条）、反面、このような民事訴訟によって目的を達し得る場合には無効等確認の訴えを提起することが許されないこと（同法36条）、および行訴法25条による行政処分の効力、処分の執行または手続の続行の停止は、取消しの訴えまたは無効等確認の訴えの提起を前提とすることに照らせば、同法44条の規定は、行政処分の無効または不存在を前提として民事訴訟によって実現し得る私法上の権利を主張し、これを被保全権利として民事保全法に基づく仮処分を求めることまでも禁ずるものではないと解する。親権者が親権に基づいて子の引渡しを求めることは、一般に民事訴訟によって実現し得るものであるから、本件申立ては、この点においては、本件一時保護が無効であることを前提としてＡの引渡しを求める限度において、適法であると判示した。

　㋖　住民訴訟を本案とする仮処分

　東京高判昭和52・11・16（行集28巻11号1226頁）や大津地決平成14・1・24は認めたが、地方自治法が平成14年に変わり、明文で仮処分を禁じた（同法242条の2第10項）ので、今後はこの種の仮処分は見られなくなる。

（本節担当・斎藤　浩）

〔第2部〕第3章　取消訴訟の訴訟要件

第2節　原告適格

1　原告適格の意義

　行訴法9条1項は、処分・裁決の「取消しを求めるにつき法律上の利益を有する者」に限り、取消訴訟を提起できると定めている。これは、訴えを提起できるのは誰かという、原告の資格について定めたものであり、具体的事件において原告適格の問題として論じられる。

　この点、民事訴訟では、当該違法行為の取消請求権を有する者が個別の民事実体法に明定され、その個別法で特定された者が原告適格を有することになるため、原告適格自体が問題となることは少ない。

　これに対し、行政訴訟では、沿革上、個別の行政実体法に誰が取消請求権を有するかを定める前に、取消訴訟制度が先に整備された。そのため原告適格に関する一般的な規定がまずおかれ（概括主義）、その具体的な範囲を各行政実体法における解釈を通じて決定していくという構造がとられている。

　こうした構造に加え、一般的な規定である「法律上の利益を有する者」の具体的内容が一義的に明確でないこともあって、原告適格は、理論的にも、また実際の訴訟においても、さまざまな議論をもたらす要因となっている。

2　法律上の利益を有する者

⑴　「法律上保護された利益」か「法律上保護に値する利益」か

　行訴法は、原告適格の内容を「法律上の利益」という文言で表現している（行訴9条1項）。そこで、その具体的意味をどう理解するかが問題となるが、従来から、次の2つの対立する解釈があるとされてきた。

　　㋐　「法律上保護された利益」説（保護された利益説）

　処分により侵害される利益を処分の根拠法令の規定が保護している場合に原告適格を認める見解である。

　　㋑　「法律上保護に値する利益」説（保護に値する利益説）

　必ずしも法律上保護された利益に限定されず、事実上の利益が侵害される場

98

合でも原告適格が認められるとする見解である。

⑵ 両説の区別を論ずる意味

保護された利益説によれば、根拠法令に規定があるか否かにより判定することになるため、基準として明確であるとのメリットが語られる。そして、判例は一貫して同説に依拠しているといわれてきた。

しかし、実体法に規定があるか否かによって判断を分かつ考え方（列記主義）は、行政事件訴訟法が採用する取消訴訟制度の構造（概括主義）に反する、法律の規定上も曖昧な場合は少なくなく基準として常に明確とはいえない、そもそも立法者は原告適格を念頭において条文を作っておらず偶然に左右されやすい、といった批判がある。

判例も、後述のとおり、行訴法改正前の段階においてすでに、保護された利益説で説明することが困難なものも出現しており、実質的には保護に値する説に近づく傾向をみせているとの理解が有力となっていた。

3　従来の判例

取消訴訟の原告適格に関し、最高裁は、まず、主婦連ジュース訴訟判決（最判昭和53・3・14民集32巻2号211頁）において、「法律上保護された利益とは、行政法規が私人等権利主体の個人的利益を保護することを目的として行政権の行使に制約を課していることにより保障されている利益であつて、それは、行政法規が他の目的、特に公益の実現を目的として行政権の行使に制約を課している結果たまたま一定の者が受けることととなる反射的利益とは区別される」とした。

しかし、その後、新潟空港事件判決（最判平成1・2・17民集43巻2号56頁）では、空港の周辺住民が航空会社の航空運送事業免許の取消しを求めた訴訟において、「『法律上の利益を有する者』とは、当該処分により自己の権利若しくは法律上保護された利益を侵害され又は必然的に侵害されるおそれのある者をいうのであるが、当該処分を定めた行政法規が、不特定多数者の具体的利益をもっぱら一般的公益の中に吸収解消させるにとどめず、それが帰属する個々人の個別的利益としてもこれを保護すべきものとする趣旨を含むと解される場合には、かかる利益も右にいう法律上保護された利益に当たり、当該処分によりこ

〔第2部〕第3章　取消訴訟の訴訟要件

れを侵害され又は必然的に侵害されるおそれのある者は、当該処分の取消訴訟における原告適格を有するということができる」とし、「当該行政法規が、不特定多数者の具体的利益をそれが帰属する個々人の個別的利益としても保護すべきものとする趣旨を含むか否かは、当該行政法規及びそれと目的を共通する関連法規の関係規定によって形成される法体系の中において、当該処分の根拠規定が、当該処分を通して右のような個々人の個別的利益をも保護すべきものとして位置づけられているとみることができるかどうかによって決すべき」として、原告適格を肯定した。

　同判決は、処分の根拠法令のみならず、関連法令の規定も含めた法体系を考慮すべきであるという方向性を示したものであるとの評価が可能である。

　そして、もんじゅ訴訟判決（最判平成4・9・22民集46巻6号571頁）は、高速増殖炉の周辺住民が、原子炉設置許可の無効確認訴訟を提起した事件において、まず、「当該処分を定めた行政法規が、不特定多数者の具体的利益を専ら一般的公益の中に吸収解消させるにとどめず、それが帰属する個々人の個別的利益としてもこれを保護すべきものとする趣旨を含むと解される場合には、かかる利益も右にいう法律上保護された利益」にあたるとした。そのうえで、「当該行政法規が、不特定多数者の具体的利益をそれが帰属する個々人の個別的利益としても保護すべきものとする趣旨を含むか否かは、当該行政法規の趣旨・目的、当該行政法規が当該処分を通して保護しようとしている利益の内容・性質等を考慮して判断すべきである」とした。

　同判決は、違法な処分により事故が起きた場合に発生するであろう被害の性質を考慮するということを明らかにし、新潟空港事件判決で示された方向性をさらに具体化して進展させた。

　このように、最高裁判例は、原告適格を緩やかに解する方向で発展してきたとみることができるものの、事案ごとに判断の揺らぎが感じられ、原告適格を不当に狭く解していると批判される判断も見受けられた。

　そこで、原告適格に関する判例の到達点を確認するとともに、これを拡大する流れを確かなものとすべきとの問題意識が共有され、次にみる行訴法改正へとつながっていった。

4　行訴法9条2項が設けられた意味

(1)　改正に至る経緯

平成13年6月12日付けで司法制度改革審議会から出された最終意見書においては、司法の行政に対するチェック機能の強化のための行政訴訟制度の見直しの必要性の中で、行政訴訟手続に関する諸課題のうち、行政事件訴訟法上の個別課題の1つとして、原告適格の問題があげられていた。

これを受けて、司法制度改革推進本部の行政訴訟検討会においても、原告適格の問題は最重要課題の1つとして取り上げられ、行政訴訟を活性化するために、いかにして原告適格の範囲を広げるかについて、活発な議論が展開された。

この議論において、「法律上の利益」という文言を変えるべきであるという意見も出されたが、結局「法律上の利益」という文言は変えずに、裁判所が「法律上の利益」の有無を判断するにあたって考慮すべき事項を規定するということになった。

そして、これに沿って法改正がなされ、考慮事項に関する規定が9条2項として追加された。

(2)　改正の内容

追加された9条2項の内容は、次のとおりである。

まず、「当該処分又は裁決の根拠となる法令の規定の文言のみによることなく」（A）と断ったうえで、第1の考慮事項（B）として、（b－1）「（当該処分又は裁決の根拠となる）法令の趣旨及び目的」、第2の考慮事項（C）として、（c－1）「当該処分において考慮されるべき利益の内容及び性質」をあげている。

次に、第1の考慮事項（B）を考慮するにあたっては、（b－2）「（当該処分又は裁決の根拠となる）法令と目的を共通にする関係法令があるときはその趣旨及び目的をも参酌するもの」とし、第2の考慮事項（C）を考慮するにあたっては、（c－2）「当該処分又は裁決がその根拠となる法令に違反してされた場合に害されることとなる利益の内容及び性質並びにこれが害される態様及び程度をも勘案するもの」としている。

この条文構造を図示すると以下のようになる。

101

なお、考慮・参酌・勘案という用語の使い分けがなされているが、その相違を過度に意識する必要はない。また、9条2項に定められた考慮要素は、原告適格を判断するに際して裁判所が必ず考慮しなければならない事項を掲げたものであり、当該事案において、同条項に列挙された事項以外の事項を考慮して原告適格を認めることは何ら妨げられない（D）。

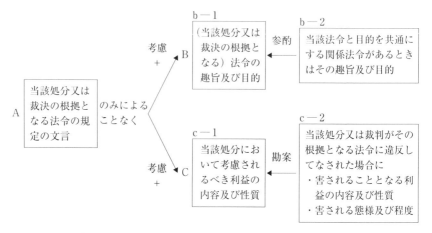

D　上記以外の事情を考慮して原告適格を認めることも妨げられない。

(3) 改正の意味

すでにみた最高裁判例が述べていた内容も含まれており、それまでの判例の展開を踏まえたものであることについては、異論がない。

しかし、9条2項について、単に従来の最高裁判例が述べていたことを整理したものにすぎず、何らこれを変更するものではない、と解するのは明らかな誤りである。

改正の検討においては、前述のとおり、原告適格を従来よりも広げるということがコンセンサスとしてあり、そのための具体的な方法として、考慮事項を法定するという形がとられた。

そうである以上、できるだけ原告適格を認める方向で9条2項の各考慮事項を用いることが立法者意思に沿うのであり、そうすることで原告適格を拡大していくことが志向されなければならない。

5 行訴法改正後の最高裁判例

⑴ 小田急高架事件最高裁大法廷判決（最大判平成17・12・7民集59巻10号2645頁）

最高裁は、小田急高架事件において、行訴法9条2項の内容に基づき、以下のとおり判示した。

⑦ 事案の概要

この小田急高架訴訟とは、小田急小田原線のうち東京都世田谷区内の喜多見駅付近から梅ヶ丘駅付近までの区間を高架式（嵩上式、一部掘割式）により連続立体交差化することを内容とする都市計画事業および同区間に沿って付属街路（側道）を設置することを内容とする各都市計画事業につき、建設大臣が認可をしたところ、同区間の沿線住民らが、これらの認可は環境面や事業面において優れた地下式を採用せず、沿線住民らに多大な被害を与える高架式を採用したことにおいて違法であるとして、建設大臣の事務承継者である関東地方整備局長に対し、その取消しを求めたものである。

この訴訟の上告審において、最高裁判所第一小法廷は上告を受理したうえで、上告受理申立理由のうち原告適格に係る所論に関する部分を大法廷に回付した（いわゆる論点回付）。

⑦ 判決の内容

前記した行訴法9条2項の構造を意識して判示内容を分析すると、以下のとおりである。

(A) 考慮事項B

判決は、まず、公害対策基本法・東京都環境影響評価条例の趣旨・目的を参酌した上で（b－2）、本件認可処分の根拠となっている法令である都市計画法の趣旨および目的を明らかにしている（b－1）。

すなわち、都市計画の基準に関して、当該都市について公害防止計画が定められているときは都市計画がこれに適合したものでなければならないとされていることを指摘したうえで、この公害防止計画の根拠となる法令である公害対策基本法（現在では環境基本法）の趣旨および目的を検討し、同様に東京都環境評価条例の趣旨および目的を検討する。そして、これらの検討の結果として、

103

〔第2部〕第3章　取消訴訟の訴訟要件

「都市計画事業の認可に関する同法の規定は、事業に伴う騒音・振動等によって、事業地の周辺地域に居住する住民に健康または生活環境の被害が発生することを防止し、もって健康で文化的な都市生活を確保し、良好な生活環境を保全することも、その趣旨および目的とするものと解される」とする解釈を導いている。

　　(B)　考慮事項C

　次に、本件認可処分がその根拠となる法令である都市計画法またはその関係法令に違反してされた場合に害されることとなる利益の内容および性質並びにこれが害される態様および程度について、「違法な都市計画事業に係る事業地の周辺地域に居住する住民が、当該地域に居住し続けることにより前記の被害を反復・継続して受けた場合、その被害は、これらの住民の健康や生活環境に係る著しい被害にも至りかねない」こと（c－2）を指摘したうえで、「都市計画事業の認可に関する都市計画法の規定は、その趣旨及び目的にかんがみれば、事業地の周辺地域に居住する住民に対し、違法な事業に起因する騒音・振動等によってこのような健康または生活環境に係る著しい被害を受けないという具体的利益を保護しようとするものと解されるところ、前記のような被害の内容・性質・程度等に照らせば、この具体的利益は一般的公益の中に吸収解消させることが困難なものといわざるを得ない」（c－1）としている。

　　(C)　結　論

　以上の検討に基づいて、判決は、「都市計画事業の認可に関する都市計画法の規定の趣旨および目的、これらの規定が都市計画事業の認可の制度を通して保護しようとしている利益の内容および性質等を考慮すれば、同法は、これらの規定を通じて、都市の健全な発展と秩序ある整備を図るなどの公益的見地から都市計画施設の整備に関する事業を規制するとともに、騒音・振動等によって健康または生活環境に係る著しい被害を直接的に受けるおそれのある個々の住民に対して、そのような被害を受けないという利益を個々人の個別的利益としても保護すべきものとする趣旨を含むと解する」と述べたうえで、原告適格について、「都市計画事業の事業地の周辺に居住する住民のうち当該事業が実施されることにより騒音・振動等による健康または生活環境に係る著しい被害を直接的に受けるおそれのある者は、当該事業の認可の取消しを求めるにつき

104

法律上の利益を有する者として、その取消訴訟における原告適格を有する」と
結論づけた。

(2) 改正後のあるべき解釈手法

小田急高架事件の最高裁大法廷判決は、同じく都市計画事業の認可の取消訴
訟において計画事業地内の地権者にのみ原告適格を認めた環状6号線訴訟判決
（最判平成11・11・25判時1698号66頁）を変更し、東京都環境影響評価条例の規
定する関係地域に住む者にまで原告適格を拡大したものである。

これは都市計画法の規定について、9条2項所定の考慮事項を考慮すること
により、周辺住民の利益を個別的利益として保護する趣旨を含むと解釈したも
のであり、原告適格を拡大するという改正法の趣旨に沿うものといえる。

今後も、この大法廷判決で示された解釈手法を踏まえつつ、個別の事案にお
いて、原告適格の拡大という立法趣旨に沿う解釈運用を積み重ねていくことが
求められる。

6　事案類型別の判例の整理

(1) 名宛人と同視できる者

申請に対する拒否といった不利益処分を受けたその当人、すなわち処分の名
宛人は、当該処分による法律上の効果を直接受ける者であり、原告適格が認め
られることについては、異論がない。名宛人と同視できる者にも、原告適格が
認められるべきである。

最判平成25・7・12判時2203号22頁は、共有不動産の持分について滞納処分
による差押えがなされた事案で、当該差押処分は他の共有者の権利も制限する
として、他の共有者について当該差押処分の取消訴訟を提起する原告適格を肯
定した。

(2) 周辺住民

最判平成26・7・29民集68巻6号620頁は、産業廃棄物処分業の許可等に関す
る取消訴訟および無効確認訴訟において、当該処分場の周辺に居住する住民の
うち、環境影響調査報告書で調査対象とされた地域に居住する者について、有
害物質排出により健康または生活環境に著しい被害を受けるおそれがある者に
あたるとして原告適格を認めた。

105

〔第2部〕第3章　取消訴訟の訴訟要件

　これに対し、サテライト大阪事件判決（最判平成21・10・15民集63巻8号1711
頁）は、経済産業大臣が自転車競技法に基づき場外車券販売売り場の設置を許
可したことに対し、周辺住民らが同許可の取消しを求めた事案で、周辺の医療
施設の開設者について原告適格が認められる余地を認めたものの、生活環境の
利益は基本的には公益に属する利益であり自転車競技法がこれを個別的利益と
しても保護する趣旨を含むと解することは困難とし、周辺の住民や事業者、医
療施設の利用者等については原告適格を有しないものとした。

　しかし、サテライト大阪事件判決が、生活環境の悪化を受けない利益を公益
に属するものと位置づけて原告適格を限定する姿勢を示したことについては、
それまでの判例の傾向や改正法の趣旨にそぐわないものとして批判が強い。

　他には、建築確認取消訴訟について、建築確認にかかる建築物により日照を
阻害される周辺の居住者の原告適格を肯定した東京高判平成20・7・9裁判所
ウエブ、東京地判平成18・9・29裁判所ウエブ、大阪高判平成20・8・28裁判所
ウエブ、土地区画整理事業の施行認可に関し、東京都震災対策条例により施行
地区内に所在するグラウンドを広域避難場所として指定されている地域に居住
する者に原告適格を肯定した東京地判平成20・5・29判時2015号24頁、都市計
画法を根拠とする許認可について周辺住民に原告適格を肯定した大阪地判平成
24・3・28裁判所ウエブ、東京高判平成22・6・10裁判所ウエブ、東京高判平成
21・9・16裁判所ウエブ、大阪地判平成20・3・27裁判所ウエブ、墓地の経営許
可について周辺住民に原告適格を肯定した東京地判平成22・4・16裁判所ウエ
ブがある。

　さらに、騒音による健康被害を直接的に受ける者に原告適格を認めたものと
して、航空法に基づく空港変更の認可に関する東京高判平成21・6・1裁判所
ウエブ、鉄道事業法に基づく鉄道施設の工事施行の認可に関する大阪高判平成
19・10・25判タ1264号138頁などがある。

　(3)　競業者

　病院の新規開設許可に対する既存病院（周辺の医療法人・医師・医師会）の原
告適格について、最判平成19・10・19判時1993号3頁は、医療法が既存病院の
利益を保護する趣旨を含むと解することはできないとして、これを否定した。

　これに対し、最判平成26・1・28民集68巻1号49頁は、既存の一般廃棄物処

106

理業者が新規参入業者の許可等について取消しを求めた訴訟において、廃棄物処理法は参入規制などの需給調整を明示的に規定しているわけではないが、同法の仕組みを柔軟に解釈し、新規許可によって害される既存業者の利益を考慮すべきことを認め、原告適格を肯定した。

他に、し尿・浄化槽汚泥の収集運搬の許可を受けている既存業者に原告適格を認めた鹿児島地判平成29・2・28判例地方自治433号43頁、製造たばこ小売販売業許可を受けている既存業者の原告適格を認めた福岡高判平成24・6・5裁判所ウエブがある。

また、東京高判平成25・11・1判時2206号37頁は、排除措置命令を取り消す審決について、当該審決によって著しい業務上の被害を直接的に受けるおそれがあると認められる競業者について、審決取消訴訟の原告適格を有するとした。

(4) 消費者

北総運賃値下げ義務づけ訴訟において、東京地判平成25・3・26判時2209号79頁は、鉄道事業法1条が「利用者の利益の保護」を目的として掲げていることなどを指摘したうえ、通勤・通学等で反復継続して日常的に鉄道を利用する者は、違法な旅客運賃設定がされると当該鉄道を利用することが困難になるなど日常生活の基盤を根底から揺るがすような重大な損害が生じかねないとして、北総線運賃認可処分について沿線住民に原告適格を認めた。

ちなみに、行政法改正前には、旧地方鉄道法に関する近鉄特急料金訴訟（最判平成1・4・13判時1313号121頁）や鉄道事業法に関する東京地判平成11・9・13判時1721号53頁などにおいては、いずれも鉄道運賃認可取消訴訟における鉄道利用者の原告適格が否定されていた。

(5) 景観・環境

鞆の浦の公有水面埋立免許について、近隣の居住者らが争った訴訟において、広島地判平成21・10・1判時2060号3頁は、公有水面埋立法や関連法令の規定が鞆の浦の景観を享受する利益を個別的利益として保護しているとして、鞆町に居住している者の原告適格を認めた。

(6) 団 体

裁判所は、住民団体や消費者団体、環境団体等に取消訴訟を提起する原告適格を認めることについては、これを否定するのが通例となっている。

107

〔第2部〕第3章　取消訴訟の訴訟要件

　しかし、現代においては、行政との関わりにおいて、各種の団体がさまざまな場面で重要な役割を担っている実態がある。そうした役割を担う団体に訴訟当事者としての資格を認めることは、行政が法律に基づき適正に行われることに資することは否定し難い。

　学説においては、国際的な趨勢を背景に、団体に原告適格を認めるべきであるとする見解が有力である。

　なお、地方公共団体についても、同様に、一定の場合に原告適格を認めるべきであるとの議論がある。

（本節担当・森　晋介）

第3節　被告適格

1　沿　革

　平成16年改正前の行訴法では、取消訴訟の被告適格は、行政主体である国または公共団体ではなく、処分または裁決（以下、「処分等」という）をした行政庁（処分庁）が有するものとされていた。これは、処分等の適否を争う訴訟においては当該処分等につき当面の責任がある行政庁を被告適格者とすることが合目的的であると考えられたこと、訴えを提起する原告にとっても処分等をした行政庁を被告として訴えを提起することとしたほうがわかりやすく被告を誤るおそれをなくすという点で便宜であると考えられたことによるものであった。

　しかしながら、実際には、行政主体の内部において行われる権限の委任や代理、専決による事務処理等の委任関係は外部からはわかりにくいため、処分等をした行政庁がいずれの機関であるか判明しにくい場合も少なくなく、処分庁を誤り、被告変更も許されないために、出訴期間の徒過を理由として権利利益の救済の道が閉ざされてしまうという問題のあることが指摘されていた。

　そこで、平成16年改正により、被告適格を有する行政庁を特定する原告の負担を軽減し、取消訴訟から当事者訴訟への訴えの変更等を容易にするため、原則として処分等をした行政庁の属する国または公共団体が被告適格を有するものと改められた。

2　被告適格

⑴　処分等をした行政庁が国または公共団体に所属する場合

　処分等をした行政庁が国または公共団体に所属する場合には、当該処分等をした行政庁の所属する国または公共団体が被告適格を有する（行訴11条1項）。

　行政庁とは、国または公共団体の機関で、具体的な法令の規定に基づき国または公共団体の意思を決定して外部に表示する権限を有するものをいう。当該処分等についての行政庁が誰であるかは、処分等の根拠となる法令の規定により定まる。なお、ここでいう行政庁は、行政組織法上の行政機関と一致するも

109

〔第 2 部〕第 3 章　取消訴訟の訴訟要件

のではなく、地方公共団体の議会や裁判所も処分等を行う限りにおいては行政
庁にあたる。

　処分等があった後に当該行政庁の権限が他の行政庁に承継されたときは、当
該他の行政庁が所属する国または公共団体が被告適格を有する（行訴11条 1 項
かっこ書）。

　被告適格を有する「公共団体」には、地方公共団体のほか、独立行政法人、
特殊法人、公共組合等も含まれる。

(2)　処分等をした行政庁が国または公共団体に所属しない場合

　処分等をした行政庁が国または公共団体に所属しない場合には、当該行政庁
が被告適格を有する（行訴11条 2 項）。

　具体的には、処分等をした行政庁がいわゆる指定法人である場合や、日本弁
護士連合会を被告として処分等の取消訴訟を提起する場合等が考えられる。

(3)　その他の場合

　行訴法11条 1 項または 2 項の規定により被告とすべき国もしくは公共団体ま
たは行政庁がない場合には、当該処分等に係る事務の帰属する国または公共団
体が被告適格を有する（行訴11項 3 項）。

　具体的には、法令の改正等により処分等をした行政庁が廃止され、その権限
を承継した行政庁もない場合や、処分等をした公共団体または国もしくは公共
団体に所属しない行政庁が廃止された場合等が考えられる。

(4)　個別法による例外

　個別法で被告適格に関する特則が設けられている場合には、それに従うこと
になる。

　具体的には、特許庁長官を被告とする特許等の審決に対する訴えについては、
特許庁長官が（特許法179条本文、これを準用する実用新案法47条 2 項、意匠法59
条 2 項、商標法63条 2 項）、海難審判の裁決に対する訴えについては、高等海難
審判所長が（海難審判法45条）、公正取引委員会の審決に係る抗告訴訟について
は、公正取引委員会が（独占禁止法77条）、それぞれ被告適格を有する。

110

第3節　被告適格

3　被告適格に関連する事項

⑴　訴状への被告および代表者の記載

訴状には、必要的記載事項として、被告およびその代表者を記載する必要がある（民訴133条2項1号、37条）。

被告が国である場合、被告名の表示は「国」とし、国を当事者とする訴訟においては法務大臣が国を代表することから（法務大臣権限法1条）、その代表者として「同代表者法務大臣　○○○○」と記載することになる。

被告が普通地方公共団体である場合、被告名の表示は「○○県」などとし、普通公共団体を代表するのは都道府県では知事、市町村では市町村長であるから（自治147条）、その代表者として「同代表者知事　○○○○」などと記載することになる。ただし、普通地方公共団体の議会または議長のした処分等に係る訴訟については議長（自治105条の2）、代表監査委員または監査委員のした処分等に係る訴訟については代表監査委員（自治199条の3第3項）が普通地方公共団体を代表するものとされており、また、以下の行政庁のした処分等に係る訴訟については当該行政庁が普通地方公共団体を代表するものとされているので留意が必要である。

①	選挙管理委員会	地方自治法192条
②	労働委員会	労働組合法27条の23第1項
③	海区漁業調整委員会	漁業法135条の2
④	内水面漁場管理委員会	漁業法135条の2
⑤	固定資産評価審査委員会	地方税法434条の2
⑥	人事委員会・公平委員会	地方公務員法8条の2
⑦	農業委員会	農業委員会等に関する法律40条
⑧	収用委員会	土地収用法58条の2
⑨	公安委員会	警察法80条
⑩	教育委員会	地方教育行政の組織及び運営に関する法律56条

その他の公共団体が被告となる場合、その代表者は、各団体の組織を定める法令の規定により定められることになる。

111

〔第2部〕第3章　取消訴訟の訴訟要件

　なお、国や地方公共団体には通常の意味における住所はないが、実務上、送達場所を明らかにするため、国が被告となる場合には法務省、地方公共団体が被告となる場合には都道府県庁、市区役所または町村の役場の所在地を記載する。

(2)　訴状への行政庁の記載

　国または公共団体を被告として提起する取消訴訟の訴状には、民事訴訟の例により記載すべき事項のほか、処分等をした行政庁を記載するものとされている（行訴法11条4項）。具体的には、被告および代表者の記載に続けて「処分行政庁　○○税務署長　△△△△」などと記載することになる（具体例については、本書掲載の訴状の書式例も参照のこと）。処分等があった後に当該行政庁の権限が他の行政庁に承継された場合には、当該他の行政庁を訴状に記載する（行訴11条1項かっこ書）。

　訴訟手続の早期の段階で行政庁を明らかにすることが、被告の円滑かつ迅速な訴訟対応、釈明処分の制度（行訴23条の2）の円滑な運用、判決の拘束力が及ぶ関係行政庁（行訴33条）の明確化等に資すると考えられることから、平成16年改正により設けられた規定であるが、訓示規定であり、訴状に行政庁の記載がない場合や誤った記載がされた場合であっても、それにより原告が不利益を受けることはない。

(3)　被告の行政庁特定義務

　国または公共団体を被告とする取消訴訟が提起された場合には、被告は、遅滞なく、裁判所に対し、処分等をした行政庁を明らかにしなければならない（行訴11条5項）。

　上述のとおり、訴訟手続の早期の段階で行政庁を明らかにすることが審理の充実、促進に資すると考えられること、処分等の権限を有する行政庁を最も良く知り得る立場にあるのが被告であることから、被告において行政庁を明らかにすべきこととされたものであるが、被告が行政庁を明らかにしない場合でも、それにより被告が直接に不利益を受けることはない。

(4)　処分等をした行政庁の訴訟遂行権限

　処分等をした行政庁は、当該処分等に係る国または公共団体を被告とする訴訟について、裁判上の一切の行為をする権限を有する（行訴11条6項）。

112

先述のとおり、処分等をした行政庁は、平成16年改正による取消訴訟の被告適格の変更により原則として訴訟当事者ではなくなるが、平成16年改正前と同様に、行政庁も裁判上の行為を行う権限を有するものとすることが訴訟手続の円滑な進行や迅速かつ充実した審理の実現に資すると考えられたことから、かかる規定が設けられたものである。

⑸　行政庁の教示義務

行政庁は、取消訴訟を提起することができる処分等をする場合には、当該処分を口頭でする場合を除き、当該処分等の相手方に対し、当該処分等に係る取消訴訟の被告とすべき者を書面で教示しなければならない（行訴46条1項1号）。平成16年改正に際し、行政事件訴訟をより利用しやすく、わかりやすくするためのしくみを整備する観点から、取消訴訟等の提起に関する事項の教示の制度が新設され、被告とすべき者について情報提供をすべき行政庁の義務が新たに定められたものである。

行政庁が被告とすべき者について誤った教示をした場合および被告とすべき者について教示をしなかった場合について、行訴法にはこれらに対応する直接の救済規定は設けられておらず、行政庁の教示の過誤ないし懈怠により被告とすべき者を誤ったときは、行訴法15条1項の被告変更の許可の要件である「重大な過失」の有無の判断にあたり、行政庁の教示の過誤ないし懈怠が考慮されることになる。具体的には、教示の過誤については、行政庁の帰責性が高いことから、特段の事由のない限り重大な過失が否定されるべきであるが、教示の懈怠については、原則として重大な過失が否定されるべきものの、教示の過誤の場合と比較して行政庁の帰責性は低いと考えられることから、原告が被告とすべき者を誤った理由によっては重大な過失が肯定されることもあると解されている。

⑹　被告を誤った訴えの救済

取消訴訟において、原告が故意または重大な過失によらないで被告とすべき者を誤ったときは、裁判所は、原告の申立てにより、決定をもって、被告を変更することを許すことができ、被告変更を許す決定がされた場合、出訴期間の遵守については、新たな被告に対する訴えは、最初に訴えを提起した時に提起されたものとみなされる（行訴15条1項・3項）。

〔第2部〕第3章　取消訴訟の訴訟要件

　被告変更の許可の申立ては、口頭による申立ても可能と解されるが、被告変更の許可を求める旨を記載した書面を裁判所に提出する方法により行うのが通常である。申立書（印紙貼付は不要である）には、申立ての趣旨として、「御庁令和元年（行ウ）第○○号放置違反金納付命令処分取消等請求事件の被告を東京都公安委員会から東京都に変更することを許可する」などと記載し、申立ての理由として、被告とすべき者を誤ったこと（客観的に被告適格を有さない者を被告として訴訟を提起したこと）およびそのことについて原告に故意または重大な過失がないことを基礎付ける具体的な事情を記載すべきことになる。原告が弁護士を訴訟代理人として訴えを提起した場合には、重大な過失の有無は、法律専門家として通常有する法律知識および能力を前提として判断されることになるので注意が必要である。

　平成16年改正後に被告変更を許可した裁判例として、原告に代理人弁護士がついていることを考慮しても行政庁の誤った教示を信頼して被告を誤ったことにはやむを得ない面があるとして重大な過失を否定したもの（福岡高決平成17・5・27判タ1223号155頁）、原告が法律の専門知識を有しない者であることなどから誤解により被告を誤ったことにつき故意や重過失があったとまではいえないとしたもの（東京高決平成19・11・29判時1996号14頁）がある。

　なお、被告が誰であるかは、訴状の当事者欄の記載だけでなく訴状の記載の記載全体から客観的・合理的に確定されるものであるから、訴状における被告の表示が形式上誤っていれば直ちに被告変更の問題になるものではなく、被告の同一性を害しない範囲内の誤記等と解されるものであれば、表示の訂正によることが認められる。

(7)　他の訴訟への準用

　取消訴訟の被告適格の規定は、取消訴訟以外の抗告訴訟にも準用される（行訴38条1項、11条）。また、民衆訴訟または機関訴訟で処分等の取消しまたは無効確認を求めるものについても準用されるが（行訴43条1項・2項、38条1項、11条）、民衆訴訟および機関訴訟については個別法で被告適格が定められている場合が少なくないので留意が必要である。

（本節担当・綱森史泰）

第4節　狭義の訴えの利益

第4節　狭義の訴えの利益

1　はじめに

　どのような行政作用（行政活動）が抗告訴訟の対象となりうるかという処分性の問題、誰が抗告訴訟の原告として訴えができるかという原告適格の問題の他に、抗告訴訟の訴訟要件として、民事訴訟と同様「訴えの利益」が必要となる。原告適格が「訴訟遂行資格の有無という面からも見た訴えの利益」と考えられるため、原告適格以外の訴えの利益は「狭義の訴えの利益」とよばれている。「狭義の訴えの利益」の存否の判断は、考え方としては民事訴訟と異なるものではないが、民事訴訟では主として権利義務の消長が問題となるのに比して、抗告訴訟では行政過程の一時点においてなされた行政作用を争うものなので、「狭義の訴えの利益」の有無がさまざまな側面から問題となる。「狭義の訴えの利益」が問題とされた事案について、いくつかの判決例を紹介する。

2　関連訴訟に関する訴えの利益

⑴　処分取消しの訴えと裁決取消しの訴え

　裁決主義がとられている場合を除いて、処分取消しの訴えと裁決取消しの訴えとを2つとも起こすことができる（行訴10条2項参照）が、原処分の取消しを求める訴えの利益が消滅した場合には、裁決の取消しを求める訴えについても訴えの利益は消滅するという判決例がある（最判平成5・9・10民集47巻7号4955頁、千葉地判平成2・3・26判タ741号109頁）。裁決手続における手続的利益の侵害については固有の訴えの利益は認められないということである。

　しかし、処分取消しの訴えが棄却された場合については、裁決取消しの訴えの利益は否定されない。なぜなら、処分取消訴訟の棄却判決には拘束力（行訴33条）がないので、審査庁が裁決取消しにより再度裁決を行う場合に処分が取り消される可能性が残っているからである（行政不服審査に関して最判昭和49・7・19民集28巻5号759頁参照）。

115

〔第2部〕第3章　取消訴訟の訴訟要件

(2)　**先行処分とその処分を前提としてなされる後行処分に関する訴訟**

　先行処分が後行処分によって効力を失う場合には、先行処分に対する訴訟の訴えの利益は失われる。たとえば仮換地指定に対する取消訴訟の途中で換地処分がなされた場合、仮換地指定処分の取消訴訟は取消しの実益がなくなるため、訴えの利益は消滅する。

　違法事由の主張が全く同じであれば、どちらかの訴訟で取消判決がなされれば拘束力により他の一方の処分も行政庁が取り消すため、他の一方の訴訟については訴えの利益がないとした判決（土地改良法による換地計画の認可が先行処分で換地処分が後行処分だった例で、認可処分の取消訴訟には訴えの利益がないとされた）がある。土地収用法の事業認定と収用裁決等を考えてみると、処分は別個であるから、拘束力の存在だけを根拠にして訴えの利益を否定することは疑問である。違法事由の主張が多少でも異なれば、訴えの利益は当然認められる。

3　処分後の事情変化と訴えの利益

(1)　処分の取消変更

　処分が取り消された場合には、処分取消しを求める訴えの利益は消滅する。国家賠償請求に必要という理由では、訴えの利益は認められない。処分が違法か否かについては国家賠償訴訟の中で判断できるからである。この場合は訴えを国家賠償請求に変更すべきである（行訴21条）。

　処分が変更された場合につき、所得税の更正処分の増額再更正については当初の更正処分は消滅するから訴えの利益も消滅する（最判昭和55・11・20判タ442号91頁）が、減額再更正については一部取消しに過ぎないので消滅しない（最判昭和56・4・24民集35巻3号672頁）とされている。建築確認の変更も、建築計画の全体につき改めて適合性を判断する処分であって、既存の建築確認は取り消されているとして、変更前の建築確認に対する訴えの利益は否定されている（東高判平成19・8・29判地自302号77頁）。このような場合、実務上は訴えの追加的変更を行うことになるが、審査請求前置の問題が生じる。不服申立事由の内容が実質的に同一である場合、変更処分に対し審査請求を経ないことには行訴法8条2項3号の「正当な理由」があると取り扱われる。

116

国家公務員法92条1項の修正裁決については、人事院が新たな内容の処分をしたと解するのは相当でなく、原処分が変更された処分として当初から存在することになったとみなされており、訴えの利益は存続する（最判昭和62・4・21民集41巻3号309頁）。

(2) 行政処分に基づいた工事等の完了

建築確認を受けた建物の完成により建築確認取消しを求める訴えの利益は消滅する（最判昭和59・10・26民集38巻10号1169頁）。違法な建築物に対する措置命令は建築確認の取消しをしなくともできるので、取消しを求める意味がないとしている。実際には措置命令を行うか否かについて行政庁の裁量が認められるため、違法な建築確認に関する救済の実効性が問題となるだろう。開発許可についても同様の判例がある。

森林開発許可を受けた森林伐採の完了により訴えの利益は消滅する（最判平成7・11・9判時1551号64頁）。森林法10条の3による監督処分は同法10条の2による許可が取り消されるか否かに関わりがないことを理由としている。許可手続を経た開発であれば、後日許可を取り消しても法律違反がないために監督処分の発動はありえないことを理由としている点で建築確認事案とは異なる。

土地改良事業の終了後の施行認可処分の取消しを求める訴えについては、認可処分が取り消された場合には換地処分等の効力が直接影響を受けるから事業が終了しても訴えの利益がある。ただし、社会通念上原状回復が不可能であれば事情判決が考慮されるとしている（最判平成4・1・24民集46巻1号54頁、八鹿町土地改良事業事件）。

(3) 期日や期間の経過

使用許可申請の拒否処分の取消訴訟は、使用予定日時が経過すれば訴えの利益は消滅する（最判昭和28・12・23民集7巻13号1561頁）。免許停止処分については、免許停止期間が終了し処分の日から無違反無処分で1年を経過した時点で前歴としての法律上の不利益もすべて消滅するので、取消しを求める訴えの利益はないとされる（最判昭和55・11・25民集34巻6号781頁）。なお、免許取消処分については、取り消された免許証の有効期間が過ぎた場合でも、道路交通法の免許更新期間の解釈上処分取消しにより免許証が使えるようになった時点で免許更新手続ができると解されるから、訴えの利益は消滅しないとされている

〔第2部〕第3章　取消訴訟の訴訟要件

（最判昭和40・8・2民集19巻6号1393頁）。

　また、放送局開設に関する予備免許申請棄却処分（他の事業者に予備免許が与えられた事案）の取消訴訟中に、予備免許期間が満了して本免許が他の事業者に与えられたとしても、期間の満了によって（公正な競争が再度行われ）新たな免許がなされたものとはいえず、実質的には免許期間の更新と異ならないから訴えの利益は消滅しないとされている（最判昭和43・12・24民集22巻13号3254頁）。

　期間の経過による訴えの利益については、浄化槽清掃業の許可の有効期間である2年を経過したことでは不許可処分の取消しを求める訴えの利益は消滅しないとの判決がある（福岡高判平成21・11・27裁判所ホームページ）。許可期間は実質的には更新期間の観があること、2年間で訴えの利益が消滅するとすれば、訴訟の実情からみて不許可処分の取消訴訟制度の意義がそがれてしまうことを理由としている。

　産廃処分業の許可の更新がなされずに失効した場合、許可を得ていた地位に基づきなされた事業範囲の変更申請に関する不作為の違法確認請求は、訴えの利益が失われる（福岡高判平成17・3・29判タ1183号237頁）。

　(4)　その他事情の変更

　保安林指定解除によって受ける法律上の利益の侵害（侵害のおそれ）が、代替施設の設置によって解消した場合には訴えの利益が消滅するとした判例がある（最判昭和57・9・9民集36巻9号1679頁、長沼ナイキ事件）。文書不開示処分の取消訴訟の審理中に当該不開示文書が書証として提出された場合に訴えの利益が消滅するか否かが問題となったことがあるが、「条例に基づき公文書の公開を請求して、所定の手続により請求に係る公文書を閲覧し、又は写しの交付を受けることを求める法律上の利益」が満たされたわけではないとして訴えの利益は消滅しないと判断されている（最判平成14・2・28民集56巻2号467頁）。

4　行訴法9条1項かっこ書にある「取消しによって回復すべき法律上の利益」

　行訴法9条1項は原告適格を定めた規定であるが、かっこ書部分は狭義の訴えの利益の存否についての規定である。

　免職処分を受けた公務員が、その後公職に立候補して法律上公務員の身分の

118

回復を求めることができなくなったとしても、給料請求権を回復するためには免職処分の取消しを求める利益がある（最判昭和40・4・28民集19巻3号721頁）。免職処分を争っているうちに定年に達してしまった場合なども同じである。給料請求権の行使ではなく、免職処分の違法を理由とする給料相当損害金の国家賠償請求をする場合には、免職処分の取消訴訟を行う必要はない。

　申請拒否処分については、拒否処分が取り消されたとしても申請に基づいた処分を行うことがその後客観的に不可能となっていれば、回復すべき法律上の利益がなく訴えの利益は認められないとされる。再入国許可申請に対する不許可処分を受けた外国人が出国してしまった場合（最判平成10・4・10民集52巻3号677頁）や難民不認定処分を受けた外国人が退去強制令書により出国させられた場合（最判平成8・7・12判タ924号150頁）などがこれに当たる。もっとも、難民不認定処分ではなく退去強制令書発付処分の取消しを求める訴えは、退去強制令書による国外退去により上陸拒否という不利益を受ける期間が経過するまでの間は、訴えの利益が認められる。

5　訴えの利益の必要時期

　訴えの利益は、口頭弁論終結時のみならず判決時まで必要とされている。したがって、上告審で法令の改廃があって処分の効力が失われれば、処分の取消しを求める利益も行訴法9条1項かっこ書に該当する場合でなければ失われる。申請拒否処分の取消訴訟は、法令の改廃で申請を認容する余地がなくなれば、同様に訴えの利益が失われるとされている（最判昭和57・4・8民集36巻4号594頁）。

（本節担当・松澤陽明）

〔第 2 部〕第 3 章　取消訴訟の訴訟要件

第 5 節　出訴期間

1　概　要

　行訴法14条は、取消訴訟を提起することができる期間（出訴期間）を定めている。出訴期間が設けられているのは、公共の利害に関係することが多い行政処分について、その効力をいつまでも争い得る状態におくことは望ましくないことから、取消訴訟を提起して行政処分を争うことができる期間を限定することによって、行政法律関係の安定、行政の円滑な運営を確保する趣旨によるものとされる。

　行訴法14条 1 項は処分または裁決（以下、「処分等」という）があったことを知った日から進行する主観的出訴期間を、 2 項は処分等の日から進行する客観的出訴期間を定めている。このうち主観的出訴期間については、平成16年改正前は「処分又は裁決があったことを知った日から 3 箇月以内」とされていたが、 3 カ月という短期間のうちに訴訟準備を遂げて取消訴訟を提起することは困難であり、権利利益救済の妨げになっているとの批判から、平成16年改正で 6 カ月に延長された。

　行訴法14条の定める出訴期間は、取消訴訟のほか、民衆訴訟または機関訴訟のうち処分等の取消しを求めるものにも準用されるが（行訴法43条 1 項）、取消訴訟以外の抗告訴訟には適用されない（行訴38条 1 項は14条を準用していない）。また、当事者訴訟や民衆訴訟または機関訴訟のうち処分等の取消しを求める形式をとらないものにも適用されない。個別法で出訴期間の特例規定がおかれている場合にはその規定が適用される（南博方ほか編『条解行政事件訴訟法〔第 4版〕』401頁に例示がある）。個別法で出訴期間が不変期間とされている例もある（特許法178条 3 項、 4 項等）。不変期間である場合には、期間徒過後の救済は訴訟行為の追完（民訴97条 1 項）によることになる。

　事実行為の取消訴訟への出訴期間の適用については見解が分かれる。事実行為の終了後は訴えの利益が消滅すると解されることから出訴期間を論ずる意味がなく、事実行為の継続中に出訴期間が経過することを認めることは事実行為

120

第 5 節　出訴期間

も取消訴訟の対象とした法の趣旨に照らして妥当でないことから、出訴期間の観念を容れる余地はないとする見解もあるが、事実行為による権利侵害を現実に認識した日から出訴期間が進行するとの見解もあるので注意が必要である。

　出訴期間の起算日については、民訴法および民法の原則に従い、初日不算入となる（平成16年改正前は、審査請求を経た場合の出訴期間の起算日についてのみ初日を算入するものと解されていたが、平成16年改正により初日不算入に統一された）。満了日については、末日が日曜日、土曜日、国民の祝日に関する法律に規定する休日、1月2日、1月3日または12月29日から12月31日までの日にあたるときは、その翌日となる。

　出訴期間を徒過して提起された取消訴訟は、訴訟要件を欠く不適法な訴えとして却下される。出訴期間の遵守は訴訟要件であるから、その充足の有無は職権調査事項であるが（最判昭和35・9・22民集14巻11号2282頁）、その充足を基礎づける事実は原告が立証すべきものとされる。

2　主観的出訴期間

(1)　処分等があったことを知った日

　主観的出訴期間は処分等があったことを知った日から進行し、起算日から6カ月を経過すると、原則として当該処分等の取消訴訟を提起することはできなくなる（行訴法14条1項本文）。

　処分等があったといえるためには、処分等が成立してその効力が発生していることが必要であり、相手方の受領を要する処分等の場合は、さらに処分等が相手方に告知され、または到達すること、すなわち相手方の了知しうべき状態におかれることを要する（最判昭和29・8・24刑集8巻8号1372頁、最判昭和57・7・15民集36巻6号1146頁）。

　「知った日」とは、相手方が処分等のあったことを現実に知った日のことをいうが（最判昭和27・11・20民集6巻10号1038頁）、当該処分の内容の詳細や不利益性等の認識までは要しない（最判平成28・3・10集民252号35頁）。処分等を記載した書類（処分書等）が相手方の住所に送達されるなどして、社会通念上処分等のあったことを相手方が知りうべき状態におかれたときは、特段の事情がない限り、処分等のあったことを知ったものと事実上推定されるから（最判昭

121

〔第 2 部〕第 3 章　取消訴訟の訴訟要件

和27・4・25民集 6 巻 4 号462頁）、この推定を妨げるためには、送達日に相手方
が出張や旅行で不在であったなどの特段の事情を立証することが必要となる
（前掲最判昭和27・11・20）。

　処分等の相手方本人以外の第三者が処分書等を受領した場合、受領者が本人
の法定代理人であれば、法定代理人が処分等の存在を現実に知った日が処分等
があったことを知った日とされる（東京地判昭和62・3・19行集38・2＝3・234
頁）。本人から処分等に関する意思表示の受領権限を与えられたものと認めら
れる第三者（当該処分等に対する不服申立手続をすべて委任された親族や処分等に
関する全部の書類を本人に代わって受領してきた親族等）が受領した場合には、当
該第三者が処分書等を受領すれば本人が知ったものと同視される（最判昭和
28・12・18民集 7 巻12号1505頁、最判昭和35・11・22民集14巻13号2840頁）。

　個別法が処分等について個別の通知ではなく公告、公示等の方法で画一的に
告知をすることとしたものと解される場合には、公告、公示等が適法になされ
た時が知った日となる（最判昭和27・11・28民集 6 巻10号1073頁、最判昭和61・
6・19集民148号239頁、最判平成14・10・24民集56巻 8 号1903頁）。

　処分等の相手方以外の第三者が取消訴訟を提起する場合の起算日は、以下の
とおりとなる。

① 　第三者に対して処分等を告知すべきものとされていないときは、相手方
　 に対して処分等があったことを第三者が了知した日（最判平成 5・12・17民
　 集47巻10号5530頁）。

② 　第三者に対して処分等を告知すべきものとされているときは、第三者へ
　 の告知のあった日。ただし、処分等は相手方に告知されることによって効
　 力を生ずるから、処分等の告示が相手方への処分書等の交付に先行しても、
　 相手方への処分書等の交付があるまでは第三者の出訴期間も進行しない
　 （最判昭和28・2・3民集 7 巻 2 号125頁）。

　共同訴訟の場合、出訴期間の遵守は原告ごとに判断される。固有必要的共同
訴訟の場合には、共同訴訟人全員が出訴期間を遵守して取消訴訟を提起しなけ
れば、原告適格を欠くものとされる（最判昭和36・8・31民集15巻 7 号2040頁）。

(2)　**出訴期間の遵守**

　出訴期間遵守の有無は、原則として、訴状を裁判所に提出した時を基準に判

断される（民訴147条）。訴状が被告に送達される前に訴状訂正の方法によって請求または被告が変更された場合は、訂正後の訴えの出訴期間遵守の有無は、訴状訂正の書面が裁判所に提出された時を基準に判断される（最判昭和58・7・15民集37巻6号869頁）。

　行訴法15条の規定により被告の変更が許可された場合、新たな被告に対する訴えは、最初に訴えを提起した時に提起したものとみなされる（行訴15条3項）。また、行訴法19条1項の規定により、処分についての審査請求を棄却した裁決の取消しの訴えに当該処分の取消しの訴えを追加的に併合する場合には、追加的に併合提起された訴えについても、当初の審査請求を棄却した裁決の取消しの訴えの提起時に提起されたものとみなされる（行訴20条）。これらは、行訴法の定める特別の救済規定である。

　取消訴訟の出訴期間内に処分等の無効確認訴訟が提起された場合、無効確認訴訟のうちには実質的にその取消訴訟も含むものと解されることから（最判昭和33・9・9民集12巻13号1949頁）、これを取消訴訟に変更し、あるいはこれに取消訴訟を併合提起しても、出訴期間は遵守されていることになるものと解されている。

　取消訴訟の係属中に訴えの変更、併合がされた場合、新たな訴えの出訴期間の遵守の有無は、訴えの変更等の書面が裁判所に提出された時を基準として判断するのが原則であるが（最判昭和26・10・16民集5巻11号583頁）、例外的に、変更前後の請求の間に訴訟物の同一性が認められるとき、または両者の間に存する関係から、変更後の新請求に係る訴えを当初の訴え提起の時に提起されたものと同視し、出訴期間の遵守において欠けるところがないと解すべき特段の事情があるときには、旧訴提起時を基準として判断されることになる（最判昭和58・9・8集民139号457頁。特段の事情の肯定例として、最判昭和31・6・5民集10巻6号656頁、最判昭和37・2・22民集16巻2号375頁、最判昭和61・2・24民集40巻1号69頁、否定例として、上掲最判昭和58・9・8、最判昭和58・7・15民集37巻6号869頁がある）。

(3)　出訴期間経過についての正当な理由

　6カ月の主観的出訴期間を徒過した場合であっても、そのことにつき正当な理由があるときは、取消訴訟を提起することができる（行訴14条1項ただし書）。

〔第2部〕第3章　取消訴訟の訴訟要件

　正当な理由は、「責めに帰することができない事由」（民訴97条1項）よりも緩やかな概念であり、出訴期間内に出訴しなかった（できなかった）ことについて社会通念上相当と認められる理由を意味する。

　正当な理由の有無は、処分等の内容、性質、行政庁の教示の有無およびその内容、処分等に至る経緯およびその後の事情（出訴の障害が解消された後に遅滞なく訴えが提起されたか否かも考慮される）、処分等の当時およびその後の時期に原告がおかれていた状況、その他出訴期間徒過の原因となった諸事情を総合勘案して判断される。単なる繁忙は正当な理由にあたらないとされる。災害、病気、怪我、海外出張等の事情がある場合でも原告（代理人）の立場からは慎重な検討、対応が求められよう。

　平成16年改正前は、主観的出訴期間は不変期間とされ、正当な理由による例外的取扱いは認められておらず、訴訟行為の追完が認められるにすぎなかったところ、上述のとおり、訴訟行為の追完が認められる「責めに帰することができない事由」よりも正当な理由の方が緩やかな概念であるから、改正前に追完が認められた類型については、改正後も正当な理由が認められるものと解される（行政庁が出訴期間について誤った教示をした場合に訴訟行為の追完を認めた例として、最判昭和55・12・9訟月27巻4号824頁）。

　平成16年改正後の裁判例では、正当な理由の肯定例として、東京地判平成22・9・29判時2108号38頁、東京地判平成29・11・30判タ1455号129頁、否定例として、前掲最判平成28・3・10等がある。

3　客観的出訴期間

　客観的出訴期間は「処分又は裁決の日」から進行し、起算日から1年を経過すると、主観的出訴期間を徒過しているか否かにかかわらず、原則として当該処分等の取消訴訟を提起することはできなくなる（行訴14条2項本文）。

　「処分又は裁決の日」とは、処分等が成立してその効力が発生した日をいう（処分等の効力発生時期については前記2(1)参照）。処分等の相手方以外の第三者が取消訴訟を提起する場合においても、処分等がなされた日が出訴期間の起算日となる。

　1年の客観的出訴期間を徒過した場合であっても、そのことにつき正当な理

由があるときは、取消訴訟を提起することができる（行訴14条2項ただし書）。
正当な理由の意義は、主観的出訴期間の徒過についての正当な理由と基本的に
は同様であるが、処分等を知っていたことを前提とする主観的出訴期間の場合
とは、その判断要素や具体的内容に若干の差異を生ずる可能性がある（裁判例
については、南博方ほか編『条解行政事件訴訟法〔第4版〕』395～396頁参照）。

4　審査請求を経た場合の出訴期間

　審査請求を経た場合の処分等の取消訴訟については、その審査請求をした者
に関し、主観的出訴期間は審査請求に対する裁決があったことを知った日から、
客観的出訴期間は当該裁決の日からそれぞれ進行するものと定められている
（行訴14条3項）。個別の法律で審査請求前置主義が採用されている場合には、
審査請求に対する裁決がなされた後でなければ出訴できないのが原則であるか
ら、それまでの間に出訴期間の徒過により処分等の取消訴訟を提起できなくな
るのは不合理であるし、自由選択主義がとられている場合にも、審査請求に対
する裁決を受けた後に処分等の取消訴訟を提起するという選択が当然認められ
るべきことから、審査請求に対する裁決を待って処分等の取消訴訟を提起する
ことができるように出訴期間の起算日を定める趣旨である。

　ここでいう「審査請求」とは、「審査請求その他の不服申立て」（行訴3条3
項）の趣旨であり、審査請求、再調査の請求、再審査請求のほか、特別法上の
不服申立ても含まれる（人事委員会規則の定める「再審の請求」も審査請求にあた
るとしたものとして、最判昭和56・2・24民集35巻1号98頁）。

　審査請求は、取消しを求める処分等についてのものである必要があるから、
たとえば、課税処分に対する異議申立てについて税務署長がした決定の取消訴
訟の出訴期間は、課税処分に対する審査請求につき国税不服審判所長の裁決が
あった場合でも、異議申立てについての決定があったことを知った日または決
定の日から起算される（最判昭和51・5・6民集30巻4号541頁）。

　審査請求は適法なものでなければならず、不適法な審査請求に対して実体審
理の上で棄却裁決がなされたとしても、審査請求に対する裁決にはあたらない
（最判昭和48・6・21集民109号403頁）。他方、適法な審査請求が誤って不適法な
ものとして却下された場合は、裁決を経たものと解すべきであるから（最判昭

〔第2部〕第3章　取消訴訟の訴訟要件

和36・7・21民集15巻7号1966頁）、起算日は却下裁決を基準として決せられる。行政庁の誤った教示により審査請求をした場合には、適法な審査請求がされたのと同様に取り扱われる（行訴14条3項）。

　個別法に特例規定が設けられている場合（例として、消防法6条1項）にはそれが適用されるが、特別法の規定の解釈によって出訴期間の短縮を認めることは国民の権利利益救済の機会確保という行訴法14条改正の趣旨に鑑みて慎重な考慮を要するとして、審査請求がされた場合における収用委員会の裁決の取消訴訟の出訴期間につき土地収用法133条1項ではなく行訴法14条3項が適用されるとした例がある（最判平成24・11・20民集66巻11号3521頁）。

（本節担当・網森史泰）

第6節 取消訴訟と審査請求の関係

第6節　取消訴訟と審査請求の関係

1　処分取消しの訴えと審査請求

　行政庁により、ある処分がなされた場合、当該処分に不服がある者は、当該処分の取消し等を求めることになるが、その方法として、直ちに訴訟を提起するか、あるいは審査請求の手続を経てから訴訟を提起するのかという問題がある。

　行服法にいう不服申立ては、行政庁の違法または不当な処分その他公権力の行使にあたる行為に関し、国民の権利利益の救済を図るための制度であり、不服のある者が当該行政庁やその上級行政庁等に対して、不服を申し立てる制度である（行服2条、3条、4条）。同法の不服申立てには、①審査請求、②再調査の請求がある。

　行訴法上の審査請求は、行服法の審査請求やその他の不服申立てを含むものである（行訴3条3項）。

　以下、行訴法上の審査請求を前提とする。

　取消訴訟を提起する前に審査請求をしなければならないとする考え方を審査請求前置主義（または不服申立前置主義、裁決前置主義）といい、そうではなく、審査請求を経由してもしなくても取消訴訟を提起できる、あるいは審査請求と取消訴訟の提起を同時に並行してすることができるとする考え方を自由選択主義という。

　審査請求前置主義の制度の下では、審査請求を経由しない取消訴訟の提起は、訴訟要件不備で不適法な訴えとして却下される（最二小判昭和35・3・4民集14巻3号335頁、判時218号18頁）。

2　行訴法8条の組み立て方

　行訴法8条（以下、本節では「8条」という）は、処分取消しの訴え（取消訴訟）と審査請求の関係について、原則として自由選択主義によることを定めている。

127

〔第 2 部〕第 3 章　取消訴訟の訴訟要件

　8 条 1 項は、本文で「処分の取消しの訴えは、当該処分につき法令の規定により審査請求をすることができる場合においても、直ちに提起することを妨げない」と定め、自由選択主義の立場を明らかにしている。しかし、同項ただし書で「ただし、法律に当該処分についての審査請求に対する裁決を経た後でなければ処分の取消しの訴えを提起することができない旨の定めがあるときは、この限りでない」と定め、個々の法律で審査請求前置を採ることができるとしている。

　また、8 条 2 項は「前項ただし書の場合においても、次の各号の一に該当するときは、裁決を経ないで、処分の取消しの訴えを提起することができる」とし、

　　①　審査請求があった日から 3 カ月を経過しても裁決がないとき
　　②　処分、処分の執行または手続の続行により生ずる著しい損害を避けるため緊急の必要があるとき
　　③　その他裁決を経ないことにつき正当な理由があるとき

の 3 つの場合を定め、8 条 1 項ただし書により認めた審査請求前置を一定の条件の下で緩和している。

3　自由選択主義（原則）

　歴史的には、①行政裁判法（明治23年法律48号）による訴願前置主義の時代を経て、②日本国憲法の施行と同時に施行された「日本国憲法の施行に伴う民事訴訟法の応急的措置に関する法律」（いわゆる民事応急措置法。昭和22年法律75号）の自由選択主義の時代、さらに、③行政事件訴訟特例法（昭和23年法律81号）により、再び訴願前置の時代を経て、④現行法の行政事件訴訟法（昭和37年法律160号）により自由選択主義が採用された。

(1)　適用範囲

　8 条は、取消訴訟について自由選択主義を原則としたので、行政庁の処分に不服のある者は、審査請求あるいは取消訴訟のいずれをしてもよく、また同時に両方をしてもよい。

　もっとも、8 条の自由選択主義は、処分の取消しの訴えについてだけを前提としているため、訴えの性質上、同条の適用になじまないものがある。自由選

128

第6節　取消訴訟と審査請求の関係

択主義の適用範囲の問題である（以下は、南博方他編『条解行政事件訴訟法〔第
4版〕』273頁を参照）。

① 　裁決取消しの訴えは、原処分の適否を争うものではないから8条と関係
なく訴訟の提起ができる。

② 　裁決に対し、法令の規定により不服申立てができる場合も8条の適用な
しに訴訟の提起ができる。

③ 　無効等確認の訴えは、8条の適用対象外である。

④ 　不作為の違法確認の訴えは、行政庁の不作為について、行服法2条2項、
3条1項により、異議申立て・審査請求（行政不服審査法上の審査請求）が
認められているので、8条が準用される（行訴38条4項）。なお、審査請求
前置の特別の定めはないので、8条1項ただし書・同条2項の適用はない。

⑤ 　義務付け訴訟・差止め訴訟については、8条の適用はなく、同条1項た
だし書・同条2項準用の余地はない。ただし、行訴法3条6項2号の定め
る義務付け訴訟の提起は、不作為の無効確認の訴え、取消訴訟または無効
確認の訴えを、義務付けの訴えに併合して提起しなければならないから
（行訴37条の3第3項）、処分の取消訴訟を併合して提起する場合には、取
消訴訟が8条の下で提起可能な場合でなければ、義務付け訴訟も認められ
ないことになる。

⑵　**審査請求がなされた場合の出訴期間**

取消訴訟の提起ができるにもかかわらず、審査請求をした場合、裁決を得る
前に、取消訴訟の出訴期間（行訴14条）が経過してしまうことがある。この場
合、取消訴訟の提起ができなくなっては、自由選択主義をとった意味がなくな
る。そこで、このような場合は、裁決があるまで出訴期間は進行せず、裁決が
あった日から出訴期間は進行するものとした（行訴14条3項）。

4　自由選択主義の例外（審査請求前置）

⑴　行訴法8条1項ただし書

8条1項ただし書は個々の法律に審査請求前置の定めがあるときは、審査請
求を行うことなく、処分取消の訴えの提起ができないことを定めている。

なお、審査請求前置は、憲法32条が保障する「裁判を受ける権利」を侵害す

129

〔第2部〕第3章　取消訴訟の訴訟要件

るのではないかという問題がある。

　判例は、行政事件訴訟特例法時代の訴願前置主義について、裁判を受ける権利を奪うものとして違憲であるということはできないとしており（最大判昭和26・8・1民集5巻9号489頁）、その後の下級審判例も、行政庁自身の処分是正の機会を与えること、上級行政庁による監督権の行使による行政の統一的適用を図ること、簡易・迅速な手続による国民の権利・利益の救済を期待しうること、あるいは8条2項の審査請求前置の緩和規定により、一定の事由があるときは裁決を経過することなく取消訴訟を提起することができること等を理由として、憲法32条違反にはならないとしている（京都地判昭和53・9・29訟月24巻12号2670頁）。

　⑵　**審査請求前置が認められる場合**

　審査請求前置は、憲法違反にはならないとされているが、国民の裁判を受ける権利（出訴権）を一定限度で制限しようとするものであり、これが多用されれば、国民の出訴権を制限する弊害を生ずる。したがって、自由選択主義の例外である審査請求前置を定めるにあたっては、法律（形式的意味の法律、政令や条例を含まない）によることを要し、その合理性が十分に説明されなければならない（南博方他編・前掲書272頁）。

　これまで、審査請求の前置が妥当と認められてきた処分は、①大量的に行われる処分であって、裁決により行政の統一を図る必要があるもの、②専門技術的審査を要するもの、③第三者機関による裁決のなされることになっている処分、というように分類されている（室井力他編『コンメンタール行政法Ⅱ行政事件訴訟法・国家賠償法〔第2版〕』129頁）。しかしながら、このような分類による根拠付けには、反対論があり、特に租税訴訟においては強力な反対論がある（大阪府立大学・田中治教授等）。行政庁が自己の行った処分に対し司法の介入を嫌って、審査前置を採っているだけではないかとの疑いがある。

　審査請求前置が採られている主な法律には、次のものがある。

　税に関する国税通則法115条や地方税法19条の12、健康保険に関する健康保険法192条や国民健康保険法103条、年金に関する国民年金法101条の2や厚生年金保険法91条の3、雇用に関する雇用保険法71条、生活保護に関する生活保護法69条、労働者の災害に関する労働者災害補償保険法40条、公害の健康被害

130

第6節　取消訴訟と審査請求の関係

に関する公害健康被害の補償等に関する法律108条、110条、じん肺に関するじん肺法20条、等である。

　これらの法律を一覧してわかることは、国民にとって身近な問題のほとんどが個別法によって審査請求前置となっていることである。しかもこれらの法律の中には、税や年金等国民にとって最も救済の必要性が高いと思われる分野の法律もある。これでは、国民の権利・利益を速やかに救済するため行訴法8条が自由選択主義を採った意味が大半失われてしまっている。

(3)　審査請求前置の充足

　審査請求前置における審査請求は、どの程度まで充足されていればよいのかという問題がある。

(ア)　適法性

　審査請求前置の審査請求は、適法でなければならない。

　審査請求が不適法なものとして却下された場合は、審査請求前置の要件を充足していないこととなる（最判昭和30・1・23民集9巻1号60頁）。

　たとえば、電波法83条から94条までの規定によれば、同法または同法に基づく命令の規定による総務大臣の処分についての審査請求があったときは、総務大臣は、これを電波監理審議会の審議に付し、電波管理審議会は審理の手続を経たうえ、決定案を議決し、総務大臣は、この議決により決定を行うこととされているところ、総務大臣の処分に不服がある者は、当該処分の審査請求に対する決定に対してのみ取消訴訟を提起することができる裁決主義が採られている（同法96条の2）ので、同法による総務大臣の形式指定処分については、行訴法8条2項の適用の余地がなく、原処分取消しの訴えは不適法として却下される（東京地判平成19・5・25訟月53巻8号2424頁）。

　ただし、審査請求の不適法却下裁決について、その当否に争いがある場合、たとえば、建築確認処分の取消訴訟を提起するに先立ってした審査請求が不適法として却下されていたとしても、却下裁決の当否に争いがある場合には、これに対する審理判断をしなければならず、これをせずに、審査請求前置の要件を欠くとして、訴えを却下することは許されない（東京高判昭和56・9・28行集32巻9号1682頁）。

　不適法な審査請求に対して誤って受理して裁決がなされた場合は、前置の要

131

〔第2部〕第3章　取消訴訟の訴訟要件

件は充足されていない（最判昭和48・6・21訟月19巻10号51頁）。

　審査請求の提起が適法であるにもかかわらず、裁決庁が誤ってこれを却下した場合は、前置の要件を充足すると解される（最判昭和36・7・21民集15巻7号1988頁）。

　　　(イ)　訴えの先行

　審査請求前置が要求されているにもかかわらず、訴えが先行した場合、本来ならば訴えは却下されるが、訴えが却下されない間に裁決がなされると、この場合は、前置の要件を充足したものと解される。また、訴えが却下されない間に審査請求から3カ月が経過したときは、8条2項により前置の要件を充足したものと解される（室井力他編・前掲書131頁）。

　　　(ウ)　同一性

　審査請求の対象となる処分と取消訴訟の対象となる処分は、同一でなければならない。

　ただし、審査請求の申立人と取消訴訟の原告は、必ずしも同一人であることを要しない。

① 　共同訴訟人（行訴17条）においては、原告の1人が審査請求を経ていれば、その他の原告も前置の要件を充足していると解されている（横浜地判昭和59・1・30行集35巻1号45頁）。

② 　主たる納税義務者と第二次納税義務者がある場合いずれかが審査請求を経ていれば前置の要件を充足する（大阪高判平成元・2・22行集40巻1・2号111頁）。

③ 　生活保護の保護決定につき、世帯主を名あて人として行われているが、その効果が被保護世帯の構成員全員に及ぶことから、世帯主が審査請求をしてその裁決がなされた場合は、世帯主以外の構成員にも取消訴訟の原告適格が認められる（福岡高判平成10・10・9判時1690号42頁）。

④ 　各請求者の理由が同じというだけでは前置の要件を満たさない。請求の当事者が当該処分に対し、一体的な利害関係を有し、実質的に1人の請求者がした審査請求は、同時に他の請求者のためのものでもあるといえるような特段の事情が存在することが必要である（最判昭和61・6・10判時1210号51頁）。

132

第6節　取消訴訟と審査請求の関係

　　㈐　税法上の処分
　税法上の処分については、同一性に多くの問題がある。以下判例を例示する。
　　㈎　青色申告書提出承認の取消処分と更正処分
　青色申告書提出承認の取消処分と同時にまたはこれに引き続いて更正処分が
された場合、たまたま上記2つの処分の基礎とされた事実関係の全部または一
部が共通であって、これに対する納税者の不服の事由も同一であるとみられる
ようなときでも、更正処分に対し適法に不服申立てを経たからといって、青色
申告書提出承認の取消処分に対する取消訴訟の提起につき不服申立ての前置を
不要と解することはできない（最判昭和57・12・21民集36巻12号2409頁）。
　　㈏　欠損金額減額の更正処分と欠損金繰戻しによる法人税還付請求却
　　　　下の通知処分
　納税者が欠損事業年度の法人税について、欠損の確定申告をすると同時に欠
損金の繰戻しによる前年度の法人税の還付請求をしたのに対し、同申告にかか
る欠損金の一部が否認され欠損金額を減額する更正処分を受けるとともに、そ
の還付請求の一部に理由がない旨の通知処分を受けた場合において、同通知処
分と同時に同一の理由によりなされた当該欠損金額を減額する更正処分に対し
不服申立てをしていても、同通知処分に対する取消しの訴えを提起するために
は、同通知処分に対する不服申立てを経由することが必要である（最判昭和
59・6・28民集38巻8号1029頁）。
　　㈐　更正処分と再更正処分
　所得税の更正処分取消しの訴えと再更正処分取消しの訴えとは、その実体的
な違法を理由として取消しを求める場合、いずれも賦課処分に存する実体的違
法性の全部が訴訟の対象となって、訴訟の対象は実質的には同一というべきで
あるから、更正処分取消しの訴えを再更正処分取消しの訴えに変更した場合、
当初の訴え提起の時に再更正処分取消しの訴えが提起されたものとして出訴期
間の遵守の点に欠けるところはないと解する（大阪地判昭和44・10・23行集20巻
10号1272頁）。
　また、所得税更正処分に対する行政不服申立手続を既に経由しており、かつ、
上記更正処分に対する出訴期間内に再更正処分がされたときは、行政不服申立
手続を経ないで当該再更正処分の取消しの訴えを提起するについて国税通則法

〔第2部〕第3章　取消訴訟の訴訟要件

（昭和45年法律第8号による改正前）87条1項4号後段の正当な理由がある（福岡高判昭和52・9・29行集28巻9号1029頁）。

（D）　課税処分と滞納処分

課税処分と滞納処分とは別個独立の処分であるから、滞納処分の取消しを求める訴えは課税処分とは別個に行政不服申立ての手続を経て提起すべきである（福岡地判昭和39・4・7訟月10巻5号765頁）。

（E）　本税に関する処分と加算税の賦課処分

過少申告加算税賦課決定処分の基礎となる更正処分および重加算税賦課決定処分について行政不服手続を経由しているときは、同過少申告加算税賦課決定処分に対する取消しの訴えを不服申立てを経ずに提起することにつき、国税通則法（昭和45年法律第8号による改正前）87条1項4号にいう、「正当な事由があるとき」に当たる（東京地判昭和50・1・31行集26巻1号108頁）。

また、修正申告に基づき行われた過少申告加算税賦課決定処分の取消しを求める訴えにつき、同決定処分の基礎である修正申告につき更正の請求がされていること等を理由に国税通則法115条1項3号にいう「その決定又は裁決を経ないことにつき正当な理由があるとき」に当たるとした（福岡高判昭和59・9・5行集35巻9号1341頁）。

なお、更正処分に対する不服申立てを行った意思の中には、加算税の賦課処分に対する黙示の不服申立ても含まれていると考えられるから、加算税の賦課処分に対して明示的に不服申立てをしていなくても、これに対する取消訴訟が不服申立前置の要件を欠くことにはならない（和歌山地判平成10・12・25税訴資料239号810頁）。

（F）　接続する2年度の更正処分

繰越欠損金の繰越しおよび控除を否認する更正処分およびこれを前提とする次事業年度以降の更正処分のうち、先行する事業年度の更正処分についての不服申立手続において既に国税不服審判所の判断が示され、かつ、同判断が変更される見通しがほとんどない以上、後続する事業年度の更正処分の取消しを求める訴えには、国税通則法115条1項3号の裁決を経ないことにつき正当な理由がある（大阪高判平成2・12・19訟月37巻8号1482頁、原判決・大阪地判平成元・3・28訟月35巻10号1964頁）。

134

(G) 2度にわたってなされた修正についてなされた重加算税賦課決定
処分

同一事業年度の所得についてなされた修正申告と再修正申告に対し、重加算
税の賦課決定処分がされたが、そのうちはじめの修正申告に対する処分につい
てのみ異議申立てをし、再修正申告に対する処分については異議申立てをしな
かった事案について、それぞれが別個の事実を基礎とする場合は、両方の処分
に対する異議申立てが必要である（東京高判昭和61・6・23行集37巻6号908頁、
原判決・東京地判昭和56・7・16行集32巻7号1056頁）。

(H) 第一次納税義務者に対する課税処分を第二次納税義務者が争う場
合

第二次納税義務を課されるおそれのある者は、現実にその納付告知処分を受
ける前であっても、第一次納税義務者が不服申立手続を経ていれば、第一次納
税義務者に対する課税処分の無効確認訴訟および取消訴訟の原告適格を有する
（大阪高判平成元・2・22行集40巻1・2号111頁）。

(I) 更正処分と更正の請求に対する処分

相続税更正処分に関する事実が国税不服審判所長に対する審査請求にかかる
審査請求書に記載されなかったが、国税通則法104条4項・2項により更正処
分についても併せ審理されたものの同更正処分について裁決がなされなかった
場合につき、同更正処分の取消請求は、審査請求を経ていないとして不適法と
された（東京高判平成12・1・26訟月46巻12号4365頁）。

(4) 審査請求前置と訴訟における主張・立証の制限

審査請求前置は、取消訴訟を提起する際の訴訟要件の1つとして要求されて
いるもので審査請求人にそれ以上の制限を加えるものではない。したがって、
訴訟が継続した後、訴訟において審査請求手続の中で主張していなかった違法
事由等を新たに主張することに制限はない。

5 審査請求前置の緩和

前述したごとく、審査請求と取消訴訟の関係について、8条1項は、原則と
していずれを行うも自由であるとの自由選択主義を採用したものの、そのただ
し書で、個々の法律において審査請求前置の定めをすることができるとした。

135

〔第2部〕第3章　取消訴訟の訴訟要件

このため数多くの分野（法律）でこれが採用されることになれば、運用次第で
は弊害が出て、国民の出訴権が侵害されるおそれがある。このため8条2項は、
審査請求前置の場合であっても、一定の条件のもとに、取消訴訟の提起を認め
た。

(1)　**審査請求があった日から3カ月を経過しても裁決がないとき**（行訴8
条2項1号）

審査請求後、3カ月を経過すれば、訴訟を提起できる。

行政庁（裁決庁）の手続の遅延によって、司法手続による国民（処分の相手
方）の救済が遅れることを防止するためである。

① 　3カ月経過の要件は、取消訴訟提起の時に存在すればよく、訴訟提起後
に審査請求を取り下げても既に提起された訴えの効力に影響はない（福岡
地判昭和55・5・7判時980号121頁）。

② 　審査請求のあった日から3カ月を経過しないうちに提起された訴えは不
適法であるが、その後訴訟継続中に、審査請求があった日から3カ月を経
過しても裁決がないときは、8条2項1号により、出訴の要件を充足して
いるとされる（福岡高判昭和56・11・27高民集34巻4号329頁）。

③ 　3カ月を経過した場合に、14条の出訴期間は、いつから進行するか。

多数説はその後に裁決があれば、裁決に対する出訴期間が経過するまで
は訴えを提起できると解している。

④ 　審査請求書に不備があって受理されず、補正命令が発せられている間は、
当該処分の適否の実体について判断をなすべき段階に達しておらず、この
ような場合には8条2項1号にいう3カ月の期間は処分の実体について判
断すべき段階に達した審査請求受理の日から起算すべきものとされている
（大阪地判昭和50・4・24訟月21巻6号1305頁）。

⑤ 　審査請求をした後、再審査請求をしたときには、本号をどのように解す
べきか。

最高裁は、労働基準監督署長がした療養補償給付および休業補償給付の
不支給決定の取消しを求める訴えにおいて、8条2項1号にいう審査請求
は、審査請求と再審査請求のいずれをも指し、そのいずれに対する裁決が
遅延するときにも、同号が適用され、審査請求前置主義が緩和される、と

136

第6節　取消訴訟と審査請求の関係

した。また労働者災害補償保険法は、２段階の審査請求手続を必ず経由させることによって、行政と司法の機能の調和を保ちながら保険給付に対する国民の権利救済を実効性のあるものにしようとしているが、審査請求に対する決定が遅延した場合に、その遅延に対する救済措置の定めがないことを述べ、国民の司法救済の道を不当に閉ざしてはならないとし、労働災害補償保険審査官に対して審査請求した日から３カ月を経過しても、決定がないときは、審査請求に対する決定および再審査請求の手続を経ないで、処分の取消しの訴えを提起することができる、とした（最判平成７・７・６民集49巻７号1833頁）。

⑵　処分、処分の執行または手続の続行により生ずる著しい損害を避けるため緊急の必要があるとき（行訴８条２項２号）

この要件を満たせばいつでも取消訴訟を提起することができる。

このような場合に、審査請求前置をとっていては処分を受けた者が、著しい損害を被ってしまうから直ちに司法救済の手続を採ることができるようにしたものである。処分取消しの訴えを提起しても処分の効力、処分の執行または手続の続行を妨げない（行訴25条１項）から、さらなる被害の発生を防止するためには執行の停止をする必要がある（同条２項）。

８条２項２号の場合は、「著しい損害を避けるため緊急の必要があるとき」としているが、執行停止の場合は「重大な損害を避けるため緊急の必要があるときは」としているため、その違いが問題になる。一般には、８条２項２号の場合は、訴訟を提起することができる要件に過ぎないので、執行を停止する要件に比較して緩やかと解されている。

どのような場合に「著しい損害を避けるため緊急の必要があるとき」になるかについては、明確な基準はなく、具体的な事案に応じて諸事情を斟酌して判断されることになる。

近時の裁判例として、公会堂使用承認取消処分の執行停止に関連して、７月23日から25日まで３日間公会堂を使用するについて、一度これを承認しながら、後にこの承認を取り消した処分が、当初承認された始期である７月23日まで２週間足らずに迫った７月９日にされたものであり、しかも使用承認にかかる期日を徒過すると、本件取消処分を取り消すことの意味が失われるものであるこ

137

〔第２部〕第３章　取消訴訟の訴訟要件

とを考えると、まず行政庁に対して不服を申し立て、その判断を待ったうえで訴えを提起しているのでは権利救済上間に合わないおそれがあるとし、このような場合は８条２項２号の「緊急の必要があるとき」に、該当する、としたものがある（東京高決平成３・７・20判タ770号165頁）。

(3)　その他裁決を経ないことにつき正当な理由があるとき（行訴８条２項３号）

　この規定は、８条２項の１号や２号で救済できない場合にもなお救済の必要性がある場合を配慮した規定である。１号、２号は、個別規定であるが、この規定は一般規定である。

6　訴訟手続の中止（行訴８条３項）

　自由選択主義を原則とし、審査請求と取消訴訟の提起を並行して行うことを認めたため、双方が並行して係属し、審理されることがある。しかし、このような状態は、訴訟経済の面からすると不経済であり、また権利救済の面からしても不都合が生ずる場合がある。そこで、裁判所は、このような場合、当該審査請求に対する裁決があるまで訴訟手続を中止できることとした。

　８条３項による訴訟手続の中止は、同条１項本文の自由選択主義による訴訟の提起がなされた場合である。審査請求前置の場合を含まない。

　中止の期間は、裁決があるまでもしくは審査請求のあった日から裁決がないまま３カ月を経過するまで、である。

　中止の決定をするかどうかは裁判所の裁量による。

　中止決定がなされた後、裁決があった場合、

①　請求人の主張が認められて当該処分を全部取り消す旨の裁決があった場合は、訴訟継続の必要性がなくなるため、訴訟は、原告が取り下げるか、訴えの利益なしとして却下される。

②　請求人の主張が一部認められ、処分の一部を取り消された場合は、取り消されなかった部分について、訴訟が継続する。

（本節担当・濱　和哲）

第4章　取消訴訟の審理手続（違法性審理）
～主として実体審理～

第1節　訴訟の対象

1　訴訟の対象、訴訟物

取消訴訟の本案判決の対象は訴訟物である。

それは行政処分の違法性だと言われる。

取消訴訟総論で略述したように（第1章）、違法性を対象とすることは、取消訴訟の定義そのものから導かれるのである。

その他行訴法の中から取消訴訟の対象が違法性であることを間接的に定義している規定もあることに注意すべきである。それは10条1項である。同項は「取消訴訟においては、自己の法律上の利益に関係のない違法を理由として取消しを求めることができない」と規定するから、取消訴訟が違法の取消しを求めるものであることが理解できる。

違法であればその処分、公権力の行使は判決で取り消される。

2　違法とは

(1)　定　義

違法とは、成文法、条約、不文法、慣習法、条理に違反することである。

成文法とは、憲法、法律、条例違反が代表的である。

行政手続法違反が処分の違法性を構成するかという問題がある。理由の提示の不十分さを処分の違法とした最判昭和60・1・22（民集39巻1号1頁）は行手法8条14項のもとで当然妥当する。また審査基準の認定とその主張立証機会を与えない場合に違法とした最判昭和46・10・28（民集25巻7号1037頁）は、審

〔第2部〕第4章　取消訴訟の審理手続（違法性審理）～主として実体審理～

査基準が定められず公表もされておらず具体的でもないというような場合の行手法5条のもとでも当然維持されるであろうし、発展させられねばならない（那覇地判平成20・3・11判時2056号56頁参照）。

　行政手続法、行政手続条例の違反が、違法になるかが問題となる。最高裁は平成7年にいわゆる協議会を開き、行手法違反の効果を相対的なものとして限定する議論をしている。[1]

　義務的手続的規定は行手法（条例）の4原則（告知・聴聞、理由の提示、文書閲覧、審査基準の設定・公表）に限られず、他法令における審議会経由などにも存在する。[2]

　またこの手続的瑕疵の問題は後述する裁量違反による違法にもつながっていく。

　以下にあげる行手法関連判例は基本的にこの協議会の議論方向の3説のどれかに分類できるものである。

　行政処分を違法にする手続瑕疵を認めた判例は次の通り。

(2)　行手法（条例）の事例

　那覇地判平成20・3・11裁判所ウエブは、行政財産の使用許可等の審査基準を設定していなかったことから、港湾施設使用不許可処分が、行手法5条に反するとして、取り消された事例。

　最判平成23・6・7裁判所ウエブは、公にされている処分基準の適用関係を示すことなくされた一級建築士免許取消処分は、行手法14条1項の定める理由提示の要件を欠いた違法な処分であるとした。

　大阪地判平成24・6・28裁判所ウエブは、行手法14条1項本文の定める理由提示の要件を欠いた違法な処分であるとして一般貸切旅客自動車運送事業許可取消処分が取り消された事例。

　名古屋高判平成25・4・26裁判所ウエブは、介護保険法に基づく指定通所リハビリテーション事業者の指定の取消処分は、取消理由の記載が、極めて抽象

1　最高裁判所事務総局編「行政裁判資料71号　行政手続法関係執務資料」法曹会、1997年。「行政手続の違法は、行政処分の効力にいかなる影響を与えると考えるべきか」と問い、3つの広狭説が紹介されているが、どの説によっても手続違背と処分の効力との関係は相対的である。つまり手続違背は処分違法とはいわない。

2　塩野宏『行政法Ⅰ〔第6版〕』321頁参照。

140

的であり、不正請求と認定された請求に係る対象者、期間、サービス提供回数
および請求金額等は何ら特定されておらずとして、行手法14条1項本文の要求
する理由提示としては不十分であるとして、処分を取り消した事例。

　金沢地判平成26・9・29LEX/DB 文献番号25504858は、聴聞を主宰した警察
署長は捜査を指揮する立場にあり、営業停止処分の原因となる事実を認定する
ための証拠の収集に関与したのみならず、処分をすべき旨を上申しているので
あるから、処分に至る過程で本件に密接に関与しており、処分の主宰者に指名
される資格を有していなかったとして、本件処分は重大な違法があるとした。

　最判平成27・3・3裁判所ウエブは、行手法12条1項の規定により定められ
公にされている処分基準である規程の定めにより将来の営業停止命令における
停止期間の量定が加重されるべき処分後3年の期間内は、なお処分の取消しに
よって回復すべき法律上の利益を有するものというべきであるとした。

(3)　行手法以外の事例

　最判平成16・12・24裁判所ウエブは、紀伊長島町水道水源保護条例に基づき、
産業廃棄物処理業で水源の枯渇をもたらすとして禁止するためには、事業者と
町長とがあらかじめ協議をし、町長が審議会の意見を聞くなどして慎重に判断
する必要があるのにこれらを実施する配慮を欠き、しかもこの条例はその業者
対策のためにつくられたものであるから、配慮義務に違反してされたもので、
違法となるとした。

　条約違反は違法か。判例は、条約違反から直接行政処分を違法とすることは
ないが、法律に基づく裁量につき、条約との関係で裁量権濫用を導くことがあ
る。[3]

　不文法違反も違法である。

　慣習法に基づいて行政処分を違法とした例はないが、慣習法を当該事案で認
めれば、違反は違法である。

　条理である法の一般原則のうち、信義則については行政関係で認められた例
が増えている。[4]

　裁量の踰越、濫用は違法とされ取り消される（行訴30条）。

3　出入国管理及び難民認定法と難民条約との関係につき東京地判平成17・12・26、名古屋地判平成
18・3・23

〔第2部〕第4章　取消訴訟の審理手続（違法性審理）～主として実体審理～

⑷　他事考慮

　行政が行政処分にあたり考慮すべきでない事項を考慮することを他事考慮という。裁量審査で取り上げられることが多いが、不利益禁止等として明文に取り入れられていることもあれば（国公法108条の7、地公法56条）、行政処分を違法にする一般原則でもある。

⑸　比例原則

　比例原則とは、達成されるべき目的とそのために取られる手段（措置）との間に合理的な比例関係が存在することを要請する原則である。この原則も裁量審査で取り上げられることが多いが、超過差押えの禁止等として明文に取り入れられていることもあり（国税徴収法48条1項）、行政処分を違法にする一般原則でもある。

⑹　平等原則

　憲法14条により当然であるこの原則も裁量審査で用いられることも多いが、裁量までいかなくても正面から行政処分を違法にする法律上の原理である。

⑺　権利濫用と目的・動機

　行政が行政権を濫用すれば違法である。[5]

　トルコ風呂建設を阻止するために余目町が児童遊園設置条例をつくった事例である最判昭和53・5・26裁判所ウエブは、条例に基づく児童遊園設置許可処分が、トルコ風呂営業を阻止、禁止することを直接の動機、主たる目的としてなされたもので行政権の著しい濫用としている。

3　関連請求

　関連請求と言う概念は行政訴訟においてかなり重要なものである。後述する併合関係で多用されるので総論的にここで整理する。

　4　最判昭和56・1・27裁判所ウエブは、村長の交替による工場誘致から反対への政策転換につき信義衡平の原則とか信頼関係の用法を使って不法行為による損害賠償認定の理由にあげている。税法分野の取消訴訟では最判昭和62・10・30判時1262号91頁は、信義則の適用による課税処分の違法取消しの一般的な適用可能性は承認する。最判平成19・2・6民集61巻1号122頁は、在ブラジル被爆者に対する消滅時効の援用を信義則違反とする。
　5　判例として、民事仮処分だが、最も良く別荘を使う時期に水道料金滞納で町が給水停止をすることは権利の乱用とした甲府地決平成11・8・10判地自212号62頁がある。

142

それは行訴法13条各号で次のように定められる。

① 当該処分または裁決に関連する原状回復または損害賠償の請求

② 当該処分とともに一個の手続を構成する他の処分の取消しの請求

③ 当該処分に係る裁決の取消しの請求

④ 当該裁決に係る処分の取消しの請求

⑤ 当該処分または裁決の取消しを求める他の請求

⑥ その他当該処分または裁決の取消しの請求と関連する請求

各号に現れる「当該処分」を通して、処分の取消訴訟と関係する訴訟類型を掲げ、6号で一般規定も置いている。取消訴訟中心主義を典型的に表す概念である。

移送や併合の場合に、2つの訴訟の関係が関連請求かどうかが裁判所によって判断される。最近の裁判所は、かなり柔軟に考えているようである。特に6号を柔軟に解せばよいというのが最高裁の判断である。[6]

4 訴えの変更、客観的併合

⑴ 訴えの変更

民訴法143条、行訴法21条、19条が関連する。

行訴法21条の規定は、取消訴訟を国賠訴訟などに変更するルールである。21条は他の抗告訴訟、民衆訴訟、機関訴訟にも準用されている（行訴38条1項、43条1項・2項、公選法219条1項）。国賠訴訟を取消訴訟に変更する場合にも適用されるかが1つの問題であり、地裁（新潟地判昭和51・10・19判時844号29頁）は認め、その控訴審（東京高判昭和60・6・25判時1172号30頁）が否定すると言う判例状況だが、両訴訟の被告適格が同じとなった改正法下では適用されると考えるのが当然であろう。

そのように解したうえで、民訴法143条の規定があるのに、行訴法が21条を用意しているのは何のためか。

それは第1に民訴法143条では民訴と行訴という異種の訴訟間の変更は認めないから、これを可能とした、第2に行訴法にある出訴期間という制度に対応

---

6 最判平成17・3・29裁判所ウエブ

〔第2部〕第4章　取消訴訟の審理手続（違法性審理）〜主として実体審理〜

し、変更しようと思う訴訟の出訴期間が渡過していることが多いからであると
今日的には考えられる。

　取消訴訟と国賠訴訟は関連請求だが、21条は関連請求でなくても「請求の基
礎に変更がない限り」許す。当事者訴訟や争点訴訟、国や公共団体あての民事
訴訟（たとえば不当利得返還請求）がこれに当たる。[7]

　行訴法19条は、追加的併合を主観的にも客観的にも認める点に意義がある。
民訴の学説・判例では、主観的追加的併合は認められないからである。準用は
38条1項、41条2項、43条1項、43条2項・3項にある。

　民訴法143条は、このような中でもなお大きな意義を有する。行訴法19条と
も原則として関連請求の関係にある訴訟間のものだが、民訴法143条は関連請
求関係にない行訴間の変更に適用される。たとえば開発許可差止めの訴訟継続
中に許可が出た場合、取消訴訟に変更したいがこの2つは関連請求ではないと
東京地裁や大阪地裁は扱う。また開発許可が出てしまえば差止め訴訟は不適法
になるが、19条の併合要件には適法性が必要と解釈されているから、それまで
遂行された差止め訴訟のそれまでの主張・立証を無駄にすることなく変更後の
取消訴訟に利用するためには当面併合したうえで差止めを取り下げたいが、そ
のためには民訴法143条が必要となるのである。

(2)　訴えの客観的併合

　民訴法136条、行訴法16条、19条の関係である。

　民訴法136条が同種の訴訟手続間に限定しているのに対し、行訴法16条は関
連請求間であれば異種の訴訟でも客観的併合できるところに意義がある。

　行訴法21条の準用は38条1項、41条、43条にある。

　併合要件が欠缺している場合も他方の適法な訴えを独立の扱いにするなど柔
軟な扱いが必要であろう。

（本節担当・斎藤　浩）

7　山形地決昭和39・8・25行集15巻8号1463頁で、自作農創設特別措置法による県知事を被告とす
　る売渡処分無効確認訴訟から国を被告とする所有権確認訴訟への変更を認めている。

第2節　裁量判断

第2節　裁量判断

　実体審理に入って、原告は行政処分の違法性を主張・立証しなければならない。

　行政の行為に権限を付与している法令の定めは、なかなか具体的明瞭なものではないから、行政の行為には広範な裁量権が与えられていると従来は考えられてきた。

　しかし、現代において、環境を含む国民の権利の立場からすると、行政であろうと私企業であろうと、権利の侵害は基本的に許されない。

　広範な国民の権利との関係で、行政は抽象的な法令の解釈上、どのあたりまでが行政の権限行使として適法であるのかの審査が裁量審査である。

　裁量が当不当の領域でとどまっているのか、行訴法30条の言う踰越、濫用の領域に踏み込んで違法と言えるかによって訴訟の帰趨が決定されるのである。

　行政処分の違法性判断についての司法審査の根幹と言うべき論点である。

　平成16年の行訴法改正にあたって、裁量分野の改正不可欠との主張は強かったが、残念ながら見送られた。[1]

1　最高裁判所判例の状況

　いろいろな分類も用語もあるが、端的なのは、①社会観念（通念）審査、②判断過程の統制と分ける方法である。[2]

　前者は、裁量の行使が箸にも棒にもかからないほどひどいことが明らか、通常ありえないほど明らかな非常識と断定する構文で、ふつうはそのようなことはない。したがって、この審査方法で違法となることはないということである。つまり、これは裁量統制の基準とは厳密な意味ではなりえず、裁量絶対追認の基準ともいうべきであろう。

1　裁量判断についての詳細な学説判例の検討は、斎藤・前掲書『行政訴訟の実務と理論〔第2版〕』235頁～271頁参照。

2　たとえば山本隆司『判例から探究する行政法』229頁以下。亘理格「行政裁量の法的統制」（『行政法の争点〔第3版〕』119頁）参照。

145

〔第 2 部〕第 4 章　取消訴訟の審理手続（違法性審理）〜主として実体審理〜

　後者は、行政の裁量判断過程をチェックしようというので、前者のように断定しないほとんどの判例がこちらに分類される。したがって、後者にはさまざまな統制方法、チェック方法が含まれる（この中には社会観念・通念審査との混合型も含める）。

(1)　問答無用方式（社会観念、社会通念審査）

　理屈はなく、問答無用で切り捨てるだけの内容である。

・社会通念判決の代表は、在留期間更新不許可処分取消請求のマクリーン判決（最大判昭和53・10・4裁判所ウエブ）。「裁判所は、法務大臣の右判断についてそれが違法となるかどうかを審理、判断するにあたっては、右判断が法務大臣の裁量権の行使としてされたものであることを前提として、その判断の基礎とされた重要な事実に誤認があること等により右判断が<u>全く事実の基礎を欠くかどうか、又は事実に対する評価が明白に合理性を欠くこと等により右判断が社会通念に照らし著しく妥当性を欠くことが明らか</u>であるかどうかについて審理し、それが認められる場合に限り、右判断が裁量権の範囲をこえ又はその濫用があつたものとして違法であるとすることができるものと解するのが、相当である」。

　これほどではないにしろ、裁判所が裁量統制をしない場合に、この社会観念、社会通念基準が用いられる[3]。

　用いながら過程審査もしてみつつ、結局社会観念（通念）を前面に出しているものは後の④、用いてはいるが言葉として使っているだけのものは後の⑤、用いてはいるが過程審査を重視したものは後の⑥に掲げる。

　しかし、マクリーン判決の裁量論は今に至るも多くの判決に引用され続けているのであり[4]、決して昔の判断ではない。

　なお、マクリーン判決が社会通念論とともに、セットのようにして用いている「全く事実の基礎を欠く」という表現が、「重要な事実の基礎を欠く」と変えられている判例（後の⑥で取り上げる広島県教祖教研集会事件・最判平成18・2・7など）を取り上げて、事実の審査密度が高まっていると評する意見もあるが、

3　京都府立医大附属女子専門部学生懲戒放学処分に関する特別権力関係の代表判例最判昭和29・7・30裁判所ウエブ、足立江北医師会設立不許可処分に関する最判昭和63・7・14裁判所ウエブ

4　最判平成10・4・10裁判所ウエブほか一定数ある。

146

疑問である。

　新市長による政策変更に関する最判平成10・10・8判地自203号79頁、土地区画整理の照応の原則に関する最判平成24・2・16裁判所ウエブ、最判平成25・2・19判地自368号76頁は、社会通念の典型的断定判決で問答無用である。

　厚木基地の自衛隊機運航差止め請求の最判平成28・12・8裁判所ウエブ。

(2)　判断過程の統制方式～種類と広がり、誤りへの変質

　行政裁量を広く認めない場合に使われる手法として下級審から登場し、裁量の深化に役立ったが、原発許可の判断など大型の専門的技術的分野では、専門機関の判断の尊重とも相まって、逆にこの手法が行政裁量にものを言わない一連の重要判決を輩出している。これらを正確に分類し論じたい。

① 　純粋な判断過程審査型

・最高裁判例ではないが、日光太郎杉事件・東京高判昭和48・7・13裁判所ウエブ[5]

② 　手続統制型

　行政手続法の立法事実となったような一連の判決がある。

　個人タクシー事件・最判昭和46・10・28裁判所ウエブ、群馬中央バス事件・最判昭和50・5・29裁判所ウエブ。

③ 　考慮事項型（考慮事項甲型）

　判断の過程で考慮すべき要素を指摘する一連の判決がある。そのうち社会通念と考慮事項を両方あげながら考慮事項を重視した一連の判決は、⑤で混合型B＝考慮事項乙型として分類している。

・広島今田校長分限事件・最判昭和48・9・14裁判所ウエブ

・刑務所からの信書発信不許可に関する最判平成18・3・23裁判所ウエブ

・林試の森事件・最判平成18・9・4裁判所ウエブ

④ 　混合型A（過程審査はするが問答無用に軍配をあげた型）

　社会通念、社会観念などの用語も使いながら、過程審査をする方式を混合型と名づける。Aは結局社会通念、社会観念に負けた型である。

5　白石健三裁判長の判決である。比例原則を適用した事例でもある。なおこの原審である宇都宮地判昭和44・4・9行集20巻4号373頁がこの白石判決を生み出したともいえるこれまた立派な判決である。

〔第 2 部〕第 4 章　取消訴訟の審理手続（違法性審理）〜主として実体審理〜

- ・神戸税関懲戒免職処分に関する最判昭和52・12・20裁判所ウエブ
- ・伝習館高校事件の最判平成 2・1・18裁判所ウエブ
- ・全農林82年事件の最判平成12・3・17裁判所ウエブ
- ・小田急実体事件の上告審最判平成18・11・2 裁判所ウエブは、(1)の社会観念・通念型と考慮要素型が融合した内容。最高裁が周辺住民の原告適格を広く認める時代に入っても、大規模な行政の行為についてはなかなか裁量統制できないことをまざまざとみせつけた。
- ・仮換地指定処分取消請求の最判平成25・2・19判例地方自治368号76頁
- ・厚木基地航空機運航差止等請求事件の最判平成28・12・8 裁判所ウエブ
- ・辺野古の地方自治法251条の 7 第 1 項の規定に基づく不作為の違法確認に関する最判平成28・12・20裁判所ウエブ

⑤　混合型 B ＝考慮事項乙型（過程審査をして考慮事項を審査し社会通念を使っただけ型）

- ・弁護士懲戒の最判平成18・9・14裁判所ウエブ
- ・指名競争入札における村外業者排除国賠事件の最判平成18・10・26裁判所ウエブ

⑥　混合型 C ＝考慮事項丙型（過程審査をして考慮事項を重視し問答無用を排した型）

- ・岐阜県海津町一部事務組合の接待公金返還住民訴訟の最判平成元・9・5 裁判所ウエブ
- ・エホバの証人事件最判平成 8・3・8 裁判所ウエブ
- ・違法公金支出返還事件の最判平成18・1・19裁判所ウエブ
- ・広島県教祖教研集会事件の最判平成18・2・7 裁判所ウエブ
- ・徳島県旧木屋平村事件の最判平成18・10・26裁判所ウエブ

よく似た事例として最決平成29・1・17TKC 文献番号25545522（実質判断は福岡高判平成28・5・19TKC 文献番号25543341）がある。

- ・海岸占有不許可事件の最判平成19・12・7 裁判所ウエブ
- ・国歌国旗起立斉唱減給事件の最判平成24・1・16裁判所ウエブ

⑦　実体法的または判断代置型

前述した原発訴訟をめぐる判断代置議論とは別に、その際に述べた正し

い意味の判断代置はあるのである。

　　・水俣病認定事件の最判平成25・4・16裁判所ウエブ

⑧　専門機関を組み入れた判断過程判決

⑧-1　原　　像

　　・その代表である伊方上告審判決（最判平成4・10・29裁判所ウエブ）。

⑧-2　専門機関任せに変質型

　　・教科書検定の最判平成5・3・16裁判所ウエブ

　　・もんじゅという高速増殖炉についての最判平成17・5・30裁判所ウエブ

⑧-3　専門機関の判断を過程審査する型

　　・教科書検定の最判平成9・8・29裁判所ウエブ

　　・生活保護の老齢加算廃止の最判平成24・4・2裁判所ウエブ

【書式19】　遺族厚生年金不支給決定取消請求事件の訴状例

訴　　　状

令和○○年○月○日

○○地方裁判所　御中

原告訴訟代理人弁護士　　○　○　○　○　㊞

〒○○○―○○○○　　○○県○○市○○○○○○
　　　　　　　　　　原　　　　　告　　○　○　○　○
〒○○○―○○○○　　○○県○○市○○○○○○
　　　　　　　　　　○○法律事務所（送達場所）
　　　　　　　　　　原告訴訟代理人　　○　○　○　○
　　　　　　　　　　電　話　○○―○○○―○○○○
　　　　　　　　　　ＦＡＸ　○○―○○○―○○○○
〒１００―００１３　東京都千代田区霞が関1丁目1番1号
　　　　　　　　　　被　　　告　　　　　国
　　　　　　　　　　代　表　者　法　務　大　臣　　○　○　○　○

〒１００─００１３　東京都千代田区霞が関１丁目２番２号

処　分　行　政　庁

社 会 保 険 庁 長 官　　○　○　○　○

遺族厚生年金不支給決定取消請求事件

訴訟物の価額　　金160万円

貼用印紙額　　　金13,000円

第１　請求の趣旨

社会保険庁長官が原告に対し令和○○年１月４日付でなした遺族厚生年金不支給決定を取り消す。

との判決を求める。

第２　請求の原因

1　原処分

社会保険庁長官（以下「行政庁」という）は原告に対し，丙が令和○○年５月11日に死亡したので，原告が丙死亡当時の内縁の妻であったことを理由になした遺族厚生年金の裁定の請求について，令和○○年１月４日不支給決定（以下「原処分」という）をなした。

2　前置の経由

原告は同年１月５日○○社会保険事務局社会保険審査官に審査請求したが，同審査官は同年２月23日にこれを棄却した。

原告は同年２月27日社会保険審査会に再審査請求したが，同審査会は同年10月31日これを棄却した。

3　原処分の理由

丁社会保険事務所長が原処分に付した理由は「死亡の原因となった傷病名（窒息死）と，在職中に初診日のある傷病名（アルコール精神病・糖尿病・アルコール性肝障害）との間に，相当の因果関係があるとみとめられないため」というにあった。

なお，この理由は丙が死亡時には被保険者の資格を喪失していたので，厚生年金保健法58条１項２号不該当とするものである。

4　審査請求と再審査請求の理由

審査請求の棄却理由は原処分理由を正当と認めるものであったが，再審査

請求の裁決（以下「再審査裁決」という）の棄却理由は原処分理由を論ずるまでもなくとして棄却した。すなわち，原告が丙の配偶者ではないと言うのである。この理由は厚生年金保険法59条の遺族不該当で58条の受給権者にあたらないと言うものである。

5　処分理由追加または差し替えの違法性

　一般論としては行政庁に主張制限はないと考えるのが判例の立場であるが，処分の性格から見て，相手方に明らかにされた処分理由によって争点が画される場合がある（塩野宏「行政法Ⅱ　第四版」157頁参照）。

　本件の場合も，不支給と言う処分の中で，傷病名の問題と配偶者でないとの論点は，全く違う争点である。原処分は丙の死亡傷病名から厚生年金保健法58条1項2号不該当というものである。再審査請求が述べたのは同法同条同項本文の遺族に不該当（59条の配偶者に不該当）と言うものであり，2つは別の論点である。

　原処分は死亡傷病名から厚生年金保健法58条1項2号不該当という明確な処分理由が争点となっており，他方の理由とは争点が画されている。

　本件における処分理由追加または差し替えは違法である。

6　原処分の違法性

(1)　再審査裁決が，原処分理由に一切触れなかったことからも，原処分の処分理由に根拠がないことは明らかである。

　以下には念のために原処分の処分理由の違法性を主張する。

(2)　死亡とアルコール精神病・糖尿病・アルコール性肝障害との因果関係

　丙が厚生年金保険の被保険者であった間に受診した傷病と窒息死との因果関係である。

　丙（死亡は52歳）は40歳代からAクリニックの内科に肝障害で入退院をくり返し，平成14年頃より精神変調を来し，病的体験が出現し，それらのうち妄想に支配されていた（同クリニック主治医の証明書）。

　死体検案をしたB医師は，死亡の直接原因は窒息死で，その原因を糖尿病・アルコール性肝炎としていた。

　したがって上記主治医の証明からして，厚生年金保険法58条1項2号にいう傷病とは本件の場合にはアルコール精神病・糖尿病・アルコール性肝障害であり，その結果が窒息と言うことと理解できる。

　窒息死は呼吸が阻害されて死亡した結果である。内窒息は一酸化炭素に

〔第2部〕第4章　取消訴訟の審理手続（違法性審理）〜主として実体審理〜

よるヘモグロビンの酸素運搬機能の障害などが考えられるが（南山堂医学大辞典第18版，1357頁），他方糖尿病は抹消神経障害，心筋梗塞などを結果し（同書1487頁），またアルコール性肝障害は劇症肝炎などにいたる（同書55頁）。

これらの症状が最終的に窒息の症状を示したであろうことは全く自然に理解できるところである。

これらの医師の意見書，診断の結果は，丙の死亡が厚生年金保険法58条1項2号に該当することを示している。

原処分は違法である。

7　追加処分理由の違法性

本件における処分理由の追加は前述のように違法であるが，念のために追加処分の理由も違法であることを次に主張する。

原処分は言っていないが，再審査裁決が上記のように言う以上は，行政庁が本件訴訟では主張を追加するであろうと推測されるので，あらかじめそれへの反論を行う。

再審査裁決は，丙と原告とは，婚姻届をし，2子をもうけたが，平成60年6月に離婚してからは，ア　夫婦共同体を形成しようとする意思をもって，イ　社会通念上夫婦共同体と認められる生活をしていた事実がある，との要件に該当しないと言う。

その理由として，①離婚後同居していない，②原告は自活しながら2人の子を養育し，丙は生活保護を受けて，それぞれの生活を営んでいたと認められ，両者の生計が同一であったことはないし，相互間に援助関係があったことを窺わせるものもない，③丙死亡の半年前頃から2人は会っておらず，丙が自宅で死亡していることが約1か月も発見されないなど両者間の交流も著しく希薄であったと言わざるを得ないというのである。

しかし，これらの理由は原告と丙との具体的関係を見ず，表面だけをなぞった誤った内容である。以下その理由を主張する。

原告と丙の離婚は対外的形を作ったものにすぎず，両者は愛情に充ちた関係を離婚後も続けており，次のように夫婦共同体の実を失ってはいなかった。
（以下略）

添　付　書　類

1　訴訟委任状　　　　　　　　　　　　　　　　　　　　　　1通

【書式20】 開発許可取消請求事件の訴状例

訴 　 状

令和○○年○月○日

○○地方裁判所　御中

原告ら訴訟代理人弁護士　○　○　○　○　㊞

〒○○○―○○○○　○○県○○市○○○○○○
原　　　　　告　　　B

〒○○○―○○○○　○○県○○市○○○○○○
原　　　　　告　　　C

〒○○○―○○○○　○○県○○市○○○○○○
○○法律事務所（送達場所）
原告ら訴訟代理人　○　○　○　○
電　話　○○―○○○―○○○○
ＦＡＸ　○○―○○○―○○○○

〒○○○―○○○○　○○県○○市○○○○○○
被　　　　　告　　　○○市
代　表　者　市　長　○　○　○　○

〒○○○―○○○○　○○県○○市○○○○○○
処分庁　　○○市長

開発許可取消請求事件

訴訟物の価額　　金160万円

貼用印紙額　　　金13,000円

第1　請求の趣旨

1　○○市長が令和○○年○○月○○日付でＡ株式会社に対してなした開発許可処分を取り消す。

2　訴訟費用は被告の負担とする。

〔第2部〕第4章　取消訴訟の審理手続（違法性審理）〜主として実体審理〜

第2　請求の原因

1　原告BCら（D社も含む）は協議し，それぞれの所有地に共同住宅を建設する目的で，令和〇年〇月〇日都市計画法29条に基づき知事から開発許可を受けた（以下「令和〇年開発許可」という）。その内容は開発登録簿に記載されている。

2　前項の土地所有者らは協力し，D社を中核として同区域に大規模な共同住宅群（マンション戸数1013戸）を建設する計画を立てたものであった。

市街化調整区域の各土地であり，都市計画法34条に従うほか，同法政令，大阪府の規則により5ヘクタール以上の規模を必要とするので，D社の所有地だけではこの基準に充たないため，上記他の土地所有者との共同開発を不可欠としたものである。

その計画は，令和〇〇年〇月〇〇日大阪府知事の開発工事に関する工事の検査済証，宅地造成に関する工事の検査済証が出され，同年〇月〇〇日緑地協定，同年〇月〇〇日被告と建築協定，同〇〇年〇月〇日近隣自治会と開発に関する覚書などが締結され，順調に進んでいた。

3　ところが〇〇〇は，同〇〇年になって不動産事情の悪化，会社方針の変更を理由に突然計画変更を言い出し，共同住宅を断念し，宅地として売却をする方針を伝えてきた。そして，開発許可の変更の同意を他の土地所有者に求めてきた。

原告らを含む大半の土地所有者は驚き，反対を表明したが，〇〇〇はすべての土地所有者の同意は得ぬまま，令和〇〇年〇月〇〇日，自己の所有地を訴外〇〇興産（大阪府〇〇市〇〇町1番1号，代表取締役〇〇，以下「〇〇興産」という）に譲渡し，上記開発計画から離脱した。

〇〇〇のこの無責任な行動から起こる損害については，原告らは別途損害賠償請求訴訟を提起する予定である。

4　平成〇年開発許可に関する〇〇〇市長の違法な行動

〇〇市長は，都市計画法42条，41条違反の行動をとった。

〇〇興産は〇〇〇の地位を承継するものであるが，多くの点で承継者としての義務を果たさない態度をとり，〇〇市長はこれに追随している。

〇〇〇から平成〇年開発許可にかかる開発区域の土地を譲り受けた〇〇興産は，それを2つに分けて，1つを自社の分譲用地として使用し，他を訴外〇〇不動産株式会社（東京都〇〇区〇〇町〇丁目〇番〇号，代表取締役〇〇

○○，以下「○○不動産」という）の共同住宅用地として譲渡することとした。

　○○興産は令和○年開発許可にかかる開発区域の土地の一部である別紙物件目録記載の土地（以下「本件土地」という）を，令和○○年○月○○日，○○不動産に売却した。○○不動産は本件土地に共同住宅を建設すべく，○○市長から，○○不動産○○○株式会社名義で，令和○○年○○月○○日に開発許可（以下「本件開発許可」という）を得た。○○不動産の予定建物は共同住宅だが，令和○年開発許可の都市計画法41条による開発登録簿記載の制限には適合していないことは確実である。そのことにつき都市計画法42条ただし書による大阪府知事の許可は得ていない。

5　令和○年開発許可に関する○○市長の違法な行動（その２）

　○○興産が行ったもう１つの承継義務違反行為が開発許可の重要な要素である給水施設の問題である。

(1)　令和○年開発許可申請にあたっての○○○の給水関係の約束

　令和○年開発許可では，給水施設は水道法３条６項，第４章の専用水道であった。この方式による受水槽とその設置場所の土地所有権は１記載の６名の土地所有者の共有とするものであった。

　○○○に対し他の土地所有者が協力的姿勢を取った理由の１つがこの水道問題にあった。すなわち，○○○は令和○年開発許可申請に際し，他の土地所有者に対し，受水槽から各土地所有者が建設する共同住宅までの水道設備の設置・修繕・その他一切の維持管理を○○○においてやることを約し，その旨の文書を被告の水道事業管理者宛提出している。

　この重要な約束が前提になって平成○年開発申請は行われた。この約束が反故にされると原告らにおいて新たな簡易専用水道施設を設置するには金２億３千万以上かかり，年間の維持管理費は800万円を下らない。また公営水道への直結を準備するとすればその費用は金５億3625万円と被告水道局によって見積もられている。

　○○○以外の土地所有権者は重大な損害が生じることは明らかである。

(2)　令和○年開発許可の内容となっている給水施設内容

　(1)で記載したことを行政（被告）の側から見ると次のようなこととなる。

　令和○年開発許可の給水施設は水道法３条６項，第４章の専用水道であり，そのための給水施設（給水装置）が建設され，この施設から各土地所

〔第2部〕第4章　取消訴訟の審理手続（違法性審理）～主として実体審理～

有者が予定する共同住宅予定地に配管がなされている。

　　これらのことは被告（水道事業管理者）と協議のうえ，その同意を得て実施されているもので，開発許可の重要な内容である。したがって，平成〇年開発許可を前提に，その上に新たな再開発をしようとする場合には，その再開発の給水施設は平成〇年開発許可の内容となった給水施設の使用が前提であり，それを変更する場合には，平成〇年開発許可にかかわった土地所有者全員の同意がいることは当然であり，被告はそのことを前提に再開発の開発許可をなすべきであった。

⑶　○○興産の違法行為とそれを放置する被告

　　前述のように○○興産は令和〇年開発許可にかかる開発区域の土地の一部である25158.52平方メートルにつき，平成○○年開発許可を得たが，その給水施設は平成〇年開発許可とは異なるいわゆる公営水道を前提としている。

　　令和○○年開発許可は令和〇年開発許可にかかる開発の上になされるものであり，令和〇年開発許可の内容を変更するものである場合には，それにかかわる権利者の同意を得る必要がある。○○○はそのことを理解していたがゆえに，必死になって原告らを含む土地所有者の同意の取り付けに走っていた。しかし同意は取れないままに，○○興産に譲渡し，○○興産は○○○に対し売買契約書重要事項説明書で，上水の協議・合意義務，費用負担義務を承継する旨約している。

　　○○興産はこれらの承継約定に反して平成18年開発許可を得たのであるが，開発許可権者である○○市長もこれらの事情を知悉している。知悉の内容は，○○市長とその担当部局がそのような承継文言を○○○と○○興産の重要事項説明書に挿入させたほどのものである。

　　○○市長は，令和〇年開発許可の開発区域の一部又は全部を開発区域とする新たな開発許可をする場合の判断を誤り，違法な令和○○年開発許可を出した。

　　この点での違法事由は次のとおりである。

　　第1次開発である令和〇年開発許可を前提に，その上に新たな再開発をしようとする場合には，その再開発の給水施設は令和〇年開発許可の内容となった給水施設の使用が前提であり，それを変更する場合には，令和〇年開発許可にかかわった土地所有者全員の同意がいることは当然であり，

156

被告はそのことを前提に再開発の開発許可をなすべきであるのにこれを無視した。

これは令和○○年開発許可に当然備わるべき開発基準に反した違法性を帯びる。

原告らはこの点についての○○市，○○興産に対する法的手続を別途考慮している。

(4) ○○興産，○○不動産の違法行為とそれを放置する被告

前述のように○○興産は令和○年開発許可にかかる開発区域の土地の一部である本件土地を，令和○○年○月○○日，○○不動産に売却した。

(3)で述べたように，○○興産は○○○からの土地譲受けに際しては上水の協議・合意義務，費用負担義務を承継する旨約しているのであるから，○○不動産への本件土地売却にあたっても同様の承継条項を付けているものであると思料される。

令和○年開発許可の内容となっている給水施設を前提としない本件開発許可は違法であり，○○市長は開発許可を出すべきではなかった。

本件開発許可は，令和○年開発許可にかかる開発の上になされるものであり，令和○年開発許可の内容を変更するものである場合には，それにかかわる権利者の同意を得る必要がある。しかし，○○○がそれを放棄して○○興産に不動産を譲渡したものであることは(3)で述べた通りであり，○○不動産も又これらを放棄したまま本件開発許可申請をした。

開発許可権者である○○市長もこれらの事情を知悉している。

○○市長は，令和○年開発許可の開発区域の一部又は全部を開発区域とする新たな開発許可をする場合の判断を誤り，違法な平成○○年開発許可を出したし，また本件開発許可を出した。

7　本件開発許可の違法性（整理）

① 本件開発許可は令和○年開発許可との関係で都市計画法42条38条に違反している。

本件開発許可は，令和○年開発許可にかかる開発の上になされるものであり，令和○年開発許可の内容を変更するものである場合には，それにかかわる権利者の同意を得るか，都市計画法42条ただし書による大阪府知事の許可が必要となるが，許可はない。したがって、それは同時に同法38条に違反する。

〔第2部〕第4章　取消訴訟の審理手続（違法性審理）～主として実体審理～

②　また，本件開発許可では，その給水施設は令和○年開発許可の内容となっている専用水道とは異なるいわゆる公営水道または別な簡易専用水道施設などを前提としている。

これらは○○市長が第2次の開発許可をする場合の裁量権の範囲を超えもしくはその濫用となると認められるものである。

添　付　書　類

1　商業登記事項証明書　　　　　　1通
2　訴訟委任状　　　　　　　　　　2通

物　件　目　録

大阪府○○市○○町○丁目○○番○○宅地

12087.03平方メートル

【書式21】　免職処分取消請求事件の訴状例

訴　　　　状

令和○○年○月○日

○○地方裁判所　御中

原告訴訟代理人弁護士　○　○　○　○　㊞

〒○○○―○○○○　○○県○○市○○○○○○

原　　　　　　　告　○　○　○　○

〒○○○―○○○○　○○県○○市○○○○○○

○○法律事務所（送達場所）

原　告　訴　訟　代　理　人　○　○　○　○

電　話　○○―○○○―○○○○

ＦＡＸ　○○―○○○―○○○○

〒○○○―○○○○　○○県○○市○○○○○○

被　　　　　　　告　○○市

代　表　者　市　長　○　○　○　○

〒○○○―○○○○　○○県○○市○○○○○○

第2節　裁量判断

処　　　分　　　庁　　　○○市長

免職処分取消請求事件

訴訟物の価額　　金160万円

貼用印紙額　　　金13,000円

第1　請求の趣旨

1　丙市長が令和○○年2月19日原告に対してなした懲戒免職処分を取り消す。

2　訴訟費用は被告の負担とする。

との判決を求める。

第2　請求の原因

1　処分行政庁と処分

処分行政庁である丙市長は，令和○○年2月19日，原告に対して懲戒免職処分をした。

2　原告の地位，不服申立ての定め

原告は被告の技能職員であった。

技能職員は一般職だが地方公務員法57条に定める単純な労務に雇用される者で，同法の不服申立ての規定は適用されない。

3　処分の理由

地公法29条1項1号及び3号が法令の適用であり，その内容は令和○○年2月1日，JR丙駅にて女性専用車両で下半身を露出し（以下「本件事件」という），公然わいせつで逮捕され，新聞報道されたというものである。

4　被告の調査

被告の人事課等の職員は同月6日原告に対し事情聴取を行い，主に新聞記事で報道された事実があったかどうかを確かめたが，原告の心身の状況については全く調査の関心は及ばなかった。

5　丁大病院による診断

原告は同年3月7日，丁大病院精神科神経科を受診したところ，「家庭内の難しい家族関係に苦しんでいたことが，平成○○年2月1日の事件に至る行動を増強した可能性が強い」と判断され，露出症と診断された。

6　露出症

露出症は，性欲倒錯の一種で，性対象とする異性，同性，子供たちに対し

〔第2部〕第4章 取消訴訟の審理手続（違法性審理）～主として実体審理～

て，性器や裸身を露出することによって性欲満足をうるものであると言われており（南山堂医学大辞典第18版，2237頁参照），精神科で治療することにより軽快させることが可能とされる。

7　原告が露出症に陥った原因

　原告の父親が非常に女性にだらしない人物で，母親にも性的陵辱を加えることを見て育ち，性は汚いものと言う意識と性に対する憧れの間で揺れ動く青春を送った。戌大学を2年で中退し，父親から精神的に逃げるために母親が入信していた新興宗教○○○教に修道生として入り，救われた気持になり，約10年寺で禁欲生活を送った。

　上記寺を出てから，印刷工場勤務の後，丙市のアルバイト学校用務員として就職し，続いてゴミ焼却のクリーンセンターに正職員として勤務することとなった。

　寺で知り合った女性と昭和61年結婚，2年後一女をもうけた（現在娘18歳）。結婚後，それまで抑えてきたものが解放されるはずであったが，妻が再婚で，原告は妻の前夫のことを考えさせられ，性エネルギーが再びねじ曲げられることとなった。

　出産後は妻とはセックスレスになって現在に至っている。

　妻は原告がゴミ関係の仕事に従事していることを忌み嫌い，食事も原告が2階にいたら階下の居間から声をかけず，一緒に食事をする時もご飯をよそう順序はいつも最後にされ，やむなく先に1人で食べることが続くようになった。

　原告は，生活には十分な給料を被告においてもらっていると思うのに，妻はいつも「うちは貧乏や貧乏や」と嘆き，もちろん夫への感謝の言葉1つなく，娘に対し「結婚なんてつまらない」，「結婚するなら金持ちにしいや」と言い続けるような家庭生活であった。

　ゴミ焼却場（クリーンセンター）の施設勤務からゴミ収集に替わった2年前から，原告に対し，妻子が「臭い，汚い」と言うようになり，風呂には入れてもらえず，冬でもシャワーのみで過ごすこととなった。

　原告は，ゴミ収集で，仕事中，ウジ虫が目に入ったので，そのことを妻に話したら，「そんな仕事しかする能力がないからや」とバカにされた。

　本件事件の約1年前からは，原告は妻から「いつまで一緒にいられると思うの」と言われるようになり，何も考えられなくなり，身体もフワフワした

160

状態に陥り，本件事件に至った。

8　被告の調査の不十分

　　前記の被告の調査は，原告の7記載の事情を全くつかむことなく終了し，外形的に本件事故をとらえ，かつ新聞に報道されたことを重視したものであった。

9　被告における懲戒事例

　　今世紀に入ってからの懲戒事例は次のとおりである。

　　（略）

10　懲戒事例の特色

　　これらのうち，本件の類似事案はないが，○○年度の「施設利用者等に対する不適切な対応」事例が停職であることは対照上注目すべきである。

　　この事例は，再三にわたり利用者や同僚職員を罵倒するなどしたほか，シルバー人材センターから派遣の女性清掃員を大声で罵倒し，また上司の職務命令に抗命したものである。

　　施設内ではあるが多くの市民と職員が迷惑の対象になっており，職務命令にも従っていないなど非違としては相当の大きさである。

11　本件懲戒の特色と裁量権の踰越，濫用

　　原告も，全体の奉仕者たる地方公務員の非行はきびしく処断されなければならず，処分庁の裁量の幅は相当に大きいものであることを了解している。

　　しかし，免職にあたっては，免職が職員としての身分を失うばかりでなく，給与，退職金を一挙に失い，かつ職員として共済制度から借用していた返済が一挙に求められるなど極めて過酷な結果に及ぶことをふまえた上で，事件にいたる経過，事情，心情，病気であるかいなかの調査，他事例との比較考量などが慎重に行われなければならないこともまた当然である。

　　原告の上記病状やそれに至る経過は，免職にしなくても，停職にとどめ，治療に専念させ，完治の後には職場の配置などを十分に考慮して職員としての義務を全うさせることが適切な事案であったと思料される。

　　被告の免職判断にいたる調査は不十分であり，事件報道が過度にその結論に影響していると考えられ，その裁量行使には踰越，濫觴があり違法である。原告の行動をみた乗降客は存在しなかったことも十分に配慮されるべきである。原告はたまたまいた警察官に逮捕されたものである。

　　原告は，本件事件のような問題を起した以上，何らかの懲戒は当然だと思

〔第2部〕第4章　取消訴訟の審理手続（違法性審理）～主として実体審理～

っているが，免職については取り消されるべきであると思料する。

　　さらに，全国の市町村の懲戒基準を概観したところでも，本件のごとき事例を免職で扱うものはむしろ少ない。この点は後に詳しく主張する。

12　現業（技能）公務員の不服申立制度の欠陥

　　2で述べたように，技能職員は地方公務員法57条に定める単純な労務に雇用される者で，同法の不服申立ての規定は適用されない。

　　原告は，不服申立制度があれば，公平委員会への審査請求の中で，11で述べたような事情を訴えて，行政内部の手続により再考願うのが最も適切だと考える。しかし，それが不可能であるので，裁判所の判断を願うこととなった。裁判所におかれては，本件処分を取り消され，その理由中で，適切な懲戒の選択についても判示されたい。

証　拠　方　法

1　甲第1号証　　　　辞令
2　甲第2号証　　　　診断書

添　付　書　類

1　甲号証写し　　　　各1通
2　訴訟委任状　　　　　1通

（本節担当・斎藤　浩）

第3節　取消理由の制限

1　総　論

　取消訴訟の訴訟物は当該行政処分の違法性一般であり、当事者はその違法性についてあらゆる攻撃防御方法を提出することができるのが原則である。

　しかしながら、例外的に取消理由の主張が制限される場合がある。

　まずは、民事訴訟同様（行訴7条）、時機に遅れた攻撃防御方法の却下（民訴157条）がそれである。

　このほかにも、取消訴訟に特有のものとして、自己の法律上の利益に関係のない違法主張の制限（行訴10条1項）、原処分主義（同条2項）、処分理由の差し替えの可否などが取消理由の制限との関連で論じられている。以下、概説する（なお、処分理由の差し替えについては、本章第5節において検討する）。

2　自己の法律上の利益に関係のない違法主張の制限　（行訴10条1項）

⑴　趣旨・効果

　行訴法10条1項は、「取消訴訟においては、自己の法律上の利益に関係のない違法を理由として取消しを求めることができない」と規定する。

　同条項は、取消訴訟の目的および機能を、専ら、違法な行政権の行使による侵害から原告の権利利益の救済することにあると捉え、かかる見地から取消訴訟における違法事由の主張は、原告の個人的利益に関係のある事項に限って認めれば十分であり、これに関係のない事由の主張を許すことは取消訴訟の趣旨に反するものであるとの考えに立って、原告の法律上の利益に関係のない違法事由については、主張を認めないものとする規定である（南博方・高橋滋編『条解行政事件訴訟法〔第4版〕』319頁）。

　「自己の法律上の利益に関係のない違法」が訴訟において主張された場合には、主張自体失当となり、裁判所はこれを当該処分の違法理由とすることができない。

163

〔第2部〕第4章　取消訴訟の審理手続（違法性審理）～主として実体審理～

したがって、原告が主張する違法理由が「自己の法律上の利益に関係のない違法」だけで構成される場合には、当該請求が棄却されることになる。

(2) 「自己の法律上の利益に関係のない違法」の意義

㋑ 学　説

学説の多くは、「自己の法律上の利益に関係のない違法」を狭く解釈する。すなわち、主張制限を限定的にしか認めない見解が多い。

たとえば、「行訴法10条1項はこれを狭く限定的に解釈して、とくに特定の第三者の権利を保護する趣旨で設けられた、原告の利益とは全く関係のない規定違反のみを主張して、処分の取消しを求めることは許されない趣旨を示すに過ぎない」とする見解（原田尚彦『行政法要論〔全訂第六版〕』397頁。芝池義一『行政救済法講義〔第3版〕』77頁も同旨）や、自己の法律上の利益に関係のない違法とは、「問題となっている規範が、処分により不利益を受けてその取消しを求める者の立場とは特に関係のない誰かの利益を保護するものであって、その者が不利益を課されるための前提条件としての意味をもたない場合の、当該規範の不遵守による違法であり、かつ、原則としてそれに限られる」とする見解（小早川光郎『行政法講義〔下Ⅱ〕』182頁）などがある。

以上に対し、「自己の法律上の利益に関係のない違法」を広く解する見解もある。すなわち、「原告の権利利益を保護する趣旨で設けられたのではない法規とは、一般的には、公益の実現を目的として処分要件を定める法規と、専ら原告以外の人民の利益を保護する趣旨で処分要件を定める法規」であるとする見解がある（南博方他編・前掲書320頁）。

さらに、「自己の法律上の利益に関係のない違法」か否かの判断にあたり、当該処分の本来的効果として、原告の権利利益が侵害される場合（侵益処分の名あて人等が取消訴訟を提起する場合）と、処分の本来的効果それ自体によっては原告の権利利益が侵害されない場合（いわゆる第三者が取消訴訟を提起する場合）とに分けて分析的に考察する見解（司法研修所編『改訂行政事件訴訟の一般的問題に関する実務的研究』190頁以下）をあげることができる。

164

第3節　取消理由の制限

（イ）　裁判例

　　（A）　新潟空港事件（最二小判平成元・2・17民集43巻2号56頁、判時
　　　　1306号5頁他）

　本件は、空港周辺に居住する住民らが原告となり、運輸大臣が航空会社に対
し付与した新潟―小松―ソウル間の定期航空運送事業免許の取消しを求めた訴
訟である。

　この事件において、周辺住民らに原告適格は認めたものの、原告らが主張し
た本件免許の違法事由（告示された供用開始期間前から滑走路等を供用した点、非
計器用滑走路等を計器用に供用している点、利用客の大部分が遊興目的の団体客で
ある点、当該路線について輸送力が著しく供給過剰となる点）については、いずれ
も自己の法律上の利益に関係のない違法を主張するものであるとして、上告を
棄却した（この判決に対し、原告主張の違法性には取消事由として認められる余地
がないではないとするものとして、芝池義一・前掲書77頁）。

　　（B）　東海第2原発訴訟控訴審判決（東京高判平成13・7・4判時1754
　　　　号35頁）

　本件の原審では、原子炉設置許可処分の取消訴訟において、原告らが、核原
料物質、核燃料物質及び原子炉の規制に関する法律（以下、「規制法」という）
24条1項各号の規定する設置許可要件のうち、1号の「原子炉が平和の目的以
外に利用されるおそれのないこと」、および2号の「その許可をすることによ
って原子力の開発及び利用の計画的な遂行に支障を及ぼすおそれのないこと」
については、専ら公益の実現を目的とした規定であるとして、行訴法10条1項
に基づき、原告らが処分の違法理由として主張することを排斥していた。

　しかし、本件控訴審判決は、行訴法10条1項の適用範囲を狭く解し、「不特
定多数者の一般的公益保護という観点から設けられた処分要件であっても、そ
れが同時に当該処分の取消しを求める者の権利、利益の保護という観点とも関
連する側面があるようなものについては、その処分要件の違背を当該処分の取
消し理由として主張することは、何ら妨げられるものではない」として、規制
法24条1項1号および2号の各要件についても、本件訴訟の審理、判断の対象
となる旨判示した。

165

〔第2部〕第4章　取消訴訟の審理手続（違法性審理）～主として実体審理～

(3)　原告適格との関係

行訴法10条1項は、同法9条によって原告適格が認められることを前提に、本案審理における違法主張を制限するものであるから、両者は次元を異にするものである（福井秀夫他編『新行政事件訴訟法逐条解説とQ&A』49頁、塩野宏『行政法Ⅱ〔第四版〕行政救済法』155頁）。

ところで、平成16年改正により、行訴法9条2項が新設され、原告適格を基礎づける「法律上の利益」の有無を判断する際の考慮事項が明文により定められた。行訴法9条2項の新設により、行政事件訴訟における原告適格が広げられることが期待されている状況である（なお、平成16年改正後における原告適格に関する最高裁判決として、最判平成17・12・7ジュリ1310号41頁（小田急訴訟大法廷判決）がある）。

このように原告適格が広く認められることになったとしても、行訴法10条1項により、違法主張が広く制限されたのでは、従前「訴え却下」の判決が下されていたものを「請求を棄却する」旨の判決を下すことになるだけであり、国民の権利利益の救済に何ら資さないことになる（藤山雅行「このエネルギーの持続を」ジュリ1277号44頁）。

上記の観点からすれば、行訴法10条1項の解釈にあたっても、行訴法9条2項の考慮事項を参照して解釈し、取消理由の制限を限定的に解釈すべきである（福井秀夫他・前掲書323頁、日本弁護士連合会行政訴訟センター編『実務解説行政事件訴訟法─改正行訴法を使いこなす』29頁、塩野宏・前掲書156頁）。

この点についての同様の見解として、「原告適格にかかる『法律上の利益』については、9条2項により、国民の権利利益の実効的救済に資するよう解釈するための立法的手当てがされたが、10条1項について、9条2項は準用されていない。しかし、原告適格に係る『法律上の利益』につき解釈上の漏れをなくすという趣旨は、10条1項の解釈においても活かされて然るべきであろう。取消訴訟の原告適格が認められた第三者は、当該処分が考慮されるべき要素・要件を満たしていないことについて、本案でも主張できると解すべきである」との見解（櫻井敬子＝橋本博之『行政法〔第6版〕』299頁以下）や、「行政事件訴訟法9条2項の解釈規定は、同法10条1項の解釈にも用いられるべきであり、『自己の法律上の利益』を柔軟に解すべきである」との見解（宇賀克也『行政法

166

概説Ⅱ行政救済法〔第 6 版〕』254頁）などがある。

　また、行訴法10条 1 項の立法過程や、学説、裁判例を検討し、「したがって、10条 1 項の解釈として訴訟法的処分要件解釈をとる場合には、原告適格を有する当事者の違法主張はよほどの極端な例でない限り許すとする通説的見解が結論でなければならないことになろう。であるとすれば、10条 1 項は存在価値なきものであり、次期改正時には行政訴訟法から、あらたな行政事件訴訟法を展望するときにはその内容から追放することが肝要である」とする見解（斎藤浩『行政訴訟の実務と理論〔第 2 版〕155頁）がある。取消訴訟が単なる主観訴訟ではなく、法律による行政の原理を担保する側面をも有することからすれば、原告適格が認められた者に対して過度な主張制限を認めるべきではないと筆者も考える。

　⑷　**取消訴訟以外の訴訟に準用されるか**

　行訴法10条 1 項は、同法38条、41条の規定上、取消訴訟以外の訴訟類型に準用されていない点に留意すべきである（南博方他編・前掲書330頁以下。なお、義務付け訴訟や差止め訴訟について、解釈により行訴法10条 1 項を準用できるか否かについては、同書331頁以下で問題点の検討がなされている）。

3　原処分主義（行訴10条 2 項）

　⑴　**原処分主義について**（行訴10条 2 項）

　行訴法10条 2 項は、処分取消しの訴えと、当該処分について審査請求を棄却した裁決の取消しの訴えの双方を提起できる場合において、裁決取消しの訴えにおいては、原処分の違法を理由とすることができない旨規定する。

　これは、原処分主義（原処分の違法は、原処分の取消訴訟で争うべきとする建前）を主張制限の形で規定したものである。

　⑵　**行訴法10条 2 項の趣旨・効果**

　　㋐　趣　旨

　行政事件特例法の下では、処分取消しの訴えと当該処分に関する裁決取消しの訴えの双方が提起できる場合において、本条のような規定がなかったため、原処分の違法を裁決取消しの訴えにおいても主張できると考えられていた。この場合、裁決取消しの判決により、原処分が当然取り消されることになるのか、

〔第2部〕第4章 取消訴訟の審理手続（違法性審理）～主として実体審理～

原処分の違法と裁決の違法のいずれを先に審理すべきなのか、裁決取消しの訴えにおいて原処分の執行停止を命じうるのか、管轄や被告適格について特別の手当てが必要となるのではないか（南博方他編・前掲書333頁）、処分取消しの訴えと裁決取消しの訴えを併合提起できるのか、両訴訟が別訴提起された場合、二重起訴となるのか、等の問題が生じた（司法研修所編・前掲書195頁）。

そこで、上記問題点を立法的に解決し、原処分主義を採用したのが行訴法10条2項である。

　　　(イ)　効　果

行訴法10条2項に違反し、裁決取消しの訴えにおいて、原処分の違法を主張した場合は、主張自体失当となり、裁決取消しの理由が原処分の違法のみである場合には、請求が棄却される（東京地判平成22・7・1司法研修所編・前掲書195頁）。

　　　(ウ)　「審査請求を棄却した裁決」について

ここにいう「裁決」には、審査請求に対する裁決、異議申立てに対する決定、再審査請求に対する裁決が含まれる。また、棄却した裁決であるので、却下裁決については、本条の適用はない。

なお、裁決の種類に関連し、以下の問題がある（以下については、司法研修所編・前掲書196頁、芝池義一・前掲書78頁）。

　　　(A)　原処分の不当性判断を遺脱した全部棄却裁決

行政不服審査においては、処分の違法性のみならず妥当性の判断も可能である（行服1条1項）。にもかかわらず、行政不服審査において、妥当性の判断がなされなかった場合は、原処分との関係においては裁決固有の瑕疵となり、裁決取消しの訴えにおいて主張が可能である。

　　　(B)　入管法49条1項による異議申立ての棄却

この場合は、法務大臣は異議の申出について裁決する際にその者に特別に在留を許可すべき事由があるか否かを判断することになるため、法務大臣の特別在留許可に関する違法の主張は、裁決固有の瑕疵となる。

　　　(C)　修正裁決について

修正裁決については、変更が一部にとどまる場合には原処分の取消訴訟で争うべきであるが、修正により原処分が消滅している場合には、裁決を争うべき

168

であるとする見解もある。しかしながら、原処分が消滅しているか否かは必ずしも判然としないのであるから、できるだけ原処分を争うことを認めるべきである。なお、懲戒処分に対する修正裁決に関し、原処分の取消しを求める訴えの利益は失われないとした判例（最三小判昭和62・4・21民集41巻3号312頁）がある。

(3) 行訴法10条2項の例外——裁決主義

行訴法10条2項は、処分取消しの訴えと、裁決取消しの訴えの双方が提起できる場合の規定である。そこで、原処分に対する出訴を許さない場合（いわゆる裁決主義がとられている場合）については、本条の適用はない。したがって、裁決主義がとられている場合には、裁決取消しの訴えにおいて、原処分の違法を主張することができる。

裁決主義がとられている（もしくは、とられていた）例を以下に挙げる。

① 意匠法59条2項

② 海難審判法44条

③ 鉱業等に係る土地利用の調整手続に関する法律50条

④ 公職選挙法203条2項、207条2項

⑤ 実用新案法47条2項

⑥ 商標法63条2項

⑦ 船舶安全法11条4項

⑧ 地方税法434条2項

⑨ 電波法96条の2、104条の4第2項

⑩ 土地改良法87条10項（平成26年法律第26号により削除）

⑪ 特許法178条6項

⑫ 農業委員会等に関する法律14条6項（平成27年法律第63号により削除）

⑬ 弁護士法16条3項、61条2項

⑭ 放送法180条

（本節担当・佐藤昭彦）

〔第2部〕第4章　取消訴訟の審理手続（違法性審理）〜主として実体審理〜

第4節　違法性の承継

1　「違法性の承継」論

⑴　伝統的「違法性の承継」論

㋐　違法性の承継が問題となる場面

違法性の承継は、連続して行われる行政活動（先に行われるものを「先行行為」、後の行われるものを「後行行為」という）について、先行行為に取り消しうべき違法性が認められるが、出訴期間の経過等により先行行為自体を争えない場合、後行行為の取消訴訟において、先行行為の違法性を主張できるか否かという場面で解釈上問題となる。

なお、先行行為が無効である場合には、違法性の承継論によらなくても、無効な先行行為を前提として行われる後行行為は、当然に無効であることになるので、後行行為の取消しないし無効確認訴訟において、先行行為の違法（無効を導く違法）を主張することができる。したがって、この場合は、違法性の承継の問題として扱う必要はない（原田尚彦・前掲書185頁、小早川光郎・前掲書189頁、司法研修所編・前掲書186頁）。

㋑　伝統的通説における違法性の承継が認められるための要件

行政行為の瑕疵は、原則として各行政行為ごとに判断すべきものであり、先行行為における取り消しうべき瑕疵は、後行行為に承継されないのが原則である。行政行為には公定力があり、権限のある機関によって取り消されない限りは有効であることや（司法研修所編・前掲書186頁）、行政行為によって形成される行政上の法律関係の早期安定性確保の要請があること（原田尚彦・前掲書185頁）が、その理由である。

これに対し、先行行為と後行行為が連続した一連の手続を構成し、一定の法律効果の発生を目指しているような場合には、例外的に違法性の承継が認められるとする。このような場合においては、一連の行為の目的ないし法的効果は、最終の行政行為に留保されているため、先行行為の段階で仮に争訟の機会があったとしても、後の後行行為の取消訴訟において、先行行為の違法主張を排除

170

する趣旨ではないことがその理由とされる。

このように、違法性の承継が認められる場合の要件は、①１つの手続ないし過程において、複数の行為が連続して行われる場合において、②これらの行為が結合して１つの法効果の発生を目指す場合であるといえる（芝池義一・前掲書73頁）。

しかしながら、どのような場合において上記要件を充足するのかについては、必ずしも明らかではない。

(2) 「違法性の承継」をめぐる議論の状況

(ア) 違法性の承継を極めて例外的にしか認めない見解

福井秀夫教授は、極めて例外的にのみ違法性の承継を認めるべきであるとし、従前流布してきた違法性の承継理論については、抜本的な見直しが必要であるとしている（福井秀夫他共著・前掲書247頁以下）。その理由としては、違法性の承継理論の問題提起をした美濃部達吉博士の説の前提を十分理解しないまま、従来の学説が違法性の承継理論として定式化したこと、違法性の承継を認めると法的安定性を害し、出訴期間を法定した趣旨を没却すること、先行行為の出訴期間内は、すべての違法事由が争えるが、先行行為の出訴期間経過後、後行行為が行われるまでは、先行行為の無効事由しか争えなくなり、その後、後行行為が行われ、違法性の承継が認められると、再び先行行為の違法性すべてが争えることになり、後行行為の出訴期間経過後は再度無効事由しか争えなくなるように、違法性の伸び縮みというちぐはぐな仕組みを法が予定しているとは考えられないこと等をあげる。

そして、例外的に違法性の承継を認める場合としても、「違法性が承継されることによる実質的な私人の権利利益への影響と、段階的に成熟しつつある行政決定の法的安定の阻害への影響とを実体を踏まえて考慮した上で判断を下すべきである」としている。

さらに、平成16年改正で、確認の訴えが可能であることが明記され、段階的行政決定における処分性を持つに至らない段階的計画等に対して、違法等の確認ができることとなったため、従前、後行行為を待って訴訟を提起していた事例においても、先行行為の段階から訴えの提起が可能であること、出訴期間が３カ月から６カ月に延長されたため、先行行為の違法を争う時間的余裕が生じ、

〔第2部〕第4章　取消訴訟の審理手続（違法性審理）～主として実体審理～

先行行為の出訴期間経過後に、権利救済が必要となる場面が少なくなるであろうことが指摘されている。

　　(イ)　当該行政作用の性質等に応じて違法性の承継の肯否を決する見解

　小早川光郎教授は、違法性の承継の問題を、①先行行為が後行行為との関係で先決性を有するか否か、という問題（実体法的観点）と、②後行行為の取消訴訟において、先行行為段階の瑕疵の主張を遮断すべきか否か、という問題（手続法的問題）を総合考慮し決すべき問題であるとし、違法性の承継の認否は、それぞれの行政作用の法的仕組みに即して判断されるべきであるとする（小早川光郎・前掲書187頁）。

　また、大浜啓吉教授も、先行行為と後行行為が強い独立性を持たず、本来的には同一目的の実現を目指すものであって、先行行為が後行行為の内部手続に近いものである場合には、違法性の承継を認めるとしつつ、違法性の承継を認め先行行為の排他的管轄の原則を外すからには、特に私人の権利救済の要請が強い場合でなければならないとし、違法性の承継を認めるか否かは、一連の手続の趣旨目的を検討して決すべきであるとする（大浜啓吉『行政法総論〔新版〕』203頁）。

(3)　先行行為は処分性の認められるものに限られるか

　違法性の承継論は、先行行為に処分性が認められる場合にのみ生ずるとする見解もある（福井秀夫他共著・前掲書247頁）。違法性の承継を不可争力との関係で捉えるならば、そもそも不可争力（出訴期間の制限）が生じない行政活動については、違法性の承継を観念しえないということであろう。

　違法性の承継論を、行政行為の効力から離れ、行政活動の実体面と権利救済の必要性から検討する見解からは、先行行為には、必ずしも処分性を必要としないことになる。小早川光郎教授は、違法性の承継理論が問題となるのは「少なくとも後行行為の方は取消訴訟の対象たり得る処分であることを前提としている」（小早川光郎・前掲書186頁）とし、先行行為に処分性が認められることを前提としていない。芝池義一教授も、「違法性の承継を行政行為間に限定することは正確ではない。ただ、違法性の承継が問題となるのは、訴訟の対象となる行為の間においてである」とする（芝池義一・前掲書72頁。なお、ここにいう「訴訟の対象となる行為」とは、処分性を有する行政活動を指すものではないと考え

172

第4節　違法性の承継

る）。

　大浜啓吉教授も、先行処分に対する争訟手段が存在しない場合や不完全な場合には、違法性の承継を認めるべき場合が多いことを指摘し、先行行為に処分性が認められない場合において違法性の承継を認めた裁判例として、横浜地判平成17・2・23（判地自265号83頁）、東京地判平成13・10・3（判時1764号3頁）を指摘している（大浜啓吉・前掲書205頁）。

　なお、違法性の承継論において、先行行為に処分性が認められる場合に限定する考えにおいても、「先行行為に処分性がない場合における後行行為取消訴訟での先行行為の違法の主張は、後行行為自体の固有の瑕疵の主張として当然に許されるべきもの」（福井秀夫他共著・前掲書247頁）とされるのであり、先行行為に処分性が認められない場合には、違法性の承継理論を介さずに後行行為の取消訴訟において先行行為の違法性の主張を認めるようである。

⑷　住民訴訟における違法性の承継

　財務会計上の行為それ自体には違法がない場合であっても、その原因先行行為に違法性が認められる場合、違法性の承継が認められるのであろうか。

　津地鎮祭判決（最大判昭和52・7・13民集31巻4号533頁）は、一般論として、原因先行行為の違法が認められた場合に、公金の支出も違法であることを認める。

　しかし、結論としては、様々な理由により後行行為の違法を認めることは少なく（例として最判平成21・12・17、最判平成25・3・28など）、実質的にみれば違法性の承継を否定しているとの評価もある（斎藤浩・前掲書278頁以下）。

　なお、住民訴訟における違法性の承継については、井上元『住民訴訟の上手な活用法〔第2版〕』146頁以下、園部逸夫編『住民訴訟』（関哲夫）110頁以下に詳細な判例分析がなされている。

2　違法性の承継に関する裁判例

⑴　違法性の承継を認めた裁判例

㋐　建築安全条例に基づく安全認定と建築確認（最判平成21・1・14判タ1317号81頁）

上記裁判例は、実定法上の観点と手続法上の観点の双方から検討を加え、

173

〔第2部〕第4章 取消訴訟の審理手続（違法性審理）～主として実体審理～

「違法性の承継」という文言は使わなかったものの、実質的に「違法性の承継」を認めた初めての最高裁判例である。すなわち、建築確認における接道要件充足の有無の判断と、東京都建築安全条例に基づく安全認定における安全上の支障の有無の判断は、異なる機関がそれぞれの権限に基づき行うことになっているが、もともとは一体的に行われていたものであり、避難または通行の安全の確保という同一の目的を達成するために行われていたものであること、安全認定は、建築主に対し建築確認申請手続における一定の地位を与えるものであり、建築確認と結合して初めてその効果を発揮するものであることを指摘する（実定法上の観点）。

そして、安全認定があったとしても、これを申請者以外に通知することは予定されていないこと、安全認定によって周辺住民等が直ちに不利益を受けることはなく、建築確認があった段階で初めて不利益が現実化することなどから、住民が安全認定を争うための手続的保障が十分であるとはいえない（手続法上の観点）ため、違法性の承継を認め、建築確認の取消訴訟において、安全認定の違法を主張することができるとした。

上記最高裁判例の射程については、今後の議論が必要であるが、上記最高裁判例の調査官解説において、当該裁判例は、伝統的違法性の承継論における実定法上の観点に加え、学説の動向を反映し、手続法上の観点を加味して違法性の承継の有無を判断しようとするものであり、「先行処分と後続処分がどのような関係にあるか、先行処分の適否を争うための手続保障が十分であるかを、個々の行政法規の仕組みを踏まえて一つ一つ検討し、妥当な結論を導き出すことが要求される」趣旨と評価している（『最高裁判所判例解説　民事篇　平成21年度』980頁〈倉地康弘〉）。また、上記最高裁判例を意識し、「違法性の承継の許否は、先行行為の法的効果を早期確定させるメリットと、その例外として、後行行為の段階で先行行為の違法を争うことが原告の権利利益の救済においてどの程度重要であるか、ということとのバランスにより判断される必要がある」との見解が示されている（櫻井敬子＝橋本博之・前掲書88頁）。

　　(イ)　農地買収計画と買収処分（最判昭和25・9・15民集4巻9号404頁、行政判例百選Ⅰ〔第5版〕83事件）

違法性の承継を認めた理由は、自作農創設特別措置法5条違反が買収計画と

買収処分に共通の違法事由であること、買収計画に対して異議訴訟を認めているのは行政庁に是正の機会を与えたものと解すべきであり、買収計画の出訴期間経過後に買収計画の違法を主張する機会まで失わせるものではないことである。

本判決は、実体的に違法性が承継しているのかという観点と、先行行為の違法を後行行為の取消訴訟で主張することが手続的に遮断されるのか否かという観点から違法性の承継を肯定している。この点で、近時の学説と判断方法が類似する。

ただ、本裁判例は、買収計画と買収処分に共通の違法事由が認められることを前提とするものであり、厳密には違法性の「承継」とは異なる。

　　(ウ)　事業認定と土地収用裁決（熊本地判昭和43・11・14行集19巻11号1727頁、名古屋地判平成2・10・31訟月37巻4号718頁、大阪高判昭和30・12・21行集6巻12号2963頁・土地収用判例百選9事件、名古屋地判昭和51・6・23行集27巻6号917頁・街づくり・国づくり判例百選85事件）

事業認定と土地収用裁決との間においては、多くの裁判例で違法性の承継を認めている。

なお、2001年（平成13年）7月の土地収用法の改正によって、事業認定前の事業説明会が義務づけられ（同法15条の14）、利害関係人からの請求があった場合における公聴会の開催が義務付け（同法23条）られる等、利害関係人の手続保障が充実したため、裁判所が、収用裁決の取消訴訟において事業認定の違法の主張を認める（違法性の承継を認める）ことに消極的になる可能性がないわけではないが、他方で、事業認定段階における手続保障がなお十分ではないと判断される可能性もあるとの指摘がある（宇賀克也『行政法概説Ⅰ―行政法総論〔第6版〕』352頁以下）。

　　(エ)　差押えと公売処分（札幌高函館支判昭和29・9・6下民集5巻9号1447頁）

ただし、差押えと公売処分について、違法性の承継を否定した裁判例もある（福岡地判昭和42・7・31行集18巻7号1106頁）。

〔第 2 部〕第 4 章　取消訴訟の審理手続（違法性審理）〜主として実体審理〜

(2)　違法性の承継を否定した裁判例

(ア)　租税の賦課処分と滞納処分（広島高判昭和26・7・4行集 2 巻 8 号1167頁）

　租税の賦課処分は、滞納処分の前提として行われるものではないこと、両者は目的を異にする別個の手続であることからすれば、違法性の承継は認められないことになる。

(イ)　第一次納税義務者に対する課税処分と第二次納税義務者に対する納付告知（最二小判昭和50・8・27民集29巻 7 号1226頁）

　第二次納税義務者に対する納付告知は、形式的には課税処分であるが、実質的には第一次納税義務者に対する課税処分の徴収処分にすぎないことを理由とする。

　しかしながら、第二次納税義務者の権利救済の機会があるかどうかの観点からすると、裁判例の結論は疑問である。

(ウ)　農地買収と売渡し処分（最判昭和28・4・17民集 7 巻 4 号348頁）

　本判決において、裁判所は、農地買収処分と売渡し処分は、別個の手続であり、買収処分に違法があっても、直ちに売渡し処分が違法となるわけではないことを理由としている。

（本節担当・佐藤昭彦）

176

第5節　処分理由の追加・差し替え

1　総　論

(1)　処分理由の追加・差し替えとは

(ア)　問題の所在

行政庁が、処分時においてAという理由で処分を行った場合、その処分に対する取消訴訟において、Aとは別のBという理由を主張し、処分の適法性を主張できるか否か、という問題が「処分理由の追加・差し替え」の問題である。ここにいう処分理由とは、処分の根拠法条と当該要件に該当する事実の双方を含む概念である。また、従前の処分理由Aに加えて処分理由Bを主張する場合を処分理由の追加といい、処分理由Aに変えて処分理由Bを主張する場合を処分理由の差し替えという。

(イ)　裁判例の基本的立場

最高裁判所は、処分理由の追加・差し替えに関する一般論として、「一般に、取消訴訟においては、別異に解すべき特別の理由のない限り、行政庁は当該処分の効力を維持するための一切の法律上及び事実上の根拠を主張することが許されるものと解すべきである」と判示する（最判昭和53・9・19判時911号99頁）。この考え方は、取消訴訟における訴訟物を「処分の違法性一般」と捉えることを前提とした場合、原則として行政庁は当該処分の適法性を基礎づける一切の事実および法律上の主張をすることができることになることを根拠とする（小早川光郎・前掲書208頁、司法研修所編・前掲書204頁）。

しかしながら、上記一般論で示されているように、「別異に解すべき特別の理由」がある場合には、処分理由の追加・差し替えは認められないことになる。また、そもそも処分理由の追加・差し替えは「当該処分の効力を維持するため」のものであるから、「処分の同一性」が否定される場合には、処分理由の追加・差し替えは認められないことになろう。

(2)　処分理由の追加・差し替えに関する議論の状況

処分理由の追加・差し替えを認めるか否かについて、当該処分の性質に着目

〔第2部〕第4章　取消訴訟の審理手続（違法性審理）～主として実体審理～

し、処分の同一性を認めることができるか否かにより、処分理由の追加・差し替えを認めるか否かを決する見解がある（塩野宏・前掲書156頁以下）が、学説の多くは、処分の同一性のみならず、処分理由を要求する趣旨や紛争の一回的解決等を総合的に考慮して決する立場が多い（宇賀克也『行政法概論Ⅱ──行政救済法』218頁、小早川光郎・前掲書206頁以下や藤山雅行編『行政争訟』（鶴岡稔彦）201頁以下も同旨と考える）。

　なお、取消訴訟の訴訟物の捉え方について、複数の処分要件のすべてが充足されることを要件とする行政処分（第1類型）と、複数の処分要件のうち1つが充足されることを要件とする行政処分（第2類型）に分け、第1類型については、処分理由の違いが処分の同一性に影響を与えないのに対し、第2類型については、処分理由が異なることで処分の同一性が失われる場合があり、しかもその取消訴訟の訴訟物は行政庁が処分の際第一次的判断権を行使した範囲に限られ、それを超える場合は処分理由の追加・差し替えを認めないとする見解がある（司法研修所編・前掲書205頁）。

　しかし、この見解に対しては、取消訴訟における訴訟物の捉え方に関する通説的見解と相容れないことや、処分理由の差し替え等を行うのが行政庁であることから第一次的判断権を尊重する必要があるのか、差し替え等を制限する範囲が不明確なのではないか等の批判がある（藤山雅行編・前掲書208頁）。

　また、処分における理由の重要性、とりわけ行政処分の手続的統制を重視し、処分理由の追加・差し替えを認めない見解もある（斎藤浩・前掲書281頁以下）。

2　具体例

⑴　課税処分について

　裁判例は、白色申告の場合には、総額主義の立場から、理由の差し替えを認めている（最判平成4・2・18民集46巻2号77頁ほか）。

　これに対し、青色申告の場合については、「一般的に更正の理由とは異なるいかなる事実も主張することができると解すべきかどうかはともかく」という留保をしたうえで、理由の差し替えを認めている（最判昭和56・7・14民集35巻5号901頁）。

　なお、平成23年12月の国税通則法の改正により、申請に対する拒否処分およ

178

び不利益処分に対する理由の提示規定（行手法 8 条、14条）が適用されることになり、白色申告の事業所得者に対する更正・決定を含め、租税法規に基づくすべての申請拒否処分および不利益処分に理由の提示が記載されるようになった。その趣旨である処分適正化機能と争点明確化機能を重視するならば、原処分の理由とされた基本的な課税要件事実の同一性が失われない場合以外は、原則として理由の差し替えを認めるべきではないとする見解がある（以上につき、金子宏『租税法〔第23版〕』1076頁以下）。

また上記と同様の立場を取る裁判例として、東京地判平成22・3・5がある。この裁判例では、「青色申告の場合における更正処分の取消訴訟においては、原則として、更正通知書に付記されていない理由を主張することは許されないというべきであり、例外的に、更正理由書の付記理由と訴訟において被告が主張する理由との間に、基本的な課税要件事実の同一性があり、原告の手続的権利に格別の支障がないと認められる場合には、理由の差し替えを許容することができるというべきである」旨判示している。

また、青色申告承認の取消処分について、処分の根拠となる適用法条とは別の適用法条に該当する事実があることを理由として、当初の処分を支持することは許されないとした裁判例がある（最判昭和42・4・21裁判集（民）87号237頁）。

(2) 公務員の懲戒処分・分限処分について

公務員の懲戒処分については、処分に際し、処分説明書の交付が要求されている。また、懲戒処分は、非違行為ごとに懲戒処分がなされることになる。したがって、処分時とは異なる非違行為を、当該処分の取消訴訟において追加・差し替えして主張することは認められない（この場合、処分の同一性を欠くことになる。ただし、社会通念上同一の事実と認められる場合には理由の追加・差し替えを認めるものとして、塩野宏・前掲書158頁、司法研修所編・前掲書210頁）。

公務員の分限処分についても、処分説明書の交付が要求されるが、懲戒処分と異なり、「その官職に必要な適性を欠く」という状態が分限事由とされていることから、係る適格性の欠如を基礎づける事実については、取消訴訟において新たに主張したとしても処分の同一性を欠くものではないとして、処分理由の追加・差し替えを認める裁判例がある（大阪高判昭和40・3・22行集16巻 3 号457頁他）。

〔第 2 部〕第 4 章　取消訴訟の審理手続（違法性審理）～主として実体審理～

(3)　事前の意見聴取手続がとられる場合

　行政手続法などにより、処分の名宛人に対して、事前に意見聴取の手続がとられる場合がある。このような場合において、処分理由の追加・差し替えを認めることは、新たな処分理由について、上記意見聴取の手続を受ける機会が奪われることを意味する。したがって、事前の意見聴取手続がとられる場合においては、処分理由の追加・差し替えを認めるべきではない（塩野宏・前掲書159頁、宇賀克也前掲『行政法概説Ⅱ』258頁）。

(4)　申請拒否処分について

　申請拒否処分については、拒否処分がなされたことそれ自体によって申請人に不利益は生じていない（申請人が申請を行う前と状況は変わっていない）のであり、他に拒否理由が認められるのであれば、当該申請拒否処分を取り消しても結果として申請人が求める処分がなされない以上、原則として、処分理由の追加・差し替えを許容すべきする見解もある（小早川光郎・前掲書214頁）。ただし、この見解も、事情によっては、当初の根拠付けが成り立たない以上は、直ちに処分を取り消して申請案件の処理をもう一度行政庁にやり直させることのほうが裁判所と行政庁の役割分担の観点から適切であると考えられる場合には処分理由の差し替えを認めない。

(5)　判決効との関係

　処分理由の追加・差し替えを認めるか否かの問題は、取消判決の判決効、とりわけ拘束力や既判力との関係でも問題となる。

　具体的には、取消判決が出された後、別個の理由による再度の処分が許されるか否かという問題である。

　この点、行政庁が前訴で主張し得た理由に基づく同一の処分を行うことは、判決の拘束力により許されないとする学説や、判決の既判力から導かれる反復禁止効を根拠に、再度の不利益処分や、申請拒否処分を認めない見解がある。

　しかしながら、判決の拘束力は、判決の理由中の判断に生ずるものであり、判決において判断されていなかった点（別個の理由に基づく処分）についてまで拘束力を認めることはできない。また、判決の既判力も当該行政処分に対して及ぶのであり、別個の理由に基づく再度の処分は、取消訴訟の対象となった行政処分とは別個の処分であるといわざるを得ない。

180

第5節　処分理由の追加・差し替え

　したがって、判決の拘束力や既判力によって、再度の処分を禁ずる見解を採用することはできない。ただ、再度の処分を認めると不合理な結果となる場合には、権利濫用や信義則違反を理由として、個別に再度の処分を制限することで足りるものと考える（藤山雅行編・前掲書212頁以下）。

（本節担当・佐藤昭彦）

〔第2部〕第4章　取消訴訟の審理手続（違法性審理）〜主として実体審理〜

第6節　共同訴訟（主観的併合）、参加

1　共同訴訟（主観的併合）

⑴　行訴法17条と民訴法との関係

行訴法17条と民訴法の必要的共同訴訟と通常共同訴訟の規定（民訴38条〜41条）とはどのような関係にあるか。

行訴法17条は民訴法38条とは同じ共同訴訟方式に関するから、行訴法7条の趣旨からは行訴法17条が優先され民訴法38条は適用されないことになる。

行訴法17条の共同訴訟の要件で重要なのは、両方の訴訟が適法であること、取消訴訟に関連請求を併合するのであり逆ではないことくらいである。

民訴法38条以外の、共同訴訟人の地位の39条、必要的共同訴訟の40条、同時審判の申出がある共同訴訟の41条は適用されると考えられる。判例は40条を適用することが多い。

⑵　主観的予備的併合の可否

上述したように民訴法41条は行政事件にも適用される。同条は、新民訴法が従来争いのあった主観的予備的併合の可否につき、立法的解決を図ろうとした条文である。

行政訴訟の場合は、行政主体と行政庁との関係においては主観的予備的併合を許してもよいと言う理論問題と判例があったが、平成16年の行訴法の被告適格の改正によってそういう論点がそもそもなくなることになった。例外的に行政庁と行政主体が両方登場する場合には、民訴法41条を活用して併合審理をすることで理論問題はほぼ完全に解決されたと言えよう。

⑶　第三者による請求の追加的併合

行訴法18条は、第三者が、行政庁と原告との取消訴訟に当事者として入り込むことを保障する制度であり民訴法の発想にはない規定である。主観的追加的訴訟参加という語感である。既存訴訟の原被告のどちらかをこの条文による新訴の被告とすることとなる。

行訴法18条はすべての行政訴訟に準用される。

182

第6節　共同訴訟（主観的併合）、参加

　その第三者要件は第三者が既存訴訟の関連請求を起こすということのみである。取消訴訟も関連請求も適法であることは前提となる。判例では、この程度の要件がなかなか突破できないケースが目立つ[1]。

【書式22】　第三者による請求の追加的併合の申立書例

請求の追加的併合の申立

令和○○年○月○○日

○○地方裁判所　御中

原告訴訟代理人弁護士　○　○　○　○　㊞

〒○○○─○○○○　東京都○○区□□○丁目○○番○号
　　　　　　　　　原　　　　　告　　○　○　○　○
〒○○○─○○○○　東京都○○区××○丁目○番○号ビル○階
　　　　　　　　　○○法律事務所（送達場所）
　　　　　　　　　上記訴訟代理人弁護士　○　○　○　○
　　　　　　　　　電　話　03─○○○○─○○○○
　　　　　　　　　ＦＡＸ　03─○○○○─○○○○
〒○○○─○○○○　東京都○○区□□○丁目○番○○─○○○号
　　　　　　　　　被　　　　告　　　国
　　　　　　　　　代表者　法務大臣　○　○　○　○
〒○○○─○○○○　東京都○○区□□○丁目○○番○号
　　　　　　　　　行政庁　　総務省近畿総合通信局長
　　　　　　　　　　　　　　　　　　　○　○　○　○

訴額　　　　　160万円
貼用印紙　　　1万3000円

1　最判昭和59・3・29判時1122号110頁、福岡地判昭和62・6・30判時1250号33頁、京都地判平成5・12・10判タ872号209頁

〔第２部〕第４章　取消訴訟の審理手続（違法性審理）〜主として実体審理〜

第１　請求の趣旨

　１　総務省近畿総合通信局長が丙に対してなした令和○○年３月25日付無線局免許処分を取り消す。

　２　訴訟費用は被告の負担とする。

との判決を求める。

第２　請求の原因

　１　本件訴外乙と被告国との間には，御庁民事○部合議係において，令和○○年３月25日付無線局免許処分取消し請求事件（平成○○年（行ウ）第○事件）が係属している（以下「先行事件」という）。

　　　本件請求は，行政事件訴訟法18条に基づき，先行事件の被告である国を被告として関連請求である本件が併合なされんがために提起するものである。

　２　先行事件の内容

　　　先行事件は○○コミュニティFMの放送免許が令和○○年３月25日に総務省近畿総合通信局長（以下「処分庁」という）から訴外丙に対してなされたこと（以下「本件処分」という）に対し，乙が競願者としてその取消しを求めるものである。

　３　本件原告

　　　本件原告も本件処分の競願者であり，以下の理由により，本件処分は本件原告にこそ下付されるべきものであると思料するので本件を提起するものである。

　　　原告は令和○○年３月15日に○○コミュニティ放送として設立総会開き，後述する活動を営々と重ねたすえ，令和○○年12月１日特定非営利活動促進法に基づきNPO法人となったものであり……（活動経歴略）

　４　乙及び丙のNPOとしての実績のなさ

　　………………………………

　５　電波法７条，８条，11条，12条違反

　　………………………………

証　拠　方　法

１　定款

２　役員名簿

３　免許拒否通知

４　………………

第6節　共同訴訟（主観的併合）、参加

添　付　書　類

1　委任状

2　登記簿謄本

3　甲号証（写し）

2　参　加

(1)　規定の整理

民訴法では、第三者が訴訟に参加する方法を、補助参加（42条～46条）、独立当事者参加（47条）、共同訴訟参加（52条）、学説上では共同訴訟的補助参加が認められている[2]。

行訴法では、第三者の訴訟参加、行政庁の訴訟参加のための22条がある。

(2)　第三者の訴訟参加

行政訴訟は、それを知ろうと知るまいと行訴法32条の第三者効を受けるから、それとの対比で影響を受けるのに訴訟の存在を知らなかった第三者のための救済手段が当然必要とされる。

そこで、行政訴訟の存在を知らなかった第三者が判決後に争う手段は第三者再審として行訴法34条が用意されている。

第三者が裁判中にその行政訴訟の存在を知ったときに活用すべく用意されたのが行訴法22条である。

この規定は訴訟係属中に、その訴訟の結果次第では権利を害されると思う第三者が使うものである。自らがその訴訟との関係で関連請求を有すると思えば、前述の第三者による請求の追加的併合（行訴18条）を駆使するのもよい。しかし、関連請求の関係は持たないがともかく自分の権利が害されると思うときに使うのがこの条文である（最判平成8・11・1判時1590号144頁、最判平成14・9・26判時1807号152頁、東京地判平成18・10・23裁判所ウエブ、さいたま地判平成20・3・31裁判所ウエブ、東京高判平成20・6・26裁判所ウエブ参照）。

2　住民訴訟レベルで補助参加と共同訴訟的補助参加の区別を判示した最判昭和63・2・25裁判所ウエブ参照

〔第2部〕第4章　取消訴訟の審理手続（違法性審理）〜主として実体審理〜

　民訴法42条の単なる補助参加でもよいが、利害関係よりも自分の権利が害されるとまで言えれば、この行訴法22条を使えばよい。

　参加した第三者は民訴法40条の必要的共同訴訟の当事者と同様の立場になる（行訴22条4項）。関連請求のような独立の要求を持っているわけではなく係属中の訴訟との関係では、原告または被告行政庁の味方をするのであるから、参加と言うにふさわしい制度である。

　その点で、民訴法の独立当事者参加（47条）、共同訴訟参加（52条）は参加が認められれば、共同訴訟当事者となるのであってみれば、あえてこれらの規定を行政訴訟の場で排除する必要は全くない。これらと行訴法22条の制度との差異を見極め、適切な場面で使えばよい。

　この制度を使う目的は、ともかく係属訴訟においてどちらかの味方をすることを通じて自己の損害を回避することにある。もともと判決の第三者効が及ぶのであるから、行政敗訴の場合には参加的効力は論じる必要はないが、原告敗訴の場合には参加的効力が問題となる。原告敗訴の場合の参加的効力は、行政から行訴法22条の参加人に訴訟が起こる際の主張制限であるが、あまり起こらないことで想定できない。

　本規定は他の抗告訴訟に準用される（行訴38条1項）。改正法により義務付け、差止め訴訟が明文化された今日では、第三者の被る損害は広がると思われ、行訴法22条が多用される場面が増えるかもしれない。

【書式23】　第三者の訴訟参加の申立書例

訴訟参加の申立

令和○○年○○月○○日

　○○地方裁判所　民事第○部合議係　御中

3　特許関係の事件では独立当事者参加は多用されている。たとえば東京高判平成13・5・23では独立当事者参加人の主張が認容され審決が取り消されている。

4　なお参加する相手、味方する相手が被告行政庁のみだとする見解がある。しかしそのように断定する根拠はない。引用されている東京地判昭46・2・6判時628号84頁は、むしろ参加人が原告側に味方している事案で、そのことを前提に害される関係にはないとしている事例である。

第6節 共同訴訟（主観的併合）、参加

申立人訴訟代理人弁護士 ○ ○ ○ ○ ㊞

〒○○○─○○○○ ○○県○○市○○町○○○○○○
申立人 ○ ○ ○ ○
〒○○○─○○○○ 東京都○○区××○丁目○番○号ビル○階
○○法律事務所（送達場所）
上記訴訟代理人弁護士 ○ ○ ○ ○
電 話 03─○○○○─○○○○
ＦＡＸ 03─○○○○─○○○○

第1 申立の趣旨

御庁に継続中の平成19年（行ウ）第○号事件に付き，申立人は訴訟の結果により権利を害されるので，行政事件訴訟法22条により参加を申し立てる。

第2 申立の理由

1 平成19年（行ウ）第○号事件（以下「係属事件」という）では，原告が被告に行訴法3条6項2号に基づき義務付けを求めるものである。しかし，このような義務付けは許されないから申立人は被告に参加する。

2 申立人

申立人は係属事件において求められる建築確認において，崖崩れの危険を負う隣地土地建物所有者である。

3 建築確認はなされるべきでない

係属事件原告は建築業者として，マンション建築を企図している。被告○○市は，原告の平成○○年7月1日付建築確認申請に対し，○○県知事が発する都市計画法の適合書面を添付せよと求め，その書面の発布がないことを理由に建築確認をしないことに対し，原告は行政手続法7条に基づき申請拒否と捉え，行訴法3条6項2号に基づき係属事件を提起している。

しかし，そもそもこの建築確認申請の前提となった原告に対する○○市長の令和○○年○○月○○日付開発許可は，都市計画法33条1項13号（崖崩れ）の基準を見逃した違法なもので，○○県知事がこの点を重大に考え，適合書面を発しないのは当然のことである。

これらの理由，その他今後主張する理由により，申立人は行政事件訴訟法

〔第2部〕第4章　取消訴訟の審理手続（違法性審理）～主として実体審理～

22条により参加を申し立てる。

添　付　書　類

1　委任状

(3)　行政庁の訴訟参加

行訴法23条はすべての行政訴訟に準用されている。

この条文は、元々他の行政庁を訴訟に引き込み、そこにある資料や情報を集中させた方が紛争の解決に便宜と考えられために設けられている。改正前の住民訴訟の代位請求について多く活用された。市長個人を被告とし、市に代位してされた旧地方自治法242条の2第1項4号に基づく損害賠償請求の住民訴訟事件において、被告である市長個人が申立人となり、市長を事件に参加させることなどの場合である。

民訴法上の前述からの参加の形態とは趣旨が異なるものである。

しかし、この条文をめぐる情勢は変わった。最大の変化は言うまでもなく平成16年の行訴法改正により被告適格が行政庁から行政主体に原則として変更されたことによる。

同改正で、この条文自体も「他の行政庁」から「処分又は裁決をした行政庁以外の行政庁」に変えられた。

上記の例でもまた裁決取消訴訟の原処分庁でも、それらはすべて国とか地方公共団体の1つの機関となったので本来は本条文のような規定は原則として要らなくなった。

しかし、なお次のような場合に必要性は残っている。

〔争点訴訟の事例〕[5]

その他、改正行訴法11条2項・3項・6項などの場合が考えられよう。

5　福島地判昭和39・6・4行集15巻12号2434頁参照

第6節　共同訴訟（主観的併合）、参加

【書式24】　行政庁の訴訟参加の申立書例

令和○○年（行ウ）第○事件

行政庁の訴訟参加の申立

令和○○年○○月○○日

　○○地方裁判所第○民事部合議係　御中

原告訴訟代理人弁護士　　○　○　○　○　㊞

第1　申立の趣旨

　本件に付き，原告は○○市長を訴訟参加させていただきたく，行政事件訴訟法23条に基づき申し立てます。

第2　申立の理由

1　本件は，実質は宗教施設で礼拝・集会に使うものであるにもかかわらず，通常の事務所として申請され，これに対し被告甲建築確認機構株式会社がなした本件確認が様々な点で建築基準法に違反していることを理由とする確認処分の取消しを求めるものであるところ，施主は大きな反対運動にもかかわらず，建築を強行しようとする構えをとっている。

2　建築基準法6条の2第4項によれば，特定行政庁たる○○市長は建築基準法不適合通知を出すことができるにもかかわらず，これまでのところなんらの職権発動をしていない。

　そこで原告は○○市長を本件に参加させ，被告の建築基準法違反につき資料や情報を本件に集中させ，審理経済を図らんとして，本件申立てに及ぶ。

（本節担当・斎藤　浩）

189

〔第2部〕第4章　取消訴訟の審理手続（違法性審理）〜主として実体審理〜

第7節　審理ルールと主張立証責任

　行政事件も民事事件であるから、行政事件訴訟法が特別な規定を置いている場合以外は民事訴訟法の例による（行訴7条）。

1　管　轄

　民訴法4条から22条まで管轄の関連規定を置くが、これらの規定は基本的にすべて適用される。行訴法に矛盾する特別規定はないからである。ここでは行訴法12条について述べるが、個別行政法での専属管轄に注意する必要がある。

(1)　被告と行政庁の所在地に関する管轄（行訴12条1項）

　民訴法4条の普通裁判籍の行政事件における具体化である。

　平成16年改正前は行政庁の所在地の裁判所であったが、被告適格が行政主体となったので改正された。

　国が被告の場合は、国の普通裁判籍は、民訴法4条6項により「訴訟について国を代表する官庁の所在地」と定められ、国の利害に関係のある訴訟についての法務大臣の権限等に関する法律1条が、国を当事者または参加人とする訴訟は法務大臣が国を代表する旨定めているから、法務省の所在地である「東京都千代田区霞が関一丁目1番1号」が国の裁判籍の所在地となる。つまり東京地方裁判所が管轄裁判所となる。

　そこで、改正法も従来どおり、国の地方支分部局の行った処分については、当該処分庁所在地の裁判所にも管轄を認めることとしたものである。

　取消訴訟以外のその他の抗告訴訟にも本項は準用されるが（行訴38条1項）、それ以外の訴訟すなわち当事者訴訟、民衆訴訟および機関訴訟には準用されない。

(2)　不動産などにかかる処分等に関する管轄（行訴12条2項）

　この点の改正はなかった。[6]

6　逐条解説的判例—浦和地判昭和55・9・30判タ425号84頁を参照のこと

⑶　下級行政機関所在地による管轄（行訴12条3項）

「取消訴訟は、当該処分又は裁決に関し事案の処理に当たつた下級行政機関の所在地の裁判所にも、提起することができる」と規定する。

事案の処理にあたった下級行政機関については、最判平成13・2・27（民集55巻1号149頁）が基本的な解釈を整理している。

事件の受理などを出先機関に行わせているのは、いわば住民に対するサービスによるものであるから、この趣旨を生かし行政側としては、この基準によらず応訴し、応訴管轄を生じさせるべきである。[7]

⑷　特定管轄裁判所（行訴12条4項）

平成16年改正法で新設された。[8]

全国8高裁の所在地の地裁である。高裁の支部所在地にある地方裁判所（金沢、宮崎、松江、秋田、那覇）は、この特定管轄裁判所に当たらない。支部の設置は、裁判所内部の事務分配規程に依拠しているにすぎないからである。地方裁判所の支部は、裁判所の事務分配に関する規則で、行政事件訴訟を取り扱わないこととなっているため（地方裁判所及び家庭裁判所支部設置規則1条2項）、特定管轄裁判所の支部は、本項の規定にかかわらず取消訴訟を取り扱わない。

特定管轄裁判所への管轄の拡大の例外は、専属管轄の規定がある場合および本条の適用除外が定められている場合である。

専属管轄は次のような制度である。

①　公正取引委員会の審決に関する訴訟—東京高等裁判所の専属管轄（独禁85条）。

②　特許審決に対する訴訟—東京高等裁判所の専属管轄である（特許法178条1項）。

適用除外は次のような制度である。

③　中央労働委員会の命令に対する取消しの訴え—東京地方裁判所が管轄（労働組合法27条の19第2項が、中央労働委員会の命令に対する取消訴訟については、行訴法12条3項から5項までの規定は適用しないと規定するため、行訴

7　日弁連編『実務解説・行政事件訴訟法—改正法を使いこなす』127頁参照。なお行訴法12条2項・3項の運用実績につき小早川光郎編『行政手続法逐条研究』49頁参照

8　小林久起『行政事件訴訟法』245頁、日弁連・前掲書128頁参照

〔第2部〕第4章　取消訴訟の審理手続（違法性審理）～主として実体審理～

法12条1項に返り、被告である中央労働委員会の普通裁判籍の所在地を管轄する裁判所つまり東京地方裁判所の管轄となる）。

④　逃亡犯罪人引渡法に基づく処分または裁決に係る抗告訴訟―東京地方裁判所が管轄（逃亡犯罪人引渡法35条2項により、上記中労委と同じことになる）。

行訴法12条4項が規定の趣旨を国と独立行政法人に限定したのは、地方公共団体に対する訴訟が、処分後に住所を変更した原告の住所地を規準として地方公共団体の所在地と関係のない管轄地の裁判所に提起されないよう配慮したものである。[9]

(5)　**移送**（行訴12条5項）

平成16年改正法で新設された。

行訴法13条との関係、民訴法との関係が重要である。

　㋐　行訴法13条との関係

後述する13条は関連請求間の移送だが、本項はその要件はない。合理性もなくわかりにくい関連請求概念を緩めて移送するために、本項は登場した。

　㋑　民訴法との関係

移送の一般規定は民訴法17条に定めがあるが、本項の規定は民訴法17条の例外となっている。[10]

例外の第1は、民訴法17条は「他の管轄裁判所へ」と規定するのに対して、本項はその要件を外している。

第2は、民訴法17条の遅滞要件、衡平要件を緩和している。

第3は、民訴法17条の考慮事項「当事者及び尋問を受けるべき証人の住所、使用すべき検証物の所在地その他の事情」を「当事者の住所又は所在地、尋問を受けるべき証人の住所、争点又は証拠の共通性その他の事情」と変更している。明らかに広がっている。

　㋒　「他の裁判所に事実上及び法律上同一の原因に基づいてされた処分又は裁決に係る抗告訴訟が係属している場合」の考え方

立法関係者からは、これについては民訴法38条の共同訴訟の要件が同じよう

───────────

9　福井秀夫他編『新行政事件訴訟法』69頁参照

10　小林・前掲書60頁参照

な規定であるので、その解釈が参考にされるべきだと説かれている。[11]

2　関連請求と移送ルール（行訴13条）

行訴法13条は移送のルールである。ルールと言っても精神はただ１つ、関連請求は取消訴訟がある裁判所に集中させようと言うものである。

時に実務で直面するのは、取消訴訟が適法であるかどうかである。

適法と言っても様々な局面がある。取消訴訟ではない事件が係属する裁判所の判断で、「相当と認める時」決定することにも関係する。双方当事者の意見を聞いて判断することが好ましいことは当然だが、移送先の、つまり取消訴訟が係属している裁判所の意見は聞くのであろうか。同一裁判所内の他の部に移送するかどうかの判断では、書記官が事実上移送先の部の書記官と打ち合わせをすることは実務であるが、違う裁判所の場合はどうしているのか、やはり打ち合わせは行われるのであろう。

これらのことを前提にして次のように考える。

被告行政が訴訟要件を争って、裁判所もまだ結論を決めていないような場合については、これは移送すべきということになろう。

ほぼ要件論争に決着がついて却下間近な場合、移送しても仕方がないことになる。

移送決定が確定したが、移送先では却下することに決めていた場合などはどうするか。書記官の打ち合わせの不備なのかその他の事情なのかで起こる。移送を受けた裁判所が、元裁判所の判断が誤っていると思う場合、なお移送し直せるかというと民訴法22条によりそれは無理であり、移送先裁判所は、元の事件は却下し、新しく送られてきた事件を審理するのであろう。

3　主張・立証責任

主張・立証責任も民事訴訟のそれを参考にすべきであるが、この分野においては民事訴訟理論は大きな変容を受けるべきものと考えられる。

主張責任としては、行政が行政処分の適法性について主張責任を負うことが

11　福井秀夫他編・前掲書73頁。そこに紹介されている具体例も参照のこと。

〔第2部〕第4章　取消訴訟の審理手続（違法性審理）〜主として実体審理〜

原則であり、訴訟要件は職権調査事項である。そのうえで、人的物的力量、資料量において隔絶した有利さを持つ行政は、処分の適法性を具体的に処分経過も含めて主張すべきである。原告も、できる限り具体的に違法性の主張をすべきである。

立証責任は、民事訴訟理論の変容すべき分野である。当事者は対等ではないから民事訴訟の基本理念は通用しない。行政が人的物的力量、資料量において隔絶した有利さを持つからである。

判例は個々のケースでの妥当性判断をしており、やはり一般論を論じない。学説は区々に分かれており、圧倒的通説のようなものは存在しない。[12]

裁量判断の場合も同様であり、立証責任は基本的には行政側にある。判例は、立証責任を現実的に判断している。[13]

4　釈明処分の特則

訴訟指揮権の1つとして釈明権と釈明処分がある。

民訴法149条が裁判長の釈明権を規定し、151条が裁判所の釈明処分を規定している。

そして平成16年行訴法改正で釈明処分の特則、23条の2が導入された。

(1)　処分関係と裁決関係

行訴法23条の2第1項が処分等の理由を明らかにする資料、2項が審査請求の一件資料を被告から裁判所に提出させる方策である。

1項にも2項にも裁決が出てくるが、1項は裁決そのものの理由を明らかにする資料、2項は裁決に至る審査請求の一件資料である。逆に読めば、審査請求の一件資料に含まれていない裁決に関する資料は1項で求めればよい。

1項は「訴訟関係を明瞭にするため」、「必要があると認めるとき」、「理由を明らかにする」という要件があるが、2項はともかく出せと求められるのである。

12　学説の整理としては藤山雅行「行政訴訟の審理のあり方と立証責任」（『行政争訟〔改訂版〕』389頁以下参照)

13　伊方原発の最判平成4・10・29民集46巻7号1174頁、大阪府水道部の交際費情報公開に関する最判平成6・2・8裁判所ウエブ、国籍確認に関する最判平成7・1・27裁判所ウエブ

(2) 民訴法の制度との違い

民訴法149条の釈明権の規定では、裁判長が何を求めるのかの対象を明示していないのに対し、本条１項は具体的に規定している。

民訴法151条１項３号の釈明処分では、裁判所が提出させるのは訴訟資料は当然だが文書等も、訴訟で引用されたものに限られるのに対し、本条１項はそのような限定を付していない。

いずれも制裁はないが、拒否すれば心証形成には響くだろう。[14]

(3) 対　象

どこまでが含まれるのかは今後の実務の集積に待つしかない。

１項法文の「その他処分又は裁決の理由を明らかにする資料」には、行手法５条１項が定める審査基準、同法12条１項が定める処分基準、行政機関相互間の連絡調整過程での参照資料などが含まれよう。ここでの資料は、既存の資料の提出を想定しており、新規に作成した資料は民事訴訟法上の釈明を行うこと[15]になる。[16]

会議録や個人メモなども対象にする努力をすべきであろう。[17]

２項は審査請求の一件資料である。訴訟審理において、当該審査請求にかかる事件記録が重要な役割を果たすものであるが、従来えてして審査庁は、裁判所が命じても十分に文書を検討しないまま、秘密文書であるとして当該記録の提出を拒むことが多かった。この事態の改善のために、裁判所が審査請求にかかる記録の提出を求めることができることを明記したものである。

(4) 文書提出命令、その他の制度との関係

前項の対象を考える際に実務家が考えるべきことは、後述の文書提出命令、情報公開などの併用である。[18]

釈明権の特則で行政が出さなかったものを、サンクションのある文書提出命

14　衆議院法務委員会・山崎潮答弁（平成16年５月17日）参照

15　行政訴訟検討会第26回での小林久起参事官の説明参照

16　日弁連編・前掲書135頁参照

17　小早川光郎編・前掲書172頁の中川丈久発言

18　参議院法務委員会・山崎潮答弁（平成16年６月１日）は、「この両制度の理解については、争点をなるべく早期に集約していくというために釈明処分という方法でやって、これでも十分足りない、足りないような場面においては証拠の文書提出命令を使っていくということで、双方でなるべく事実を審理の中に出してきちんとした判断をしていくという役割分担である」と説明している。

〔第 2 部〕第 4 章　取消訴訟の審理手続（違法性審理）〜主として実体審理〜

令に対しては出すと言うような事態は問題であるので、行政は様々な制度のことを総合的に考慮して、釈明権、釈明処分に対し出す方向で対処することが望ましい。[19]

情報公開制度はこの場面では使いにくいかも知れない。[20]

⑸　出てきたものの閲覧謄写

この釈明権の特則は証拠調べではないので、出てきた資料を原告側に閲覧させるかどうかは別のことであるから、通常はその資料は第 3 分類の訴訟記録に分類される。それを原告が即座に謄写してしまうことが重要である。[21]

⑹　拒絶できる場合があるか

本条では、行政庁が拒否できる場合を規定していない。また上述したようにできるだけ拒絶しない実務運営をすべきである。

それでもあえて言えば、行政庁は、「正当な理由」があれば資料・記録の提出・送付を拒むことができると解釈される。

拒絶できる「正当な理由」とは、やはり第三者の利益を害するおそれ（個人のプライバシーや企業秘密などの情報を含む場合）であろう。[22]

⑺　準用関係

本条は、無効等確認の訴え（行訴38条 3 項）、形式的当事者訴訟（同法41条 1 項）、争点訴訟（同法45条 4 項）に準用されている。

つまり、本条および準用条項は、行政処分が先行する場合だけを想定し、処分に関わらない場合には本条の適用外としていることになる。義務付け訴訟、

19　小早川光郎編・前掲書172頁の村田斉志発言

20　立法担当者であった村田斉志判事は、その他民訴法157条の時機に遅れた攻撃防御方法却下の規定、冒頭で述べた民訴法149条の活用も提示している（小早川光郎編・前掲書174頁の村田斉志発言）。

21　小早川光郎編・前掲書172頁の小早川光郎、鶴岡稔彦、斎藤浩発言参照

22　日弁連編・前掲書137頁および注参照。当該注では小林久起・前掲書271頁を参考に概略次のように整理している。行手法18条 1 項の「第三者の利益を害するおそれがあるときその他正当な理由があるとき」の、「第三者の利益を害するとき」については閲覧を求めている資料の中に個人のプライバシーや企業秘密が記載されているときを想定し（総務省行政管理局編『逐条解説行政手続法〔増補新訂版〕』173頁）、「その他正当な理由があるとき」については、閲覧者の利益を上回る他の利益が認められる場合を指し、理論上のケースとして、①閲覧させることにより取締りの秘密等機密が漏れるなど公益上の支障があるときのほか、②審理の争点に関係ないものを求められたときや、③明らかに審理の引き延ばしを図るための閲覧請求をした場合などがあげられている（日弁連編・前掲書173頁、塩野宏・高木光『条解行政手続法』248頁参照）。

196

処分を前提としない当事者訴訟に準用されなかったのである。

準用の精神を拡大する解釈方法が望まれる。[23]

⑻　活性化への取組みと成果

㋐　制度についての法務省の解説と最高裁（裁判所）の対応

①　法務省「平成16年改正行政事件訴訟法の概要」の「3　審理の充実・促進の観点から釈明処分の規定を新設」の中では積極的に説かれている。行政訴訟検討会で、前述のように深山委員の発言の方向が23条の2を作ったからである。しかし、実際には法務省の訟務部門は、23条の2の発動に一貫して非協力である。

②　最高裁（裁判所）

最高裁事務総局行政局監修『改正行政事件訴訟法執務資料』（法曹会、2005年）では、同年（平成16年）10月7日の行政事件担当裁判官協議会の協議状況で積極的に読める記載をしている。

しかし、日弁連行政訴訟センターや大阪弁護士会行政問題委員会が調べた結果によると、東京地裁、大阪地裁をはじめ、各地裁、全国の裁判所で、この制度は正式に使われたという実例がないことが判明した。近時、後述する実例が出始めたにとどまる。

㋑　日弁連の運動的提起

日弁連行政訴訟センターは、日弁連執行部の承認を得て、行政訴訟を担当する会員が行訴法23条の2の発動を裁判所に求めていく訴訟活動をするよう求める意見を作成し発信した。[24]

この意見書などが広く活用され、全国の裁判所で23条の2活性化の動きを作らなければならないと考える。

㋒　実　例

法人税更正処分等取消請求事件における原告の上申を受けて、広島地裁は平成29年12月7日付決定で、被告国に対し、行訴法23条の2第2項1号に基づき、

23　小早川光郎編・前掲書174頁の小早川光郎、村田斉志、斎藤浩発言参照

24　日弁連理事会の議を経て「行政事件訴訟法23条の2（釈明処分の特則）を活用するための取組について」として公表した（弁護士会員は日弁連HPの会員専用サイトの書式・マニュアルの項で閲覧できる）。

〔第 2 部〕第 4 章　取消訴訟の審理手続（違法性審理）～主として実体審理～

主文を次のようにして釈明処分をした。

主文

　広島国税不服審判所に対し、平成29年12月27日までに、株式会社 A を審査請求人、下関税務署長を原処分庁とする平成27年11月16日付け審査請求に係る事件の記録であって広島国税不服審判所が保有する下記のものの提出を求める。

記

　広島国税不服審判所が職権で関係者から事情聴取した供述書並びに収集した書証

　広島国税不服審判所は広島地裁宛に平成30年 1 月19日、書類等を送付した。

　他の裁判所でも決定例が出始めているようである。

（本節担当・斎藤　浩）

第8節　証拠収集、証拠調べ

第8節　証拠収集、証拠調べ

1　提訴前

(1)　概　要

　行政法関係では行政処分前の手続としては、不利益処分であれば聴聞の機会に「当該事案についてした調査の結果に係る調書その他の当該不利益処分の原因となる事実を証する資料」の閲覧を求めることができる（行手18条）。

　また処分後には、審査請求の機会に物件の提出要求（行服28条）や検証の要求（同法29条）ができる。

　さらに情報公開法、情報公開条例、個人情報保護法、弁護士法23条の2の照会制度などが活用されなければならない。

　民事訴訟法の規定も当然活用できる。

　訴えの提起前における当事者照会および証拠収集の処分（民訴132条の2〜9）、証拠保全手続（同法234条〜242条）を利用することとなる。

(2)　当事者照会、証拠収集処分

　1998年（平成10年）施行の民訴法改正によって当事者照会制度が新設されたが（132条の2、132条の3）、裁判所が関与しないこの制度の効果はまだ未知数である。私の経験では、原告予定者の代理人として被告予定者に対してこの制度を利用してみても、何らの応答もなく、訴訟が始まっても担当弁護士は被告が応答しなかった時代には自らは関与していなかったので反省も関心ももたないように見受けられた。[25]

　しかし、2003年（平成15年）改正の提訴前証拠収集処分（民訴132条の4から132条の9）は、行政訴訟にとっては今後かなり活用できるものではないかと考える。

　その概要は次のとおりである。[26]

　当事者照会と同様、原告予定者（予告通知者）が被告予定者に予告通知をし

25　行政事件ではないが当事者照会が活用されたことが出てくる判例ももちろんある（たとえば大阪地判平成14・4・18）。

199

〔第2部〕第4章　取消訴訟の審理手続（違法性審理）～主として実体審理～

た場合、被告予定者が返答すれば（被予告通知者）、そのどちらもが「予告通知に係る訴えが提起された場合の立証に必要であることが明らかな証拠となるべきもの」について、次の証拠収集処分を申し立てることができる。

① 　1号処分（文書の送付嘱託）　　文書（民訴231条の準文書を含む）の所持者にその文書の送付を嘱託すること。

② 　2号処分（調査の嘱託）　　必要な調査を官公署等（官庁もしくは公署、外国の官庁もしくは公署または学校、商工会議所、取引所その他の団体）に嘱託すること。

③ 　3号処分（専門家の意見陳述の嘱託）　　専門的な知識経験を有する者にその専門的な知識経験に基づく意見の陳述を嘱託すること。

④ 　4号処分（執行官による調査）　　執行官に対し、物の形状、占有関係その他の現況について調査を命ずること。

　これらの中で4号処分だけがやや強制力を思わせる表現だが、命じられた対象物の権利者は受任義務を負わないので、やはりそれらの者の協力が前提となっている。

　これらと、後述の文書提出命令の申立ての関係が問題となる。文書提出命令は理論的には可能だが、重たい審理の必要な文書提出命令の申立ては、事前の証拠収集処分には含めないこととしたと言われる。

　詳しい手続は民訴法の条文に譲るが、この任意の手続は裁判所が関与することにおいて利用価値がある。これらの処分を命ずる裁判所に対し、行政が全く非協力であることは当然提訴後の裁判所に影響を与えるであろうからである。使う前から消極評価をせずに、使うことにより局面打開の努力をすべきであろう。同じ任意の制度である次に見る証拠保全の判例も活用すべきである。

(3)　証拠保全

　民訴法234条は、医療過誤訴訟などではほとんどと言ってよいほどカルテの保存に多用されるが、行政訴訟においても時に活用される。

　文書を含む物の検証、証人尋問などが典型である。

　裁判所が保全決定を出し（同法237条）、実施されれば、記録は本案の受訴裁

26　小野瀬厚「民事訴訟法改正の経緯と概要」ジュリ1252号6頁以下（2003年）、上野泰男「証拠収集手続の拡充」同21頁以下参照

第8節　証拠収集、証拠調べ

判所に送付され（民訴規則154条）、口頭弁論に提出されると、本案の証拠調べと同一の効力を持つ。訴状に証拠保全をどの裁判所でしたかを記載する（同条）。

　保全決定を命じられた相手方がこれを拒否すれば強制力はない。しかし、裁判所の心証形成に事実上大きな役割を果たす。[27]

【書式25】　証拠保全の申立書例

証拠保全申立書

令和○○年○○月○○日

○○地方裁判所　御中

申立人代理人弁護士　○　○　○　○　㊞

〒○○○—○○○○　○○県○○市□□○丁目○○番○号
　　　　　　　　　　　申　　立　　人　　○　○　○　○
〒○○○—○○○○　○○県○○市××○丁目○番○号ビル○階
　　　　　　　　　　　○○法律事務所（送達場所）
　　　　　　　　　　　上記申立人代理人弁護士　○　○　○　○
　　　　　　　　　　　電　話　○○—○○○○—○○○○
　　　　　　　　　　　ＦＡＸ　○○—○○○○—○○○○
〒○○○—○○○○　○○県○○市□□○丁目○○番○号
　　　　　　　　　　　相　　　手　　　方　　○○県
　　　　　　　　　　　代　表　者　知　事　　○　○　○　○

　　証拠保全請求事件

　貼用印紙額　　金500円

　第1　申立の趣旨

27　水戸地判昭和55・11・20判時999号118頁、大阪地判昭和63・6・24判夕679号165頁参照

〔第2部〕第4章 取消訴訟の審理手続（違法性審理）～主として実体審理～

1 相手方水道部（○○市○○区……）に臨み，別紙「検証物目録」記載の目的物を検証する。

2 相手方は，上記検証物を現場において提示せよ。

との決定を求める。

第2 申立の理由

1 証すべき事実

相手方が，支出してはならない公金を支出したこと。具体的には相手方がD議員のパーティの二次会の飲食費に金○円を支出しながら，これを○○県水道部の視察受け入れ費用として決裁している事実

2 証拠保全の事由

(1) 当事者

申立人は，○○市民である。

(2) 事実経過

相手方水道部は，平成○○年に○○県水道部の視察を受け入れるにつき，金○円の会議費等を支出したと事業会計決算書に記載している。

しかし，平成○○年○○月議会○○委員会の議事録（平成○○年○○月○○日公表）によれば同県からはその年度の視察はなく，決算書が記載している日付には，C党D議員のパーティが開催され，その二次会で使用したいわゆる○○○のクラブ○でのD議員関係者の飲食等の支払いをしたものと明らかになっている。

(3) 相手方の地方自治法違反

………………………………………………………………………………………

3 証拠保全の必要性

○○会でのやり取りを立証するためには，別紙「検証物目録」記載の目的物が不可欠であるが，仮に本件診療録等が改ざん，破棄，隠匿などされれば，申立人らによる住民監査請求，住民訴訟の追行は事実上不可能になる。

別紙「検証物目録」記載の目的物は，いずれも現在は相手方の手中にあり，このような場合，相手方としては，訴訟において不利になると予測される部分の改ざん，破棄等をしたい誘惑を禁じ得ないものである。

よって，申立人は，相手方において別紙「検証物目録」記載の目的物を改ざん，破棄，隠匿，廃棄するような事態を未然に防止し，それらの保全をするため，本件申立てに及んだ次第である。

202

第8節 証拠収集、証拠調べ

```
               証　拠　方　法
1　甲第1号証（陳述書）
2　甲第2号証

               添　付　書　類
1　甲号証写し　　　　　各1通
2　訴訟委任状　　　　　1通
```

（別紙B）

```
               検証物目録

1　飲食店○○の請求書
2　同領収書
3　平成18年度会議費決裁綴り
4　………………………
```

2　提訴後

(1)　概　要

行訴法では職権証拠調べ（24条）があるが、ほとんど用いられることはない。

証拠収集方法についての行訴法の独自の規定はないから、民訴法の例による（行訴7条）。民訴法には、証拠調べとして、提訴後の照会制度（163条）、調査および鑑定の嘱託の申立て（186条、218条）、文書送付嘱託の申立て（226条）、文書の提出（219条）、文書提出命令の申立て（219条〜225条）、鑑定の申立て（212条〜217条）、検証物の送付嘱託の申立て（232条、226条）、検証物提示命令の申立て（232条、223条）がある。

これらのうち、文書提出命令が行政訴訟分野で持つ意味を考察してみたい。

(2)　文書提出命令

この制度の活用は行政訴訟の分野において非常に重要である。

民訴法220条の1号から3号は旧民訴法312条と同じであったが、新民訴法で

203

〔第2部〕第4章　取消訴訟の審理手続（違法性審理）～主として実体審理～

は4号が追加されかつ2001年（平成13年）改正でさらに同号ロ、ニのかっこ書、
およびホが追加されて実効的となった。

　4号の追加は限定列挙であった旧法に対し、提出義務を課する一般条項を創
設したものであり、イからホの例外がついているもののその意味はすこぶる大
きい。

　その場合、4号の例外規定のうち、ロとニのかっこ書をどう解釈するかが帰
趨を決することになる。

　行政事件判例として積極判断をしたものには次のような諸例が見られる。

①　市議会特別委員会議事録に関する東京高判平成10・7・7（判タ1016号245
　頁）

②　文部省教科用図書検定調査審議会の審議結果書面、大臣への答申書に関
　する東京高判平成11・6・9（判タ1016号236頁）

③　労災認定の聴取書や医師の意見書についての神戸地決平成13・1・10
　（判タ1087号262頁）

④　刑務所職員の視察表に関する札幌高判平成13・1・22（訟月48巻1号62
　頁）

⑤　国税不服審判所に対する参考人の答述記載書面に関する東京高判平成
　16・5・6（判時1891号56頁）

⑥　救命救急士作成の活動記録票に関する東京地判平成16・9・16（判時
　1876号65頁）

⑦　独禁法違反事件調査過程での供述調書に関する東京地判平成18・9・1
　（金判1250号14頁）

　問題は最高裁の姿勢である。上記東京高判平成11・6・9の抗告審の最決平
成12・3・10（判タ1065号244頁）、県が漁協と補償額算定調書補償額見積額記載
部分についての最判平成16・2・20（判時1862号154頁）、難民認定申請に関し法
務省が外務省を通じて外国に照会した依頼文書控えについての最判平成17・
7・22（民集59巻6号1888頁）などは、公文書提出に極めて消極的な判断をして
いる。

第8節　証拠収集、証拠調べ

```
┌─── インカメラ（判事室内）手続 ─────────────────────┐
│                                                        │
│　民訴法220条4号の文書の場合、裁判所がイ〜ニに当たるかどうかの判　│
│ 断のために必要があれば、裁判所（裁判官）だけで当該文書を提示させ閲　│
│ 覧する（同法223条6項）。行政関係の文書は大半がこれの対象となるが、│
│ 当然、最終的に文書提出命令申立てを却下するかもしれない立場で裁判官　│
│ は見るわけであるから慎重になる傾向はあろう。                      │
│　インカメラ手続に関する判例は、まだ一進一退であるが、文書提出命令　│
│ の国民にとっての重要性を見据える判決が増える予兆はある。          │
│                                                        │
└────────────────────────────────────┘
```

　情報公開制度との関係では2つの論点がある。

　第1は、両制度は目的が違うが同じ領域を扱うもので、情報公開法や条例より民訴法の文書提出義務の範囲が広いと言うことである。

　第2は、情報公開制度を利用せずに民訴法220条4号で一般的に文書提出命令を申し立てたときも、裁判所は民訴法221条2項を理由に不適法であると解釈すべきではないということである（反対説もある）。

【書式26】　文書提出命令申立書例

```
┌────────────────────────────────────┐
│                                                        │
│                   文書提出命令申立書                     │
│                                                        │
│                           令和○○年○○月○○日          │
│                                                        │
│                                                        │
│ ○○地方裁判所第○民事部○係　御中                        │
│                                                        │
│                                                        │
│                   原告訴訟代理人弁護士　○　○　○　○　㊞ │
│                                                        │
│                                                        │
│　係属中の平成○○年（行ウ）第○号産業廃棄物収集運搬業許可取消事件に関し、│
```

28　その立場と、事件を知らない他の裁判官に見せることの負担を考慮する立場とのバランスの上にこの制度はなっている。

29　インカメラ手続を濫用した事例として大阪高決平成12・1・27判時1715号39頁。その他、東京高決平成16・5・6判時1891号56頁、広島高判平成17・1・18参照

205

〔第2部〕第4章　取消訴訟の審理手続（違法性審理）～主として実体審理～

原告は以下のとおり文書提出命令を申し立てる。

1　文書の表示
　⑴　○○市○○町所在のA開発の廃棄物処理現場に関して，
　　　上記現場における被告の指導・管理状況に関する調査資料
　　　上記現場における被告の指導・管理状況に関する報告書類
　　　上記現場に関する社団法人○○○産業廃棄物協会からの報告書類
　　　上記現場に関し社団法人○○○産業廃棄物協会から報告を受けた際に被告側
　　で記録を行った文書類
　⑵　○○○市○○町の廃棄物処理現場に関して，
　　　上記⑴記載と同様の文書

2　文書の所持者
　　被告

3　文書の趣旨
　⑴，⑵記載の各現場について，被告の指導，管理状況及び現場状況の認識を示
した書類及びその付属書類一切。
　なお，文書の表示について，可能な限り特定を行ったが，上記文書の趣旨に合
致する文書の表示については，文書の所持者たる被告に対しこれを明らかにする
よう御庁に対し申し出るものである。

4　立証趣旨
　本件における，廃棄物搬入の危険性に関する被告の認識状況及び認識の日時。
　なお，本件の文書が必要性の高いものであることについて若干補充して主張す
ると，本件土地に○○その他によって運び込まれた廃棄物は，被告が指導，管理
していたA開発の現場および○○市○○の現場を含む一定数の場所からのもので
あった。
　Aの現場からの廃棄物については，そのこと自体を被告も争っておらず，ま
た被告の主張によれば，本件に深く関与した訴外Bと共同正犯として逮捕され
たCが○○○市○○町の廃棄物処理現場に関与している。
　提訴前に原告関係者が被告担当者に聞いたところ○○市○○からの移動・搬入

を否定したが，一方で被告の担当者Cは○○市○○からの移動・搬入を認め，本件土地から○○市○○の分としてその一部であるトラック10台分はAらをして搬出させたと説明したこともあり，この関係を明らかにすることは必要性が高いのである。なお，逮捕されたBらの刑事事件の公判で，○○市○○から本件土地への移動・搬入は明らかになっている。

原告は，被告が指導・管理している廃棄物の野積み現場から，当該廃棄物が新しい野積み地を求めて移動され，新しい野積み地に搬入されるようなことは，被告が警察と協力して防止しなければならないと請求原因を立てている。そうすると，Aの現場や準備書面4で補充した○○市○○の現場での被告における被告職員の立ち会い，運送車両の確認，マニフェスト確認などがどのようになっていたのかは，直接請求原因にかかわることである。請求原因との関連性は明白，必要性は高度である。

5　文書提出義務の原因

上記書類は，民事訴訟法220条4号所定の各規定に該当しないから，文書所持者は提出義務を負う。

若干付言すると，イハホに当たらないことは明白であるうえ，被告は必要性があれば提出すると述べているのであるから，ロに該当しないことは被告が認めているも同然である。

また，上記で示した文書はいずれも公務員が組織的に用いるものであることは明らかである。

（本節担当・斎藤　浩）

〔第2部〕第5章 訴訟の終了

第5章 訴訟の終了

第1節 判決以外の終了
―放棄、認諾、取下げ、和解等

　取消訴訟においても、行訴法7条により請求の放棄、取下げ、訴訟上の和解はありうる。請求の認諾は実務上ほとんどない。

1 請求の放棄・取下げ

　取消訴訟においても、民事訴訟と同様に、原告が請求の放棄、訴えの取下げをすることは可能である。ただし、住民訴訟の代位請求（旧4号請求）について、最判平成17・10・28（判タ1919号98頁）は、代位請求を起こした住民は請求の放棄ができないとした。同判決は理由を明示しておらず、学界からは異論も出されているが、住民は、地方公共団体の権利を代位行使できるだけであり、[1]その権利を自由に処分できる地位にはないという理解に立つものと思われる。しかし、それであれば、新4号請求訴訟には妥当しないのではないかと思われる。

2 訴訟上の和解

　訴訟上の和解の可否については争いがある。「行政処分は、権限ある行政庁が、法令に基づき、公権力の行使としてその一方的判断によってするものであるから、行政庁が私人との契約により行政処分の取消し、変更あるいは新たな行政処分をする義務を負い、その履行として行政処分を行うことは、行政処分

1　川嶋四郎「住民訴訟における請求の放棄の可否」法セミ618号118頁

208

第1節　判決以外の終了─放棄、認諾、取下げ、和解等

の本質に反すると言わざるをえない。また、行政処分の違法性の存否あるいは効力の有無は法令に照らして客観的に判断されるべきものであり、行政庁と私人との契約でこれを確認することによって変動を及ぼすことはできないというべきである」とする理解が一般的であるため、これまで裁判所から和解の勧試がされることは通常ないとされてきたが、実際には行政訴訟での和解も多数行われている。それは、行政庁が期日外で処分の職権取消しをしたり、あるいは新たな処分をするのを待って原告が訴えを取り下げるという形をとるなどの「事実上の和解」としてされている。税務訴訟等の金銭給付にかかわる訴訟など、事案によっては柔軟な和解の可能性を検討することも必要である。

　そして、理論的にも、訴訟上の和解は、単なる私人間の合意ではなく、裁判所によってチェックされた司法的規律の下にある和解であるから、それに行政が拘束されるとしても何ら差し支えないとして、訴訟上の和解の可能性を肯定的に解く見解もある。

　今日、和解に関する最も現実的な問題は、地方自治体を被告とする事件の場合、議会の議決を経なければ和解できないこと（自治96条1項12号）や、任意の交渉が決裂して訴訟となった以上和解は検討の余地なしというのが首長の方針であるとの理由で、和解を端から拒絶する自治体が多いことではなかろうか。

3　当事者の死亡

　取消訴訟の係属中に原告が死亡した場合等において、処分の取消しを求める法律上の利益を継承する者がない場合には、訴訟承継ができず、訴訟は終了する。訴訟承継の可否についての判例は少なくないが、開発許可取消訴訟など処

2　司法研修所編『改訂行政事件訴訟の一般的問題に関する実務的研究』233頁。西川知一郎編『リーガル・プログレッシブ・シリーズ行政関係訴訟』181頁も同旨

3　西川・前掲書（注2）では、実務上訴訟上の和解をすることはまれであり、事実上の和解によって事件を解決することの方が多いという。斎藤浩『行政訴訟の実務と理論〔第2版〕』3頁～5頁には、実際に行われた和解例を多数挙げられており、参考になる。

4　斎藤・前掲書（注3）3頁～7頁。同書では、民事訴訟法265条により裁判所が和解条項を定めて告知するときは、より判決に近いから、行政事件に適用することに適した制度であるとされる。その流れでいえば、たとえば、民事調停法20条1項により民事調停に付した上で、同法17条に基づく調停に代わる決定をするという方法も考えられるのではないだろうか。なお、阿部泰隆「行政訴訟特に税務訴訟における和解に関する管見」（自治研究89巻11号）は、訴訟における和解の取扱実例や諸外国における立法例を踏まえつつ、訴訟上の和解の可能性を総合的に論じている。

209

〔第2部〕第5章　訴訟の終了

分の根拠法規によってある個人が保護されている個別的利益が、当該個人の生命、身体の安全等という一身専属的なものであり、相続の対象になるものでない場合には、訴訟の承継が認められないとされている（最判平成9・1・28民集51巻1号250頁）が、紛争の実質が保険給付請求権等であるか、当該請求権が遺族による承継が認められているか等をみて、訴訟承継の可否を柔軟に判断するのが近時の判例の傾向である（粉じん作業労働者がじん肺管理区分決定の取消訴訟の係属中に死亡した場合について、労働者災害補償保険法11条1項に規定する者が当該訴訟を承継することを肯定したものとして最判平成29・4・6民集71巻4号637頁、原子爆弾被爆者に対する援護に関する法律に基づく被爆者健康手帳交付申請及び健康管理手当認定申請の各却下処分の取消しを求める訴訟係属中に申請者が死亡した場合について、その相続人の訴訟承継を肯定したものとして最判平成29・12・18民集71巻10号2364頁、など）。

　したがって、当事者が死亡したときでも、法のしくみ解釈を通して、法のしくみとして訴訟承継を認めるのが相当か、を検討することが求められている。

210

第2節　判　決

第2節　判　決

　取消判決の効力としては、形成力、拘束力、既判力があげられる。しかし、判決効をめぐる学説は百家争鳴の感があり、判例上もまだ確立した考え方はない。以下1では、判決効に関する考え方の概要を示すにとどめるが、実務上は一般的な考え方を理解しておけば十分であると思われる。また、2では、取消訴訟に特有の制度である事情判決について触れる。

1　取消判決の効力

(1)　形成力

㋐　形成力の意義

　取消判決が確定すると、行政処分は処分時に遡ってその効力を失い、はじめから当該処分がされなかったのと同じ状態となる。これを取消判決の形成力と呼んでいる。取消判決が行政処分の遡及的失効という効力を持つことは、取消訴訟が形成訴訟であり、したがって取消判決が形成判決であるという通説的な理解を前提としている（南博方・高橋滋編『条解行政事件訴訟法（第4版）』646頁）。

　行訴法32条1項は、「処分又は裁決を取り消す判決は、第三者に対しても効力を有する」と規定している。これは取消判決の第三者効ないし対世効と呼ばれる。これは民事訴訟法の原則に対する重要な例外である。なお、請求棄却判決、訴え却下判決には第三者効はない。

㋑　形成力の主観的範囲

　第三者効について、特に一般処分の取消判決の第三者効をどのように考えるかについては、相対的効力説と絶対的効力説とに見解が分かれている。形成力の主観的範囲の問題である。

　相対的効力説は、取消訴訟の主観訴訟としての側面を重視する立場であり、形成力が第三者に及ぶ範囲を限定する。その代表例は、旧健康保険法43条ノ9第2項の規定に基づき、健康保険法の規定による療養に要する費用の額の算定方法の一部を改正する告示の取消しを求めた取消訴訟の執行停止申立事件にお

211

〔第 2 部〕第 5 章 訴訟の終了

いて、東京地決昭和40・4・22（判時406号26頁）が告示の処分性を肯定する文脈で、「法第32条第 1 項は、取消判決の効力は第三者に及ぶ旨規定しているが、その趣旨は、原告に対する関係で行政庁の行為が取り消されたという効果を第三者も争い得なくなること、換言すれば、原告は何人に対する関係においても以後当該行政庁の行為の適用ないし拘束を受けないことを意味するにとどまり（行為の性質上不可分の場合および実際上の効果は別として）、それ以上に取消判決の効果を第三者も享受し、当該行政庁の行為がすべての人に対する関係で取り消されたことになること、すなわち、何人も以後当該行政庁の行為の適用ないし拘束を受けなくなることを意味するものでないというべきであるから、右条項の存在は何ら前記解釈の妨げとなるものではない」と述べており、相対的効力説の立場を採用している。同判決の控訴審判決である東京高判昭和40・5・31（行集16巻 6 号1099号）も同様の立場である。

　これに対し、絶対的効力説は、取消訴訟における行政の適法性確保の側面を重視する立場であり、第三者にも形成力が及ぶとする。近時の判例の立場は絶対的効力説をとるものと考えられる。私鉄の特急料金改定の認可処分を違法としてその取消しを求めた訴訟において、大阪地判昭和57・2・19（判時1035号29頁）は、認可処分の違法性を認めながら、「本件認可処分を、このことを理由に取り消すことにすると、利用者が 1 日約10万人にものぼる近鉄特急の運行に多大の混乱を惹起するばかりか、特急料金を徴収している他の私鉄（名鉄、小田急、西武、東武、南海など）にも影響を及ぼしかねない」という理由で事情判決をした。これは、絶対的効力説に立った判決と理解してよいであろう。もし取消判決が相対的効力しか有しないのであれば、第三者に判決効は及ばないため、公共の福祉への影響を考慮するまでもなく、事情判決による必要はないからである。

　土地区画整理事業計画決定の処分性を肯定した最判平成20・9・10（民集62巻 8 号2029頁）も絶対的効力説に親和性をもっており、近藤崇晴裁判官はその補足意見の中で、「行政上の法律関係については、一般に画一的規律が要請され、原告とそれ以外の者との間で異なった取扱いをすると行政上不要な混乱を招くことなどから、絶対的効力説が至当であると考えている」旨述べている。

　そして、最判平成21・11・26（民集63巻 9 号2124頁）（横浜市保育所条例事件）

第2節　判　決

は、条例の処分性を認めて条例の取消訴訟を認める理由として「市町村の設置する保育所で保育を受けている児童又はその保護者が、当該保育所を廃止する条例の効力を争って、当該市町村を相手に当事者訴訟ないし民事訴訟を提起し、勝訴判決や保全命令を得たとしても、これらは訴訟の当事者である当該児童又はその保護者と当該市町村との間でのみ効力を生ずるにすぎないから、これらを受けた市町村としては当該保育所を存続させるかどうかについての実際の対応に困難を来すことにもなり、処分の取消判決や執行停止の決定に第三者効（行政事件訴訟法32条）が認められている取消訴訟において当該条例の制定行為の適法性を争い得るとすることには合理性がある」と述べて、取消判決の第三者効を理由に当事者訴訟・民事訴訟では紛争解決が図れないと述べており、絶対的効力説を採るものである。

　　㈦　その他

　形成力の客観的範囲に関する問題として、行政処分が遡及的に失効した場合に関連する行政処分の効力がどうなるかという問題があるが、特定の分野で問題となるものであるので、本書では触れない（詳しくは、司法研修所編『改訂行政事件訴訟の一般的問題に関する実務的研究』294頁〜297頁参照）。

　以上は取消判決について説明したものであるが、無効確認判決については、第三者効に関する行訴法32条1項が準用されていない（行訴38条1項・3項）。しかし、特例法時代の処分無効確認に関する事案であるが、最高裁は、無効確認判決の第三者効を認めている（最判昭和42・3・14民集21巻2号312頁）。

　また、義務付け判決、差止め判決についても第三者効に関する行訴法32条1項が準用されていない（行訴38条1項）。給付判決であって形成判決ではないことを理由とする。

　そうすると、行政処分の第三者（たとえば周辺住民）の提起する義務づけ訴訟および差止訴訟（たとえば許可の差止め）のような三面関係訴訟においては、勝訴判決も第三者効をもたず、処分の相手方（たとえば事業者）に対して当然に判決効が及ぶわけではなく、処分の相手方は判決結果を争って別途義務付け訴訟（たとえば許可の義務付け）を提起することも可能となる。そこで、紛争の一回的解決を図るためには、処分の相手方を訴訟参加させる（行訴22条）ことが必要となるので注意が必要である。

213

〔第 2 部〕第 5 章　訴訟の終了

(2)　拘束力

(ア)　拘束力の意義

　行訴法33条 1 項は、「処分又は裁決を取り消す判決は、その事件について、処分又は裁決をした行政庁その他の関係行政庁を拘束する」と規定している。一般に、取消判決の拘束力とは、判決の判断内容を尊重し、その事件について判決の趣旨に従って行動し、これと矛盾する処分等がある場合には、適切な措置をとるべきことを義務付ける効力であり、判決理由中の判断についても及ぶとされる。しかし、拘束力についてはその意義自体に争いがある。以下では、基本的に拘束力を行訴法が特に認めた特殊効力であるとする特殊効力説によって説明するが、拘束力を取消判決の既判力の一内容と解する考え方もある（詳しくは南博方・高橋滋編・前掲書661頁〜662頁）。

(イ)　反復禁止効

　取消判決が確定すると、同一事情のもとで、同一人に対し、同一理由で、同一内容の処分をすることはできなくなる。これは、取消判決の反復禁止効と呼ばれるが、一般に拘束力の中核をなすものと理解されている（前述のように既判力で説明する考え方もある）。

　反復禁止効は、取消訴訟における審理の範囲ないし処分理由の差し替えの問題とも関連する。反復禁止効は、異なる理由で、あるいは異なる内容の処分をすることを禁ずるものではない。しかし、少なくとも行政庁は、取消訴訟の最終口頭弁論終結時までに主張立証しえた事実および資料に基づいて、当該取消訴訟の取消判決が確定した後に、改めて「異なる」理由により同一内容の処分をすることはできないとする見解も有力である。

　しかし、滋賀県公文書公開条例に基づく公文書の公開請求に対し、同条例 6 条 7 号に定める非公開事由に該当するとしてした全部非公開決定（第一次非公開決定）を取り消す旨の判決が確定した後、前記公文書の一部が同条 1 号ないし 3 号に定める非公開事由に該当するとして再度なされた一部非公開決定（第二次非公開決定）につき、原審（大津地判平成 9・6・2 判地自173号27頁）が判決の拘束力を理由に第二次非公開決定を取り消したのに対し、その控訴審（大阪高判平成10・6・30判時1672号51頁）は、第二次非公開決定は前記判決の拘束力に反しないとした。情報非公開決定取消訴訟における非公開事由の差替えは自

214

由に許されるとするのが判例である（最判平成11・11・19民集53巻 8 号1862頁、逗子市情報公開条例事件、同条例 5 条⑵ウに該当することを理由としてされた公文書非公開決定取消訴訟においてほかの非公開事由があると主張することは許されるとした）が、実際にほかの非公開事由が主張されずに判決で判断されなかった以上は、拘束力は及ばないと考えられたものである。

この点、行政の第一次判断権の行使の有無という観点から行政処分を 2 つの類型に大別して取消訴訟の訴訟物を整理したうえで、訴訟物の同一性を害しない限度で処分理由の差替えが許されるとし、これが許されない場合には反復禁止効を認める前提を欠くとする考え方も有力である（司法研修所編・前掲書308頁～309頁）。

⑺　不整合処分の取消義務

取消判決の拘束力によって、行政庁ないし関係行政庁が、取り消された行政処分と関連する行政処分の取消義務を負う場合がある。これを不整合処分の取消義務という（これを形成力によって説明する立場もある）。たとえば、事業認定と収用裁決、差押処分と公売処分などがその例であるが、賦課処分の取消判決が確定すれば、賦課処分の有効を前提とする差押処分も違法となり、税務署長はその判決の拘束力によってその差押処分を取り消すべき義務を負うとしたものに、大阪地判昭和38・10・31（判時364号23頁）がある。

先行処分と後行処分が違法性を承継する関係にある場合、後行処分が先行処分を前提とする場合、および競願関係にある場合などに不整合処分の取消義務が認められる（司法研修所編・前掲書309頁～310頁）。

⑼　申請却下・棄却処分の取消判決の拘束力

行訴法33条 2 項は、「申請を却下し若しくは棄却した処分又は審査請求を却下し若しくは棄却した裁決が判決により取り消されたときは、その処分又は裁決をした行政庁は、判決の趣旨に従い、改めて申請に対する処分又は審査請求に対する裁決をしなければならない」と規定する。申請却下処分および申請棄却処分の取消判決が確定すると、取消判決の形成力により申請がされただけの状態に戻り、行政庁は、あらためて処分を認容するか、あるいは別の理由によって拒否処分をしなければならないことになる。この場合、申請者は再度の申請をすることを要しない。行政実務では、たびたび再度の申請をするように促

〔第 2 部〕第 5 章　訴訟の終了

されることがあるが、そのような取扱いは法に反している。

　また、行訴法33条 3 項は、「前項の規定は、申請に基づいてした処分又は審査請求を認容した裁決が判決により手続に違法があることを理由として取り消された場合に準用する」としており、手続的違法を理由とした取消判決がされたときは、行政庁は、あらためて申請案件の処分をやり直すことになり、認容するか、あるいは別の理由によって拒否処分をしなければならない。実体的違法を理由とする取消判決の場合はあらためて申請処理をやり直す必要はない。

　　　(オ)　その他

　処分を前提とした執行等の措置や私人による工事等が行われた場合に、行政庁は、これらの措置等によってもたらされている違法状態を除去して原状に回復する作為義務を負うかという原状回復義務の問題については、これを否定したと解される判例もあるが、まだ判断は固まっていない。

　なお、拘束力は取消訴訟以外の抗告訴訟および当事者訴訟に準用されている。

　(3)　**既判力**

　　　(ア)　意　義

　既判力とは、確定判決の訴訟物に関する判断の通用力をいい、当事者と後訴裁判所を拘束する。したがって、処分の取消判決が確定した場合、当事者や後訴裁判所は、後訴において処分の違法性に関する判断を争うことはできない。既判力については、行訴法に明文規定はないが、行訴法 7 条、民訴法114条により、取消判決についても認められている。たとえば課税処分取消訴訟に敗訴した者が、改めて課税処分の無効確認訴訟を提起することは、前訴判決の既判力により許されない。前訴において課税処分が違法でないと判断された以上、課税処分が重大かつ明白な違法を有しておらず無効でないことは明らかであるからである。

　　　(イ)　取消訴訟と国賠訴訟

　取消判決の既判力は、後続の国賠訴訟にも及ぶとされ、取消訴訟の被告は取

5　最判昭和48・3・6 集民108号387頁は、建築基準法 9 条 1 項に基づく除却命令およびその代執行令書発布処分取消訴訟において、除却工事が完了したことを理由に訴えの利益を否定したが、これは取消判決に原状回復義務がないという立場を前提とするものと解しうる（大橋洋一『行政法 II 〔第 2 版〕』199頁）

消判決の後の国賠訴訟において取消の対象となった処分の適法を主張すること
は許されないとされる[6]。しかし、一言で処分の違法性といっても、取消訴訟に
おける処分の違法性は処分適法要件を充足しないことであるのに対し、国賠訴
訟における違法とは公務員の職務上通常尽くすべき注意義務に違反したことで
あるとされる[7]。そうすると、平成5年判決のように、処分が違法であるとして
取消判決がなされた後の国賠訴訟で、国が処分の違法性（職務上の注意義務違
反の有無）を争うことが許されるのと同様、取消しの訴えの棄却判決が確定し
た場合であっても、なお国民が国賠訴訟を提起して公務員の注意義務違反を主
張して争うことは許されるというべきである[8]。

(ウ) その他

既判力が当事者およびこれと同視しうる者にしか及ばない（行訴7条、民訴
115条）ものである以上、土地収用裁決取消訴訟で敗訴した者が、起業者を被
告として当該裁決の無効を主張し土地明渡請求訴訟（争点訴訟）を提起するこ
とは許されることになる。既判力の主観的範囲に関する問題の一場面である。

既判力は、取消判決以外の抗告訴訟、当事者訴訟および争点訴訟の判決につ
いても当然に認められる。

2 事情判決

(1) 意 義

行訴法31条1項は、「取消訴訟については、処分又は裁決が違法ではあるが、
これを取り消すことにより公の利益に著しい障害を生ずる場合において、原告
の受ける損害の程度、その損害の賠償又は防止の程度及び方法その他一切の事

6　たとえば、大橋・前掲書（注5）192頁

7　最判平成5・3・11民集47巻4号2863頁は、所得税更正処分取消訴訟が確定した後、同更正処分
　が違法であるとして提起した国賠訴訟で、取消訴訟で処分は違法とされたが、国賠法では違法では
　ないとされた

8　なお、最判昭和48・3・27集民108号529頁は、「換地処分の違法を理由とする国家賠償請求訴訟に
　おいて原告の主張する違法と、当該原告がすでに請求棄却の確定判決を受けた右換地処分取消請求
　訴訟で主張した違法とが、その内容において異なるものでないときは、右確定判決の既判力は、右
　国家賠償の請求に及ぶ」とする。そこで、国賠訴訟の違法主張は取消訴訟の主張の内容と同じと言
　われないように十分工夫する必要がある。ちなみに、筆者がこれまで経験した事件でも、取消訴訟
　リターンマッチ国賠訴訟が既判力を理由に裁判所から主張制限されたことはない

〔第2部〕第5章 訴訟の終了

情を考慮したうえ、処分又は裁決を取り消すことが公共の福祉に適合しないと
認めるときは、裁判所は、請求を棄却することができる。この場合には、当該
判決の主文において、処分又は裁決が違法であることを宣言しなければならな
い」と定めている。裁判所は、中間判決としてもすることができる（行訴31条
2項・3項）。

これは、既成事実を尊重して法治主義の例外を容認する日本特有の法制度で
ある。

(2) 狭義の訴えの利益の消滅との対比

事情判決が適用されるのは、狭義の訴えの利益が消滅していない場合である。
たとえば建築工事・開発行為の完了により狭義の訴えの利益が消滅するとされ
るが（最判昭和59・10・26民集38巻10号1169頁、最判平成5・9・10民集47巻4955頁）、
このような場面では事情判決は問題とならない。

事情判決は、土地区画整理事業、土地収用など計画行政の分野で多用される
といわれるが、事情判決がされた典型的な例としては、ダム建設にかかる土地
収用裁決について事情判決がなされた札幌地判平成9・3・27（判時1598号33
頁）や形成力の箇所で引用した上記大阪地判等がある。

(3) 事情判決した場合の原告の救済方法

事情判決で原処分の違法宣言がなされた後の原告の救済方法はどうあるべき
か。この場合の救済方法は、処分の違法が宣言されたことを受けて国賠訴訟を
提起することしか考えられない。しかし、先に指摘した通り、国賠訴訟におけ
る違法は職務上の注意義務違反とされ、また故意過失の要件も必要とされるば
かりか、事情判決のされるような事案においては、損害および加害者を知った
時から3年の消滅時効期間を経過している可能性が高い。事案によっては不法
行為時から20年の消滅時効期間も経過しているおそれもあるから、そのままで
は国賠訴訟のハードルは高く、判決で違法宣言がなされても現実的な救済は受
けられないことになってしまいかねない。

そこで、事情判決が法治主義の例外であり、違法であるにもかかわらず公共
の福祉のために取消しの訴えを棄却するものであることに鑑み、そのような原
告の救済のために、損害賠償の故意過失も、注意義務違反の要件も不要であり、
事情判決確定後遅滞なく損害賠償請求がされた場合は消滅時効も完成していな

218

いものとして損害賠償請求が認められるべきものと考えたい。[9]

⑷　その他

　事情判決は、違法な行政処分であるにもかかわらずその効力を失効させない法治主義の例外であり、限定的に適用されるべきものである。しかし、事情判決をしなければならない場面が生ずる理由は、執行停止制度が十分に機能しておらず既成事実の形成を許すことと、処分性を容認する時点が遅すぎることである。したがって、本来的には、執行停止制度を柔軟に活用することないし早期の訴訟提起を容認することが必要である。

　なお、行訴法31条は、その他の抗告訴訟、当事者訴訟、争点訴訟には準用されていない（行訴38条、41条、45条）。

（本章担当・湯川二朗）

9　南博方・高橋滋編前掲書641頁〜642頁は、国家賠償説・損失補償説・無過失賠償責任説の対立があると紹介したうえで、損失補償請求権と無過失賠償請求権の選択的請求が可能とする。大橋・前掲書（注5）203頁は、故意過失の要件が不要の損失補償と構成する見解を紹介する。

〔第2部〕第6章　不作為の違法確認の訴え

第6章　不作為の違法確認の訴え

1　はじめに

　行訴法は、抗告訴訟として合計6種の訴訟類型を定めているが（同法3条2項以下）、その中でも取消訴訟を典型的なものとして位置づけてこれに関する多くの条文をおく一方（同法8条ないし35条）、その他の抗告訴訟についてはおのおのの性質に応じて取消訴訟に関する規定を準用している（同法38条）。すなわち、同法が主眼としている訴訟類型は、まず行政庁が何らかの処分を行い、それに不服のある者が事後に処分の取消しを求めて出訴するという取消訴訟である（いわゆる取消訴訟中心主義）。このように、同法はまず行政庁が何らかの処分をすることを前提としており、これは行政庁の第一次判断権を尊重した建前といえる。

　しかし、この建前を貫くと、私人が行政庁に対し許認可の申請をしたにもかかわらず、行政庁が諾否いずれの応答もしない、いわゆるにぎり潰しを続けている場合には、まだ処分がなされていないので取消訴訟では救済することができない不都合を生じる。このような場合、にぎり潰しが違法だとして国家賠償を請求することも考えられるが、行訴法を制定する際、抗告訴訟としても何らかの対応が必要だと考えられた。そして、前記した行政庁の第一次判断権を尊重するとすれば、まだ行政庁が処分をしないうちに抗告訴訟を提起することができるのかが問題となるが、行政庁が申請に対し一定期間応答しない状態が続けば、それはいわば公権力の消極的な行使であるから、その当否を審理するのは一種の事後審査であるという位置づけによって不作為の違法確認の訴えが定められるに至ったのである（同法3条5項、37条）。行政庁のにぎり潰しを防止し、事務処理の促進を図るのがその目的である。

　ただし、不作為の違法確認の訴えは、行政庁に対し具体的に申請どおりの許

220

認可をせよと求めるものではなく、にぎり潰しを止めよとプレッシャーをかけるにとどまる。そのため、この訴えの提起後に行政庁が諾否いずれかの処分をしさえすれば目的は達成されることとなるので、その時点で訴えの利益は失われてしまう。したがって、この訴えは救済手段としては迂遠なものであって、それゆえにこそ平成16年の同法改正により私人救済のためにさらに進んだ制度として申請型義務付け訴訟（同法3条6項2号、37条の3第1項1号）や仮の義務付け申立て（同法37条の5第1項）が設けられたのである。

　元々立法論としては、義務付け訴訟が制度化されれば不作為の違法確認の訴えは廃止してもよいのではないかとの立場もあった一方（高橋滋「訴訟類型論」ジュリ1234号29頁）、義務付け訴訟を提起することができる場合でも不作為の違法確認の訴えに実益があるとする立場もあったところ（阿部泰隆『行政訴訟改革論』299頁）、結局、同改正では不作為の違法確認の訴えは存置されることとなった。そこで、迅速な審理・判決が期待できるものの勝訴しても中間的な解決にとどまる不作為の違法確認の訴えのみを単独で提起するのか、主張立証の負担は重く審理にも時間がかかるが終局的な解決を得られる義務付け訴訟との併合提起とするのか、原告が事案に応じて選択することとなる。[1]

2　他の制度との関係

　行政庁によるにぎり潰しを防ぐための他の制度として、いくつかの個別法では、申請から一定の期間が経過すれば許認可等がなされたものとみなす旨の規定（たとえば、青色申告の承認申請に関する所得税法147条）や、逆に申請者において申請は却下されたものとみなすことができる旨の規定（たとえば、生活保護の申請に関する生活保護法24条7項。みなし拒否処分という）をおいている例がある。

　後者のみなし拒否処分の場合、法律の定めた申請から一定の期間が経過すれば不作為の違法確認の訴えを提起することができなくなるか否かについては争いがある。この訴えが取消訴訟の補充的性質を有するものであることを理由に、期間経過後はもっぱら取消訴訟によるべきとする立場もあるが、たとえ取消訴[2][3]

　1　南博方＝高橋滋編『条解　行政事件訴訟法〔第3版補訂版〕』83頁〈杉浦徳宏〉
　2　杉本良吉『行政事件訴訟法の解説』17頁

〔第2部〕第6章　不作為の違法確認の訴え

訟を提起しても拒否の理由がわからないままでは処分の違法性を主張立証するのが困難であるし、みなし拒否といっても原告がみなすことが「できる」だけであるから、不作為の違法確認の訴えをも認めるべきである[4][5]。

　また、申請を受けた行政庁が諾否の応答をすべき期間を定めた例があり（たとえば、建築確認の申請に関する建築基準法6条4項）、一般法としても、行政手続法は行政庁に標準処理期間の設定・公表を求め（同法6条）、申請に対しては遅滞なく審査を行い応答するよう定めている（7条）。これらのうち、前者は訓示規定にとどまり、その期間が経過したからといって直ちに法的効果が生じるものではない。後者も、標準処理期間の設定・公表自体が努力義務にすぎず、その期間が経過すれば直ちに不作為の違法確認の訴えにいう違法を構成するわけではないが、後述のように裁判所の判断にあたって考慮要素の1つになると解すべきである。

　なお、不作為の違法確認の訴えと類似した制度として、行政不服審査法においても不作為についての審査請求が定められている（同法3条）。

3　不作為の違法確認の訴えの訴訟要件

　行訴法は、不作為の違法確認の訴えも抗告訴訟の一類型として位置づけているため、他の抗告訴訟に関する訴訟要件についての規定が準用されている（同法38条1項・4項）。具体的には、被告適格に関する同法11条、管轄に関する同法12条、審査請求との関係に関する同法8条等である。8条が準用されていることにより、不作為の違法確認の訴えを提起する前に不服申立てを経由すべき旨を個別法で定めることもできないではないが、そのような立法例はないようである[6]。

　他方で、出訴期間に関する同法14条は、不作為の違法確認の訴えには準用されていない（同法38条1項・4項参照）。この訴えは、行政庁の不作為が続く限りは提起し追行することができるものであることから、出訴期間は問題となら

　3　南他・前掲書（注1）86頁
　4　芝池義一『行政救済法講義〔第3版〕』131頁
　5　室井力＝芝池義一＝浜川清編『コンメンタール行政法Ⅱ〔第2版〕行政事件訴訟法・国家賠償法』388頁〈大田直史〉
　6　芝池・前掲書（注4）132頁

222

ないためである。

原告適格に関しては、項をあらためて述べる。

4　原告適格

行訴法は、不作為の違法確認の訴えについての特有の訴訟要件として、原告適格に関する37条を定めている。

同条には「処分又は裁決についての申請をした者に限り」とあるので、たとえ申請権を有していても実際に申請をしていない者には原告適格がない。しかし、申請は現実になされていれば足り、適法になされたものであることまでは要しない。行政庁は、たとえ申請が法令上の要件を満たさないものであったとしても、にぎり潰しにして放置するのではなく、補正を求めるか許認可等を拒否するかのいずれかの措置をとらなければならない義務を負っているからである（行手法7条参照。裁判例として、東京地判昭和48・9・10行集24巻8・9号916頁、判時734号34頁）。

他方、行訴法3条5項は、不作為の違法確認の訴えについて「法令に基づく申請」に対する不作為の訴訟と規定していることから、この「法令に基づく申請」を本案の問題とみるか、訴訟要件の問題とみるかについて争いがある。前者の立場は、行訴法3条5項が「法令に基づく申請」と規定しているのに同法37条は単に「処分又は裁決についての申請をした者」とだけ規定し「法令に基づく」との文言を入れていないことに着目し、原告適格に関しては事実上申請を行ってさえいればよく、それが「法令に基づく」ものであるか否かは本案の問題だとする[7]（裁判例として、金沢地判昭和46・3・10行集22巻3号204頁、判時622号19頁、訟月17巻6号949頁、その控訴審である名古屋高裁金沢支判昭和46・9・29判時646号12頁、訟月17巻10号1626頁）。これに対し、後者の立場は、行訴法3条5項は不作為の違法確認の訴えを「法令に基づく申請」に対する不作為の訴訟と定義しているので、法令に基づく申請をした者のみが原告適格を有するとする[8・9]（裁判例として、最判昭和47・11・16民集26巻9号1573頁）。ただ、いずれの

7　杉本・前掲書（注2）121頁

8　塩野宏『行政法Ⅱ〔第5版補訂版〕行政救済法』231頁

9　芝池・前掲書（注4）137頁

223

〔第2部〕第6章　不作為の違法確認の訴え

立場をとったとしても、請求が認容されるためには法令によって申請権が認められている必要があり、これを欠いていては訴え却下になるのか請求棄却になるかはともかく認容されないので、あまり実益のある議論ではない。

では、行訴法3条5項にいう「法令に基づく申請」とは何を指すのかであるが、ここにいう「法令」には、正規の法令、すなわち法律、政令、省令、条例、規則のほか、内規や要綱も含まれると解されている（たとえば、国立大学の学部内規に基づく履修科目受験申請につき認めた前掲金沢地判昭和46・3・10、市の要綱に基づく妊産婦対策費支給申請につき認めた大阪高判昭和54・7・30判タ395号98頁、行集30巻7号1352頁、市の要綱に基づく進学奨励金および入学支度金の交付申請につき認めた福岡地判昭和55・9・26判時998号38頁）。また、申請権が法令の明文で定められているまでの必要はなく、法令の解釈上申請権が認められればよい（たとえば固定資産評価証明書の交付申請につき認めた裁判例として、京都地判昭和50・3・14判タ328号300頁、判時785号55頁。固定資産評価証明書の交付については平成14年に地方税法が改正され382条の3が設けられるまでは明文の根拠規定がなかったが、「そのような規定がなくても当該法令によつて認められた制度を利用した申請であれば足りる」とした）。

他方、申請が単に行政庁の職権発動を促す端緒でしかないような報告、措置の要求はこれに含まれない（たとえば、私的独占の禁止及び公正取引の確保に関する法律（いわゆる独占禁止法）違反の行為により被害を受けたとする者が、同法45条1項に基づき公正取引委員会に行った報告および措置要求に関し否定した前掲最判昭和47・11・16、国土調査法17条2項に基づき一般の閲覧に供された地図および簿冊に測量もしくは調査上の誤りまたは政令で定める限度以上の誤差があると認める者が、当該国土調査を行った者に対してその旨を申し出ることに関し否定した最判平成3・3・19集民162号211頁、判時1401号40頁）。

いずれにせよ、「法令に基づく申請」が要件とされているのは、行政庁に対する単なる申し入れや要請では足りないが、授益的処分が制度として定められており、かつそれが申請およびこれに対する行政庁の応答を予定しているもの（つまり行政庁の職権による処分ではないもの）であれば足りるという趣旨である。とすれば、根拠規定が法令でなくても、要綱や内規で定められていれば足りるうえ、それらにおいて申請が定められていることも必須ではなく、制度がその

性質上申請を予定しているものであれば「法令に基づく申請」にあたるというべきである[10]（裁判例として、前掲福岡地判昭和55・9・26は「本件要綱は、もとより条例、規則にあたらず、その本来的な性質としては、行政庁内部における訓令又は通達的なものと目するほかはない」が、「行訴法3条5項にいう『法令に基づく申請』とは、当該法令上明文の規定をもって申請ができる旨定められている場合に限らず、当該法令に根拠を置く法制度として、特定の者に対し、行政庁が応答義務を負うような申請権が付与されていると認められる場合も包含するものと解すべきである」から、「右給付の制度全体を観察し、…同要綱に基づいてなされた申請に対して、被告が行政庁としての応答義務を負う法制度があると評価できる場合においては、行訴法3条5項にいう『法令に基づく申請』にあたり、これに対する被告の応答は処分性を有するものと解するのが相当である」と判示している）。

5 「相当の期間」

行訴法3条5項は、不作為の違法確認の訴えを「行政庁が……相当の期間内に何らかの処分又は裁決をすべきであるにかかわらず、これをしない」と規定していることから、「相当の期間」という実体要件が定められている。

ここにいう「相当の期間」がどの程度であるのかについては、申請に係る処分の種類や性質によってまちまちであり、裁判所が事案に応じて判断せざるを得ないところであるが、この点につきリーディングケースと目される東京地判昭和39・11・4（訟月10巻12号1673頁、行集15巻11号2168頁、判タ168号107頁、判時389号3頁）は「被告の不作為が相当の期間を経過したものとして違法となるか否かは処分をなすにつき通常必要な期間を基準として判断すべく、右期間を経過した場合には原則として違法となり、ただ右期間の経過を正当とするような特段の事情がある場合にのみ違法たることを免れる」と判示しており（バス事業者らから旅客運賃の変更認可申請がなされた事案で、申請後1年あれば十分に認可すべきか否かを決し得るとした）、これを踏襲する裁判例が多い。

他方、「相当の期間」がどの程度であるのかを具体的に認定しないまま不作為の違法を認めた事案もある。たとえば、熊本地判昭和51・12・15（判タ344

10　芝池・前掲書（注4）133頁

〔第2部〕 第6章 不作為の違法確認の訴え

号144頁、判時835号3頁）は、水俣病の認定に関し6年あまりの間に約4200名から認定申請がなされたのに対し、この間に処分を終えられたのは1000名弱にとどまったという事案であるが「未だ必ずしも相当期間を経過していない場合といえども……①申請後ある程度の期間を経過したにもかかわらず、行政庁が将来いかなる時期に処分をなすかが全く不確定・不明であり、②かつ右処分に至るまでの期間が相当期間を経過することが確実であり、③しかも以上の状態が解消される見込みがない場合」は、申請者の地位の不安定は既に相当の期間を経過した場合と異ならないとして、原告410名のうち、口頭弁論の終結時までに処分がなされなかった者全員について請求を認容した。また、福岡地判昭和51・8・10（行集27巻8号1464頁）も、市条例に基づき住宅の改修資金の借入れを申請した事案で、申請後1年近くが経過した口頭弁論の終結時に至るも決定をしないのは違法とした。福岡地判昭和53・7・14（判時909号38頁）は、市の要綱に基づき進学奨励金および入学支度金の申請がなされた事案で、申請後1年以上を経過したのに諾否いずれの決定もしないのは違法とした。さらに行訴法とは別に、行政機関の保有する国の情報の公開に関する法律（情報公開法）11条は、開示決定等の期限の特例として開示請求から60日以内に開示決定等をなし得ない場合は「相当の期間」内に開示決定等をすれば足りる旨を定めているが、東京地判平成19・12・26（判タ1278号186頁、判時1990号10頁）は、同条にいう「相当の期間」は行訴法3条5項にいうそれと同義としたうえ、開示請求から遅くとも1年7か月あまりが経過した口頭弁論終結時までには「相当の期間」は経過した旨判示している。

　このような裁判例に対しては、行訴法3条5項が明文で要件としている以上は「相当の期間」の経過を認定すべきであるとする立場もある[11]。しかし、もともと不作為の違法確認の訴え自体が根本的な救済制度ではない上、「相当の期間」が大きな争点となれば審理が長引き私人の救済もさらに遠のくことを考えると、このような裁判例は事案の性質に応じた柔軟な解決を意図したものと評価されるべきである。

　「相当の期間」に関しては、行政手続法6条により設けられている標準処理

11　室井他・前掲書（注5）392頁〈大田直史〉

期間との関係が問題となるところであるが、標準処理期間は過去の実務経験を踏まえて行政庁自身がその事務の処理に通常必要な期間として定めたものであることを考えると、その期間を経過したことは、「相当の期間」の判断にあたり重要な参考資料となるというべきである。[12・13]

なお、「相当の期間」の認定につき、申請の審査にあたる行政庁の人員、予算や職務の量をも考慮すべきか否かについては、積極に解する立場もある（裁判例として、奈良地判昭和59・9・21訟月31巻4号864頁、判タ540号229頁。「相当の期間」は、行政庁がなすべき当該処分または裁決の性質、内容と右処分または裁決をなすにつき行政庁の人的構成やその職務内容と職務量等に応じて当該処分または裁決をなすにつき通常必要とする期間を基準として合理的に判断すべきとした）。しかし、それらは行政庁の内部事情であるうえ、建築確認の申請等、一部のものを除くと申請者が申請先の行政庁を選択することができない場合が大半であることを考えると、考慮すべきではない。[14・15]

6 不作為

行訴法3条5項にいう「行政庁が法令に基づく申請に対し……何らかの処分又は裁決をすべきであるにかかわらず、これをしない」こと、すなわち不作為がもう1つの実体要件である。

「申請」が行われたと言えるか否かについて、行政手続法が施行される以前は、行政庁が申請書に受理印を押さず「預かり」の形をとったり、その間に申請者に対して行政指導をしたりするなどして、申請が「受理」されたか否かをめぐって争われる事案がみられたが、現在では同法7条により申請書が行政庁の事務所に到達した時点で申請を審査する義務が生じるため、この問題はほぼ解消されている。なおも行政庁が申請書用紙を交付しないことにより事実上申請ができないような場合が考えられるが、そのような事案に関しては、申請書用紙の交付請求をした行為をもって申請をしたものと評価した神戸地判昭和

---

12 塩野・前掲書（注8）231頁
13 宇賀克也『行政法概説Ⅱ 行政救済法〔第5版〕』329頁
14 芝池・前掲書（注4）135頁
15 室井他・前掲書（注5）393頁〈大田直史〉

〔第2部〕第6章　不作為の違法確認の訴え

45・9・8（訟月17巻4号613頁）が参考になる。

　行政庁が申請書を返戻した場合は、たとえ返戻されても、申請書が行政庁の
事務所に到達している以上は申請がなされたことになるので、返戻を却下処分
としてその取消訴訟を提起することができる。裁判例として東京高判平成14・
2・20（裁判所ウェブ）は、返戻を却下と見立てて提起された取消訴訟において
処分性が問題となった事案であるが、返戻行為は補正を要するためなど特段の
事情が認められない限り申請者の法律上の地位ないし権利を侵害することにな
るから、実質的に取消訴訟の対象となる申請却下処分に当たるとした。

7　違法判断の基準時

　裁判所がどの時点を基準として行政庁の行為の適否を判断すべきかに関し、
抗告訴訟では一般に処分時とされている（たとえば最判昭和27・1・25民集6巻
1号22頁）。しかし、不作為の違法確認の訴えでは、まだ処分がなされていな
いので処分時説は取り得ず、別の基準を考える必要がある。この点、「相当の
期間」を経過した時点であるとする立場や訴え提起時であるとする立場も存在
するが、この訴えは行政庁の不作為が続く限りは提起し追行することができる
ものであるから、違法判断の基準となる時点は口頭弁論の終結時と解すべきで[16・17・18・19]
ある（裁判例として、前掲東京地判昭和48・9・10）。この立場では、口頭弁論の
終結時までに「相当の期間」が経過していれば請求は認容されることとなる反
面、その時点までに行政庁が諾否いずれかの処分をすれば不作為が解消され、
訴えの利益は失われることとなる。

8　認容判決の効果

　不作為の違法確認の訴えに対して認容する判決がなされた場合、行訴法38条
1項は取消訴訟に関する同法33条（取消判決の拘束力）を準用しているので、
行政庁は判決に従って申請に対する諾否いずれかの処分をしなければならない。

16　杉本・前掲書（注2）18頁
17　塩野・前掲書（注8）231頁
18　芝池・前掲書（注4）135頁
19　宇賀・前掲書（注13）331頁

228

しかし、この認容判決は「申請に対し諾否いずれの応答もしないことは違法である」と認めたにすぎず、「申請どおりの許認可をしなければならない」という拘束力まで与えるものではないので、認容判決の結果、行政庁が拒否処分をすれば、原告はあらためて取消訴訟を提起しなければ救済を得られない。その点で、不作為の違法確認の訴えは根本的な救済制度ではない。ましてや、行政庁が認容判決を不服として上訴でもすれば、原告の救済はさらに遠のくことになりかねないので、立法論としては、認容判決に対して被告からの上訴を制限することも考えられるところである。[20]

こうした点が前記したように救済手段として迂遠であるとされ、平成16年の同法改正により、直截に許認可を求める訴訟として申請型義務付け訴訟（同法3条6項2号、37条の3第1項1号）や、仮の義務付け申立て（同法37条の5第1項）が定められる背景ともなった次第である。

9　訴えの変更

不作為の違法確認の訴えの係属中に、行政庁が申請に対して諾否いずれかの処分をした場合には、不作為が解消されたとして訴えの利益を欠くことになるので却下されるが、行政庁が申請に対して拒否する処分をした場合には、原告は訴えを取消訴訟に変更して訴訟を継続することができる（行訴7条、民訴143条）。平成16年の行訴法改正前は、不作為の違法確認の訴えはむしろこのような方法で用いられることが多かった。

ところで、訴えの変更に際しては、民訴法143条1項にいう「請求の基礎」に同一性のあることが要件とされる。この点、不作為の違法確認の訴えは行政庁の不作為という事実状態を解消させる訴訟であるのに対し、取消訴訟はなされた行政処分の法効果を否定する訴訟であるから、「請求の基礎」に同一性があるか若干の議論もあるが、学説上は認める立場が多く、実務上も特に争われていない[21・22・23]（裁判例として、農地売渡申請に対する不作為の違法確認の訴えをその係

20　塩野・前掲書（注8）232頁
21　杉本・前掲書（注2）18頁
22　芝池・前掲書（注4）136頁
23　南他・前掲書（注1）88頁〈杉浦徳宏〉

〔第2部〕第6章　不作為の違法確認の訴え

属中にされた第三者に対する農地売渡処分の取消しの訴えに交換的に変更すること
を認めた神戸地判昭和46・2・26訟月18巻2号336頁、行集22巻1・2号109頁）。

　なお、不作為の違法確認の訴えを国家賠償請求事件に変更することは、行訴
法21条により可能である[24]。

10　訴訟費用の負担

　前記のとおり、不作為の違法確認の訴えの係属中に行政庁が申請に対して諾
否いずれかの処分をした場合には、不作為が解消されたとして訴えの利益を欠
くことになるので却下される。しかし、行政庁が諾否いずれかの処分をしたの
が「相当の期間」経過後であったときは、その処分がなされなければ認容判決
がなされていたであろうから、裁判所は、行訴法7条、民訴法62条により、訴
訟費用の全部または一部を被告に負担させることができると解すべきである[25・26]。
被告に訴訟費用の全部を負担させた裁判例として、前掲名古屋高裁金沢支判昭
和46・9・29や秋田地判平成22・2・26（速報判例解説8号61頁、賃金と社会保障
1522号53頁）が、被告に訴訟費用の4分の1を負担させた裁判例として、京都
地判昭和48・12・12（訟月20巻5号124頁）がある。

（本章担当・八木正雄）

24　杉本・前掲書（注2）18頁
25　塩野・前掲書（注8）231頁
26　宇賀・前掲書（注13）332頁

第7章　無効等確認訴訟

1　行訴法改正と無効等確認訴訟

無効確認訴訟は時機に後れた取消訴訟とか、取消訴訟の補完[2]と特徴表現されてきた。

無効確認のほか、存在・不存在確認、有効確認、失効確認などが考えられる。

行訴法改正により取消訴訟の出訴期間が2倍に延長され、差止め訴訟が明文化され、当事者訴訟としての確認訴訟にもスポットライトが当たった現在、この無効等確認訴訟の特徴表現は修正が必要であろう。

無効等確認訴訟は出訴期間徒過の行政処分を争う手段であり、執行停止制度も連動しているが、違法性の重大、明白性を論じなければならない点において主張立証責任は重い。行政処分後の様々な法律関係を扱える点において当事者訴訟としての確認訴訟、処分前には差止め訴訟が増加すると思われ、訴訟類型としての重要性は下がったと言えよう。

2　訴訟要件

抗告訴訟の1つであり、取消訴訟で述べた訴訟要件中、処分性、原告適格、被告適格、狭義の訴えの利益までは同様である。ただし、無効等確認訴訟と取消訴訟が併合提起された場合は、確認訴訟である無効等確認訴訟より取消訴訟のほうが有利であるから無効等確認訴訟は却下するという判例[3]がある。

出訴期間、不服申立前置は不要である（行訴38条は14条、8条を準用していない）。

1　塩野宏『行政法Ⅱ〔第6版〕』224頁
2　芝池義一『行政法読法〔第4版〕』283頁
3　大阪地判平成20・5・16判時2027号7頁

〔第2部〕第7章　無効等確認訴訟

(1) 特別な要件1

「当該処分又は裁決に続く処分により損害を受けるおそれのある者その他当該処分又は裁決の無効等の確認を求めるにつき法律上の利益を有する者」である（行訴36条前段）。

(2) 特別な要件2

「当該処分若しくは裁決の存否又はその効力の有無を前提とする現在の法律関係に関する訴えによつて目的を達することができないもの」である（行訴36条後段）。

この「当該処分若しくは裁決の存否又はその効力の有無を前提とする現在の法律関係に関する訴え」とは、当事者訴訟または争点訴訟である。

(3) 特別な要件1、2をどう読むか

第1要件の前半は予防的機能、第2要件は補充性機能と呼ばれる。

第1要件の後半の訴訟には第2要件も必要というのが判例の立場のようであるが、予防的機能を使う訴訟では補充性機能は不要というのが判例の立場である。つまり、予防的無効確認訴訟が「直截的で適切」であればよいというのがもんじゅ判決（最判平成4・9・22民集46巻6号571頁）以降の判例の現在の立場である。

しかし、そもそも抗告訴訟でありながら、民事訴訟や当事者訴訟との関係で補充性があるという立法をなぜ行訴法はしているのかという根本問題がある。抗告訴訟に対し補充性を持つ当事者訴訟と、行訴法36条の文言により補充性を生来持っている抗告訴訟である無効等確認訴訟との補充性の強さは如何にということになる。結局は、この疑問を矛盾なく説明するためには、無効等確認訴訟が抗告訴訟性の弱い（持たない）存在であるということにならざるをえないのではないかと思われる。

3　実体要件

行訴法3条4項からは無効と取消しの違法性の質的違いはうかがえない。しかし、出訴期間を過ぎても違法性が主張できる違法、つまり公定力が働かない違法とは、通常の違法でなく大きな違法を意味するとこれまでの学説・判例からは解されてきた。判例は重大明白な違法性を無効とする点で戦後一貫してい

る。

(1) 重大の概念

軽微でないと言うことであるが、そのことと明白とを区別することはなかなか実際には難しい。

無効の内容である違法性につき重大と明白とを区別して、重大性を論じている判例はわずかである。[4]

これらの判例から見えてくる重大性の概念要素は次のようなものである。

行政処分の形式に欠けるところがあっても全体として整っておればよく、また関与してはならない者が行政過程に関与してもその行政過程の効力が小さければ最終の処分には影響しないと言うのが古い最高裁2事例の考え方である。それに引き換え、他の2例は行政の最重要のチェック点を摘示しそれに具体的に疑問があるという。

(2) 明白の概念

代表的な判例は客観的に明白という考え方をとっているが、具体的な適用においてわかりにくい内容である。[5]

客観明白と言えなくても、よく調べたら明白な瑕疵がある場合も含むことが重要である。[6]またそもそも明白要件は不要とする考え方も魅力的である。これについては次の(3)で述べる。さらに第3は前述したように違法はすべて無効とすることである。

(3) 両方必要なのか

第三者保護が必要である場合を除き、明白性は不要であるとする説が台頭している。判例も前述の最判昭和48・4・26（民集27巻3号629頁）が明白性を言わずに判断しているから、このことを強く示唆している。また前述の名古屋高金沢支判平成15・1・27（判時1818号3頁）は明示的にこの説をとっている。

従来の無効概念は否定されるべきであり、換言すれば違法はすべて無効であると考えるべきだが、無効概念を維持する場合には重大な違法を無効とすれば

4　最判昭和32・1・31民集11巻1号201頁、最判昭和38・12・12民集17巻12号1682頁、最判昭和48・4・26民集27巻3号629頁、名古屋高金沢支判平成15・1・27判時1818号3頁

5　最判昭和36・3・7民集15巻3号381頁、最判昭和37・7・5民集16巻7号1437頁、最判昭和37・7・13民集16巻8号1523頁、最判昭和38・11・26民集17巻11号1429頁

6　調査義務説（芝池義一・前掲書116頁）参照

〔第２部〕第７章　無効等確認訴訟

よく、明白性など全く不要である。

4　判　決

行訴法33条は準用される。

【書式27】　仮換地指定処分取消請求事件の訴状例

訴　　状

令和○○年○月○日

○○地方裁判所御中

原告訴訟代理人弁護士　○　○　○　○　㊞

〒○○○─○○○○　○○県○○市○○町○○○○○○○
原　　　　告　○　○　○　○
〒○○○─○○○○　○○県○○市○○町○○○○○○○
○○法律事務所（送達場所）
原告訴訟代理人弁護士　○　○　○　○
電　話○○○─○○○─○○○○
ＦＡＸ○○○─○○○─○○○○
〒○○○─○○○○　○○県○○市○○町○○○○○
被　告　兼　処　分　庁　○○市○○
土地区画整理組合
代　表　者　理　事　長　○　○　○

仮換地指定処分取消請求事件

第１　請求の趣旨
　１　被告が原告に対し，令和○年○月○日付けでした別紙物件目録の各土地に
　　ついての仮換地指定処分は無効であることを確認する。
　２　訴訟費用は被告の負担とする。
との判決を求める。
第２　請求の原因

234

4　判　決

1　被告は○○市○○土地区画整理事業（以下「本件整理事業」）の施行者であり，事業の施行地区内に別紙物件目録1記載の土地（以下「本件土地」）を所有している原告に対して，令和○年○月○日，別紙物件目録2（以下「本件仮換地土地」）に仮換地指定処分（以下「本件指定処分」）をした。

2　原告は農民であり，同じ農民である被告理事長を信頼していたので，悪いようにはされないと考え，本件指定処分に関して何らの疑念なく対処もしないまま7か月が経過した。

3　原告はその頃，農家仲間と仮換地の図面で自らの本件土地の仮換地指定の内容を初めて仔細に見たところあまりの取り扱いに絶句した。

　本件指定処分には次のような重大かつ明白な瑕疵がある。

4　原告にとって本件指定処分がが強行されれば営農は不可能となる。

　資料1，2が上告人の仮換地前の作付け，土地広さ，収穫期間の表である。約2反の本件土地を原告はこのように効率的に耕作しているのである。原告は隔年ごとに資料1または資料2の方式で耕作している。原告の農業にとって本件土地がギリギリの広さであり，これ以下の広さでは営農できないのである。

　最近5年の収入が資料3～7であり，金101万円から161万円程度で推移している。

　これが30％の減歩にあうと100万円を切ることは明らかであり，生活保護世帯以下となる。この結果は営農の終了，農地の売却，農地の消滅となることは明らかである。

　この結果原告は農業と言う職業を失うこととなり，その結果は憲法22条1項に反する。

　また原告は営農することを不可能とされ，その結果憲法13条に反して幸福追求権を奪われる。

　また原告は生存権を脅かされるので，憲法25条1項に反する。

5　前項で述べた重大かつ明白な瑕疵は具体的には次のような要因から導かれる。

　(1)　都市農業の意義を誤った処分

　　　本件仮換地の結果，原告の生計に相応の影響が出てもやむを得ないと考えている。

　　　原告は，市街化区域内農地を重要な対象とする区画整理においては（も），農民を営農が出来ない状態まで追い込む結果，当該農民の農地が消えることを帰結することは許されない（重大かつ明白な違法である）と考

235

〔第2部〕第7章　無効等確認訴訟

える。司法において，現代の区画整理における農地の価値についての判断を求めたい。

この点については2つの考えがある。

その第1は，都市基盤が整備され，一定水準の宅地供給によって形成された環境が，良好な市街地であり，農地の存在は意義がないとみる立場である。ここでは，市街化区域内農地は，複合的な役割を担う農地ではなく，宅地予備地として認識されているのである。

第2は，地域の良好な生活環境形成において，農地の存在に積極的な意味を見いだす立場である。この立場には，農地には，市街化区域内農地を所有する農家の生存・生活基盤，都市農業の生産基盤としての側面もあるというものも含まれる。すなわち，市街化区域において農地と住宅地が混在（共存）する地域の取扱いの問題である。

第1の考えは都市開発の急成長期のものであり，開発用地の供給が最大の政策課題であった時代のものである。

今日では農地に対する基本認識が大きく異なってきている。端的にいえば，都市開発優先・生産重視の時代から環境重視・生活重視の時代への転換である。

農地は，農地として存在することによって，多様な役割をもった環境の構成要素となる。

農地は，①食糧が身近でつくられており安心感を与える，②季節によっていろいろな作物がつくられており季節感を与える，③農業・農作物の大切さを身近で教えている，④田園的風景を提供し情緒を与えて景観を保全する，⑤緑地空間として緑を提供している，⑥空気をきれいにし気候を調整する，⑦地域の過密化を防いでいる，⑧地震・災害時の避難場所となる，⑨日照・通風を確保するなどの特徴を持つ。

このような農地の効用は，一部公園や空地によっても代替されるが，重要な点は，農業を継続的に営み農地として存在することによって，多くの効用が複合的に発揮されることである。

このような複合的な役割を認めた農地認識が，基本となり，いま都市計画の方針も大きく転換しつつあるのである。

(2)　土地区画整理事業における市街化区域内農地に位置づけの変更の無視

戦後の土地区画整理の展開は，大きく終戦直後の戦災復興土地区画整理，高度成長期の宅地の大量供給に重きをおいた区画整理，そして現在はその次の段階にさしかかっている。

都市計画中央審議会答申第1号（昭和43年11月28日）「市街化区域における土地区画整理事業等による計画的な市街地の整備のための方策に関する答申」が上記第1の考えの区画整理分野における基本方針であった。

　しかし，同審議会答申第22号（平成4年12月9日）「経済社会の変化に対応した計画的な市街地の方策，特に土地区画整理事業による市街地整備のための方策についての答申」が出され，区画整理に対する考え方も変化している。この答申は，平成4年6月にまとめられた生活大国5か年計画で提案された「豊かさ」や「ゆとり」を実感できる社会の実現という政策目標に対応するものであり，多様な区画整理の可能性を示している。

　この答申のなかに，「市街化区域内農地への適切な対応」についての記述がある。ここでは，①3大都市圏の特定市の市街化区域内農地については，都市計画において宅地化する農地と保全する農地を明確に区分すること，②宅地化する農地については宅地化を推進し，保全する農地については生産緑地地区の指定または市街化調整区域への逆線引きを行ったうえで農地課税を継続することが述べられ，「生産緑地地区を含む地区における換地設計上の対応について」，「生産緑地地区に対応した公共施設の整備水準について」の基本方針が示されている。

　「生産緑地地区を含む地区における換地設計上の対応について」は次のとおりである。

　生産緑地地区を含む土地区画整理事業では，生産緑地の機能の保全と生産緑地地区以外の宅地の効果的な利用の推進を図ることのできる土地利用を実現する必要がある。

　このため，地区特性に即して必要に応じ生産緑地地区を集約化し，区画道路等により明確に他の宅地と区分するものとする。

　この際，施行区域が広い場合，鉄道，河川，幹線道路等の地域分断要素を含む場合等においては，営農の利便性，既存コミュニティ等を勘案して，必要に応じて数カ所に分けて集約するものとする。

　なお，生産緑地地区の集約化は，特定土地区画整理事業の集合農地区への申出換地制度を活用するほか，権利者の意向に配慮しつつ行うものとする（「次世代区画整理への展開」監修建設省都市局区画整理課，大成出版社1993年，173頁参照）。

　また，「生産緑地地区に対応した公共施設の整備水準について」は次のとおりである。

　相当規模に集約された生産緑地地区における道路，供給処理施設等につ

〔第2部〕第7章　無効等確認訴訟

いては，一般の宅地とは異なった整備水準の設定の検討が必要であるが，少なくとも地区内外の連絡道路等最小限度必要な整備を行うものとする。

　また，生産緑地地区については，一般の宅地としての利用が予定されていないため，生産緑地地区を含む土地区画整理事業の施工地区における公園の面積は，施工地区面積から生産緑地地区の面積を控除して算出することもできるものとする。なお，生産緑地地区の保全のため，従前の機能の維持に必要な範囲において，用排水施設の移設等を図ることが必要である（前掲書173頁・174頁参照）。

　昭和45年答申と平成4年答申では，市街化区域内農地の取扱いが大きく異なっている。平成4年答申は，生産緑地法の改正を踏まえてのものであるが，ここでは生産緑地地区の設定，その際，権利者間の意向への配慮，生産緑地地区の保全のための方策，特に用排水施設への配慮がうたわれている。

(3)　生産緑地に指定された農地の取扱いの誤り

　本件事業の施行地区には，多くの農地が残されている。この農地を計画的に宅地化し，良好な市街地形成をはかることは，本来は行政の責務である。しかし，一方で農地の存続，保全を求める声もあり，農と住の共存した環境形成をはかることも重要な都市計画課題である。組合施行とはいえ，行政と緊密な連携をはかって行われている本件区画整理もそのような前提に変わりはない。

　専業農家は原告だけであるが，他の兼業農家とともに，貴重な都市農業を営むことへの配慮が重要である。

　このような状況のなかで行われる土地区画整理事業では，まずすべての土地がやがて宅地化するという前提で行われる土地区画整理事業とは別の事業手法の検討がなさるべきであった。市街化区域内では，集積した農地を保全しつつ，基盤整備を行う特定土地区画整理事業がある。これは，「大都市地域における住宅地の供給の促進に関する法律」（昭和50年7月16日法律第67号）にもとづくものである。

　住民の一部から農地存続の意向がだされた場合，特定土地区画整理事業などの導入の検討や農地の保全をはかる行政努力，組合施行の場合には組合執行部の努力がなされたかどうかが問題である。生産緑地地区がある場合，それらの土地の評価方式として結局は比例評価式換地設計法を用いるというやり方が妥当かどうか検討が必要であった。

　一般的な換地設計法として，比例評価式換地設計法と地積式換地設計法，

折衷式換地設計法の3つの方法が従来用いられている。比例評価式は，土地価格を媒介にして計算し，地積式換地設計法は地積を特に重視し面積についての公平を念頭においた土地の評価方法である。比例評価式は，地価の高い都市部，地積式は農業の維持されている地域において採用されることが多く，両者にはそれぞれ長所，短所がある。そこで，両者の中間に位置する折衷式換地設計法がとられる場合があるが，この方法は複雑でわかりにくいという批判もある。

土地の評価方法は，土地区画整理事業において最も権利者の関心を集めるとともに，客観性，公平性が必要とされる。特に，農地の存続する生産緑地地区等を含む土地区画整理事業の土地評価手法は確立された手法があるとはいえず，地区の実情に照らし合わせて行われているのが現実である。ゆえに住民・地権者の合意形成の努力こそが，土地区画整理事業そのものの公平性の確保において意味のあることといえる。

本件事業の換地設計においては，路線評価式（比例評価式換地設計法）による土地評価が一律に採用されている。一般的に比例評価式換地設計法の問題点として，営農継続意向のある農地所有者の農地減歩率が大きいことが指摘されているが，計画推進に際して，農地を集合させる努力，農業継続希望者への代替地の斡旋といった調整作業が必要である。農地の存続を前提とする場合，特定土地区画整理事業における集合農地区に定める換地，段階土地区画整理事業（昭和57年8月13日建設省都区発第53号）において留保地区に定める換地などの指針が出されており，農地の集積をはかる土地区画整理事業が可能になっている。

農地の存続を前提としない施行地区と農地の存続を前提とする施行地区の土地区画整理事業，特に換地設計の方法が異なって当然である。本件事業では，生産緑地地区の存在という農地存続の法的根拠をもつ地区を農地を宅地化農地とみなす一般的な土地区画整理事業にあてはめている点で検討の余地があると考える。

⑷　適正な生産緑地の取扱いがなされなかった

本区画整理事業地域は生産緑地が民有地の50％強の比率を占める。それゆえ，生産緑地を区画整理事業においてどのように位置づけるかは，農業者の生活基盤はもちろん，この地区の将来市街地の質に対して決定的影響を与える。にもかかわらず，本事業計画においては，生産緑地に対する慎重な配慮がみられない。

まず，事業計画書の「設計の概要」においては，生産緑地についての土

〔第2部〕第7章　無効等確認訴訟

地利用上の方針が示されるべきであるが，言及さえなされていない。すなわち「(1)土地区画整理事業の目的」の項では「道路，水路，公園等の公共施設を整備改善して，土地利用の利用増進を図り，健全な市街地を造成することを目的とする」とのみ記され，生産緑地を「健全な市街地」造成にどのように生かすかという点については，まったくふれていない。

また，「(3)設計の方針(イ)土地利用計画」でも，「低層独立住宅として地区全体が健全で快適な居住性をもつ住宅地として画地街区を計画」と述べられているにとどまり，やはり生産緑地の保全と活用のためにどのように「画地街区を計画」するのかという側面からの記述はみられない。

このため，設計図においても，生産緑地保全への配慮が不十分なものになっている。原告のように農業継続を不可能にする区画街路の配置はその一例である。

生産緑地の取り扱い方針は，当区画整理事業においては，組合設立の同意の際，土地権利者がもっとも関心を持つ問題であり，同意の重要な判断条件であると思われる。それが，このように配慮がなされず，記載さえなされていないとすれば，同意手続は十全な条件を満たしているとは言い難く，適正さを欠いていたと判断される。

(5) 農地を含む区画整理における照応の原則を確立せねばならない

このように都市農地の都市計画上または区画整理上の位置づけが変化しても，個別の区画整理における農地の位置づけが旧態依然であり，かつそれが争われた場合の司法判断における位置づけが旧態依然であることは許されない。

a　コンサルタントが作ったに過ぎない計画を現代における区画整理法の趣旨目的に則して厳しくチェックしなければならない。

区画整理は結局は多数決で方針が決められるから，原告のように多数派から差別的取いを受けることがどの計画にも頻繁にある。

そのような場合には，単に多数の意思で決議しているからその計画が適正ということにはならない。本件でもそうであるように組合（多数派）は外部のコンサルタント会社にその執行を委託する。本件でも，一般的にも，外部のコンサルタントに委託した場合，いわゆる紙面上の計画が一人歩きする。

公平中立な専門的技術的判断機関ではなく，単に多数派から委託を受けた営利会社が計画を作っていることを確認する必要がある。

b　照応の原則判断における農地の扱いは少なくともその存在を否定しな

いことを原則とすべきである。

「換地計画において換地を定める場合においては，換地及び従前の宅地の位置，地積，土質，水利，利用状況，環境等が照応するように定めなければならない」（法89条１項）のである。その具体化として，対象が農地である場合に前述した答申などが前提にしていることは生産緑地の機能の保全である。

この保全の意味を深めなければならない。保全とは小さくなってもそれなりにやれるだろうという論理では説明がつかない。保全とは「保護を加えて，安全を確保すること」（新明解国語辞典第六版）であって，少なくともその存在を否定することは許されないということを含意する。

(6) 環境的視点からの農地保全の価値判断の欠落

農地は上記で整理したような環境的視点からも重要な価値を現代ではもっている。

法89条の明文に照応基準として入っているにもかかわらず，本件指定処分がそのような基準を考慮にいれていないのでありその裁量権行使には重大かつ明白な違法がある。

環境は判例上も大きな意味を与えられつつある。大法廷は小田急線連続立体交差事業認可処分取消，事業認可処分取消請求事件における平成17年12月７日判決において，それまでの判例では認められなかった事業地の周辺住民の原告適格を，騒音，振動等による健康又は生活環境に係る著しい被害を直接的に受けるおそれのある者につき認めたが，このことは環境問題への最高裁の見識を内外に示したものであり，日本の司法における画期的出来事であった。

この環境への大法廷基準をすべての法領域に定着させねばならない。

証　拠　方　法

・・・・・・・・・・・・・・・・・・・・・・・・・・・・・・・・・・

添　付　書　類

・・・・・・・・・・・・・・・・・・・・・・・・・・・・・・・・・・

（本章担当・濱　和哲）

〔第2部〕第8章　義務付け訴訟

第8章　義務付け訴訟

第1節　義務付け訴訟の法定

1　義務付け訴訟の法定

　平成16年の行政事件訴訟法改正により、無名抗告訴訟（法定外抗告訴訟）の1つとして位置づけられていた義務付け訴訟は、次の2つの類型として法定された。[1・2・3]

①　第1に、「行政庁に対し一定の処分又は裁決を求める旨の法令に基づく申請又は審査請求がされた場合において、当該行政庁がその処分又は裁決をすべきであるにかかわらずこれがされないとき」に「行政庁がその処分又は裁決をすべき旨を命ずることを求める訴訟」である（行訴3条6項2号）。法令に基づく申請（または審査請求）を行っていることが前提であり、申請型義務付け訴訟といわれる。

　　申請型義務付け訴訟の訴訟要件等については、行訴法37条の3が定める。

②　第2に、申請型義務付け訴訟を除いた、「行政庁が一定の処分をすべきであるにかかわらずこれがされないとき」に「行政庁がその処分…をすべき旨を命ずることを求める訴訟」である（行訴3条6項1号）。非申請型義

1　改正前後の議論状況については、横田明美『義務付け訴訟の機能』第3章において詳しく整理されている。

2　斎藤浩『行政訴訟の実務と理論〔第2版〕』では、改正後の裁判例が直近のものまで網羅的に整理・分析されている。

3　非申請型義務付け訴訟については、その訴訟要件、特に「重大な損害」要件が重すぎるとともに、これを要求することに理論的必然性がないことから、日弁連は、平成22年11月17日付け「行政事件訴訟法5年後見直しに関する改正案骨子」において、同要件を削除し、非申請型義務付け訴訟と申請型義務付け訴訟を一本化することを提言している。

242

務付け訴訟といわれる。

非申請型義務付け訴訟の訴訟要件等については、行訴法37条の２が定める。

申請型義務付け訴訟・非申請型義務付け訴訟に共通して、取消訴訟に関する規定の一部が準用される（行訴38条１項）。

2　申請型義務付け訴訟と非申請型義務付け訴訟の区別

申請型義務付け訴訟と非申請型義務付け訴訟は、特に訴訟要件のハードルに大きな違いがある（申請型義務付け訴訟よりも非申請型義務付け訴訟の方が訴訟要件のハードルは高い）。この意味で、両者の区別は単なる類型論にとどまらず、重要な意味をもつ。

申請型義務付け訴訟と非申請型義務付け訴訟は、「法令上の申請権の有無」により区別される。ある処分を求めて義務付け訴訟を提起するに先立ち、何らかの申請行為がなされていたとしても、これが法令に基づくものでなければ（事実上のものにとどまれば）、当該訴訟は非申請型義務付け訴訟に位置づけられる。

限定的な局面においてであるが、ある申請行為が法令に基づくものといえるか否かが、法令の解釈問題となることがある。その典型例の１つが、在留特別許可の求めである。東京地判平成20・２・29（判時2013号61頁）は、出入国管理及び難民認定法49条１項の定める異議の申出に在留特別許可の申請権を読み込んだが（在留特別許可の義務付けは申請型義務付け訴訟にあたるとした）、この控訴審判決である東京高判平成21・３・５（裁判所ウェブ平成20年（行コ）第146号）は、在留特別許可は恩恵的措置であり法令上の申請権はないと解釈した（在留特別許可の義務付けは非申請型義務付け訴訟にあたるとした）。

両者の区別が法令の解釈問題になることがあることにも、留意しておく必要がある。

〔第2部〕第8章　義務付け訴訟

> # 第2節　申請型義務付け訴訟

1　申請型義務付け訴訟の2類型

申請型義務付け訴訟は、2類型ある。

1つは、「当該法令に基づく申請又は審査請求に対し相当の期間内に何らの処分又は裁決がされないこと」に該当するときに提起することができるものであり（行訴37条の3第1項1号）、不作為型の申請型義務付け訴訟といわれる。この訴訟を提起するに際しては、不作為の違法確認の訴えを併合提起しなければならない（同条3項1号）。

もう1つは、「当該法令に基づく申請又は審査請求を却下し又は棄却する旨の処分又は裁決がされた場合において、当該処分又は裁決が取り消されるべきものであり、又は無効若しくは不存在であること」に該当するときに提起することができるものであり（行訴37条の3第1項2号）、拒否処分型の申請型義務付け訴訟といわれる。この訴訟を提起するに際しては、取消訴訟または無効等確認の訴えを併合提起しなければならない（同条3項2号）。

2　併合提起要件

申請型義務付け訴訟を理解するにあたってのポイントは、前記1で述べた併合提起要件にある。請求の趣旨の立て方にも直結する問題でもある（書式25参照）。

併合提起されなければならない訴えが併合提起されていない場合のみならず、併合提起された訴えが訴訟要件を具備しない場合も、当該申請型義務付け訴訟は、適法な訴えが併合提起されておらず訴訟要件を欠くものとして訴えが却下される（結果として、併合提起された訴え、および、申請型義務付け訴訟のいずれも訴えが却下される）。

また、発展的問題として、併合提起された訴えと申請型義務付け訴訟それぞれの判断の基準時のズレから生じる問題が指摘されることがある。すなわち、取消しの訴えの判断基準時は処分時と解されている一方、義務付け訴訟の判断

基準時は口頭弁論終結時と解されており、ここにズレがあることから派生する問題である。[4]

3 申請型義務付け訴訟を提起すべき場合

申請型義務付け訴訟において併合提起されるべき訴え（取消しの訴え、無効等確認の訴えまたは不作為の違法確認の訴え。以下、これら3つの訴えをまとめて「取消しの訴えなど」という）が認容されれば、判決の拘束力により、処分または裁決をした行政庁その他の関係行政庁は、判決の趣旨に従い、あらためて処分または裁決をやり直すか（取消しの訴えまたは無効等確認の訴えの場合）、処分または裁決を行う（不作為の違法確認の訴えの場合）ことになる（行訴33条1項ないし3項。準用規定として、38条1項）。

そうすると、法令上の申請を行ったが申請を却下または棄却された場合は、当該処分等に対して取消しの訴えまたは無効等確認の訴えを提起すれば足りるのではないか。あるいは、法令上の申請を行ったものの処分または裁決がなされない場合、不作為の違法確認の訴えを提起すれば足りるのではないか。申請型義務付け訴訟を提起すべき場合とは、どのようなときか。

まず考えられるのは、判決により取消しの訴えなどが認容されたとしても、原告側が求める処分がなされない可能性があるときである。具体的には、たとえば、申請の却下または棄却を争うにあたって、実体上の違法のみならず、手続上の違法を主張する場合があげられよう。この場合、手続き上の違法を理由に請求が認容されたとしても、（裁判所が実体上の違法について判断をしていなければ）当該手続が履行されたうえで、改めて申請の却下または棄却がなされる可能性がある。このような事態を防ぐために、申請型義務付け訴訟を提起しておくのである。他にも、たとえば、申請に対する拒否事由が法令上複数定められており、当初の拒否処分が取り消されても改めて他の拒否事由に基づき拒否処分がなされる可能性があるときや、処分後に事情の変化があり、当初の拒否処分が取り消されても改めてその事情の変化を理由として拒否処分がなされる可能性があるときなどがあげられる。

---

4 この問題の分析については、前掲注1の横田明美『義務付け訴訟の機能』に詳しい。

〔第2部〕第8章　義務付け訴訟

　次に考えられるのは、仮の権利救済として、仮の義務付けの申立てを行うときである。行訴法は、仮の権利救済の申立て要件として、本案の係属を要求していることから（仮の義務付けの申立てにつき、行訴37条の5第1項）、これを申し立てるにあたり、義務付け訴訟を提起しておく必要がある。

　他方で、申請型義務付け訴訟を提起することによるデメリットとしては、取消しの訴えなどのみを提起する場合と比較して、争点が増えて、訴訟が長期化することがあることがあげられよう。

　これら必要性とデメリットを比較し、取消しの訴えなどのみとするか、申請型義務付け訴訟も提起するかを、事案に応じて判断していくことになる。

4　訴訟要件

①　併合提起要件：前記2のとおり、申請型義務付け訴訟においては、取消しの訴えなどを併合提起しなければならず、併合提起される取消しの訴えなどは訴訟要件を具備する必要がある。特に、取消しの訴えにおける出訴期間制限（行訴14条1項2項）には、留意する必要がある。

②　原告適格：申請型義務付けの訴えは、法令に基づく申請または審査請求をした者でなければ提起することができない（行訴37条の3第2項）。

③　「一定の処分（または裁決）」の特定性：義務付けを求める処分（または裁決）が特定されている必要がある。どの程度の特定が必要かについては、抽象的にいえば、裁判所が判断することが可能な程度ということになる。

5　本案勝訴要件

　併合提起された取消しの訴えなどに理由があると認められ、かつ、その義務付けの訴えに係る処分または裁決につき、行政庁がその処分もしくは裁決をすべきであることがその処分もしくは裁決の根拠となる法令の規定から明らかであると認められまたは行政庁がその処分もしくは裁決をしないことがその裁量権の範囲を超えもしくはその濫用となると認められるときは、裁判所は、その義務付けの訴えに係る処分または裁決をすべき旨を命ずる判決をする（行訴37条の3第5項）。

　なお、行訴法37条の3第5項は、併合提起された取消しの訴えなどに理由が

246

あると認められることを本案勝訴要件としているように読めるが、裁判実務上は併合提起された取消しの訴えなどが棄却される場合、申請型義務付け訴訟は却下されており、この意味で併合提起された取消しの訴えなどに理由があると認められることは訴訟要件として位置づけられているという見方もできる。

【書式28】 申請型義務付け訴訟の訴状例（供託金払渡認可義務付け請求事件）※1

訴　　　状

令和○年○月○日

○○地方裁判所　御中

原告訴訟代理人弁護士　○　○　○　○　㊞

〒○○○－○○○○　○県○市○町○丁目○番地
　　　　　　　　　　原　　　　　告　　株式会社○○
　　　　　　　　　　上記代表者代表取締役　○　○　○　○
〒○○○－○○○○　○県○市○町○丁目○番○号
　　　　　　　　　　○法律事務所（送達場所）
　　　　　　　　　　原告訴訟代理人弁護士　○　○　○　○
　　　　　　　　　　ＴＥＬ　（○○）○○○○－○○○○
　　　　　　　　　　ＦＡＸ　（○○）○○○○－○○○○
〒１００－８９７７　東京都千代田区霞が関一丁目１番１号
　　　　　　　　　　被　　　　　告　　国
　　　　　　　　　　上記代表者法務大臣　○　○　○　○
　　　　　　　　　　処分行政庁　○法務局供託官　○　○　○　○　※2

　　供託金払渡認可義務付け請求事件
　訴訟物の価額　　　1000万円　※3
　貼用印紙額　　　　金５万円

〔第2部〕第8章　義務付け訴訟

請　求　の　趣　旨

1　処分行政庁が，原告に対し，令和○年○月○日付けでした別紙供託目録（省略）記載の供託金の払渡請求却下決定を取り消す。　※4　※5

2　処分行政庁は，原告が令和○年○月○日付けでした別紙供託目録記載の供託金の払渡請求につき，払渡しを認可せよ。

3　訴訟費用は被告の負担とする。

との判決を求める。

請　求　の　原　因

1　当事者

　　原告は，平成○年○月○日設立された株式会社である（甲1）。

2　営業保証金の供託等

　⑴　原告は，平成○年○月○日付けにて，○県知事より宅地建物取引業法（以下「宅建業法」という）3条1項に基づき，宅地建物取引業の免許を受けた（○県知事免許番号（○）○号。以下「本件免許」という。甲2）

　⑵　原告は，平成○年○月○日，○法務局において，別紙供託目録記載のとおり，宅建業法25条1項に基づき営業保証金として現金1000万円を供託した（以下，この供託に係る供託金を「本件供託金」という。甲2）。

　⑶　原告は，本件免許の更新を2回受け，平成○年○月○日をもってその有効期間が満了した（甲3）。

3　本件供託金の取戻請求等

　⑴　原告は，令和○年○月○日付けにて，処分行政庁に対し，本件供託金の取戻請求を行った（以下「本件取戻請求」という。甲4）。

　⑵　原告は，本件免許の失効後から本件取戻請求までの間，宅建業法30条2項本文の定める公告は行っていない。

　⑶　処分行政庁は，本件取戻請求に係る取戻請求権について消滅時効が完成しているとして，令和○年○月○日付けにてこの請求につき却下決定をした（甲5。以下「本件却下決定」という）。

4　消滅時効が完成していないこと

　　処分行政庁は，前記3⑶のとおり，原告による本件取戻請求につき，その取戻請求権について消滅時効が完成しているとして本件却下決定をしたが，この判断は法令の解釈を誤るものであって，消滅時効は完成していない。

248

5　処分行政庁は払渡しを認可しなければならないこと　※6

　本件取戻請求に係る取戻請求権について消滅時効が完成していない以上，本件却下決定の取消し請求には理由があり，かつ，処分行政庁が原告による本件取戻請求に対し供託金の払渡しを認可しなければならないことは明らかであるから，裁判所は供託金の払渡しの認可をすべき旨を命じる必要がある。

6　よって，原告は，被告に対し，行政事件訴訟法6条2号の定める申請型義務付け訴訟として，同法37条の3第3項第2号の定めるところに従い本件却下決定の取消訴訟を併合して，処分行政庁が本件取戻請求につき払渡しを認可することの義務付けを求める。

以　上

※1　筆者が担当した最一小判平成28・3・31民集70巻3号969頁をベースとしている。

※2　裁判実務上、処分（裁決）をなすべき行政庁も処分行政庁（裁決行政庁）として記載する。

※3　訴え提起手数料は、併合提起される取消しの訴えなどの訴え提起手数料と同額である（民訴法9条1項ただし書）。すなわち、取消しの訴えなどと、非申請型義務付け訴訟とで、二重に掛かるわけではない。

※4　併合提起要件があるため、取消しの訴えなども請求の趣旨に挙げることを忘れてはならない。

※5　併合提起される取消しの訴えなどについて訴訟要件の具備が問題になる場合には、訴訟要件を具備することについても請求の原因において述べておく必要がある。

※6　行政庁の裁量の逸脱濫用が問題となる局面においては、裁量権の逸脱濫用を基礎づける事実等についても具体的に記載する必要がある。

〔第 2 部〕第 8 章　義務付け訴訟

第 3 節　非申請型義務付け訴訟

1　非申請型義務付け訴訟が用いられる典型的な局面

　非申請型義務付け訴訟が用いられる典型的な局面は、第三者に対して規制権限の行使をなすことを求める三面関係である。具体的には、隣地の建築物が違法建築物であるとして除却命令を出すことを求める、崖上において違法な開発行為がなされているとして監督処分をなすこと求める、といった場合である。なお、前述した在留特別許可を求める局面等、非申請型義務付け訴訟が二面関係となることがないわけではない。

2　訴訟要件

① 「一定の処分」の特定性：申請型義務付け訴訟において述べたところと同様である。

② 　原告適格：当該処分の義務付けを求めることについて、法律上の利益を有する必要がある（行訴37条の2第3項4項、9条2項）。法律上の利益を有するか否かについては、取消しの訴えにおける原告適格と同様の判断過程が取られることになる。

③ 「重大な損害を生ずるおそれ」（行訴37条の2第1項）があること：非申請型義務付け訴訟は、申請型義務付け訴訟と異なり、法令上の申請権がない者から提起することができることから要求される訴訟要件とされる。

　　重大な損害を生ずるおそれがあるか否かを判断するにあたっては、損害の回復の困難の程度を考慮するものとし、損害の性質および程度並びに処分の内容および性質をも勘案するものとされる（行訴37条の2第2項）。

④ 「他に適当な方法がない」（行訴37条の2第1項）こと（補充性）：非申請型義務付け訴訟は、当該損害を避けるため他に適当な方法がないときに限り、提起することができる。もっとも、裁判実務上は、それほど厳格な要件として扱われておらず、たとえば民事訴訟による差止め請求や損害賠償請求の可能性によってはこの補充性は否定されてはいない。

250

3 本案勝訴要件

義務付けの訴えに係る処分につき、行政庁がその処分をすべきであることがその処分の根拠となる法令の規定から明らかであると認められ、または行政庁がその処分をしないことがその裁量権の範囲を超えもしくはその濫用となると認められるときは、裁判所は、行政庁がその処分をすべき旨を命ずる判決をする（行訴法37条の2第5項）。

4 第三者の訴訟への関与

義務付け訴訟については、判決の第三者効（行訴32条）は準用されていない。前述のとおり、非申請型義務付け訴訟が用いられる典型的な局面は、第三者に対して規制権限の行使をなすことを求める三面関係である。原告の非申請型義務付け訴訟が認容され判決の拘束力に従って行政庁が原告が求める処分をなしたとしても、当該第三者は改めて当該処分の違法性を争うことができるといえる。紛争の一回的解決の要請からは、このように争いが長期化することは適切ではない。

非申請型義務付け訴訟の中で民事訴訟法53条の訴訟告知を行ったり、第三者に訴訟参加（行訴38条1項、22条）させたりして、第三者もこの訴訟に関与させるようにすべきである。

5 （参考）行政手続法の定める「処分等の求め」

非申請型義務付け訴訟と類似する機能が期待されている制度として、行政手続法が定める「処分等の求め」がある。

すなわち、何人も、法令に違反する事実がある場合において、その是正のためにされるべき処分または行政指導（その根拠となる規定が法律におかれているものに限る）がされていないと思料するときは、当該処分をする権限を有する行政庁または当該行政指導をする権限を有する行政機関に対し、その旨を申し出て、当該処分または行政指導をすることを求めることができる（行手36条の2第1項）。当該行政庁または行政機関は、この申出があったときは、必要な調査を行い、その結果に基づき必要があると認めるときは、当該処分または行

251

〔第２部〕第８章　義務付け訴訟

政指導をしなければならない（同条３項）。

　この処分等の求めは、訴訟に至る以前に、行政庁等に対して、違法な状態の是正のための職権発動を求める制度であり、平成26年の行政手続法改正（平成27年４月１日施行）により新設された。行政庁等に対して応答義務まで課すものではないと解されるという限界はあるものの、新たに法定された処分等の求めをうまく活用していくことも検討すべきである。

【書式29】　非申請型義務付け訴訟の訴状例（森林法10条の３に基づく監督処分の義務付け請求事件）　※１

訴　　　　状

令和○年○月○日

○地方裁判所　御中

原告訴訟代理人弁護士　　○　○　○　○　㊞

〒○○○─○○○○　○県○市○町○丁目○番○号
原　　　　　告　　○　○　○　○
〒○○○─○○○○　○県○市○町○丁目○番○号
○法律事務所（送達場所）
原告訴訟代理人弁護士　　○　○　○　○
ＴＥＬ　（○○）○○○○─○○○○
ＦＡＸ　（○○）○○○○─○○○○
〒○○○─○○○○　○県○市○町○丁目○番○号
被　　　　　告　　○県
上　記　代　表　者　県　知　事　○　○　○　○
処分行政庁　○県知事　○　○　○　○　※２

　森林法10条の３に基づく監督処分の義務付け請求事件
訴訟物の価額　　　　　160万円　※３

252

第3節　非申請型義務付け訴訟

貼用印紙額　　　金1万3000円

請　求　の　趣　旨

1　処分行政庁は，A株式会社に対して，処分行政庁が令和○年○月○日付け
　にて同社に対して行った林地開発許可（○年（○）第○号）に附された条件に
　違反して同社が伐採した森林につき，森林法10条の3に基づき，期間を定めて
　この復旧に必要な行為をすべき旨を命ぜよ。　※4
2　訴訟費用は被告の負担とする。
との判決を求める。

請　求　の　原　因

1　当事者
　⑴　原告は，○県○市○町○に居住する者であり，B地区の自治会の会長であ
　　る（甲1）。
　　　B地区は，A株式会社が開発事業を進めている別紙物件目録記載の土地
　　（以下「本件土地」という。また，A株式会社が進める本件土地における開
　　発事業を，以下「本件事業」という）の崖下に位置する（甲2）。
　　　○市は，従前より，B地区の一部を「急傾斜地崩壊危険区域（がけ崩れの
　　発生する恐れのある区域)」に指定しており（甲3），原告の住居はこの区域
　　内に位置する。
　⑵　処分行政庁は，本件事業につき，森林法10条の2に基づく林地開発許可の
　　許可権者である。
　⑶　A株式会社は，本件事業を進める事業者である。
2　林地開発許可
　　処分行政庁は，令和○年○月○日付けにて，A株式会社に対し，森林法10
　条の2に基づく林地開発許可をなした（以下「本件林地開発許可」という。甲
　4）。
3　本件林地開発許可に附された条件とA株式会社の違反
　⑴　被告とA株式会社は，本件林地開発許可に先立つ令和○年○月○日付け
　　にて「残地森林に関する協定書」（以下「本件協定書」という。甲5）を締
　　結した。本件協定書では，A株式会社は，本件林地開発許可に係る開発行
　　為に際して残すこととされている残地森林を伐採してはならないことが確認

253

〔第 2 部〕第 8 章　義務付け訴訟

されている。

　本件林地開発許可の条件として，「開発行為は，申請事業計画に従って行うこと」が挙げられているところ（甲 4），本件協定書の合意内容はここにいう申請事業計画の一内容といえることから，上記残置森林を伐採しないことは，本件林地開発許可の条件になっているといえる。

(2)　しかるに，A 株式会社は，本件林地開発許可に係る開発行為に際して残すこととされていた残置森林を伐採した。

　これは，本件林地開発許可に附された条件に違反する行為である。

4　訴訟要件の具備

(1)　「一定の処分」として特定されていること

　原告が求める処分は，処分行政庁が A 株式会社に対して，本件林地開発許可に附された条件に違反して同社が伐採した森林につき，森林法10条の 3 に基づき，期間を定めてこの復旧に必要な行為をすべき旨を命じる処分であり，裁判所が判断可能な程度に処分行政庁がなすべき行為は特定されている。

(2)　原告適格が認められること

　原告は，本件土地の崖下に居住しており，本件林地開発許可に係る開発行為の結果，土砂の流出または崩壊，水害等の災害による被害が直接的に及ぶことが想定される区域に居住する者であるといえるから，原告が処分行政庁に対して森林法10条の 3 に基づく監督処分を求めることについて，原告適格が認められる（最三小判平成13年 3 月13日民集55巻 2 号283頁参照）。

(3)　重大な損害が生ずるおそれがあるといえること　※ 5

　A 株式会社が残地森林を伐採したことにより，これが果たすべき災害の防止機能等が失われており（甲 5），溢水や土砂災害等の災害が生じるおそれがある。現に，本件土地の周辺において溢水の被害も発生している。

　このような災害による被害は，原告の生命・身体の安全に対するものとして重大な損害にあたり，原告には重大な損害が生ずるおそれがあるといえる。

(4)　他に適当な方法がないこと

　原告に生じる損害を避けるためには，他に適当な方法がない。

5　裁量権の逸脱濫用

　処分行政庁が森林法10条の 3 に基づく監督処分をなすことができる場合であっても，これを実際になすか否かについて一定の裁量があることは否めない。

　しかしながら，本件において，残置森林を伐採してはならないことは被告

254

（処分行政庁）がA株式会社との間で約したことであるし，A株式会社による残置森林の伐採により原告の生命・身体の安全に対する被害が生じる危険性が高まっており，現に，本件土地の周辺では溢水の被害も発生しているのであって，処分行政庁は直ちに森林法10条の3に基づく監督処分をなさなければならない状況にある。

処分行政庁がA株式会社に対して森林法10条の3に基づき原告が求める監督処分をなさないことについて，裁量権の逸脱濫用があるといわざるを得ない。

6　よって，処分行政庁が，A株式会社に対し，同社が本件林地開発許可に附された条件に違反して伐採した森林につき，期間を定めてこの復旧に必要な行為をすべき旨を命じなければならない。

以　上

※1　筆者が担当した事件をベースに創作した事案である。

※2　裁判実務上、処分をなすべき行政庁も処分行政庁として記載する。

※3　非申請型義務付け訴訟においては、訴訟物の価額につき、財産権上の請求ではない訴えとして、あるいは、算定不可能・算定が極めて困難な場合にあたるとして、160万円とされることが多いであろう（民事訴訟費用等に関する法律第4条2項6号7項参照）。

※4　本件のように、第三者に対して規制権限の行使（違反是正命令、監督処分等）をなすことを求める三面関係が、非申請型義務付け訴訟が用いられる典型的局面である。本文でも述べたように、紛争の一回的解決のため、原告側から当該第三者（本書式にいうA株式会社）に対して訴訟告知を行うことも検討する必要があろう。

※5　実際の訴状では、「重大な損害が生ずるおそれ」があることを、より丁寧に論証する必要がある。

（本章担当・水野泰孝）

〔第2部〕第9章　差止め訴訟

第9章　差止め訴訟

1　総　論

　差止めの訴えは、行政処分が行われることを想定して、これを予防的に処分を差し止める訴訟類型である。従来は、最高裁が昭和47年11月30日判決（民集26巻9号1746頁・長野勤務評定判決）で将来何らかの不利益処分を受けるということだけでは足りず、事前の救済を認めないことを著しく不相当とする特段の事情がある場合に認めていた（ただし同判決は、規範鼎立しただけで結論は否定）が、平成16年の行訴法改正で新たに3条7項で規定されたのである。この訴えが認められるための要件については、行訴法37条の4で法定している。

　差止め訴訟が想定される場合としては、教員の国歌斉唱義務違反を理由とする処分の差止め（東京地判平成18・9・21判時1952号44頁）、営業許可取消処分の差止め（訴訟要件について肯定した東京地判平成18・10・20）、廃棄物処理施設設置許可の差止め、受刑者に対する懲罰処分の差止め（名古屋地判平成18・8・10）、砂利採取許可の差止め、公務員に対する懲戒処分の差止めなどがあった。法制定後では、鞆の浦の景観利益等の侵害を理由とする公有水面埋立免許処分に関する判決（広島地判平成21・10・1判時2060号3頁）やタクシー運賃変更命令および事業認可取消処分に関する判決（大阪高判平成28・6・30判時2309号58頁）で差止めが認容された。今後広く活用されるべきである。

2　訴訟要件

(1)　処分性

　差止めの訴えは、一定の処分または裁決（行訴3条7項）を差し止める訴訟類型であるから、前提として差止めを求める行政庁の行為に処分性または裁決性（3条2項）が必要である。処分性（裁決性）については、取消訴訟におけ

256

るのと同様である。

(2)　一定の処分または裁決をする蓋然性

(ア)　「一定の処分又は裁決」

　行訴法3条7項では、「一定の処分又は裁決」と規定しており、裁判所の判断が可能な程度に特定される必要がある。具体的な特定の程度は、問題とされる処分または裁決の根拠法令の趣旨および社会通念に従って判断すべきであるが、特定の必要性の限度を超えて過度に厳密な特定までは必要ではない（小林久起『行政事件訴訟法』186頁）。法令の規定の解釈の範囲内で想定でき、なされるであろう処分がそれなりに具体化されていればよい。

(イ)　蓋然性

　行訴法3条7項では、差止めの訴えの定義において「行政庁が一定の処分又は裁決をすべきでないにかかわらずこれがされようとしている場合において」と定めており、行政庁が一定の処分または裁決をする蓋然性があることも必要とされている。

(3)　原告適格

　行訴法37条の4第3項では、行政庁が一定の処分または裁決をしてはならない旨を命ずることを求めるにつき法律上の利益を有する者に限り提起することができるとするとし、4項では、法律上の利益の有無の判断については、9条2項の規定を準用している。

　差止めの訴えは、事前救済か事後救済かという点では取消訴訟と異なるが、いずれも処分または裁決の効力によって生ずる不利益の排除を求める訴えであるという点では共通なので、一定の処分または裁決の差止めの訴えを提起できるものの範囲は、その処分または裁決がされた場合にその取消しを求めることができるものの範囲と同様に考えることができる（小林久起・前掲書188頁）。

　原告適格判断に関して行訴法37条の4第4項では、9条2項が準用されることになっているが、同条判断については、最大判平成17・12・7（判タ1088号124頁）において、都市計画事業の周辺に居住する住民にも原告適格を認めているが、その趣旨は、差止めの訴えにおいても同様である。原告適格判断において、9条2項を用いたものとしては、産業廃棄物所分業の許可処分の差止めに関する大阪地判平成18・2・22（判タ1221号238頁）で、関係法令、周辺住民

〔第2部〕第9章　差止め訴訟

に生じる損害の内容・性質・程度、廃棄物処理法の規定の趣旨・目的、保護しようとしている利益内容・性質などを総合考慮して周辺住民への原告適格を認めている。

(4) 重大な損害を生ずるおそれ

差止めの訴えが適法となるには、一定の処分または裁決がされることにより重大な損害を生ずるおそれがあることが必要とされる。そして、重大な損害を判断するにあたっては、損害の回復の困難の程度を考慮し、損害の性質および程度並びに処分の内容および性質を考慮することとされる（行訴37条の4第2項）。

この要件は、平成16年改正前は、長野勤務評定判決（最判昭和47・11・30民集26巻9号1746頁）で示された「事前救済を認めないことを著しく不相当とする特段の事情」からすれば、より緩和されたものである。

この要件が設けられているのは、差止めの訴えが、取消訴訟と異なり、事前救済のための訴訟であるから事前救済を求めるにふさわしい救済の必要性に関する要件が要求されたのである。

この趣旨から「一定の処分又は採決がされることにより重大な損害を生ずるおそれがある場合」とは、それを避けるために事前救済としての当該処分または裁決の差止めという救済が必要な損害を生ずるおそれがある場合である。

そして、一定の処分または裁決がされることにより損害を生ずるおそれがある場合でも、当該損害がその処分または裁決の取消しの訴えを提起して行訴法25条2項に基づく執行停止を受けることにより避けることができるような性質であれば、重大な損害を生ずるおそれがある場合ではないとしている（小林久起・前掲書189頁、小早川光郎『行政法講義下Ⅲ』320頁）。この取消訴訟および執行停止では避けられない場合という解釈基準については、最判平成24・2・9（民集66巻2号183頁）において、示された。同判決では、行政庁が処分をする前に裁判所が事前にその適法性を判断して差止めを命ずるのは、国民の権利利益の実効的な救済および司法と行政の権能の適切な均衡の双方の観点から、そのような判断と措置を事前に行わなければならないだけの救済の必要性がある場合であるとし、「重大な損害を生ずるおそれ」がある場合とは処分がされることにより生ずるおそれのある損害が、処分がされた後に取消訴訟等を提起し

て執行停止の決定を受けることなどにより容易に救済を受けることができるものではなく、処分がされる前に差止めを命ずる方法によるのでなければ救済を受けることが困難であることを要するとされている。

　また、金銭賠償で対応しうる場合についても「重大な損害を生じるおそれ」は認められない。ただし、金銭賠償といっても原状回復ができず代替的な金銭賠償の場合には、「重大な損害」と認められるであろう（日本弁護士連合会行政訴訟センター編『実務解説行政事件訴訟法』104頁）。

　重大な損害を生じるおそれが認められた裁判例としては、性同一性障害を持つ受刑者の調髪処分の差止め（最判平成24・2・9民集66巻2号183頁）のほか、国家斉唱等を拒絶することを理由とする処分の差止め（東京地判平成18・9・21判時1952号44頁）、事業許可取消処分の差止め（東京地判平成18・10・20）、保険医療機関指定取消処分および保険医登録取消処分の差止め（大阪地判平成20・1・31判タ1268号152頁）やタクシー運賃変更命令処分および事業認可取消処分の差止め（大阪高判平成28・6・30判時2309号58頁）がある。前二者は、処分によって侵害を受ける権利が思想・良心の自由など精神的自由権にかかわるものであり事後的救済になじまないことを、後三者は、事業が社会的評価や信用を重要な基盤としていることから処分がされてしまってからでは、改めて従前と同規模の営業ができないことを理由として「重大な損害」を認めている。近時では、鞆の浦の景観権利等が侵害される旨主張して公有水面埋立法に基づく免許処分の差止めを求めた事案において、景観利益について回復困難な重大な損害が生ずるおそれがあるとして、原告らの請求を認め、行政処分の差止めを認めた（広島地判平成21・10・1判時2060号3頁）。景観利益を損害として認め、差止めを認めた意味で意義のある事件である。自衛隊機運航処分の差止めを求めた事件（最判平成28・12・8民集70巻8号1833頁）でも、航空機の発する騒音による聴取妨害や精神的作業の不快感をはじめとする精神的苦痛を反復継続的に受けることについて同要件を満たすと認めた。反復継続的な騒音についての精神的苦痛を重大な損害と認めた意味で同判決も同様に意義がある。

(5)　その損害を避けるため他に適当な方法がないこと（補充性）

　行訴法37条の4第1項ただし書では、損害を避けるため他に適当な方法があるときではないこと（補充性）が要件とされている。この要件は、一定の処分

〔第2部〕第9章　差止め訴訟

または裁決により重大な損害を生ずるおそれがある場合でもその損害を避ける
ほかに適当な方法がある場合には、差止め訴訟による事前救済の必要性がない
ために例外的に提起できないものとした。

　この要件に該当する場合については、差止めを求める処分の前提となる処分
があって、その前提となる処分の取消訴訟を提起すれば、当然に後続する差止
めを求める処分をすることができないことが法令上定められている場合をいう。
たとえば、国税徴収法90条3項、国家公務員法108条の3第8項、地方公務員
法53条8項、職員団体等に対する法人格の付与に関する法律8条3項などがあ
る（小林久起・前掲書191頁）。

　なお、差止めの訴えにおいて、損害の重大性の要件が満たされるのは事後的
な救済によったのでは適切な救済が得られない場合に他ならず、損害の重大性
の要件を満たす場合には、補充性の要件を満たすのが通常である。だからこそ、
本条では、非申請型義務付け訴訟（行訴37条の2第1項）におけるのと異なり、
補充性の要件を積極要件ではなくただし書で規定する消極要件としたのである。
よって、原告が訴訟提起しているのだから「重大な損害」の要件を満たす限り
補充性は満たしているとの推定が働く。

　また、民事訴訟や公法上の当事者訴訟の提起が可能な場合に補充性の要件を
満たさないことになるかが問題となるが、取消訴訟と執行停止という事後的救
済では十分な救済ができないことから設けられたのが差止め訴訟であるからた
とえ、このような訴訟の提起が可能であっても補充性の要件を満たさないとは
すべきではない（南博方・高橋滋編『条解行政事件訴訟法〔第3版〕』636頁）。

3　本案要件

　行訴法37条の4第5項では、行政庁が「処分若しくは裁決をすべきでないこ
とがその処分若しくは裁決の根拠となる法令の規定から明らかであると認めら
れ」、または「行政庁がその処分若しくは裁決をすることがその裁量権の範囲
を超え若しくはその濫用になると認められるとき」に裁判所は差止めの判決を
するとされている。

　前者は、差止めを求められている処分または裁決について、行政庁に裁量の
余地がないため、法令の規定に事実を当てはめることによって明白かつ当然に

260

処分または裁決をしてはならないと認められる場合をいう。後者は、差止めを求められている処分または裁決について、法令で行政庁に行政裁量が認められている場合に、具体的な事実関係の下でその処分または裁決をすることが、その裁量権の範囲を超えまたは濫用となると認められる場合である。そして、裁量権の範囲を超えまたは濫用となる場合については、裁量処分の取消しについて定める行訴法30条と同様の規定であることから基本的に取消しにおけるのと考え方は同じである（小林久起・前掲書193頁）。

その判断時点は、事実審の口頭弁論終結時である。

【書式30】 営業許可取消処分差止請求事件の訴状例

訴　　　状

令和〇〇年〇月〇日

〇〇地方裁判所　御中

原告訴訟代理人弁護士　〇　　〇　　〇　　〇　㊞

〒〇〇〇―〇〇〇〇　〇〇市〇〇町〇丁目〇番〇号
　　　　　　原　　　　　告　株　式　会　社　〇　〇
　　　　　　上記代表者代表取締役　〇　　〇　　〇　　〇
〒〇〇〇―〇〇〇〇　〇〇市〇〇町〇丁目〇番〇号〇〇ビル〇階
　　　　　　〇〇法律事務所（送達場所）
　　　　　　原告訴訟代理人弁護士　〇　　〇　　〇　　〇
　　　　　　電　話　　〇〇（〇〇〇〇）〇〇〇〇
　　　　　　ＦＡＸ　　〇〇（〇〇〇〇）〇〇〇〇
〒〇〇〇―〇〇〇〇　東京都千代田区霞が関１―１―１
　　　　　　被　　　　　告　　　　　国
　　　　　　上記代表者法務大臣　〇　　〇　　〇　　〇
〒１００―８９１６　東京都千代田区霞が関１―２―２
　　　　　　処　分　行　政　庁　　厚生労働大臣〇〇〇〇

〔第2部〕第9章 差止め訴訟

　　　営業許可取消処分差止請求事件

第1　請求の趣旨
　1　処分行政庁は，原告に対し，労働者派遣事業の適正な運営の確保及び派遣
　　労働者の就業条件の整備等に関する法律14条に基づく許可の取消処分をして
　　はならない。
　2　訴訟費用は，被告の負担とする。
　との判決を求める。

第2　請求の原因
　1　当事者等
　⑴　原告は，平成○年○月○日に設立され，令和○年○月○日には，一般労
　　働者派遣事業の許可を取得し，全国に○箇所の支店，○箇所の営業所を有
　　し，従業員○名，派遣労働者として○万名が登録を受け，現在約○千名が
　　企業に派遣され，実際に労働をしている。派遣先として登録されている企
　　業は，約○千社にのぼり，原告の年間純利益の大部分は，前記事業による
　　ものである。
　⑵㋐　原告○○営業所長Ｘは，令和○年○月○日午後11時頃から同月○日
　　　午前○時までの間，原告が雇用するＹ（当時15歳）を株式会社Ｚに派
　　　遣し，同社の作業に従事させたことで，令和○年○月○日，原告は，○
　　　○家庭裁判所に起訴され，○○家庭裁判所は，令和○年○月○日，原告
　　　に対して労働基準法61条1項，119条1号，121条1項，労働者派遣事業
　　　の適正な運営の確保及び派遣労働者の就業条件の整備等に関する法律44
　　　条3項，4項に該当するとして罰金○万円の刑に処するとの判決を言い
　　　渡した。
　　　㋑　原告は，上記⑴に対して，○○高等裁判所に控訴したが，○○高等裁
　　　　判所は，令和○年○月○日，原告の控訴を棄却する判決を言い渡した。
　　　㋒　原告は，上記⑵に対して，最高裁判所に上告の申し立てをした。
　2　労働者派遣事業に関する許可及び許可取消し
　⑴　労働者派遣事業の適正な運営の確保及び派遣労働者の就業条件の整備等
　　に関する法律（以下「労働者派遣法」という）6条

262

労働者派遣法 5 条では，一般労働者派遣事業を行おうとする場合には，厚生労働大臣の許可を受けなければならないとされ，許可の際の欠格事由として，6 条で規定する。6 条では，1 号において刑法208条の罪を犯したことにより，罰金刑に処せられ，その執行を終わった日から起算して 5 年を経過しない者を許可の欠格事由と定めている。

(2) 労働者派遣法14条

労働者派遣法14条 1 項 1 号では，一般派遣元事業主が同法 6 条各号に該当する場合に，厚生労働大臣は，派遣事業に関する許可を取り消すことができると規定する。

3 処分の蓋然性

本件におけるような処分の差し止めの訴えにおいては，行政庁が一定の処分をなすべきでないのに，これがされようとしている場合に認められるものであり，処分の蓋然性が必要とされている。

本件において，処分行政庁の所部担当者は，本件刑事事件において，原告が罰金刑に処せられたような場合，原告に対する労働者派遣事業の許可は必ず取り消す方針である旨再三説明している。原告は，その刑事事件について，第一審で有罪判決，控訴審でも控訴棄却の判決を受けており，有罪判決が労働者派遣法14条 1 項 1 号，6 条 1 号で許可取消事由に該当することから，処分行政庁が事業許可取消を行うことはほぼ確実である。

したがって，原告に対して，処分行政庁が事業許可取消処分を行う相当の蓋然性が認められる。

4 重大な損害を生ずるおそれの存在

原告は，1 で述べたような規模・態様で一般労働者派遣事業を中心に営んでおり，その事業遂行にあたっては，社会的評価や信用がその重要な経営上の前提となっている。事業許可取消処分が行われると，その経営上の基盤に甚大な影響が生じることとなる。これは，事後的に処分が取り消され，あるいは執行停止が認められたとしても取引先や派遣労働者との間での契約関係を継続できないことなど従前と同規模・態様での営業活動を行うことができないおそれが存在するだけではなく，営業活動を継続すること自体が不可能になるおそれも存在する。このことは，金銭賠償が行われ，それによって有形・無形の損害を填補されたとしても同様である。

5 許可取消しの違法性（裁量の逸脱）

263

〔第2部〕第9章　差止め訴訟

(1)　労働者派遣法14条1項1号は，必要的許可取消事由を規定しているのではなく，処分行政庁が個々の事案ごとに刑罰に処せられた行為の性質・態様，当該業者が労働者派遣事業を継続した場合の弊害発生のおそれ，許可が取り消された場合の当該業者その他利害関係人の被る不利益等を総合的に勘案した上，例外的に許可を取り消さないことをその裁量に基づいて決しうるものである。

(2)　本件では，…………（中略）

(3)　よって，処分行政庁が本件で原告に対して，事業許可取消処分を行うことは，その裁量権の範囲を逸脱するものである。

6　結語

　　以上のとおり，本件で原告に対して一般労働者派遣事業許可を取り消すべきではなく，請求の趣旨のとおりの判決を求め，本訴に及んだものである。

【書式31】　砂利採取計画認可差止請求事件の訴状例

訴　　　状

令和○○年○月○日

○○地方裁判所　御中

原告訴訟代理人弁護士　　○　○　○　○　㊞

〒○○○―○○○○　○○市○○町○丁目○番○号
　　　　　　　　　原　　　　　告　　○　○　○　○
〒○○○―○○○○　○○市○○町○丁目○番○号○○ビル○階
　　　　　　　　　○○法律事務所（送達場所）
　　　　　　　　　原告訴訟代理人弁護士　　○　○　○　○
　　　　　　　　　電　話　○○（○○○○）○○○○
　　　　　　　　　ＦＡＸ　○○（○○○○）○○○○
〒○○○―○○○○　○○県○○市○○町○―○―○

被　　　　　告　○　○　県

同県知事　○○○○

〒○○○—○○○○　○○県○○市○○町○丁目○番○号

処　分　行　政　庁　○○県県土整備事務所長

砂利採取計画認可差止請求事件

第1　請求の趣旨

1　処分行政庁は，原告に対し，○○県○○市大字○○における砂利採取につ
いて，株式会社××その他の者に対する砂利採取法16条による砂利採取の認
可をしてはならない。

2　訴訟費用は，被告の負担とする。

との判決を求める。

第2　請求の原因

1　当事者等

⑴　原告は，砂利採取の認可の対象となっている○○県○○市大字○○の土
地の所有者である。

⑵　砂利採取の認可を受けようとしている株式会社××は，盛土整地工事な
どに業務を目的とする株式会社である。同社は，昭和○○年に○○県知事
によって，砂利採取業者として登録されている。

2　処分行政庁による砂利採取認可

⑴　処分行政庁である○○県県土整備事務所長は，○○県○○市大字○○に
ついて，令和○○年○○月○○日，指令第○○号により株式会社××に対
し，砂利採取法16条により，その砂利採取計画を認可した。

⑵　本件認可の内容は，採取期間を令和○○年○○月○○日から令和○○年
○月○日まで，採取する砂利の種類及び数量を砂○万立法メートル，土そ
の他○万平方メートル，総数量○万立方メートル，堀削または切土をする
土地の面積及び深さを面積○千平方メートル，堀削深○メートル，砂利の
採取のための機械の種類及び数をバックホウ○台，ブルドーザー・タイヤ
シャベル○台，大型ダンプトラック○台とするものである。

3　処分の蓋然性

株式会社××は，昭和××年以降，毎年，○○県県土整備事務所長に対し

〔第2部〕第9章　差止め訴訟

て，本件土地での砂利採取認可申請をし，認可を受けることで毎年砂利採取が行われており，令和○○年以降も継続的に認可申請がされ，認可がされることはほぼ確実である。

4　重大な損害を生ずるおそれ

(1)　重大な損害を生ずるおそれ

　　差止めの訴えの訴訟要件については、当該処分がされることにより「重大な損害を生ずるおそれ」があることが必要であり（行政事件訴訟法37条の4第1項）、その有無の判断にあたっては、損害の回復の困難の程度を考慮するものとし、損害の性質及び程度並びに処分の内容及び性質をも勘案するものとされている（同条2項）。

　　行政庁が処分をする前に裁判所が事前にその適法性を判断して差止めを命ずるのは、国民の権利利益の実効的な救済及び司法と行政の権能の適切な均衡の双方の観点から、そのような判断と措置を事前に行わなければならないだけの救済の必要性がある場合であることを要するものと解される。よって、「重大な損害を生ずるおそれ」があると認められるものは、処分がされることにより生ずるおそれのある損害が、処分がされた後に取消訴訟等を提起して執行停止の決定を受けることなどにより容易に救済を受けることができるものではなく、処分がされる前に差止めを命ずる方法によるのでなければ救済を受けることが困難なものである場合である（最判平成24年2月9日）。

(2)　被害の深刻化

　　砂利採取法は，1条の目的で規定されているように、①砂利採取に伴う災害を防止し，②砂利採取業の健全な発展に資することにある。しかるに，株式会社××による継続的な採取により，本件土地の砂利山が失われ，原告が本件土地をその用途として使用できなくなるほか近隣土地への山崩れの危険性が高まっている。既に原告には重大な損害が生じている。

(3)　取消訴訟（執行停止）との関係

　　本件砂利採取認可は，数カ月の採取期間をもって許可期間としており，個々の認可に対して，取消訴訟を提起したとしても結審までに認可期間が経過し，狭義の訴えの利益の喪失により司法救済を受けることができなくなる蓋然性が類型的に高い。よって，個別の認可処分に対する取消訴訟では何ら抜本的解決を得ることができない。

266

3　本案要件

5　認可の違法性

・・・・・・・・・・

6　結論

よって，原告は，○○県県土整備事務所長による本件土地についての砂利採取法16条による採取計画の認可の差止めを求める次第である。

【書式32】　遺族厚生年金支給裁定取消処分差止請求事件の訴状例

訴　　　状

令和○○年○月○日

○○地方裁判所　御中

原告訴訟代理人弁護士　　○　○　○　○　㊞

〒○○○─○○○○　○○市○○町○丁目○番○号
　　　　　　　　　　原　　　　　告　　○　○　○　○
〒○○○─○○○○　○○市○○町○丁目○番○号○○ビル○階
　　　　　　　　　　○○法律事務所（送達場所）
　　　　　　　　　　原告訴訟代理人弁護士　　○　○　○　○
　　　　　　　　　　電　話　○○（○○○○）○○○○
　　　　　　　　　　ＦＡＸ　○○（○○○○）○○○○
〒○○○─○○○○　東京都千代田区霞が関１─１─１
　　　　　　　　　　被　　　　　告　　　国
　　　　　　　　　　上記代表者法務大臣　　○　○　○　○
〒１００─８９４５　東京都千代田区霞が関１─２─２
　　　　　　　　　　処　分　行　政　庁　　社会保険庁長官

遺族厚生年金支給裁定取消処分差止請求事件

第1　請求の趣旨

〔第2部〕第9章　差止め訴訟

1　処分行政庁は，原告に対し，遺族厚生年金支給裁定の取消処分をしてはならない。

2　訴訟費用は，被告の負担とする。

との判決を求める。

第2　請求の原因

1　当事者

(1)　原告は，亡Sの妻である。Sは，平成○年○月○日に死亡した。

　　原告とSは，平成○年頃から別居しているが，Sは原告に対し，毎月○万円の生活費等の仕送りを欠かさず行ってきた。

　　原告は，Sの死亡に伴い，令和○年○月○日に社会保険庁長官に対して，遺族厚生年金を申請したところ，厚生年金保険法33条により，平成○年○月○日に，社会保険庁長官は，原告に対して遺族厚生年金の支給裁定をした。その後，原告は，現在に至るまで遺族厚生年金の支給を受けている。

(2)　Tは，令和○年頃からSと同居して生活をしてきたものである。Tは，「Sの死亡当時，原告とSの婚姻関係は破綻しており，実質的な配偶者は自分である」と主張している。

2　遺族厚生年金支給裁定

(1)　厚生年金保険法33条

　　保険給付を受ける権利は，厚生年金保険法33条によって，受給権者の請求に基づいて社会保険庁長官が裁定するものとされる。

(2)　受給権者

　　遺族厚生年金は，被保険者が死亡したときにその者の遺族に対して支給するとされる（厚生年金保険法58条1項1号）。

　　そして，遺族厚生年金を受けることができる遺族とは，①被保険者または被保険者であった者の配偶者，子，父母，孫又は祖父母であって，②被保険者または被保険者であった者の死亡当時，その者によって生計を維持した者とされる（同法59条1項1号）。なお，同法で定める「配偶者」には，婚姻の届出をしていないが事実上婚姻関係と同様の事情にあるものを含む（同法3条2項）。

3　処分の蓋然性

(1)　本件におけるような処分の差止めの訴えにおいては，行政庁が一定の処分をなすべきでないのに，これがされようとしている場合に認められるも

のであり，処分の蓋然性が必要とされている。

(2) Ｔは，令和○年○月頃に「Ｓの死亡当時，原告とＳの婚姻関係は破綻しており，実質的な配偶者は自分である」と主張し，○○社会保険事務所を通じて遺族厚生年金の申請をした。

原告は，令和○年○月○日に社会保険庁に自らの事情を説明したうえで遺族厚生年金の取扱について相談したところ，同庁の担当者は，「あなたとＳの別居状態が○年に及んでおり既にあなたとＳの婚姻関係が形骸化しているので，Ｔへの支給裁定がされる可能性は高い。そして，Ｔへの支給が認められると原告に対する遺族厚生年金の支給裁定は取り消され，既支給分も返還を求められることになるのではないか」と説明した。

本件において，Ｔが遺族厚生年金の申請をしており，Ｔへの支給裁定がされると原告に対する支給裁定について，処分行政庁が取消しを行うことはほぼ確実である。

したがって，原告に対して，処分行政庁が遺族厚生年金支給裁定取消処分を行う相当の蓋然性が認められる。

4 重大な損害を生ずるおそれの存在

原告は，Ｓの生前からＳの収入によって生活してきたものであり，他に収入はなかった。Ｓの死亡後も原告の生活は，遺族厚生年金によってなしてきたものであり，支給裁定を取り消されることは，原告としては，生計を維持していくことができなくなる。

原告への支給裁定取消しを事後的に取り消し，執行停止を認められたとしても，原告は，一旦支給裁定が取り消されることで，生活を継続すること自体が不可能になるおそれが高い。このことは，金銭賠償が行われたとしても填補できない。

5 取消の違法性

本件では，・・・・・・・・・・・(中略)

6 結語

以上のとおり，本件で原告に対して，遺族厚生年金支給裁定を取り消すべきではなく，請求の趣旨のとおりの判決を求め，本訴に及んだものである。

(本章担当・辻本雄一)

〔第２部〕第10章　仮の救済

第10章　仮の救済

1　総　説

(1)　仮の救済制度の意義

　行訴法25条１項は、「処分の取消しの訴えの提起は、処分の効力、処分の執行又は手続の続行を妨げない」と規定し、執行不停止の原則を採用している。

　その結果、行政処分に対する取消しの訴えの提起は、行政処分の効力には影響がないため、本案判決前に、処分の執行や手続が終了してしまうと、判決の意味がなくなってしまう。

　そこで、本案判決前に国民の権利・利益を仮に救済するため、行政処分の効力を停止し、その進行を止める制度が執行停止であり、行政処分がなされること自体を仮に差し止める制度が仮の差止めである。

　また、たとえば授益的行政処分の拒否処分については、執行停止がなされても処分を受けたものにとってはその不利益が救済されたことにはならないので、行政庁に対して一定の処分または裁決をなすよう仮に義務付けるための制度が仮の義務付けである。

　行訴法が認めている仮の救済制度は、以上の執行停止（行訴25条２項）、仮の差止め（同法37条の５第２項）、仮の義務付け（同条１項）の３つである。

　これら３つの仮の救済制度は、すべて適法な本案訴訟の提起・係属が前提となっており、その本案訴訟は執行停止が処分取消しの訴え、裁決取消しの訴え〔同法29条〕、無効等確認の訴え（同法38条３項）、そして仮の差止めが差止めの訴え、仮の義務付けが義務付けの訴えである。

　また、仮の救済は、裁判所が職権ですることはできず、訴訟提起者の申立てがあって初めて判断がされるものである。

270

⑵　**仮の救済制度改正の経緯**

　行訴法44条は「行政庁の処分その他公権力の行使に当たる行為については、民事保全法に規定する仮処分をすることができない」と規定している。

　この規定は、一般的には、行政処分について民事保全法の仮処分を排除したものと理解されてきたため、行政処分について民事保全法上の仮処分としての仮の差止めや仮の義務付けが認められにくく、国民の権利、利益の救済に欠けるところがあった。たとえば、神戸地尼崎支決昭和48・5・11（判時702号18頁）、熊本地判昭和55・4・16（判時965号28頁）、札幌地決昭和50・3・19（判タ325号263頁）など地裁レベルでは行政処分について仮処分を許容したものがあるものの、広島高決平成4・9・9（判時1436号38頁）は、国道のバイパス事業が計画され、道路の区域変更決定がなされた段階で、道路建設予定地の周辺住民が、将来発生する蓋然性のある騒音等による被害を防止するために道路建設工事の禁止等を求めて行った仮処分申請を、行訴法44条の趣旨に照らして不適法であると判示していた。

　そこで、平成16年の法律改正により、差止めの訴えや義務付けの訴えが新設されたことに伴い、国民の権利・利益の実効的な救済を図るべく仮の差止めや仮の義務付けが新設されることになった。

　また、執行停止の制度も、個々の事案ごとの事情に即した適切な判断が確保されるようにするため、平成16年の改正により、「回復困難な損害を避けるため緊急の必要があるとき」という要件を「重大な損害を避けるため緊急の必要があるとき」と改め（同法25条2項）、さらにその判断をする際の考慮事項を定める（同条3項）ことによって、執行停止の要件を緩和し、より利用しやすい制度にした。

　なお、仮の救済についての総合的検討は、前掲斎藤浩『行政訴訟の実務と理論〔第2版〕』509頁～596頁を参照されたい。

2　執行停止

⑴　**意　義**

　執行停止とは、処分の取消しの訴えの提起があった場合に、処分、処分の執行、または手続の続行により生ずる重大な損害を避けるため緊急の必要がある

〔第2部〕第10章　仮の救済

とき、裁判所が処分の効力、処分の執行または手続の続行の全部または一部を
停止することをいう（行訴25条2項）。

　これは、現行法が執行不停止原則を採用していることから生ずる国民の権利
救済の実効性という面からの不都合を救済するため、例外として設けられたも
のである。

　なお、執行停止は、裁決取消しの訴えおよび無効等確認の訴えを提起した場
合にも認められていることは前述のとおりである。

　(2)　**要　件**

執行停止には以下の5つの要件が必要である（行訴25条2項〜4項）。

これらの要件のうち、①〜③は積極要件、④、⑤は消極要件である。

①　取消訴訟が係属していること

　　執行停止は、本案訴訟の付随手続と位置付けられているので、その申立
　てには本案訴訟が提起され、係属していることが必要である。

②　処分の効力が存在し、これを停止することによって現実に権利の保全が
　図られること

　　退去強制の執行、建物除去の代執行等は一度執行されれば完了してしま
　うものなので、その執行後にこれを停止する意味はない。また、新規の許
　認可申請に対する拒否処分のような積極的効果を生じさせない処分に対し
　ては、これを停止する実益はない（たとえば、公民館の利用許可申請に対す
　る不許可処分について執行停止したところで利用できる地位が与えられること
　にはならない。これについては、仮の義務付けの訴えを利用すべきである）。し
　たがって、このような処分について執行停止はできない。

③　重大な損害を避けるため緊急の必要があること

　　前述のように、平成16年の改正で、従来「回復困難な損害」とされてい
　たものが「重大な損害」に緩和された。この「重大な損害」に該当するか
　否かについては、原状回復の可能性、金銭賠償の可能性も考えると、必ず
　しも回復の困難な損害に当たらない場合でも、具体的状況の下において、
　損害の回復の困難の程度、損害の性質および程度並びに処分の内容および
　性質も勘案して判断されることになる（同条3項）。

　　ここに言う「損害の回復の困難の程度」とは、取り返しのつかない損害

272

という意味ではなく、「回復が容易でないとみられる程度の損害」（東京地決平成15・10・3判時1835号34頁）、または「実質的に填補されないと認められる場合」（東京高決平成15・12・25判時1842号19頁）といった程度の意味である（『改正行政事件訴訟法研究』ジュリ2005・3増刊178頁（斎藤浩発言））。

「損害の性質」は、金銭的損害、人身の自由に対する損害、学習権に対する損害など、損害それ自体の性質によって、その後の金銭賠償の実効性も異なることから考慮事項とされている。また、「損害の程度」とは損害の規模をみることである（室井力他『コンメンタール行政法Ⅱ—行政事件訴訟法・国家賠償法〔第2版〕』297頁〔市橋克哉〕）。

「処分の内容」とは、得られる利益（公益等）がどのようなものか、処分を行う緊急性・必要性がどの程度あるかなどを見て処分の内容を検討することであり、「処分の性質」とは、処分を即時に行わなければ事後的に同様の効果を得ることがどの程度困難になるか、処分が地域住民等法律上の利益を有する第三者を含む多数の関係者に対してどのような性質を有する利益をどの程度及ぼすか等をいう（室井力他・前掲書298頁）。

なお、通常は、「重大な損害」が認められれば「緊急の必要」が認められるといえるので、「緊急の必要」と「重大な損害」は一体的に捉えてよい。

④　執行停止が公共の福祉に重大な影響を及ぼすおそれがあるときは、することができない

この要件が問題となる場面はそう多くない。「重大な損害」の中で公共の福祉に当たる要素が既に考慮されているし、公共の福祉を理由に執行停止を認めないことは国民の権利救済という趣旨からは望ましくないからである。なお、この要件に該当するとされた事例としてはデモ行進の不許可（京都地決昭和44・1・28行集20巻1号91頁）や土地区画整理関係の処分（横浜地決昭和53・8・4行集29巻8号1409頁）がある。

⑤　本案について理由がないとみえるときは、することができない

執行停止は、原告が本案訴訟で勝訴するまでの間の勝訴を前提とした暫定的措置であるから、勝訴の見込みがない場合にはこれを認める必要がない。そこで、この要件が必要となる。

273

〔第 2 部〕第10章　仮の救済

　　この「本案に理由がないとみえるとき」については、「執行停止の申立
　が主張自体明らかに不適法または理由がない場合であるとか、その主張を
　裏付ける疎明が全くないか、又はあってもいまだこれを裏付けるに十分で
　ない結果、本案請求の理由のないことが明らかである場合を言うものと解
　すべく、処分の違法性の疑いが多少とも存するとき、もしくは本案の理由
　の存否がいずれとも決し難い不明の場合は、同条項に該当しないものと解
　するのが相当である」（仙台高決昭和51・5・29行集27巻5号812頁）とされて
　いる。

(3)　手続・効力

　　㋐　手　続

　執行停止の申立ての管轄裁判所は、本案の係属する裁判所である（行訴28
条）。

　執行停止の決定は、疎明に基づいてなされ（同法25条5項）、口頭弁論を経
ないですることができるが、この場合は、事前に当事者の意見を聞く必要がある
（同条6項）。

　積極要件については原則として申立人に主張・疎明の責任があり、消極要件
のうち「公共の福祉に重大な影響を及ぼすおそれがある」については相手方に
主張・疎明の責任がある。「本案について理由がないとみえる」ことについて
は、原則として相手方が主張・疎明すべきであるが、執行停止の申立ての対象
となっている処分が裁量処分であり、裁量権の踰越・濫用を取消事由として争
う場合は申立人が主張・疎明すべきであると解するのが通説である（南博方編
『注釈行政事件訴訟法』236頁〔藤井俊彦〕、南博方・高橋滋編『条解行政事件訴訟法
〔第3版〕』478頁〔金子正史〕）。

　執行停止の申立てに対する決定には即時抗告をすることができる（同条7
項）。

　執行停止の決定が確定した後に、その理由が消滅し、その他事情が変更した
ときは、裁判所は、相手方の申立てにより、決定をもって、執行停止の決定を
取り消すことができる（同法26条1項）が、この取消しの決定とその不服に関
する手続について上記の手続に関する規定が準用されている（同条2項）。

274

(イ)　効　力

　裁判所は上記のような要件を満たすと考えるときは、決定をもって「処分の効力、処分の執行、又は手続の全部又は一部の停止をすることができる」（同法25条2項本文）。

　処分の効力停止とは処分自体の効力を停止すること、処分の執行の停止とは処分に基づく執行を停止すること（たとえば、建物除去命令に基づく代執行の停止）、手続の全部または一部の停止とは先行処分に続く後行処分の手続の停止のこと（たとえば、課税処分に続く滞納処分の手続の停止）をいう。

　なお、国民の権利利益にとって必要な範囲で執行停止を認めればよいから、「処分の効力の停止は、処分の執行又は手続の続行の停止によって目的を達することができる場合にはすることができない」（同条2項ただし書）。

　また、執行停止の決定に対する即時抗告は、その決定の執行を停止する効力がない（同条8項）。

　事情変更による執行停止の取消決定およびその不服に対する決定についても執行停止効がない（同法26条2項、25条8項）。

　また、執行停止決定は、その事件について、当事者たる行政庁その他関係行政庁を拘束する（同法33条4項）。

(4)　**内閣総理大臣の異議**

　内閣総理大臣の異議とは、内閣総理大臣が、執行停止の申立てや執行停止決定がなされた場合、裁判所に対して異議を述べることをいう（行訴27条1項）。これは、執行停止による行政の遅滞を回避し、ひいては公共の福祉を実現するために設けられた制度であると説明されているが、その濫用を防止すべく、異議を述べることができる場合が限定されている（同条6項）。

　この制度について、東京地判昭和44・9・26（行集20巻8・9号1141頁）は執行停止は本来的な行政作用の司法権への移譲であるし、裁判官の判断へ影響しないから憲法76条1項・3項および32条に反しないとする（なお、最大決昭和28・1・16民集7巻1号12頁も参照）が、学説ではこれを違憲とする見解が有力に主張されている。

(5)　**執行停止制度の問題点**

　執行停止制度には、①授益的行政処分の拒否処分については執行停止が機能

〔第 2 部〕第10章　仮の救済

しない、②執行停止の要件が厳格である、③内閣総理大臣の異議という制度が
存在する、④執行不停止が原則とされているなどの問題があると言われてきた
（芝池義一『行政救済法講義〔第 3 版〕』107頁〜110頁）。

　これらの問題のうち、①、②については平成16年の行訴法改正により一応解
決された。しかし、③についての憲法上の疑義は未だ払拭されてはいないし、
④の執行不停止の原則は維持されたままである。

　わが国で、執行不停止原則を採用したのは、行政活動の円滑性を保障するた
めであると説明されている。そして、この原則は、処分の適法性について、行
政側の主張と私人の主張とが対立したときに行政側の主張の方が信頼できると
いう考え方を前提にしている。

　しかし、このような考え方は、近代法治国家原理から要請される法律による
行政の原則からしても妥当とはいえない。そもそも、処分が違法な場合に、私
人の受けるダメージは大きいし、行政活動の円滑性を保障する必要はない。ま
た、諸外国の例を見ても、ドイツや韓国のように執行停止を原則とする国が存
在する。このような観点から、日弁連も平成16年の行訴法改正にあたっては、
執行不停止原則の撤廃を強く主張してきた（日本弁護士連合会2003年 3 月13日
「行政訴訟制度の抜本的改革に関する提言」）が、実現するには至らなかった。

　(6)　**裁判例**

　執行停止に関する裁判例は多岐にわたる行政処分について存在する。平成16
年の行訴法改正前の裁判例のうち、そのいくつかを例示すると、裁判を受ける
権利との関係のものとして最決昭和52・3・10（裁判集（民）120号217頁・強制
送還執行停止事件）、給付申請に対して申立ての利益を欠くとした大阪高決平成
3・11・15（行集42巻11・12号1788頁・筋ジストロフィー患者公立高校入学不許可執
行停止事件）、集団示威運動の不許可処分の効力停止が認容された東京地決昭
和42・11・27（行集18巻11号1485頁）、外国人の在留期間更新の拒否処分に対す
る執行停止を認めた東京地決昭和45・9・14（行集21巻 9 号1113頁・マクリーン
執行停止申立事件）などがある（なお、平成16年の法改正前においても、多種・多
様な処分について執行停止の裁判例があったことについては、「改正行政事件訴訟研
究」ジュリ2005年 3 月増刊号177頁の斎藤浩発言と斎藤メモを参照されたい）。

　また、平成16年の行訴法改正の施行日である平成17年 4 月 1 日以降、平成23

276

年3月現在までの間の執行停止に関する裁判例を参考のため以下に列挙しておく。改正前には消極であった経済的理由についても重大な損害とされるケースが増えている。

① 東京地決平成17・4・26（裁判所ウエブ）　医師免許取消処分の効力停止の申立てを却下

② 福岡地決平成17・5・12（判タ1186号115頁）　旅客定期航路事業の執行停止命令の効力停止（一部認容、一部却下）

③ 福岡高決平成17・5・31（判タ1186号110頁）　上記②決定に対する抗告棄却

④ 千葉地決平成17・8・29（裁判所ウエブ）　社会福祉事業の停止命令の効力停止

⑤ 東京地決平成17・9・29（裁判所ウエブ）　中国籍の外国人に対する退去強制令書の発布処分の執行停止（一部認容、一部却下）

⑥ 東京地決平成17・11・25（裁判所ウエブ）　退去強制令書の収容部分につき執行停止決定から3カ月後の日までの限度で停止

⑦ 東京高決平成18・1・19（裁判所ウエブ）　上記④決定に対する抗告、執行停止申立て却下

⑧ 大阪地決平成18・1・25（判タ1221号229頁）　ホームレスに対する都市公園法に基づく除去命令の執行停止申立ての却下

⑨ 大阪高決平成18・1・29（裁判所ウエブ）　上記⑧に対する抗告、執行停止申立て却下

⑩ 甲府地決平成18・2・2（裁判所ウエブ）　保険医療機関の指定および保険医の登録の各取消処分の効力停止

⑪ 名古屋地決平成18・7・20（裁判所ウエブ）　周辺住民による国土交通大臣の勝舟投票券の場外発売所の設置確認の効力停止申立てを、原告適格がないとして却下

⑫ 東京高決平成19・12・18（判時1994号25頁）、最決平成19・12・18（判時1994号21頁）　弁護士の3カ月の業務停止処分につき社会的信用低下、業務上の信頼関係毀損等の損害を重大な損害とし認容

⑬ 広島地決平成20・11・21（裁判所ウエブ）　80日の営業停止による営業

〔第2部〕第10章　仮の救済

悪化を重大な損害と認めたが、抗告審の広島高決平成21・2・12（裁判所ウエブ）は逆転させた

【書式33】　執行停止申立書例（上記④の事例による）

執行停止申立書

令和○○年○月○日

○○地方裁判所　御中

申立人代理人弁護士　○　○　○　○　㊞

当事者の表示

別紙当事者目録（略）記載の通り

行政処分執行停止申立事件

第1　申立ての趣旨

1　処分行政庁が平成○○年○月○日付けで申立人に対してした社会福祉法72条1項の規定による第二種社会福祉事業の停止命令は，本案事件の判決確定までその効力を停止する。

2　申立費用は被申立人の負担とする。

との決定を求める。

第2　申立ての理由

1　経過，処分

(1)　申立人は，平成○○年○月○日，処分行政庁に対し，社会福祉法（以下「法」という）2条3項8号の第二種社会福祉事業（生計困難者のために，無料または低額な料金で，簡易住宅を貸し付け，または宿泊所その他の施設を利用させる事業。以下，同号の事業を「無料低額宿泊事業」といい，申立人が届け出た事業を「本件事業」という）を開始し，次のとおりの内容で，法69条1項の規定による届出をした。

経営者の名称　○○代表A

主たる事務所の所在地　○県○郡○番地

事業の種類および内容　生活困窮者の方達への衣・食・住を提供するための宿泊所の運営事業

(2)　申立人は，平成○○年○月○日付けで，法2条3項8号の「宿泊所」（以下「無料低額宿泊施設」という）とするため，○県○郡○○町○○584ほか所在の2階建ての建物（以下「本件建物」という）を，賃料月額40万円，権利金300万円，期間平成○○年2月14日までの約定で，賃借した（以下「本件賃貸借契約」という）。

(3)　申立人は，本件建物を無料低額宿泊施設とするため，平成○○年2月ころから，400万円の費用をかけて本件建物の1階部分の内装工事をし次いで，同年3月ころから，約170万円の費用をかけて本件建物の2階部分の内装工事をした。

　　申立人は，前記内装工事代を含めて，本件建物を無料低額宿泊施設とするために約650万円の費用を支出した。

(4)　申立人は，現在従業員らに月額合計30万円の給料を支払っている。

(5)　処分行政庁は，平成○○年4月1日，申立人に対し，法70条の規定による報告の求めとして報告書の提出を求め，また，次のとおりの内容で，行政手続法30条の規定による弁明の機会を付与する旨の通知をした。

　　予定される不利益処分の内容　第二種社会福祉事業の停止命令

　　不利益処分の根拠となる法令の条項　法72条1項

　　不利益処分の原因となる事実　別紙6「不利益処分の原因となる事実」
　　　　　　　　　　　　　　　　記載のとおり

(6)　申立人は，平成○○年4月11日ころ，処分行政庁に対し，前記の報告書の提出の求めに応じて別報告書を提出し，また，「弁明書」記載のとおりの内容の行政手続法29条1項の弁明書を提出した。

(7)　処分行政庁は，平成○○年4月20日付けで，申立人に対し，処分理由を別紙（略）記載のとおりとして，本件事業の停止を命ずる旨の法72条1項の規定による第二種社会福祉事業の停止命令（以下「本件処分」という）をした。

(8)　申立人は，本件事業は，宿泊所の利用者に対して，その費用に十二分に見合う居住環境，食事を提供するものであって，申立人は，不当な営利を図っておらず，また，宿泊所の利用者の処遇につき不当な行為をしていな

〔第2部〕第10章　仮の救済

いなどと主張して，平成○○年6月2日，当庁に本件処分の取消しを求める本案の訴えを提起し，同月13日，本件申立てをした。

2　重大な損害を避けるため緊急の必要がある（行政事件訴訟法25条2項）

　　申立人勝訴の本案判決確定後に申立人が本件事業を再開するためには，それまでの間，申立人は，本件賃貸借契約を維持して，本件建物の賃料（月額40万円），従業員の給料（現在月額30万円）等を負担し続けなければならないが，申立人は，本件処分の効力が停止されない限り，本件事業を経営することができないため，本件建物を利用する者から，その利用の対価等の支払を受けることができない。

　　また，申立人は，前記のとおり，本件建物を無料低額宿泊施設とするために約650万円の費用を支出し，本件建物の賃貸借契約において権利金300万円を支出しているところ，前記賃料を支払うことができずに，本件賃貸借契約が解消された場合には，これらの費用がすべて損害となるのみならず，仮に本案判決において本件処分が取り消された場合であっても，再び本件建物の賃貸借契約を締結するなどして，本件事業を再開することは困難といえる。

　　さらに，申立人は，本件事業の再開のため，本件事業による収入のない状態で前記賃料月額40万円や従業員の給料月額30万円の経済的負担をしている状況にあるから，損害を避けるため緊急の必要もあるといえる。

　　したがって，本件処分により生ずる重大な損害を避けるため緊急の必要がある。

3　本案について理由がないとは言えない（行政事件訴訟法25条4項）

　　申立人は，処分行政庁に対して，本件建物の利用者からの徴収額を寮費4万円，食費4万5000円のみとする趣旨であることを口頭で説明し，申立人と本件建物の利用者との間の入居契約書（甲28ないし30）上も，入居費1か月4万円，食事代1か月4万5000円としている。

　　そして，利用者は，食堂の飲料を消費し，浴室の石けん，備え付けの衣服，薬品等を使用することができるのであって，寮費4万円には，このような生活必需品の利用料等が含まれており，また，利用者は別途水道光熱費を支出する必要はなく，施設内の電話の使用料も基本的には無料である。

　　これらの事情は，申立人が「その事業に関し不当に営利を図り，若しくは福祉サービスの提供を受ける者の処遇につき不当な行為をした」（法72条1項）ものでないことは明らかである。

280

証　拠　資　料

・・・・・・・・・・・・・・・・・・・・・・・・・・・・・・・・・

添　付　書　類

・・・・・・・・・・・・・・・・・・・・・・・・・・・・・・・・・

(注)

① 申立ての趣旨1項においては、執行停止を求めるのが、処分の効力の停止、処分の執行の停止、手続の全部または一部の停止のいずれであるかを明らかにする必要がある。

　また、本案訴訟が裁決取消しの訴え、あるいは無効等確認の訴えであるときは、その内容に応じて、申立ての趣旨および申立ての理由を変える必要がある。

② 申立ての理由3の審査請求の経由は、審査請求の経由が必要とされている行政処分の場合についてのみ記載が必要である。

③ 申立ての理由4の本件処分の違法性に関しては、前述のとおり、「本案について理由がないとみえる」ことについては、原則として相手方が主張し、疎明すべきであるが、執行停止の申立ての対象となっている処分が裁量処分であり、裁量権の踰越・濫用を取消事由として争う場合は申立人が主張・疎明すべきであると解するのが通説である。したがって、執行停止申立ての対象が裁量処分の場合は、申立人の側でこの点について主張・疎明するために記載する必要がある。

④ 申立ての理由5の重大な損害の発生およびこれを避けるための緊急の必要性については、損害の回復の困難の程度、損害の性質および程度、処分の内容および性質等の諸事情をも考慮要素として記載する。

⑺　分析〜最高裁の判例

決定―抗告（即時抗告）―許可抗告、特別抗告というしくみのため、最高裁の判断はわずかである。

強制起訴の最決平成22・11・25（裁判所ウエブ）は、最高裁が行政事件として扱わない判断をしている。また留寿都村議会の最決平成29・12・19（裁判所ウエブ）は、公選法の解釈とそれによる議会の決定の効力を争う訴えの利益の

〔第2部〕第10章　仮の救済

存否が主たる争点である。

弁護士懲戒の最決平成19・12・18（裁判所ウエブ）は、最高裁の、改正後の基本的考えを示したものとして重要である。

なぜなら、弁護士懲戒のそれまでの判例は最決平15・3・11（裁判所ウエブ）のように、原告側が戒告の公告が行われると弁護士としての社会的信用等が低下するなどして回復しがたい損害を被るので、主位的に戒告の効力の停止を、予備的に戒告に基づく手続の続行の停止を求めたのに対して、「弁護士に対する戒告処分は、それが当該弁護士に告知された時にその効力が生じ、告知によって完結する。その後会則97条の3第1項に基づいて行われる公告は、処分があった事実を一般に周知させるための手続であって、処分の効力として行われるものでも、処分の続行手続として行われるものでもないというべきである。そうすると、本件処分の効力又はその手続の続行を停止することによって本件公告が行われることを法的に阻止することはできないし、本件処分が本件公告を介して第三者の知るところとなり、相手方の弁護士としての社会的信用等が低下するなどの事態を生ずるとしても、それは本件処分によるものではないから、これをもって本件処分により生ずる回復困難な損害に当たるものということはできない」と肩透かしのようにいって原審決定を破棄して執行停止を却下していたからである。この決定の、処分の法的な効力と直接関連がないとして損害との間を切断するやり方は、個別具体的な不利益が重要であることの無視、根拠規範の保護下にあることへの無考慮へは批判の強いところである。

最決平成19・12・18は、素直に損害論を組み立てており、改正の趣旨を最高裁が明確にしたものといえよう。

建築確認の最決平成21・7・2（判地自237号79頁）も、自然なわかりやすい執行停止論となっている。

周辺住民にとっては、具体的な近隣の危険な建築計画など通常知ることはない。知った時は開発工事が終わり、建築確認もおりている。そのような場合の行政訴訟手段は、行訴法改正後といえどもやはり取消訴訟、無効等確認訴訟と執行停止ということになる。そして、建築工事が終われば、通常はそれらの訴えの利益はなくなるというのが判例なのであるから、この最決がいうような執行停止論が取られると、近隣住民の平穏にとって大きな意義がある。

282

2つに過ぎないが、今日での最高裁の執行停止の判断は支持することができよう。

なお、差止訴訟の重要判例、最判平成24・2・9裁判所ウエブにより、差止めと取消訴訟との間では、原則として執行停止優先論がとられたことを注意されたい。

3　仮の義務付け

⑴　意　義

仮の義務付けとは、裁判所が行政庁に対して、仮に処分または裁決をすべき旨を命ずることをいう（行訴37条の5第1項）。平成16年の行訴法改正前においては、義務付け訴訟自体、無名抗告訴訟として辛うじて認められていたに過ぎず、その仮処分としての仮の義務付けを認めることは困難であった。しかし、同改正で義務付け訴訟が法定されたことに伴い、仮の救済手段として仮の義務付けも法定されるに至った。

⑵　要　件

仮の義務付けには以下の4要件が必要である（行訴37条の5第1項・3項）。これらのうち①〜③は積極要件、④は消極要件である。

① 　義務付けの訴えの提起があったこと
② 　義務付けの訴えにかかる処分または裁決がされないことにより生ずる償うことのできない損害を避けるため緊急の必要があること

　　「償うことのできない損害」を必要としており、執行停止の場合の「重大な損害」に比べると厳しいものになっている。その理由は、仮の義務付けが、本案判決で義務付けを認めるのと同等の法的地位を暫定的に認めるものであるためである。もっとも、金銭賠償が可能な場合であれば直ちに「償うことのできない損害」に当たらないということになるわけではなく、むしろ、社会通念に照らして、金銭賠償によることが著しく不相当と認められるような場合も該当する（第159回国会衆議院法務委員会会議録第22号（平成16年5月7日）9頁（山崎潮政府参考人答弁））。たとえば、社会保障給付の分野などではその給付が受給者の生活保障に大きく影響するのであるから、金銭賠償が可能でもこれに当たると解すべきである。

〔第 2 部〕第10章　仮の救済

　　なお、平成16年の行訴法改正に関し、参議院法務委員会付帯決議第 4 項
でも「仮の義務付け及び仮の差止めの制度は、行政訴訟による本案前の救
済を実効的なものとする今回の改正の趣旨を生かし柔軟な運用がされるべ
きことについて周知徹底に努めること」とされていることを考慮すると、
「償うことのできない」という文言に厳密にとらわれることなく、柔軟に
解釈運用されることが望まれる。

③　本案について理由があるとみえること

　　「本案について理由があるとみえること」とは、本案訴訟である義務付
けの訴えに関して主張する事実が、法律上、義務付けの判決をする理由と
なる事情に該当すると一応認められ、かつ、その主張する事実が一応認め
られることをいうと解されている（小林久起『行政事件訴訟法』292頁）。

④　公共の福祉に重大な影響を及ぼすおそれがあるときは、することができ
ない

　　この要件は、仮に償うことができない損害があったとしても、公共の福
祉に重大な影響があって混乱を生じるというような場合のために設けられ
た要件である。上記山崎潮政府参考人の表現を引用すれば「伝家の宝刀」
であって、「余りめったやたらに抜いては困る」「最終的な担保」、「歯止
め」のための要件である（前掲会議録 9 頁）。

⑶　手　続

　仮の義務付けの申立ての手続については、執行停止の手続に関する規定が準
用されている（同法37条の 5 第 4 項）。したがって、上記 2 ⑶(ア)に述べたところ
と同様である。ただし、「本案について理由があると見える」という要件の主
張・疎明責任については注意を要する。すなわち、執行停止の場合は消極要件
とされているのに対し、仮の義務付けでは積極要件とされているので、申立人
側に主張・疎明責任が課されていると解される（橋本博之『改正行政事件訴訟
法』134頁）。

　また、この仮の義務付けについても、内閣総理大臣の異議が認められている
（同条 4 項、27条）。

⑷　効　力

　仮の義務付け決定の効力については、執行停止の効力に関する規定も準用さ

284

れている（行訴37条の5第4項）ので、関係行政庁に対する拘束力（同法33条1項）を持つ。行訴法37条の5第4項で準用されている即時抗告の裁判または事情変更による取消しの決定によって、仮の義務付けの決定が取り消されたときは、当該行政庁は、当該仮の義務付けの決定に基づいてした処分または裁決を取り消さなければならない（同条5項）。本案訴訟の義務付けの訴えで原告敗訴の判決が確定した場合も、仮の義務付けの決定の効力が本案判決の確定により当然失われると解される場合を除き、当該行政庁は、仮の義務付けの決定に基づいてした処分または裁決を行政庁自らが取り消さなければならない（この取消しの効力が行政処分の取消し・撤回に準ずるものと解すべきかにつき、日本弁護士連合会行政訴訟センター編『実務解説行政事件訴訟法』159頁参照）。

　なお、仮の義務付け決定に形成力があるかについては、本案である義務付けの訴えが給付訴訟か形成訴訟かに関わるので、第8章「義務付け訴訟」の項を参照されたい。

　また、行訴法37条の5第4項は32条2項を準用していないので、仮の義務付け決定に対世効はない。

(5)　裁判例

　これまでに仮の義務付けに関する裁判例は以下のとおりであり、非申請型認容例は⑧のみである。

①　徳島地決平成17・6・7（判地自270号48頁）

　　申立人は、障害のある女児を町が設置する幼稚園に就園させることの許可を求める申請をしたのに対し、町教育委員会が就園を不許可とする決定をしたため、就園を仮に許可するよう求めた仮の義務付け申立事件で、財政上、採用手続上の理由等により就園を可能とするために教職員の加配措置をとることができないとの町教育委員会の判断は合理性を欠くことなどから、上記不許可決定は裁量権を逸脱または濫用したものであり、かつ、女児には就園が許可されないことにより生じる償うことのできない損害を避けるため就園を仮に認める緊急の必要があるとして仮の義務付けを認めた。

②　東京地決平成18・1・25（判時1931号10頁、判タ1218号95頁）

　　空気の気道を確保する器具を装着し、心身に障害のある就学前の児童を

〔第２部〕第10章　仮の救済

対象にした施設に通園している女児の親権者である申立人が、市が設置運営する普通保育園への女児の入園申込みをしたのに対し、市福祉事務所長が不承諾処分をしたため、市に対し、市福祉事務所長が女児の普通保育園への入園を仮に承諾するよう仮の義務付けを申し立てた事案で、女児につき普通保育園での保育が可能であると認定したうえで、女児の普通保育園での適切な保育が困難であって、児童福祉法24条１項ただし書にいう「やむをえない事由」があると判断した市福祉事務所長の判断は、裁量の範囲を超えまたはその濫用となるものであり、本件処分は違法であるとして仮の義務付けを認めた。

③　東京地決平成18・10・20（裁判所ウエブ）

本邦に上陸しようとしたが上陸を許可されなかった外国人である申立人が、難民の認定を申請した以上、処分行政庁は、出入国管理及び難民認定法61条の２の４第１項に基づき、申立人に対し仮に本邦に滞在することを許可しなければならないと主張して、仮滞在許可の義務付けの訴えを本案として、その仮の義務付けを求めた事案で、申立人につき仮滞在許可がされないことにより生ずる「償うことのできない損害を避けるため緊急の必要」があるということはできないから、本件申立ては理由がないとして本件申立てを却下した。

以上の裁判例を概観すると、仮の義務付けが認容された２例は、子供の心身の成長にとって重要な意味をもつ幼児期の生活環境に関わるものである。これは、幼児の教育がまさに「その時」であるからこそ意味をもち、その後どんな救済を行っても救済されるものではない、ということが１つのポイントになっているものと思われる。このような幼児の就園のような事例での活用のほか、どのような事例で活用されるかは今後の裁判例の積み重ねによって明らかになるであろうが、国民の権利救済を実効的に確保するため仮の義務付けを新設した趣旨を実現すべく、仮の義務付けの積極的な活用が期待されるところである。

④　大阪地決平成19・8・10（裁判所ウエブ）、大阪高決平成20・3・28（裁判所ウエブ）

未成年の子の母親が、市教育委員会が未成年の子を市の設置する特別支援学校である養護学校に就学させるべき旨の指定通知をすべきことの仮の

義務付けを求める申立てを認容。

⑤　岡山地決平成19・10・15（判時1994号26頁）

　　市の設置した公の施設であるシンフォニーホールに関する歌劇団公演実行委員会の使用許可の申請に対し、右翼団体による抗議の街宣活動が活発化しており、同ホールの管理上支障があるときに該当するとしてなされた不許可処分は、シンフォニーホール条例所定の不許可事由である「管理上支障があるとき」に該当すると解することはできないとして、ホールを使用することを仮に承諾することを義務付け認容。

⑥　大阪地決平成20・7・18（判地自316号37頁）

　　特別支援学校への学校指定を希望するアレルギー性皮膚炎などに罹患し長期にわたる登校拒否を続けている中学2年生の女子生徒について、市教育委員会が学校指定をしなかったことにつき、生徒の就学すべき学校として養護学校を仮に指定すべきであると認容。

⑦　奈良地決平成21・6・26（判地自328号21頁）

　　四肢機能等の障害を有する児童が、町教育委員会が就学すべき中学校として町立中学校を指定することの仮の義務付けを認容。

⑧　名古屋地決平成19・9・28（裁判所ウエブ）　退去強制令書発付処分の撤回および在留特別許可の付与　却下事例

⑨　岡山地決平成19・10・15（裁判所ウエブ）　ホール使用許可　認容事例

⑩　広島地決平成20・2・29判時2045号98頁　免許付与処分。却下事例

　　鞆の浦事件の仮の差止め決定である。県知事が県および市からの本件公有水面の埋立免許付与申請に対する仮の差止め申立てに対し、申立人らのうち、漁業を営む権利を有する者については申立人適格がないとしたうえで、慣習排水権を有する申立人らおよび景観利益を有する申立人らの申立てについては、緊急の必要性を認めることができないとして、申立てを却下。ただ、本案は後に認容している。

⑪　那覇地決平成21・12・22（判タ1324号87頁）、福岡高那覇支決平成22・3・19（判タ1324号84頁）

　　従前生活保護受給を受けていたものの、年金担保貸付を受けたことを理由としてその廃止処分を受けた申立人が、処分行政庁に対し、再度生活保

〔第2部〕第10章　仮の救済

護開始の本件申請をしたところ、処分行政庁がこれを却下したため、却下
処分の取消しおよび生活保護開始の義務付けの訴えを本案として、生活保
護を開始して生活扶助等を支給することの仮の義務付けを求めた事案で、
申立人の生活状況や、処分行政庁が申立人に対して必要な支援を尽くした
とは認めがたいことなどからすれば、申立人について、従前の生活保護受
給中に年金担保貸付を受けたことがあり、その廃止処分後に再度年金担保
貸付を受けたとして、本件申請を却下することは、処分行政庁が有する裁
量権の範囲を一応超えるものと認められるとして、申立ての一部を認容。

⑫　津地決平成22・1・8判地自371号100頁　漁業権免許　認容。しかし、
抗告審（名古屋高決平24・3・19判地自371号95頁）は、漁場計画を不樹立と
したことが違法であるとはいえず、同漁場計画不樹立の違法を理由として、
原審申立人に対する本件定置漁業権免許の付与を義務付けるべきことが一
義的に定まるとする原審申立人の主張は認められないと逆転させ、申請を
却下した。

⑬　福岡地決平成22・5・12（裁判所ウエブ）、名古屋地決平成22・11・8（裁
判所ウエブ）　一般乗用旅客自動車運送事業の運賃及び料金の認可。即時
抗告審（福岡高決平成22・7・20裁判所ウエブ）もほぼ同旨で抗告を棄却し
た。

⑭　名古屋地決平成22・11・19（裁判所ウエブ）　解散請求の決定等　告示・
公表の認容

⑮　歌山地決平成23・9・26（裁判所ウエブ）　介護給付費の支給（和歌山
ALS）。一部認容。抗告審（大阪高決平成23・11・21裁判所ウエブ）は、原決
定を取り消し、原審申立人の本件申立てを却下

⑯　東京地決平成24・10・23（判時2184号23頁）　と畜場法14条に規定する検
査。認容

⑰　東京地決平成24・11・2（裁判所ウエブ）　公園の一時使用許可。却下

⑱　最決平成24・11・30（判時2176号27頁）　法案提出。却下
　　同種　東京地決平成23・3・31訟月58巻4号2045頁　地震特例法指定
却下。抗告審（東京高決平成23・3・31訟月58巻4号2038頁）も同旨

⑲　大阪地決平成26・9・16（裁判所ウエブ）　公園使用許可　認容

288

【書式34】　仮の義務付け申立書例（上記②の事例による）

仮の義務付け申立書

令和○○年○月○日

○○地方裁判所　御中

申立人代理人弁護士　○　○　○　○　㊞

当事者の表示
別紙当事者目録（略）記載の通り

仮の義務付け申立事件

第1　申立の趣旨
1　処分行政庁は，申立人に対し，申立人の長女である甲野一江につき，A
　保育園，B保育園，C保育園，D保育園，またはE保育園のうち，いずれ
　かの保育園への入園を仮に承諾せよ。
2　申立費用は，相手方の負担とする。
との決定を求める。
第2　申立の理由
1　一江の状況
　　（一江の身体状況をわかりやすく記載する）
2　乙山学園への入園申込み
　　（心身に障害のある就学前の児童のための乙山学園への申込み状況）
3　普通保育園への入園申込み
　　（申込み，返却，次年度申込み，不承諾，入園申込みの変更，不承諾の経過）
4　審査請求
　　（申立と棄却）
5　訴えの提起
　　（本訴の提起、義務付け訴訟）
6　償うことのできない損害を避けるために緊急の必要

〔第2部〕第10章　仮の救済

（次のような事情をできるだけ詳しく主張する）

　一江は，現在満5歳であり，保育園への入園が許可されたとしても，平成○○年3月には保育園を卒園することになる。したがって，申立人は，一江のために，平成○○年11月2日に本案訴訟を当庁に提起しているものの，本案訴訟の判決の確定を待っていては，一江は，保育園に入園して保育を受ける機会を喪失する可能性が高いということができる。子供にとって，幼児期は，その健康かつ安全な生活のために必要な習慣を身につけたり，自主的，自律的な精神をはぐくんだり集団生活を経験することによって社会生活をしていくうえでの素養を身につけたりするなどの重要な時期であるということができるから，子供にとって，幼児期においてどのような環境においてどのような生活を送るかはその子供の心身の成長，発達のために重要な事柄である。したがって，相手方が一江の保育園への入園を許可する旨の処分をしないことによって，一江が保育園に入園して保育を受ける機会を喪失するという損害は，その性質上，原状回復ないし金銭賠償による填補が不能な損害である。

　そして，親権者は，子供を監護および教育する権利を有し，義務を負っている（民法820条）。したがって，幼児期において子供をどのような環境においてどのような生活を送らせるかは，親権者の権利，義務にも影響するところであるから，上記損害は　申立人の損害でもあるということができる。

　また一江は，現に保育園に入園することができない状況に置かれているのであるから，損害の発生が切迫しており，社会通念上，これを避けなければならない緊急の必要性がある。

　乙山学園は心身に障害のある零歳から就学前の乳幼児に対し，自立を助長するために必要な指導や訓練等，早期療育を行い，児童の福祉増進を図ることを目的として，肢体不自由児および知的障害児を療育する施設であって，その療育時間も原則として，1日4時間30分程度にとどまる。したがって，乙山学園を保育園と同視することはできない。

　したがって、一江が乙山学園に通園していることをもって一江が保育園に入園して保育を受けているのと同様の状況にあると見ることはできず，また，保育園に入園することができないことによる損害が回避されていると認めることもできない。

7　本案について理由がある

（次のような事情をできるだけ詳しく主張する）

一江は，平成○○年当時は，種々の機能障害等を有していたものの，成長につれてこれは改善され，本件各処分当時は，呼吸の点を除いては，知的・精神的機能，運動機能等に特段の障害はなく，近い将来，カニューレの不要な児童として生活する可能性もあり，医師の多くも，一江について障害のない児童との集団保育を望ましいとしているものであって，たん等の吸引については，医師の適切な指導を受けた看護師等が行えば，吸引に伴う危険は回避することができ，カニューレの脱落等についても，十分防止することができる。

したがって，一江がたん等の吸引と誤えんへの注意の点について格別の配慮を要するとしても，その程度に照らし，普通保育園に通う児童と，身体的，精神的状態および発達の点で同視することができるものであって，普通保育園での保育か可能であると認めるべきである。

そうすると，一江の普通保育園での適切な保育が困難であって，児童福祉法24条1項ただし書にいう「やむを得ない事由」があると判断した○○○市福祉事務所長の判断は，裁量の範囲を超えまたはその濫用となり，一江の普通保育園への入園を不承諾とした本件各処分は，違法である。

証　拠　方　法

・・・・・・・・・・・・・・・・・・・・・・・・・・・・・・・・・・・・・

添　付　書　類

・・・・・・・・・・・・・・・・・・・・・・・・・・・・・・・・・・・・・

4　仮の差止め

⑴　意　義

　仮の差止めとは，裁判所が行政庁に対して，仮に処分または裁決をしてはならない旨を命ずることをいう（行訴37条の5第2項）。仮の義務付けの場合と同様に，平成16年の行訴法改正前は差止めの訴え自体が無名抗告訴訟として辛うじて認められていたに過ぎず、その仮処分としての仮の差止めを認めることは困難であった。同改正で差止め訴訟が法定されたことに伴い、仮の救済手段として仮の差止めが法定されるに至った。

〔第 2 部〕第10章　仮の救済

(2)　要　件

仮の義務付け同様、次の①～④の要件が必要である（同法37条の 5 第 2 項・3項）。

① 　差止めの訴えの提起があったこと

② 　差止めの訴えにかかる処分または裁決がされることにより生ずる償うことのできない損害を避けるため緊急の必要があること

③ 　本案について理由があるとみえること

④ 　公共の福祉に重大な影響を及ぼすおそれがあるときは、することができない

これら要件に関しては前記の仮の義務付けにおいて述べたことと同様である。

(3)　手続・効力

仮の差止めにおける手続・効力に関しても、仮の義務付けにおいて述べたことと同様である（同法37条の 5 第 4 項）。

(4)　裁判例

仮の差止めについては仮の義務付けと比して多くの下級審決定がある。

しかし、いわゆる中間処理施設に対する産業廃棄物処分業許可申請の仮の差止申立てに対し「償うことのできない損害を避けるため緊急の必要があると一応認めることはできない」とした大阪地決平成17・7・25（判タ1221号260頁）をはじめ、東京地決平成17・12・20（裁判所ウエブ）、大阪地決平成18・1・13（判タ1221号256頁）、大阪地決平成18・5・22（判タ1216号115頁）、大阪地決平成18・8・10（判タ1224号236頁）、水戸地決平成18・8・11（判タ1224号233頁）、名古屋地決平成18・9・25（裁判所ウエブ）、大阪地決平成18・12・12（判タ1236号140頁）など仮の差止めを認めなかったものがほとんどである。

これに対し、神戸地決平成19・2・27は、相手方（神戸市）の設置する保育所に入所していた児童およびその保護者である申立人らが、相手方がこの保育所を廃止し、その運営を民間の社会福祉法人に移管するために条例の改正案を条例として制定することは、同保育所に入所している児童およびその保護者らの保育所選択権等を侵害するものであるなどとして、上記改正条例の制定の差止めを求める本案訴訟を提起するとともに、同条例の制定の仮の差止めを求めた事案で、相手方から上記法人への円滑な引き継ぎのために行われる共同保育

の期間、内容および実行可能性等について計画自体について問題があることは明らかであり、わずか5日間という実質的にみればなきに等しい性急な共同保育を経ただけで市立保育所としての上記保育所を廃止し、これを民間移管することは、申立人らの保育所選択に関する法的利益を侵害するものであるとして、仮の差止め申立てを認容し、これが仮の差止めを認容した最初の裁判例となった。しかし、この決定の抗告審である大阪高決平成19・3・27（判例集未登載）では、結局、原決定を取り消し、申立てを却下しているが、これは、本件申立ての対象となった第1次改正条例案を相手方が撤回し、第2次改正条例案が制定されたため、差止めの対象となる処分が存在しないことから、本案につき理由があると見える場合に該当しないことを理由として、原決定が取り消されたのであって、本件保育所の廃止や民間移管のスケジュールが児童らに及ぼす影響を認めなかったというものではない。そうすると、原決定である上記神戸地決はなおも仮の差止めを認容した裁判例として重要な意義を有しているということができる。

・大阪高決平成19・3・1（裁判所ウエブ）　住民票を職権消除仮の差止め

　釜ヶ崎のホームレスの住民票の問題である。大阪地決平成19・2・20（裁判所ウエブ）は、これを却下したが、高裁は認容した。

　福岡地決平成22・5・12（裁判所ウエブ）は、一般乗用旅客自動車運送事業の運賃および料金の認可申請をし、却下処分を受けた申立てが認可処分の仮の義務付けを求めた事案で、申立人の行った平年度の運送収入の予測は、一部是認することのできるものであったにもかかわらず、処分行政庁は、これを排斥して、開業して間もない時期の実績数値も査定の基礎に含める一方で、直近の月の実績を除いた実績期間の設定を行い、平年度の運送収入の査定を行った結果、本件処分を行ったものであって、現時点の主張および疎明資料を前提とする限り、本件申請は、道路運送法9条の3第2項1号（読み替え後のもの）「能率的な経営の下における適正な原価を償い、かつ、適正な利潤を含むものであること」の要件を充足するから、本件は「本案について理由があるとみえるとき」に当たるといえ、償うことのできない損害を避けるため緊急の必要も認められるとして、申立ての一部を認容。

・大阪地決平成26・7・29（判時2256号3頁）。運送施設使用停止処分等仮の差

〔第2部〕第10章　仮の救済

止め。

　抗告審（大阪高決平成27・1・7裁判所ウエブ）もほぼ同旨。関連事件として、
大阪地決平26・5・2裁判所ウエブなどがある。

・東京地決平成28・12・14（判時2329号22頁）　弁護士面会時職員立会措置仮の
　差止め

　オウム事件で死刑確定者として東京拘置所に収容されている申立人との、再
審の請求の打ち合わせを目的とする、弁護士による面会の申出。抗告審（東京
高決平成29・3・29TKC 文献番号25547458）もこれを支持し、特別抗告審（最決
平成29・6・30）は国の特別抗告を取り上げなかった。

【書式35】　仮の差止め申立書例（上記神戸地決平成19・2・27の事例による）

仮の差止め申立書

令和○○年○月○日

　　　○○地方裁判所　御中

申立人代理人弁護士　○　○　○　○　㊞

当事者の表示

別紙当事者目録（略）記載の通り

　仮の差止め申立事件

　第1　申立の趣旨
　　1　相手方は，申立人らに対し，本案（当庁平成○○年（行ウ）第○号事件）
　　　の第一審判決言渡しまで，○市立児童福祉施設等に関する条例の一部を改正
　　　する条例の制定をもってする神戸市立ａ保育所を平成○○年3月31日限り廃
　　　止する旨の処分をしてはならない。
　　2　申立費用は，相手方の負担とする。
　　との決定を求める。

294

第2　申立の理由

1　従前の保育所，保育の状況

（詳しく述べる）

2　相手方（○市）の民営化方針

（詳しく述べる）

3　相手方の説明会の内容と承継する社会福祉法人の募集，決定

（詳しく述べる）

4　承継法人の実態

（詳しく述べる）

5　共同保育案の不十分と相手方の変更スケジュールの杜撰さ

（詳しく述べる）

6　差止め訴訟の提起

（要件を記載する）

7　償うことのできない損害を避けるための緊急の必要性

本件においては，共同保育について，相手方は，当初，移管前に3か月間の共同保育を行い円滑な引継ぎを実現するためのスケジュールを公表していたところ，移管先法人の第1回目の選考が失敗に終わったことを理由に，平成○○年2月11日に至って，同年1月に予定されていた共同保育の開始時期を同年2月26日まで遅らせ，同月16日，詳細な保育内容を示して同月26日から3か月間の共同保育を行うことを重ねて明らかにしておきながら，わずか1週間後の同月23日には，同月26日の共同保育開始は不可能であるとして同年3月26日まで開始時期を遅らせた新たなスケジュールを提示するに至っている。

そして，本件条例では平成○○年3月31日に市立保育所としての本件保育所を廃止して同年4月1日に民間移管することとしており，この予定を貫く限り，本件保育所に本件法人の保育士の多くを招いて引継ぎのために移管前に行うものはわずか5日間だけという極めて短いものとなっており，相手方の従前の計画においてもこれが3か月ないしは1か月以上であったことも併せると，5日間といった短期間での引継ぎが可能であるとは考えられない。

共同保育の内容についてみても，平成○○年2月11日の時点においてすら人員や時間等の詳細が定まってはおらず具体性に欠けるものである。

さらに，相手方の共同保育案は，主に平成○○年2月11日の保護者説明会

〔第2部〕第10章　仮の救済

において保護者らに説明がなされているものであるが，申立人ら多くの保護者の反対を受けている。

　本件保育所の民間移管に伴い前記のとおり申立人ら児童の生命・身体等に重大な危険が生ずるばかりか，保護者および児童の保育所選択に関する法的利益も侵害される。児童福祉法24条は保護者に対してその監護する乳幼児にどの保育所で保育の実施を受けさせるかを選択する機会を与え，市町村はその選択を可能な限り尊重すべきものとしており，これは保護者に対して保育所を選択し得るという地位を法的利益として保障したものと認められること，児童自身についても，直接の保育の対象であることから，上記の法的地位が認められるべきであることからして，かかる意味での保育所選択権であるというべきである。

　本件においては，上述したように相手方から本件法人への円滑な引継ぎのために行われる共同保育の計画の期間，内容および実行可能性等について計画自体において問題があることは明らかであり，前記のような極めて不十分で実質的にみれば無きに等しい性急な共同保育を経ただけで市立保育所としての本件保育所を廃止しこれを民間移管することは，申立人らの保育所選択に関する法的利益を侵害するものであり，社会通念に照らして金銭賠償のみによることが著しく不相当と認められるものというべきである。

8　本案について理由がある

　市町村が，その設置している当該保育所を廃止すること自体が全く許されないわけではないというべきであり，廃止についての判断は保育所を取り巻く諸事情を総合的に考慮したうえでの当該市町村の政策的な裁量判断にゆだねられているものと解される。

　しかし，保育所廃止に係る判断は無制約に許容されるわけではなく，当該施設が保育所であるという施設の性質や入所中の児童や保護者の前記利益が尊重されるべきことを踏まえたうえで，その廃止の目的，必要性，これによって利用者の被る不利益の内容，性質，程度等の諸事清を総合的に考慮した合理的なものでなければならないことは当然である。

　相手方から本件法人への円滑な引継ぎのために行われる共同保育の計画の期間，内容および実行可能性等については計画自体において問題があり，前記のような極めて不十分で実質的にみれば無きに等しい性急な共同保育を経ただけで市立保育所としての本件保育所を廃止しこれを民間移管することは，

296

申立人らの保育所選択権を，相手方に与えられた裁量権を逸脱または濫用して侵害するものといわざるを得ず，本案について理由があるとみえる場合に当たるものというべきである。

9　公共の福祉に重大な影響を及ぼすおそれはない

本件条例の制定を仮に差し止めることによって，相手方の財政計画や職員の配置計画に多少の変動が生じることは否めないが，これが公共の福祉に重大な影響を及ぼすことがないことは明らかである。

証　拠　方　法

・・・・・・・・・・・・・・・・・・・・・・・・・・・・・・・・・・・・・

添　付　書　類

・・・・・・・・・・・・・・・・・・・・・・・・・・・・・・・・・・・・・

5　仮処分

行訴法44条との関係は、第3章で論じたので、その部分を参照されたい。

その部分でも、実質的当事者訴訟を本案とする仮処分に関する判例をいくつか紹介した。国民の権利救済の視点からは、仮の救済が決定的に重要であるところから、当事者訴訟も本案では事件番号が（行ウ）と付されるから、機械的に行訴法44条の仮処分禁止を適用したり、申立て自体を躊躇したりする傾向が見受けられる。

行訴法44条を限定解釈し、当事者訴訟ではその請求の趣旨を工夫しながら、仮処分の活用も大いに考えなければならない。

過去の当事者訴訟の最高裁判例を素材に、それらで仮処分を試みるとすればどのような内容になるかの極めて実践的、抜本的研究が行われた。笠井正俊「公法上の当事者訴訟を本案訴訟とする民事保全について」（民商法雑誌154巻4号）を参照されたい。[1]

（本章担当・斎藤　浩）

1　なお、斎藤浩・前掲書『行政訴訟の実務と理論〔第2版〕』554頁～569頁は、同じ研究会で、笠井教授の薫陶を受けながら、実践的視点で検討したものである。

〔第 2 部〕第11章　当事者訴訟

第11章　当事者訴訟

1　公法に関する事件と当事者訴訟

⑴　行政事件と民事事件

　行政事件訴訟法は、「抗告訴訟」「当事者訴訟」「民衆訴訟」「機関訴訟」の 4 つを「行政事件訴訟」としている（行訴 2 条）。また、同法 4 条は、「公法上の法律関係」に関する訴訟を当事者訴訟としているので、この訴訟方法を選択する限り、公法と私法の区別が必要となる。

　しかし、現行憲法下においては、「一切の法律上の争訟」を司法裁判所が裁断することになり、公法と私法を区分する必然性はない。行政庁の権限行使について、「処分その他公権力の行使」以外の行為形式が用いられる場合も多く、その紛争解決の手続として、実質的当事者訴訟と民事訴訟が考えられ、国民の権利・利益救済を達成しうる運用がなされなければならない。裁判実務において、民事事件および刑事事件とは別の行政事件が立件され処理されており、行政事件と民事事件は、訴訟物とされる権利または法律関係が公法上のものか私法上のものであるかによって区別されている。

⑵　民事仮処分

　行訴法44条は、「行政庁の処分その他公権力の行使に当たる行為については、民事保全法（平成元年法律第91号）に規定する仮処分をすることができない」と定めている。また、無効確認訴訟には、執行停止の規定が準用されているのに対し、当事者訴訟と争点訴訟には、準用されていない（同法38条 3 項、41条、45条）。

　公法・私法二元論の立場からは、法律上の争訟は、抗告訴訟、当事者訴訟、民事訴訟の 3 つとなる。国や地方公共団体と私人との法律関係が、民商法によって規律される領域では、民事訴訟によって法律上の争訟が処理される。

298

民事訴訟との関係について、行訴法は7条において「行政事件訴訟に関し、この法律に定めがない事項については、民事訴訟の例による」と定めるが、44条においては、「行政庁の処分その他公権力の行使に当たる行為については、民事保全法に規定する仮処分をすることができない」と定めている。

(3) 大阪国際空港事件

行政訴訟と民事訴訟の関係に関して行政事件訴訟法の規定を改正すべきことを意識させたのは、最大判昭和56・12・16（民集35巻10号1369頁・大阪国際空港夜間飛行禁止等請求事件）であった。

行政処分が取消訴訟の排他的管轄に属し、公定力を有するものとするのは、国民の権利・利益の救済を実現する行政訴訟の目的から考えると問題がある。

取消訴訟の排他的管轄が及ぶ範囲を一定の合理的な範囲内にとどめ、事実行為たる事業などに許認可や規制などの行政行為が介在している場合であっても、事実行為に対する民事訴訟によって事業の差止めを請求することは妨げられないようにする必要性がある。

(4) 当事者訴訟

当事者訴訟は、行政事件から抗告訴訟（「処分その他公権力の行使」を不服とする訴訟）を控除したものである。したがって、抗告訴訟の範囲を明確にしないと、当事者訴訟による救済範囲を確定することができない。

行政事件訴訟法は、公法・私法二元論を前提としており、これに従えば、法律上の争訟は、次のように分類される。

法律上の争訟	訴訟の内容
抗　告　訴　訟	行政庁の処分その他公権力の行使に当たる行為について争うもの
当 事 者 訴 訟	当事者間の公法上の法律関係を争うもの
民　事　訴　訟	当事者間の私法上の法律関係を争うもの

また、行訴法は、本案訴訟として、取消訴訟を原則としており、行政処分が無効の場合には、「処分無効確認訴訟」「当事者訴訟」「争点訴訟」の3つが利用可能である。

〔第2部〕第11章　当事者訴訟

救済方法	訴訟対象
取 消 訴 訟	取り消しべき行政行為
無 効 確 認 訴 訟	無効の行政行為
当 事 者 訴 訟	無効の行政行為または行政行為のないことを前提とする公法上の法律関係
争 点 訴 訟	無効の行政行為を前提とする私法上の法律関係

(5)　公法関係民事訴訟

　公権力の行使や公法上の法律関係が争点となる民事訴訟には、次のものがある（名古屋高決平成19・6・15参照）。

　国家賠償訴訟は、民事訴訟として取り扱われているが、公権力の行使から発生した債権を巡る争いである。

訴訟類型	訴訟の内容
国 家 賠 償 訴 訟	公権力の行使が違法に行われた場合の損害賠償請求訴訟
争 点 訴 訟	無効の行政行為を前提とする私法上の法律関係を争う訴訟
公法関連民事訴訟	公法上の法律関係を前提とする私法法律関係を争う訴訟

(6)　当事者訴訟

　行政行為の無効が前提問題として争われているときは、現在の法律関係が公法関係であれば、争点訴訟ではなく、当事者訴訟である。当事者訴訟には、行政行為が介在しない場合の、公法上の法律関係に関する紛争もある。

当事者訴訟	訴訟の内容
実質的当事者訴訟①	無効の行政行為を前提とする公法上の法律関係を争うもの
実質的当事者訴訟②	行政行為が介在しないで、公法上の法律関係を争うもの
形式的当事者訴訟	法律が特に法律関係の当事者を被告とすべきことを規定する当事者訴訟

当事者訴訟の範囲を確定するためには、取消訴訟の対象とされる「行政庁の処分」範囲を明確にすることが必要である。

2 取消訴訟と当事者訴訟（確認訴訟）

⑴ 当事者訴訟の利用拡大

排他性や出訴期間の制限を伴う取消訴訟の制度によって権利救済が必要以上に制約されないようにすることが必要である。

取消訴訟の対象を拡大すると、それに伴って取消訴訟の排他性や出訴期間の制限を受け、かえって行政活動の違法を争う機会が制約されるおそれがある。

行政の円滑・効率的な遂行は抽象論に過ぎず、具体的な弊害が論じられていない。これらの抽象的な論拠で一律に排他性や出訴期間を合理化することはできず、法律関係や行政のどのような「安定」や「効率的遂行」が、いかなる場合に損なわれることになるのかについて、個別具体的な検証を行うべきである。

取消訴訟の対象範囲の拡大は、排他性や出訴期間の制限の範囲を拡大して国民の権利・利益の救済の妨げとなるから、当事者訴訟の利用拡大を促進する方向が望ましいと思われる。

⑵ 処分性の拡大と確認訴訟

処分性の拡大は、裁判所が国民の権利・利益の救済範囲を拡充するために行っているのであるから、公定力・不可争力の範囲拡大や争訟方法の排他性と出訴期間制限の範囲拡大の方向で、行政訴訟制度の運用がなされてはならない。

一方、確認訴訟の活用によって訴訟類型の多様化が実現しても、なお、処分性の範囲を拡大することによって国民の救済に役立つ場合には、処分性を肯定するべき行政活動がありうる。

3 当事者訴訟の2種類

行訴法4条は、当事者訴訟について、

① 　当事者間の権利関係を確認しまたは形成する処分または裁決に関する訴訟で法令の規定によりその法律関係の当事者の一方を被告とするもの

② 　公法上の法律関係に関する確認の訴えその他公法上の法律関係に関する訴訟

〔第2部〕第11章　当事者訴訟

に区分する。

講学上、①は形式的当事者訴訟、②は実質的当事者訴訟と称される。

平成16年改正において、②の定義のうちに「公法上の法律関係に関する確認の訴え」の文言が「公法上の法律関係に関する訴訟」の例示として挿入された（4条）。

当事者訴訟とは、「当事者間の法律関係を争うもの」で、民事訴訟と、権利・義務関係（法律関係）を争うものであることにおいて、同様の構造である。抗告訴訟は、行政機関の行為を争うもの（行為訴訟）であるから、当事者訴訟が権利訴訟であるのと異なる。

行訴法は、当事者訴訟が公法上の法律関係を争うものとし、民事訴訟と区別している。平成16年の行訴法改正の影響を受けて、裁判所が行政処分の範囲を拡大すれば、行政庁の行政活動の多くは取消訴訟の対象とされるから、あえて当事者訴訟に引き直して争う必要性のある領域は少なくなる可能性がある。しかし、処分が存在しない場合、処分性が認められない場合、処分自体を争わない場合、公法上の法律関係を確認しなければならない場合には、当事者訴訟を利用する必要性は、なお残るであろう。

4　形式的当事者訴訟

行訴法4条は、形式的当事者訴訟を規定しているが、その適用は、法律が特に法律関係の当事者を被告とすべきことを規定する場合に限られる。現在、法律の規定によって法律関係の当事者を被告とすべきものとされる訴訟は、①損失補償をめぐるもの，②知的財産権をめぐるものの2種類である。

⑴　損失補償の確定手続と当事者訴訟

損失補償をめぐり当事者訴訟が問題となる場面はいくつかあるが、それには以下のように先行する損失補償確定手続を異にするものがある。以下、類型化してその手続の概要を示す。

㋐　裁決機関が損失の原因となる収用とともに損失額の裁決をし、基本の裁決を争うときは抗告訴訟で争わせ、損失額の増減だけを争うときは当事者訴訟によらせる類型

土地収用法に基づき、起業者から土地所有者または土地賃借人に対する土地

302

収用または使用の裁決、すなわち権利取得裁決・明渡裁決が土地収用委員会に申し立てられた場合（土地収用法47条の2）、委員会は収用する土地の区域・使用の方法・期間、権利に対する損失の補償、権利取得・消滅の時期などを定めて裁決する（同法48条1項）。明渡裁決においては補償の額および明渡期限について裁決する（同法49条1項）。

被収用者が収用の処分に不服があるときは、国土交通大臣に対して審査の請求ができる（同法129条）。また、収用委員会の裁決に対しては裁決書の送達を受けた日から3月の不変期間内に収用委員会に対し抗告訴訟を提起できる（同法133条1項）。収用の処分全体を争わず、この補償額に不服のあるとき、すなわち被収用者が補償の額の増額を求めまたは起業者が補償の額の減額を求めるときは、裁決書の正本の送達を受けた日から6カ月以内（不変期間でない）に、被収用者は起業者を被告とし、起業者は被収用者を被告として、訴えを提起できる（同法133条2項・3項）。この訴えが被収用者と起業者の間の当事者訴訟である。

この補償額の増減を求める訴訟が形式的当事者訴訟に該当する。

　(イ)　損失額について損失を受ける者と起業者の間で協議し、協議が調わないとき裁決機関が裁決した損失額を当事者訴訟で争わせる類型

上記(ア)の裁決と異なり、周辺の土地などの所有者などが収用によって土地所有権または賃借権などを失うわけではないが、収用に関連して損失を生じる場合に、損失の補償の定めがある。すなわち、①収用の準備のための測量調査などによる損失（同法91条）、②収用の目的である事業の廃止変更による損失（同法92条）および、③収用・使用する土地以外の土地に関する損失（いわゆる「溝・垣補償」、同法93条）については、起業者と損失を受ける者の間で協議し（同法94条1項）、協議が成立しないときは、損失を受ける者または起業者は、収用委員会に裁決の申請ができ（同法94条2項）、委員会は、損失および補償の時期等に関し裁決をする（同法94条8項）。この裁決に対しては抗告訴訟ができない。損失を受ける者は、裁決書の正本の送達を受けた日から60日以内に損失があった土地の裁判所に訴えを提起できる（同法94条9項）。これも起業者と損失があった者の間の当事者訴訟とされている。

〔第２部〕第11章　当事者訴訟

　　㊅　道路法による土地収用法を準用する類型
　道路法による、①道路管理者などが測量調査のため他人の土地に立ち入った場合に生じた損失（道路法69条）、②道路を新設または改築したことにより、道路に面する土地について、通路を新築・増築・修繕しまたは切地もしくは盛土をするなどやむを得ない工事を必要とする場合、これに要する費用（これも溝・垣補償、同法70条）、③道路管理者以外の者または道路の占有の許可を受けた者（道路工事の業者など）が道路の工事などに際し道路管理者の指示に違反し所定の処分を受けた場合、この指示違反によって通常受けるべき損失（同法72条）、の補償である。①または③の場合は、道路管理者と損失を受けた者が協議し、協議が成立しない場合においては、道路管理者は自己が見積もった金額を損失を受けた者に支払わなければならず、この受け取った金額に不服のある者は、土地収用委員会に上記の土地収用法94条による裁決を申請できる（同法69条２項・３項、72条）。②の場合において損失を受けた者と道路管理者の協議が成立しないときは、損失を受けた者は、同様に裁決を申請できる（同法70条４項）。これらの申請に対する裁決に対しては、抗告訴訟はできない。損失を受けた者は、裁決書の正本の送達を受けた日から60日以内に損失があった土地の裁判所に訴えを提起できる（土地収用法94条９項）。これも当事者訴訟とされている。
　協議が成立しないときは補償の額に限って収用委員会が裁決するが、①または②の場合は起業者に相当する道路管理者が損失者に見積額をあらかじめ支払うこと、増額を主張する損失者のみが提訴権を有する点は、特殊な手続構造となっている。
　　㊁　行政庁が決定した補償額を国等を被告とする訴訟で争わせる類型
　以上の㋑〜㊅の手続は、土地収用委員会という裁決機関の「裁決」を経由するものであるが、執行機関が自ら損失額を「裁定」し、裁決機関を経由せずに裁判所に訴えを認めるものである。また、被告とすべき者も以下のように異なる場合がある。
　　⒜　農地法によるもの
　農業委員会は、自作していない農地などがあると認めるときは、一定の方法で公示し、その農地の所有者に通知する（農地法８条１項・２項）。所有者が土

地の譲渡などにより小作関係を解消しないときは、国がその農地を買収する。買収の手続は、一定の手続で都道府県知事が買収の対価などを定め買収令書を被買収者に交付する（同法11条）。買収に対しては、知事に対して被買収者は、異議申立ておよび審査の請求ができる（同法85条1項）。ただし、対価などの額については不服の理由がないとできない（同法85条4項）。審査の請求に対する裁決に対しては、抗告訴訟を提起できる（同法85条の2第1項）。

　国は、知事が買収し国が所有権を取得した農地などを買い受けようとする者に売り渡す（同法36条）。知事は、売渡通知書を作成し、売渡しの期日・対価などを定めて、売渡しの相手方に交付する（同法39条）。

　上記の買収または売渡しの対価について不服がある者（被買収者、買受人）は、対価等の決定があった日から60日以内に訴えをもってその増減を請求することができる（同法85条の3第1項・3項）。この訴えにおいて被告とすべき者は、原則として国とされる（同法85条の3第2項）。

　この買収と売渡しはそれぞれ独立の処分であって、被買収者と買受人は法律上、当事者関係に立たず、被買収者または買受人が買収または売渡しの対価を争う訴訟の被告は、上記のようにいずれも国とされているので、この対価を争う訴訟は、前記の事例と異なる。しかし、買収または売渡しの処分は都道府県知事の処分で、国またはその機関が行政処分をするものでなく、国が農地所有権を過渡的にせよ取得したうえで譲渡し、その対価を支払いまたは受領する点からみれば、農地売買法律関係における一種の当事者の地位にあり、したがって被買収者、買受人と国との間の当事者訴訟と言えよう。

　　　(B)　その他の法律によるもの

　同様の訴訟類型は、港湾法41条、55条の4、文化財保護法41条、52条、海岸法22条、漁業法39条、公衆電気通信法102条、鉱業法53条の2などにおいて存在する。

(2)　知財法関係

㋐　特許法

特許権の効率的な利用を図ることを目的として、特許権を利用しようとする者と利用の許諾の権利を有する者の間でその利用の対価について合意が成立しない場合に、特許庁長官または通産大臣が許諾の権利を有する者のため利用者

〔第2部〕第11章　当事者訴訟

が支払うべき利用の対価を定めた裁定をする。この裁定に対する、権利者・利用者間の訴訟が当事者訴訟である。これは以下の3つの場合がある。

①　特許発明が3年以上日本国内において適当に実施されていないとき、その特許権を実施しようとする者が、特許権者または専用実施権者に通常実施権の許諾について協議を求めることができ（特許法83条1項）、協議が成立しないときは、その特許発明を実施しようとする者は、特許庁長官の裁定を請求することができる（同法83条2項）。特許庁長官は、実施権を設定すべき裁定をするときは、通常実施権の範囲および対価の額並びに支払いの方法・時期を定める（同法86条2項）。

　　裁定で定める対価について不服があるときは、裁定を受けた者は、裁定の謄本の送達があった日から6カ月を経過するまでに訴え（管轄は通常の管轄の定めによる）を提起してその増減を求めることができる（同法183条）。被告は通常実施権者その他であり（同法184条）これは、当事者訴訟である。

②　特許権者または特許実施権者は、その特許発明が他人の一定の特許発明などを利用するものであるときまたは他人の一定の特許発明などと抵触する場合において（同法72条参照）、業としてその特許発明を実施しようとするときは、その他人に対しその特許権などの実施について協議を求めることができる（同法92条1項・2項）。その協議が成立しないときまたは協議をすることができないときは、①と同様に、特許庁長官の裁定を求めることができる（同法92条3項）。

　　裁定の対価増減の訴えについては、①と同様の手続が定められている（同法92条3項、86条、183条、184条の2）。これも当事者訴訟である。

③　特許の実施が公共の利益のために必要であるときは、その特許発明を実施しようとする者は、特許権または専用実施権者に対し通常実施権の許諾について協議を求めることができる（同法93条1項）。その協議が成立しないときまたは協議をすることができないときは、①と同様の手続で、経済産業大臣の裁定を求めることができる（同法93条2項）。裁定対価の増減の訴えについては、①と同様の手続が規定されている（同法92条3項、86条、183条、184条の2）。これも当事者訴訟とされている。

306

㈠ **著作権法**

① 公表されている著作物または相当期間公衆に提供されている事実が明らかである著作物は、著作権者の不明その他の理由による相当な努力を払っても著作権者と連絡がとれないときは、文化庁長官の裁定を受け、かつ、通常の使用料に相当するものとして文化庁長官の定める額を著作権者のため供託して、その裁定にかかる著作物を利用することができる（著作権法67条）。

② 公表された著作物を放送しようとする放送事業者は、著作権者に対し放送の許諾を求めたが協議が成立せず、または協議をすることができないときは、裁定の額を支払って放送できる（同法68条）。

③ レコードに録音されている著作物をレコードに録音するについても、同様の規定がある（同法69条）。

以上３つの場合において、著作権者は行政不服審査法によって審査請求をすることができる。審査請求に対する決定に対しては、抗告訴訟を提起できる（行訴法３条）。ただし、補償金の額を審査請求の理由とすることはできない（著作権法73条）。

補償金の額について不服がある当事者は、裁定があったことを知った時から６カ月以内に、著作物を利用しようとする者または著作権者を被告として、補償金の増減を求めることができる（同法72条１項・２項）。これも形式的当事者訴訟とされている。

5 形式的当事者訴訟とその他の訴訟類型の選択

土地所有権などの損失の補償や知的財産権の利用の対価を定める行政主体の処分に対する訴えを提起する場合には、裁決または裁定に対する抗告訴訟を提起するか、裁決または裁定を前提として補償・対価の増額の訴訟を提起するかを検討しなければならない。

出訴期間内に抗告訴訟を提起した後に、口頭弁論期日において、原告が裁決の取消しまたは無効確認請求について、追加的予備的に訴えを変更して、補償・対価の増加の訴訟、すなわち当事者訴訟を併合提起できるかが問題である。その時期は、すでに補償・対価の訴えの出訴期間経過後であった場合や、さら

〔第 2 部〕第11章　当事者訴訟

に、第一審の判決後初めて損失補償の可能性に気付き、控訴審においてこれを
提起できるかも問題である。

　最一小判昭和37・2・22（民集16巻 2 号375頁）は、買収計画取消しの原因と
して当初から補償額の不足が主張されていたことに着目して、訴えの変更が許
されるとし、最一小判昭和58・9・8（判時1096号62頁）は、損失補償の訴えを
独立して認めた趣旨から論じて、買収による土地形状の変更による損失と買収
対価の不足とは別個の問題として訴えの変更は許されないとする。ただ、両判
決とも最終的結果は共通の訴え却下であった。前者では、取消訴訟の被告適格
を有するのは行政庁であり、損失補償の訴えの被告適格は行政庁にはないとし
て却下した。また、後者では、追加された訴えについては被告が被告適格を有
しないことにはふれずに、訴えの変更が許されないことを理由に訴えを却下し
た。

　救済方法決定にあたっては、収用・買収、対価を争う原告の意思を確認し、
原告が対価の増額で満足する意思があるか、合理的に見て対価の増額しか解決
がない事案であると判断しない限り、抗告訴訟と対価の増額訴訟を同時に提起
することが必要であろう。

　財産権に重大な制約を加える可能性のある行政処分に対する不服申立ての手
続を 2 分し、異なる出訴期間・被告適格者を定め、救済方法を事後的に変更し
た際に生じる、出訴期間、当事者適格、当事者能力にかかる不都合は救済しな
いという扱いは再検討されなければならない。

　取り消しうべき行政行為は、取消訴訟のルートによってのみその効果が否定
される。しかし、無効の行政行為については、その瑕疵が重大であることから、
その効果を否定するについて、取消訴訟の排他的管轄に服さない。

　行政行為が無効の場合、現在の法律関係の先決問題として、民事訴訟の中で
行政行為の無効を主張すればよいのであるが、行政行為の表見的通用力を排除
するため、無効確認訴訟が必要とされている。

6　実質的当事者訴訟

⑴　実質的当事者訴訟

　第 2 次大戦後、裁判所の権限は私法・公法の別なく法律関係一般に及ぼされ

308

たが、実際どのような訴訟形態が許されるか明らかでなかった。取消訴訟については、判例その他が承認した無効確認訴訟を含めて、抗告訴訟の法理が構築されていったが、公法上の法律関係を対象とする訴訟については、不明確であった。

昭和37年の行政事件訴訟法により民事訴訟と行政事件訴訟が区分され、後者に属する各種の訴訟形態とその適用範囲を決める定義が法律によって定められた（行訴2条～6条）。しかしながら、公法上の法律関係に関する訴訟がいかなる限度でいかなる形で許されるかは依然として明らかでなかった。

この時期に行訴法4条後段の定める訴訟として解釈上認められたのは、給付訴訟としては、懲戒免職処分を受けた公務員からの給与支払請求、違法な課税を受けた者の不当利得返還請求などがあり、確認訴訟としては、懲戒免職処分を受けた公務員の地位確認請求、国籍確認請求などがあるが、これらとても民事訴訟として提起されるときは、民事訴訟の事件番号が付されることもあり、民事訴訟と行政事件訴訟法上の当事者訴訟の区分が不明のままであった。

(2) **当事者訴訟に対する多様な学説**

実質的当事者訴訟の存在意義については、多様な見解がある。当事者訴訟の対象となる公法関係を私法関係から区別することは困難である。現実において実質的当事者訴訟の現実に果たしている役割は大きくない。

一方の当事者訴訟の活性化を目指す理論には次のものがある。

① 公権力行使と私的経済活動が混合している法律関係では、公益的見地からの紛争処理が必要な場合には当事者訴訟によるべきであるとし、行政訴訟の手続の特質ことに職権証拠調べの余地があることに当事者訴訟の意義を見出し、民事訴訟として提起された訴訟でも公益的見地から職権証拠調べの余地を認めるべきだとするもの

② 行政事件訴訟の中心である抗告訴訟の救済の及ばない部分、ことに給付行政の充実を当事者訴訟で支援しようとするもの

③ 行政活動が多様な態様、行為形式で行われている現代では、行政活動に対する法的拘束を高めるためには、行政行為を対象とした抗告訴訟では不十分であるとして、当事者訴訟の活用を主張するもの

がある。

〔第 2 部〕第11章　当事者訴訟

他方当事者訴訟の活用に対する否定説は、次のものがある。

①　当事者訴訟による行政訴訟の活性化は望ましいが、職権証拠調べは実際には行われず、民事訴訟と行政訴訟の差異が実際には少ないにもかかわらず両者を区別することによる手続の複雑化と手続選択の誤りを導きやすく無用な区別であるとするもの

②　当事者訴訟の活性化を説くこと自体有害であり、当事者訴訟は不要だとするもの

などがある。

⑶　大阪空港事件と当事者訴訟

最判昭和56・12・16（民集35巻10号169頁・大阪空港事件）で、最高裁は、「夜間離着陸禁止請求は、行政事件訴訟によるかはともかくとして、民事訴訟で請求することは許さない」とした。ここで、最高裁が許容性を示唆した行政事件訴訟とは、どのような種類の行政事件訴訟かについて意見の一致がない。公法上の差止め請求訴訟を構想する見解もあったが、当事者訴訟としての可能性も検討されていた。これに対しては、当事者訴訟概念に否定的な立場から、当事者訴訟として構想することに否定的見解、当事者訴訟に代え権力的妨害排除訴訟を無名抗告訴訟として構想する見解もあった。しかし、現実論として、大阪空港事件のもたらした近隣住民の救済の欠如を当事者訴訟の活性化によって埋めることはできないとの認識は一般的である。

⑷　将来の行政処分の受認義務不存在確認訴訟

抗告訴訟以外の行政訴訟が公法上の法律関係の確認訴訟として許されるか否かが最高裁まで争われたのは、最判昭和47・11・30（民集26巻 9 号1746頁・長野勤務評定提出義務不存在確認請求事件）、最判平成元・7・4（判時1336号86頁・河川区域非該当確認請求事件）が知られている。これらは、予想される将来の不利益な行政処分の受認義務不存在確認の性格を持つものである。最高裁は、当事者訴訟との位置付けを示すことなく、いずれも訴えを却下し、その理由として処分を待って争ったのでは回復し難い損害を生ずるなど特段の必要がない限り「法律上の利益がない」としたのであった。

⑸　予防的機能をもつ確認訴訟

当事者訴訟は、法律関係を確認することにより、将来の処分を予防する機能

を持つとされることもある。最判平成24・2・9（判タ1371号99頁、国旗国歌懲戒予防訴訟）は、「処遇上の不利益が反復継続的かつ累積加重的に発生し、拡大する危険が現に存在する状況の下では、……本件職務命令に基づく公的義務の不存在の確認を求める本件確認の訴えは、行政処分以外の処遇上の不利益の予防を目的とする公法上の法律関係に関する確認の訴えとしては、その目的に即した有効適切な争訟方法であるということができ、確認の利益を肯定することができる」と判示し、確認訴訟が一定の条件の下で処分を予防する訴訟として機能することを認めている。

(6) 予防接種に関する損失補償訴訟

当事者訴訟の存在意義に関し一石を投じたのは、法令に基づく予防接種による損害にかかる下級審の一連の判決であった。形式的当事者訴訟としての損失補償請求は、いずれも請求権および手続が法令の具体的規定に根拠を有した。これに対し、予防接種すべきことを法令が定めているが、それによって生じた損失の補償については、実体法、手続法に法令上の根拠を欠くため、損害賠償責任・損失補償責任を認めうるか問題であり、学説には両説があった。

以下の裁判例では、国家賠償請求として提起されたものについて損失補償請求への救済根拠の併合または変更の可能性を試み、損失補償の根拠を憲法29条3項に直接求めたものである。東京地判昭和59・5・18（判タ527号165頁）は、追行手続について判示せず、損失補償を認めたのに対し、名古屋地判昭和60・10・31（判タ573号10頁）は、損失補償の追行形式を実質的当事者訴訟と明言したうえ、民事訴訟との併合可能性を肯定した。札幌高判昭和61・7・31（判タ611号15頁）は、損失補償請求を実質的当事者訴訟としつつ、行政訴訟に民事訴訟を併合することは許されるが、民事訴訟に行政訴訟を併合しえないとした。

(7) 実質的当事者訴訟と国賠訴訟・損失補償訴訟

将来の行政処分の受認義務不存在確認の訴訟でも、国賠訴訟と損失補償の間の転換の場面でも、実質的当事者訴訟はほとんど許容されなかった。

平成16年の行訴法改正は、実質的当事者訴訟に大きな影響を与えた。行訴法4条に「公法上の法律関係に関する確認訴訟」が挿入され、最高裁は直ちに反応した。

最判平成17・9・14（民集59巻7号2087頁）は、在外邦人の国政選挙における

311

〔第2部〕第11章 当事者訴訟

投票権にかかる訴訟で、直近の選挙における投票権の確認について、控訴審は、法律上の争訟性を欠くことを理由に訴えを却下した。最高裁は、法律上の争訟性があることは論をまたないとし、本件請求を公法上の法律関係の確認の訴えに位置づけたうえ、原告らの請求のうち直近の国政選挙にかかる投票権確認について、15名裁判官の一致をもって確認の利益を肯定したのである（2名の裁判官のみ本案では請求棄却）。

本件は、立法ないし立法不作為の違憲確認訴訟を実質的に認めるものである。これが平成16年行訴法改正に触発されたものであることは、明らかである。従来から、「法律上の争訟性欠如を理由に裁判上の救済から排除されてきた立法の違法を主張する訴訟」に突破口を開くものである。

7 民事訴訟と当事者訴訟の関係

最三小判平成5・7・20（民集47巻7号4627頁）は、第一審で国賠訴訟が先行し、控訴審でこれに損失補償請求を実質的当事者訴訟として追加したところ、最高裁は、民事訴訟に行政訴訟を追加することは許されるとしつつ、被告の審級の利益とその不同意を理由に、訴えの変更を許さないとしたものである。この判決の手続的結論の妥当性は疑問がある。

上記判例において、取消訴訟・国賠訴訟への形式的当事者訴訟の追加的変更を阻むものは、訴訟物の差異と被告適格者の差異であった。訴訟物の差は請求の基礎の同一により乗り越えられたが、控訴審における訴えの変更には被告の同意を要するという行政訴訟独特の手続法理を導入することによって阻まれた。

行訴法16条2項、19条1項は、第一審を高等裁判所とする抗告訴訟の場合に、行政庁の裁決の対象とならない事項を訴えの変更によって審判の対象とするのに被告の同意を要求したのであり、第一審が地方裁判所である一般の行政訴訟において、第二審における訴えの変更を被告の同意にかからせる根拠となるものではない。

判例法理によれば、国賠請求と損失補償請求の要件事実は、過失の点を除きほとんど同一であり、第一審で被告の過失を激しく争い、原告が訴えの変更によって損失補償を請求せざるを得ないものとした被告には、訴え変更に対し同意を拒絶し得ないとすべきである。

312

原子力発電所の設置許可について、取消訴訟や無効確認訴訟の提起が可能であるが、民事訴訟による差止訴訟も認められるべきであろう。原子炉の設置許可が周辺住民である私人との関係で実効不能となっても、許可処分そのものの効力とは、全く無関係である。行政活動による危害発生の救済について、裁判を受ける権利の空白部分があってはならない。最高裁は、住民の原子力発電にかかる「免許を受けた者に対する民事訴訟」を排除しないとしている（最判平成4・9・22民集46巻6号1090頁）。

8　当事者訴訟に関する手続規定と解釈

行政事件訴訟法における当事者訴訟に関する手続規定は、固有の規定としては、行訴法39条、40条1項、46条3項にあるのみで、他は、抗告訴訟に関する規定が準用され（同法40条2項、41条1項・2項）、定めのない事項は民事訴訟の例によるので（同法7条）、民事訴訟法が補充的に適用になる。

(1)　当事者訴訟の法的性格

(ｱ)　形式的当事者訴訟

(A)　形成訴訟説

形式的当事者訴訟は、法律が訴えをもって請求できると規定する場合に認められ、当事者適格、出訴期間の規定がある。これらはすべて形成訴訟の通常の属性であるとするものである。

(B)　給付・確認訴訟説

増額を請求する場合は、差額の給付の訴えであり、減額を請求する場合は、差額の債務不存在確認の訴えとするものである。

一般に、形成訴訟事項は、形成の訴えによってのみ主張できる。土地収用委員会・特許庁長官などによる裁決があった場合において、裁決にかかる損失補償の額のみを争う場合は、この訴えによってのみ可能である趣旨を法律が定めている。したがって、形成訴訟とみるのが正しいと思われる。

東京地判平成2・3・7（行集41巻3号379頁）は、土地収用にかかる収用委員会の裁決は公定力があることを理由に、公定力の排除のために損失補償の額に関する変更を求めなければならず、給付の訴えによるときは土地収用法133条1項の予定する訴訟形式によらない訴えとして不適法であるという。これは増

313

〔第2部〕第11章　当事者訴訟

減の訴えが形成訴訟であることを示すものである。

　　㈦　実質的当事者訴訟

　原告による請求の趣旨の記載により、給付訴訟または確認訴訟となる。

　⑵　**請求の趣旨、訴えの利益**

　　㋐　形式的当事者訴訟

　土地収用の例では、請求の趣旨は、次のとおりとなる。

　「○○土地収用委員会による○年○月○日付けの裁決によって原告が被告から支払を受けるべき補償金額を○○円から○○円に増額する。」、「○○土地収用委員会による○年○月○日付けの裁決によって被告が原告に支払うべき補償金額を○○円から○○円に増額する。」

　　㋑　実質的当事者訴訟

①　給付の訴えの場合は、通常の民事訴訟の給付の訴えと同様、請求する金額を記載する。たとえば、損失補償の訴えの請求の趣旨は、「被告は原告に金○○円を支払え」でよく、国家賠償請求を主位的請求とする場合、請求の趣旨の文言は共通であり、請求原因の変更によって訴えの変更ができる。

②　確認訴訟の場合は、どのような請求の趣旨を構成すべきかは、確認訴訟にかかる法理によって定まる。現在の権利、法的地位を示してするのが原則である。「原告は○○省事務官の地位にあることを確認する。」（公務員懲戒免職の事案）、「原告らが衆議院小選挙区選出の議員の選挙および参議院選挙区選出の議員の選挙において選挙権を行使する権利を有することを確認する。」

③　無効確認は、無効が過去の法律関係であることから、明文がない限り不適法で、現在の権利または法律関係に引き直して請求すべきとされている。法令、行為の無効確認も、一般に許されない。それらの無効の効果として定まる原告の地位または権利の確認を求めるべきとされる。

④　確認の訴えでは、確認の利益を具備することが必要である。ある請求について確認の利益があるというためには、

　　㋑　一般に原告が訴えによって達しようとする目的との関連で必要・適切であることを要する。

8　当事者訴訟に関する手続規定と解釈

(ロ)　過去、将来の法律関係を対象とするときは、過去にあっては特に確認の必要があることを要し、将来にあっては、現在化をまって訴えたのでは救済とならない事情の存在を要し、後者については、そのような事情が存する場合でも、法律関係の将来における変動の可能性を考慮して、将来の範囲を合理的に限定することを要する。

⑤　確認の利益は、当該請求により確認を求めることが、方法選択の点で適切であることを要する。

⑥　不作為請求も必要な限り実質的当事者訴訟で求めることができるが、一般には差止め請求の訴えが適切であり、将来の未必的な相手方の行為の差止めのための不作為義務確認は、相手方の行為をまって訴えたのでは回復し難い損害を生じることを示す必要があろう。

(3)　**出訴期間**

形式的当事者訴訟については、出訴期間の定めがあることが多いため、その適用が問題になる。

①　法令に出訴期間の定めがある場合において、正当な事由があるときは、その期間を経過した後でも、これを提起することができる（行訴40条1項）。

これは、平成16年改正で追加された制度である。以上の定めは、訴えの変更の場合にも適用されると解される。

②　行政庁は、当事者間の法律関係を形成する処分または裁決に関する訴訟で法令の規定によりその法律関係の当事者の一方を被告とする処分または裁決をする場合、すなわち形式的当事者訴訟を提起する余地のある処分または裁決をする場合には、当該処分または裁決の相手方に対し、当該訴訟の出訴期間を書面で告知しなければならない（同法46条3項）。

これは、平成16年改正で新設された制度であって、出訴期間の徒過による救済拒絶の防止を期したものである。形式的当事者訴訟にあっては、1個の裁決に対する不服申立方法が複数に分岐し、それぞれについて異なった出訴期間の定めがあるなど、教示の必要性が高い。教示を怠った場合または誤った教示をした場合は、遅れた訴えの提起は、一般に①による救済の対象となる。

(4)　**請求の併合**

当事者訴訟については関連請求を併合できる（行訴40条1項、41条、16条1

315

〔第2部〕第11章　当事者訴訟

項）。これは、当事者訴訟と関連する当事者訴訟の間だけでなく、当事者訴訟
と抗告訴訟・民事訴訟の間にも適用される。しかし、数個の請求は、同種の訴
訟手続による場合に限り、一の訴えですることができると規定されており（民
訴136条）、当事者訴訟と抗告訴訟は同種の訴えであるが、行政訴訟と民事訴訟
は同種の訴えでなく、当事者訴訟と民事訴訟の併合は一般に許さないとの考え
も可能である。しかし、当事者訴訟から民事訴訟へ訴えの変更について、訴え
の種類の同一性を不問とし、請求内容の実質的関連性の4要件を挙げて訴えの
変更を認める扱いが定着しており、今日、当事者訴訟に民事訴訟を併合するこ
とを認めることに異論がない。しかし、判例は、民事訴訟に当事者訴訟を併合
することが常に許されるわけではないとしている（最三小判平成5・7・20民集
47巻7号4627頁）。

　　　㋐　形式的当事者訴訟

　国賠訴訟と損失補償訴訟の併合の可能性は、認められている。

　別個の処分により定められた対価、損失に対する増減の訴えについては、行
訴法13条1号または6号が適用される。

　　　㋑　実質的当事者訴訟

　実質的当事者訴訟と位置づけられた直近選挙における選挙権確認と、過去に
選挙権行使を認められなかったことを原因とする国家賠償請求の併合の事件に
ついて、その併合要件具備を第一審以来問題とせず、最高裁もこれを認めた。
すなわち、実質的当事者訴訟と国家賠償請求訴訟では、訴えの併合要件は当然
に満たされると解すべきである。

　国またはその機関の行為によって権利を侵害されたと主張する者が将来侵害
されるおそれのある権利の確認を求め、すでに生じた権利の侵害についての国
家賠償を求める訴えは、前者が実質的当事者訴訟、後者が民事訴訟であるにか
かわらず、併合の障害にならない。

　複数の実質的当事者訴訟どうしの併合の可能性は、民訴法143条の問題とし
て処理すべきであろう。

　　⑸　訴えの変更

　取消訴訟・無効確認訴訟では、関連請求への訴えの変更ができるとされてい
る（行訴16条1項）。これは、取消訴訟と関連する抗告訴訟の間だけでなく、取

316

消訴訟と民事訴訟の間にも適用される。そして、「民事訴訟の例による」訴えの変更もできることを規定している（行訴19条2項）。

当事者訴訟については、以上の法文が準用される（同法41条2項）。そこで、当事者訴訟内部における訴えの変更および当事者訴訟と民事訴訟の間の訴えの変更の要件が問題になる。一般には民訴法143条の要件の解釈で決めることになる。

　　㋐　形式的当事者訴訟
　　　⒜　同一処分にかかる増減の訴えにおける額の変更

行政処分にかかる形式的当事者訴訟の出訴期間経過前に最初の訴えを提起し、出訴期間経過後に請求する増減の範囲を追加することができるかが問題となる。増額は、出訴期間経過後でも、一般に請求の基礎の同一要件を満たすとみられる（民訴143条）。減額については、民事訴訟の例により、請求の一部放棄または訴えの取下げにより、その要件と手続の下で可能と解される（民訴261条、266条）。

控訴審においては、請求の拡張的変更も、一種の訴えの変更であるが、民事訴訟では、控訴審における請求の拡張が許されることは疑問の余地なく、第一審におけるのと同様に可能と解される。原告は第一審で全部勝訴しても、独立の控訴により増減の幅を控訴審で変更できる。別訴が禁じられる場合は控訴の利益の要求に例外が認められるべきだからである。もちろん附帯控訴もできる。

　　　⒝　形式的当事者訴訟と民事訴訟の相互間での訴えの変更

この訴えの変更は、被告適格の問題とともにでなければ解決しない。しかし、農地の買収、売渡しの対価の増減の訴えにあっては、被告適格者は国で、国家賠償または損失補償の訴えと被告が同一になるので、訴えの変更の許否だけで問題が解決する。

　　㋑　実質的当事者訴訟

損失補償請求の訴訟係属後、第一審において、民事訴訟、たとえば国家賠償請求訴訟を追加的または交換的に訴えの変更によって提起することは許される（行訴41条2項、19条）。逆に民事訴訟の訴訟係属後、第一審において、実質的当事者訴訟を追加的または交換的に訴えの変更によって提起することが許されると思われる。

317

〔第2部〕第11章　当事者訴訟

控訴審においては、被告の同意がなければ許されないことになろう。ただし、第一審における被告の抗争の仕方によっては、被告は信義則上同意を拒絶できず、許される場合もあろう。

(6)　被告適格

平成16年の行訴法改正により、抗告訴訟について被告適格者が変更され（同法11条1項1号）、抗告訴訟と国賠訴訟などの民事訴訟との併合の可能性が拡大した。

しかし、たとえば収用委員会の裁定に対する抗告訴訟と、起業者に対する増額の当事者訴訟とでは、なお適格者が異なる。この場合、裁決機関を主位的被告、起業者を予備的被告として併合する民事訴訟では、これが認められるかが、改正前に問題とされていた。主観的予備的併合は不適法とするのが判例であるが、その必要に対応して同時審判の申出がある共同訴訟の制度（民訴41条）が平成8年の民訴法改正で創設された。そこで、土地収用委員会・特許庁長官などの行政主体の属する国・公共団体に対する抗告訴訟を基本として、損失補償・対価の増減の訴訟が行訴法13条1号による請求と認められるならば、後者を関連請求として併合でき、この併合が認められるならば、同時審判の申出を通じて、関連する2訴訟の同時進行が、少なくとも第一審では可能になるであろう。

出訴期間の定めのある訴訟については、故意または重大な過失によらないで被告を誤ったときは、裁判所は、申立てにより、決定をもって被告を変更することを許すことができる（行訴40条2項、15条1項）。

この定めによる決定があったときは、出訴期間の遵守については、新たな被告に対する訴えは、最初の訴えの時に提起されたとみなされる（行訴40条2項、15条3項）。

行政庁は当事者間の法律関係を形成する処分または裁決に関する訴訟で、法令の規定によりその法律関係の当事者の一方を被告とする処分または裁決をする場合、すなわち形式的当事者訴訟を提起する余地のある処分または裁決をする場合には、当該処分または裁決の相手方に対し、当該訴訟の被告とすべき者を書面で告知しなければならない（行訴46条3項1号）。この教示を怠った場合または誤った教示をした場合にあって裁判所の指摘により訴えの変更をすると

318

きは、出訴期間については、⑶の②による救済の対象となるであろう。

⑺　関連請求の移送

　行訴法41条2項は、同法13条を他の準用条文とは独立して当事者訴訟に準用しており、準用すべき訴訟として行訴法13条は6個の請求を規定している。これらのうち、移送側の請求は、取消訴訟である場合（同条2号～6号）と附帯請求である場合（同条1号）があるが、この規定が附帯請求として例示する損害賠償、原状回復の請求は、民事訴訟によるべき請求または実質的当事者訴訟である。

　また、これらのうち、双方当事者が移送事件と受移送事件との間で共通のもの（同条5号）、原告が共通のもの（同条3号・4号）、当事者双方共通か原告共通の場合を含むもの（同条1号・2号・4号）がある。

㈠　形式的当事者訴訟

　土地収用、特許などの裁決に対する抗告訴訟で、損失補償、対価の増減の訴訟は、ここにいう1号の損害賠償または原状回復の訴訟に相当する。土地収用法133条などの法文は、これらの訴訟を別個の訴訟として係属させることを予定しており、移送の余地がないとも解することもできないわけではない。しかし、補償額・対価の増減訴訟にとって、裁決の有効性は必然的前提問題であり、裁決取消訴訟でも補償、対価の相当性は中心的審判事項であるから、これを別個に審判させることは、判決抵触を起こす。このように考えると、この場合こそ、行訴法41条2項の準用する同法13条1号の場合というべきである。

㈡　実質的当事者訴訟

　実質的当事者訴訟は、処分裁決の取消しを求めるものではないので、行訴法13条2号ないし5号は適用にならない。しかし、立法、その他の国・その機関の違法行為による損害賠償または原状回復の請求については、別個の裁判所に係属することがあり、そのような場合に審理・判決を共通にする可能性を作り出すための移送を要することも少なくない。すなわち、実質的当事者訴訟にあっても、行訴法41条2項、13条1号・6号の適用の余地はあると解される。

⑻　出訴の通知

　形式的当事者訴訟が提起されたときは、裁判所は、その訴訟の対象となる処分または裁決をした行政庁にその旨を通知するものとされる（行訴39条）。

319

〔第2部〕第11章　当事者訴訟

　土地収用に関する裁決があり、被収用者が土地の損失補償の額を争おうとして起業者に対して当事者訴訟を提起した場合においては、争いが土地の価額に関するものであっても、補償の額を定めて収用の裁決をした委員会にとっては、その訴えの提起があったことは重要な関心事である。ことに、同一の裁決に対する抗告訴訟と増減の訴えとが競合し、別訴として係属する場合は、判決の抵触の可能性を少なくするためには、行政庁の訴えへの参加と、起業者の抗告訴訟への参加が望ましい。

　また裁判所としても、土地の損失補償の額を審理する以上、損失の額を定めた委員会から資料を取得することを望むであろう。このことは、特許庁が損失補償の裁決をした場合などについても当てはまる。このように、裁決をした行政庁に訴訟参加の機会を与えるため（行訴41条、23条）、上記の通知の定めをおいた。これは、抗告訴訟についてはない規定で、行政処分に対する不服を、補償の対価などに関してであるが、当事者間で行う構造の形式的当事者訴訟について特に必要となる事項であるので、当事者訴訟の冒頭に規定したのである。

(9)　行政庁の訴訟参加

　裁判所は、一定の行政庁を訴訟に参加させることが必要であると認めるときは、当事者またはその行政庁の申立てによりまたは職権により、その行政庁を訴訟に参加させることができる（行訴41条、23条1項）。これは取消訴訟に関する行政庁の訴訟参加に関する規定にならったものである。その趣旨は、一般的には関係行政庁の意向の裁判への反映の見地のほか、関係行政庁の有する情報の提供を受ける便宜にある。

(ア)　行訴法23条の準用される範囲

　形式的当事者訴訟における処分または裁決をした行政庁は、実質的には当該当事者訴訟の当事者ともいえ、参加させる必要は大きい。行訴法23条の法文は、「処分または裁決をした行政庁」は、形式的当事者訴訟に限っては、準用されると解するべきであろう。

　実質的当事者訴訟にあっては、参加させるべき行政庁は、処分した行政庁に当たるものが常にあるとは限らず、処分した行政庁を参加させることなく、それ以外の行政庁に参加の機会を与えるのは、不均衡である。したがって、本条は、実質的当事者訴訟には準用されないと解される。

320

(イ)　参加行政庁の地位

本条により行政庁が訴訟に参加した場合の当該行政庁の地位を、法は補助参加の規定に準じて規定する（行訴41条１項、23条３項、民訴45条）。

(ウ)　民事訴訟法による参加

行政訴訟にあっても、民事訴訟法による参加は適用の可能性がある。もっとも抗告訴訟においては、行訴法23条による参加のほか、行訴法22条による訴訟の結果、権利を害された第三者の参加の規定がある。民事訴訟では、この行訴法23条の参加は、民訴法42条以下の規定する補助参加に相当し、行訴法22条の参加は、民訴法47条の規定する独立当事者参加に相当する。

準用条文の有無、行政訴訟特有の規定の存在の２点からみると、当事者訴訟については、行訴法22条の規定の準用や独立当事者参加類似の規定がなく、行訴法23条は、形式的準用の対象ではあるが、その準用の範囲について疑問がある。

考え方としては、形式的当事者訴訟については、抗告訴訟の参加の規定の趣旨を考慮して上記のように行訴法23条を適用し、実質的当事者訴訟については、行政事件訴訟法の参加規定は原則的に適用されず、民事訴訟法の規定によって（行訴７条）、各種の参加（補助参加、共同訴訟的補助参加、独立当事者参加＝47条、共同訴訟参加＝52条）を認めるべきであろう。

⑽　釈明権の特則

平成16年行訴法改正法は、行訴法23条で釈明処分に関する特則を抗告訴訟についておき、これを同法41条で当事者訴訟に準用した（41条１項後段）。ただし、釈明処分の対象を処分または裁決に関する資料と規定するので、本条の働く余地は狭い。

しかし、行政訴訟一般はもちろん、当事者訴訟についても、民事訴訟における文書提出命令の制限は、平成８年の民訴法改正と平成13年の民訴法改正により本条のカバーする部分よりむしろ広くなったので、民訴法220条の適用を行訴法23条が制限するものと解すべきではない。

行訴法23条の定める釈明すなわち裁判所のとりうる措置は、以下の４種である。

①　被告である国もしくは公共団体に所属する行政庁に対し、処分または裁

321

〔第2部〕第11章　当事者訴訟

決の内容、根拠となる法令の条項、処分裁決の原因となる事実および処分
の理由を明らかにする資料で行政庁が保有するものの提出（同条1項1号）

②　上記①以外の行政庁に対する①の記録で行政庁が保有するものの送付の
嘱託（同条1項2号）

③　処分について被告である国もしくは公共団体に所属する行政庁に審査の
請求を経たときは、審査の請求に関する記録でその行政庁の保有するもの
の提出（同条2項1号）

④　処分について審査の請求を経たときは、③以外の行政庁に対し③の記録
で行政庁の保有するものの送付の嘱託（同条1項4号）

平成8年の現行民訴法は、その220条で文書提出命令を一般義務化し、また、
送付の嘱託の規定を226条においた。したがって、上記の規定は、かなり民訴
法の規定と重複するが、なお、文書の特定の負担を提出を求める者に課してい
ること、および220条4号の例外などに鑑み、意義の大きい規定である。上記
のうち、①、③は提出を命じるということから知られるように文書提出命令と
して、その不遵守に対する制裁があるのに対し（民訴224条）、②、④は、任意
の協力を建前とするので、命令に従わない行政庁に対する制裁がないという差
がある（ただし民訴132条の6の適用はある）。

　　　㋐　形式的当事者訴訟

形式的当事者訴訟は、行政主体が被告にならないので、上記の措置のうち①、
③は利用できないように見える。しかし、先述したように、この場合の行政主
体は、実質的には被告であり、その行為を訴訟で再審理するのであるから、①、
③によって提出を命じることができると解される。

　　　㋑　実質的当事者訴訟

実質的当事者訴訟では、当該訴訟の目的に関し処分または裁決を経ている例
は、かならずしも多くないが、当該場合には上記④の適用の可能性がある。

　　⑾　職権証拠調べ

昭和37年法以来、行政事件訴訟の民事訴訟に対する手続的特色としては、公
益の必要からする職権証拠調べの規定が挙げられることが多く、平成16年行訴
法改正も、これを引き継いだ（行訴41条、24条）。しかし、実際には裁判所が職
権証拠調べを行うことは希である。

322

⑿　判決の効力

　行訴法41条の準用する同法33条は、処分または裁決を取り消す判決は、処分または裁決をした行政庁を拘束すると規定する。ところで、当事者訴訟の判決が、処分または裁決を取り消すことはないから、行訴法33条の拘束力が問題となる。形式的当事者訴訟では、行政庁のした処分の一部である補償または対価の増減の判決がなされ、これは実質的には行政庁のした処分の取消しまたは変更に等しいから、その効力が処分または裁決をした行政庁を拘束する趣旨である。その結果、当事者訴訟の判決が確定したときに処分または裁決に対する取消訴訟が係属しているときは、損失、対価の額に関するかぎり、当事者訴訟の判決が当該取消訴訟の裁判所の判断を拘束する。

　取消訴訟の判決が先に確定した場合において、その確定判決が当該裁決または処分を取り消し、または変更したときは、内容に従って裁判をすべきである。裁決または処分を取り消す判決が確定しているのに当事者訴訟の裁判所が増減の棄却裁判したときは、その増減の棄却裁判に再審事由を生じる（民訴338条1項8号）。確定判決が当事者訴訟の対象となった処分または裁決を維持したときは、当事者訴訟の裁判所は、損失または対価の額を変更することができると解される。

⒀　訴訟費用の裁判の効力

　行訴法41条の準用する同法35条は、国または公共団体に所属する行政庁が当事者または参加人である訴訟における確定した訴訟費用の裁判は、当該行政庁が所属する国または公共団体に対し、またはそれらの者のために効力を生じると規定する。同条は、当事者訴訟にあっては、国または公共団体の機関である行政庁が行訴法23条によって参加した場合にのみ適用されよう。

9　確認訴訟の活用

⑴　確認訴訟の意味と対象

　確認訴訟は、権利または法的地位に不安が現に存在する場合、その不安を除去する方法として、法律関係の確認を求める訴えである。確認訴訟は、定型化された給付訴訟や形成訴訟に構成するのが困難な紛争について、不定形の救済手段として機能している。行政訴訟において、確認訴訟を利用する場合、出訴

〔第2部〕第11章　当事者訴訟

期間の制限のないことは、国民の救済にとって重要なメリットである。

　また、確認訴訟の対象は無限定であり、「法的地位の確認」「行政庁の行為の違法確認」「事実の存否確認」などがありうる。長野地判平成23・4・1は、「実施指導が、介護保険法23条に基づく調査としては、調査の方法を逸脱するものであり違法として」「原告が実施指導に応じる義務がないことの確認」をなし、原告を勝訴させている。

(2)　非処分と確認訴訟

　取消訴訟の対象である「処分」に該当しないものについて、その救済を行うために、確認訴訟の活用を図ることとし、行訴法4条の実質的当事者訴訟の規定の中に、「公法上の法律関係に関する確認の訴えその他の」という文言を挿入することとされた（行訴4条）。

　処分性の拡大は、原告適格の拡大と並んで、行政訴訟の救済範囲の拡大のための主要テーマであった。しかし、取消訴訟制度とその排他性を維持する限り、処分性の拡大はかえって救済の範囲を狭めることになる。そこで、「処分」に当たらない場合の救済を図るため、これまであまり活用されてこなかった確認訴訟を活用すべきであるとのメッセージが盛り込まれた。

　しかしながら、平成16年以前でも「公法上の法律関係に関する確認の訴え」が可能であると解されていたから、平成16年の改正法により、救済の範囲が拡大することになるのかは今後の運用により決まる。また、処分に当たらないものについて、これを法律関係に置き直して確認の訴えをするのであるから、法律関係に置き直すことができないものについては救済の方法がないとされるおそれがある。

　したがって、国民の権利・利益の救済範囲を拡大するために、確認訴訟を活用すべしというなら、行政の行為（行政指導などの事実行為を含む）そのものについて直接その違法の確認を求める訴えを可能にするべきである。たとえば、行政指導については、行政指導に伴う法律関係の構成が困難であっても、行政指導自体が違法であることの確認を求める訴えを認めればよい。そこで、行訴法4条の「公法上の法律関係に関する訴訟」の次に、「（国又は公共団体の機関の行為で処分又は裁決に当たらないものについて、その違法であることの確認を求める訴えを含む）」というカッコ書きを挿入して、行政指導の違法確認を求める

訴えを明示的に認める改正をすべきであったが、結局、上記のような条文にとどまってしまった。

しかしながら、改正法が、「公法上の法律関係に関する確認の訴えその他の」との文言を付加することとしたのは、国民の権利・利益の救済の穴をなくすことにあることは明らかであるから、改正法はその趣旨に沿って解釈されなければならない。たとえば、「法律関係に関する確認」は、「権利義務の存否の確認」より広い概念であるから、改正法を広く柔軟に解釈することにより、適切な確認訴訟の途を探究すべきである。また、「法律関係に関する確認」とあるからといって、それ以外の確認訴訟を否定すべきではなく、行政の行為等（処分に当たらないもの）の違法確認訴訟が、紛争の直接かつ抜本的な解決のためもっとも適切かつ必要と認められる場合には、これを認めるべきである（最判昭和45・7・15民集24巻7号864頁参照）。

いずれにせよ、この改正法を最大限活用することにより、救済の穴があるという事態は、解消されなければならない。

(3) 行政立法と確認訴訟

行訴法平成16年改正法は、国民の権利を救済する必要性がある場合、必ず救済しようとし、行政訴訟手続によって救済の道を閉ざすことがないとの考慮を基本的改正目標としている。

行政立法を制定する際において、行政の裁量をどう審査すべきかについては、あまり議論がされていない。平成16年の行訴法の改正では、従前の訴訟類型も使いやすくするとともに、確認訴訟の活用を図っているので、改正法の効果によって、裁量判断についても具体的事例が積み上がっていくであろう。

たとえば、法令の改正によって、ある者が当然身分ないし地位を失うような場合や、借地法等の改正によって、所有権者等がその所有権に制限を受けるような場合、また、土地区画整理法の手続等によって、土地所有者が地価の値下がりのために影響を受ける場合、法令の効力を争う訴訟が問題となる。訴訟の判決の効果を当事者間のみに限らないで第三者にも及ぼすものとすれば、司法権の範囲を超えない。

抽象的規範統制請求訴訟を認めなくとも公法上の権利関係確認の訴え（たとえば、法令により営業の制限を受けない権利関係の確認を求める訴え）を認めれば

〔第2部〕第11章　当事者訴訟

当事者の救済としては十分であるとの考え方もある。法令制定により国民の権利侵害が起こり、あるいはその侵害が極めて緊迫するような場合に、これを救済する措置として、かかる訴訟を認める必要性はある。しかし、理論上、上記訴訟を法令の無効宣言とみるか、取消しとみるか、原告勝訴の場合の原状回復措置をどうするかなど、難点が多い。

行政処分と同様の効果を生ずる法令というと、通常の民事法規も入ってしまう可能性がある。

法律関係の確認訴訟に置き換えることが可能な行政立法のケースは多く考えられるが、環境基準などは法律関係の確認訴訟に置き換えるのが難しい。

国民の健康に被害を及ぼすような煤煙の排出基準の制定などの差止めや、そのような基準の取消訴訟や無効確認訴訟はあり得るのではないかと考えられる。

(4)　行政指導と確認訴訟

行政指導は、行政機関が私人等に対し、任意の協力を求める形式で行われる様々な内容の働きかけである。行政指導は、任意の協力を求めるのでなければ違法である。しかし、行政指導を拒否することは、事実上、困難な場合も多い。したがって、違法な行政指導の差止めや、違法確認を求める訴えを認める必要性がある。

① 「勧告」「指導」「指示」に従わないことが不利益処分の発動事由となる場合、一定の義務不存在確認訴訟が適当である。

② 「不受理」は、行政手続法上存在しないものであり、地位の確認訴訟が適当である。

③ その他、不作為の違法確認訴訟などが効果的な場合も考えられる。

10　非処分の確認訴訟

(1)　確認の訴えと救済の必要性

確認訴訟については、長野勤評事件（行政判例百選II208頁）とこれを引用した横川川事件（最判平成元・7・4判時1336号86頁参照）、在外邦人選挙権確認訴訟事件（最判平成17・9・14行政判例百選II207頁）、非嫡出子国籍確認訴訟（最判平成20・6・4裁判所ウエブ）、国旗国歌懲戒等予防訴訟（最判平成24・2・9裁判所ウエブ）など、いくつか最高裁判決がある。前2件の判決は、厳格な要件の

326

もとに「訴えの利益なし」として公法上の当事者訴訟が却下されている。非処分（行政指導、通達など）の違法確認訴訟を提起しても、これらの最高裁判決に従えば、やはり却下されてしまう。

平成16年改正行訴法は、この厳格な最高裁判決にとらわれずに、確認訴訟を広く認めていくというメッセージを出すために、わざわざ行訴法4条で「公法上の法律関係に関する確認の訴えその他の」という文言を入れた。後者の2つの最判は、前2者からの脱却として評価できる。

法律関係等が不明確であることによって権利・自由に危険・不安が生じている場合にこれを除去するため、確認の訴えが認められる範囲を拡大すれば、国民の権利にとって有益であろう。上記第3の最高裁判決は、平成16年改正行訴法の影響を受け、「確認の利益」を穏やかにしたと思われる。

確認の訴えによる救済が必要とされるのは、行政立法・行政計画のうち、取消訴訟の対象には該当しないとされるものに関し、その効力を争う者が当該行政立法または行政計画の無効の確認を求めるような場合や、また、法律上効力がないとされる行政指導についても確認の訴えによる救済の必要性がある。

⑵　確認の利益

確認訴訟は、基本的に二面関係の紛争について、抗告訴訟で救済できないものを救済する訴訟類型として期待されている。確認訴訟が適法とされるためには、確認の利益がなければならない。法律関係等の存否を確認することが、法律上の紛争を解決し、必要かつ適切である場合にのみ認められる。

たとえば、異教徒の埋葬の求めに応じる墓埋法上の義務のないことの確認訴訟が認められる可能性がある。現に具体的に異教徒から埋葬を求められているときは、確認の利益が認められるが、これまでに全く異教徒の埋葬依頼を受けたこともなく、今後もないと考えられるような場合は確認の利益なしとされよう（行政判例百選Ⅰ52頁）。

今まで国家賠償訴訟で争われたケースも、同様に確認訴訟で対応できる。

また、建築予定者は自らが建築制限を受けないことの確認訴訟を求めることができる。この場合でも、すでに資本を投下して設計図を書き、具体的な建物を建築する予定であれば、確認の利益ありとされよう。漠然と計画していたというのでは確認の利益がない（行政判例百選Ⅰ100頁）。

〔第 2 部〕第11章　当事者訴訟

介護支援支給要綱の違法確認事件（東京地判平成18・11・29）において、「要綱は、原・被告間の公法上の法律関係を規定するものといえない」として、不適法な訴えとされた。

オオクチバス再放流事件（大阪高判平成17・11・24判地自279号74頁）において、「禁止規定は、特定個人の権利・利益に影響を及ぼさないので、確認の利益はない」と判示されている。

(3)　紛争の成熟性

確認訴訟の場合、確認対象を法律関係に引き直せるようでなければ、紛争として成熟していないということになろう。

たとえば、

① 　都市計画決定そのものの違法確認を求めることは具体的法律関係の争いとはいえないから、別の訴訟類型の利用が望ましい。

② 　周辺住民が、「建築主が建築制限を受けることの確認訴訟」を起こすような場合、他人間の法律関係の確認をするよりも、第三者による建築確認の取消訴訟がふさわしい。

③ 　隣地住民が、第三者の建築により日照被害や景観被害を受けない法的地位の確認訴訟を提起した場合、日照権や景観権を保護法益として、民事の建築差止訴訟を提起すべきということになろう。

住民が用途地域の指定について、何らかの法律関係に引き直せる場合は、当事者訴訟が使えるが、当事者訴訟の判決には対世効はないので、マンション業者には対世効が及ばないから、確認訴訟の意味はない可能性がある。もっとも、関係行政庁に対して拘束力が働くので、用途地域の再指定がなされて救済される余地がある。

その確認訴訟には第三者が参加していないから、手続保障の面で、紛争解決手段として確認訴訟が適切であるか検討されなければならない。

行政計画については、多様な利害関係者の参加により合意形成を行う行政手続が必要なので、訴訟参加の利用や別の訴訟類型の利用も検討しなければならない。

(4)　民事訴訟との関係

実質的当事者訴訟自体を廃止して、民事訴訟でやるという制度もありうる。

328

抗告訴訟のように明確な類型がないと裁判所が判断しづらいが、早急に確認訴訟の射程範囲を明確化していかなければならない。

行政訴訟における確認の利益と民事訴訟の確認の利益との関係について、調整が必要である。

(5) 取消訴訟の排他性の明文規定

平成16年の行訴法改正により、取消訴訟の被告適格が行政主体に変わったことで、取消訴訟も当事者訴訟になったという評価もなされている。

行政活動の司法的チェックは、権利救済を目的とした訴訟だけでは対応できず、権利救済システムを利用して、違法な行政活動の是正を求めにくい領域においても、裁判所が、行政活動の是正を確保することが必要である。

確認訴訟には、一般的に出訴期間がないので、いつでも争えるとすると、法律関係を不安定にするとの指摘がある。

また、確認判決には、対世効が認められないので、判決の拘束力だけで合一確定的処理が可能か、また、反対利害関係者の扱いをどうするかなど、未解決の問題がある。

(6) 無効等確認の訴えの取扱い

無効等確認の訴え（行訴3条4項）の原告適格を定める行訴法36条との関係も検討が必要である。

① 無効等確認の訴えの原告適格は、通常の民事訴訟における確認の利益よりも狭く制限されているからとの見解に立ち、通常の民事訴訟における確認の利益と同一とするなら、「当該処分又は裁決の存否又はその効力の有無を前提とする現在の法律関係に関する訴えによって目的を達することができないものに限り」との限定は、不要となる。

② 無効等確認の訴えの原告適格については民事訴訟の確認の利益と同一とすべきであり、行政訴訟について特別の規定を置く必要はない。

③ 行政行為の無効等の確認を求めたときに、確認の対象が過去の法律関係ないし事実の確認であるということから確認の利益がおよそ認められないという解釈がされるおそれがあるため、確認の利益がある場合には、処分または裁決の存否または効力の有無に関する確認の訴えであっても提起することができるというべきであろう。

〔第2部〕第11章　当事者訴訟

(7)　差止め訴訟と確認訴訟

公法上の当事者訴訟としての確認訴訟は、差止め訴訟との関係が問題となる。

この確認訴訟は、多くの場合予防訴訟として活用されるが、東京地判平成18・9・21（判時1952号44頁）は、通達や職務命令による国旗掲揚・国家斉唱義務のないことを確認する判決であった。

差止め訴訟は、「一定の処分」を差し止めるものとされているから（行訴3条7項）、一定の不利益処分が当然に予想される場合に利用することになろう。一定の不利益処分を予測することが困難な場合は、公法上の当事者訴訟を利用することになると思われる。同判決では、差止判決と確認判決が併存している。

【書式36】　在外日本人選挙権制限違法確認等請求事件の訴状例

訴　　　状

令和○○年○月○日

○○地方裁判所民事部　御中

原告ら訴訟代理人弁護士　○　○　○　○　㊞

同　　　○　○　○　○　㊞

当事者の表示　　別紙当事者目録記載のとおり

在外日本人選挙権剥奪違法確認等請求事件

訴訟物の価格金○○○○円

貼用印紙額金○○○○円

第1　請求の趣旨

1　原告らが，次回の衆議院議員の総選挙における小選挙区選出議員の選挙及び参議院議員の通常選挙における選挙区選出議員の選挙において，在外選挙人名簿に登録されていることに基づいて投票をすることができる地位にあることを確認する。

330

2　被告は，各原告に対し，金○万円及びこれに対する令和○○年○○月○○日から各支払済に至るまで年5分の割合による金員を支払え。

3　訴訟費用は被告の負担とする。

との判決並びに第2項及び第3項について仮執行の宣言を求める。

第2　請求の原因

1　当事者

　　各原告は，年齢満20年以上の国民であるが，3箇月以上引き続いて日本国外に居住しているため，日本国内で住民基本台帳に登録されていない。このため，各原告は，選挙人名簿に登録されておらず，衆議院議員及び参議院議員の選挙権を行使できない。

2　選挙権に関する憲法及び条約の定めとその趣旨

⑴　憲法

　　憲法前文は，主権が国民に存することを宣言し，又，国民は正当に選挙された国会における代表者を通じて行動するとしている。

　　そして，両議院は全国民を代表する選挙された議員で組織し（43条1項），両議員の選挙人の資格は法律で定めるが，人種，信条，性別，社会的身分，門地，教育，財産又は収入によって差別してはならないとしている（44条）。

　　憲法のこれらの規定は，公務員の選定・罷免が国民固有の権利であり（15条1項），公務員の選挙について成年者による普通選挙を保障し（15条3項），また，国民が法の下に平等であること（14条1項）から生まれた当然の要請である。

⑵　市民的及び政治的権利に関する国際条約（以下「人権規約」という）

　　人権規約（1979年9月21日，日本国について発効）は，25条で，以下のとおり規定している。

　　第25条　すべての市民は，第2条に規定するいかなる差別もなく，かつ，不合理な制限なしに，次のことを行う権利及び機会を有する。

⒜　直接に，又は自由に選んだ代表者を通じて，政治に参与すること。

⒝　普通かつ平等の選挙権に基づく秘密投票により行われ，選挙人の意思の自由な表明を保障する真正な定期的選挙において，投票し選挙されること。

⒞　一般的な平等条件の下で自国の公務に携わること。

331

〔第 2 部〕第11章　当事者訴訟

3　公職選挙法の規定による原告らの選挙権の剥奪とその違法性
(1)　公職選挙法の規定

　　上記憲法44条の規定を受けて，選挙人の資格は公職選挙法（昭和25年法
律第100号）で定められている。

　　そして，公職選挙法は，「日本国民で年齢満20年以上の者は，衆議院議
員及び参議院議員の選挙権を有する」（同法 9 条 1 項）と規定し，日本国
民全員について選挙権を保障している。

　　ところで，公職選挙法は，いわゆる永久選挙人名簿を置くこととし（同
法19条 1 項），「市町村の選挙管理委員会は，選挙人名簿の調製及び保管の
任に当たるものとし，毎年 9 月及び選挙を行う場合に，選挙人名簿の登録
を行うものとする」（同法19条 2 項）と定める。そして，前記公職選挙法
9 条 1 項の規定にもかかわらず，「選挙人名簿に登録されていない者は，
投票をすることができない」（同法42条本文）と規定している。

　　しかるところ，「選挙人名簿の登録は，当該市町村の区域内に住所を有
する年齢満20年以上の日本国民……で，その者に係る当該市町村の住民票
が作成された日……から引き続き 3 箇月以上当該市町村の住民基本台帳に
記録されているものについて行う」（同法21条 1 項）とされているために，
3 箇月以上日本に居住せず（旅券法16条参照），住民基本台帳に記載され
ていない者は，日本国民であっても，投票することができない。

　　したがって，海外に在住し，住民基本台帳記録されていない日本国民は，
たとえ選挙日に日本に帰国したとしても，投票できないことになる。

　　このように，憲法に規定を受けた現行の公職選挙法は，海外に在住する
日本国民については，選挙権を行使できない状態においている。すなわち，
国民主権を支えるものとして憲法が保障する参政権を，憲法の下位法であ
る公職選挙法が実質的に剥奪している。

(2)　違法性

ア　前記のとおり，憲法及び人権規約は，すべての国民ないし市民に平等
の普通選挙を保障したものであるから，海外に居住し，住民基本台帳に
記録されていない日本国民に選挙権を行使させない現行公職選挙法の規
定が違法（憲法違反及び人権規約違反）であることは明らかである。

イ　海外在住の日本国民に選挙権の行使を認めるにあたっては，選挙区の
割り振りや，投票の方法などついて，日本国内に居住する日本国民の場

合には問題がある。

　前記のとおり，選挙権は国民主権を支える最も重要な権利であり，これを制限ないし否定するためには，国家の側にやむにやまれぬ利益が存在しなければならず，かつ，その制限ないし否定は，右利益を達成するに必要な最小限のものでなければならない。すなわち，選挙権を制限する規定の適法性（憲法適合性及び人権規約適合性）を判断するにあたっては，表現の自由対する直接の制約の場合と同じく「厳格な基準」（最高裁大法廷1989年3月8日判決・民集43巻2号89頁，94頁参照）が必要とされると言うべきである。

　前述のように，選挙権は国民主権の原理そのものから導かれる最も重要な権利であり，この否定は主権が国民に存在することを否定するに等しい。しかも，選挙権が否定される場合には，「正当に選挙された国会における代表者を通じて行動」（憲法前文）すること自体ができないのであるから，原告らにとっては，司法による救済に頼らざるを得ない。国会に対して自らの意見を反映することができないという状態は，表現の自由に対して制約が加えられている場合と同じく，民主政治の過程そのものに歪みが存在する場合なのである。そのような制約をもたらす法令ないし措置について国会の裁量を広く認めることはできず，その適法性は厳格な基準によって審査されるべきである。

ウ　厳格な基準が適用される場合には，対象となる法令ないし措置が合憲であることの立証責任は政府の側に存する。したがって，本件においては，海外在住の日本国民に選挙権を否定するについて，やむにやまれぬ利益があり，かつ，現行法における否定は，上記利益を達成するに必要な最小限のものでなければならないことの立証責任は被告の側にある。被告がこの責任を果たさない限り，公職選挙法は違法（憲法及び人権規約違反）と判断されなければならないのである。

エ　海外に在住しているという一事によって選挙権の行使を全面的に認めない現行公職選挙法の規定については，憲法ないし人権規約のレベルでこれを適法とさせる利益は存在しない。しかも，現行公職選挙法が保護しようとする利益が何であるにせよ，選挙権行使の全面的否定という現行の制度が，この利益を達成するための必要最小限度の制限でないことは明らかである。

〔第２部〕第11章　当事者訴訟

したがって，海外に居住して住民基本台帳に記録されていない年齢20
年以上の日本国民に衆議院議員及び参議院議員の選挙権の行使を認めて
いない公職選挙法は，憲法14条１項，15条１項，３項及び44条並びに人
権規約25条に違反する。

オ　「外国の立法」に示されているとおり，米国，イギリス，フランス，
ドイツ，カナダ，スイス，オランダ，スウェーデン，オーストラリアな
どの各国で，いずれも在外投票制度が認められている。このことは，国
外に居住する自国民に対して選挙権を否定することが国民主権に反する
ものであることを，少なくとも先進国が一致して認めていることを示し
ている。

さらに，先進国における上記のような現状は，通信技術の発達，多様
な投票方法の考案等によって居住性の要件が不要になっていることを示
しているのであり，これらの各国で在外投票制度が適正に運営されてい
ることは，技術的困難を理由として現行公職選挙法の規定を適法視する
こともできないことを示している。

したがって，上記のような諸外国の例を見ても，在外者に選挙権の行
使を認めない現行公職選挙法の規定が違法であることが判明する。

４　求める判決

(1)　選挙権確認訴訟

①　海外に居住し，住民基本台帳に記録されていない年齢満20歳以上の日
本国民に衆議院議員及び参議院議員の選挙権の行使を認めていない現行
の公職選挙法は，憲法14条１項，15条１項，３項及び44条並びに人権規
約25条に違反するものである。

②　原告らは，日本国外に居住しているという点において，他の国民と区
別された地位に基づき，選挙権を行使できないという不利益を蒙ってい
る。原告らは，少なくとも次回の上記各選挙のときまでに，日本へ帰国
することはない。

そして，本訴によって次回の上記各選挙において選挙権を行使できる
法的地位が確認されると，関係行政庁ないし立法府は判決の趣旨に従っ
て所要の措置をとることが期待できるから（行政事件訴訟法33条１項，
２項，38条１項参照），原告らは，法的地位の確認を求めるについて確
認の利益を有する。

334

10　非処分の確認訴訟

　　したがって，上記法的地位を有することの確認を求める本訴は，当事
　者訴訟として許容されるべきものである。
(2)　損害賠償
　　原告らは，前記のとおり違法な選挙法の規定によって，〇〇〇〇年〇〇
　月〇〇日に行われた衆議員議員選挙に投票することができなかった。
　　国外に居住する日本国民について選挙権の行使の機会を確保するための
　公職選挙法の一部改正法案が1984年に提出されながら，1986年6月に廃案
　になって以降，本件について何らの手当てもされてこなかったことを考慮
　すれば，上記選挙までに公職選挙法の規定を改正しなかった点について，
　立法府の少なくとも過失があることは明らかであるから，被告は，これに
　よって原告らに生じた損害を賠償する義務を負う（国家賠償法1条1項）。
　　原告らが，上記違法によって〇〇〇〇年〇〇月〇〇日に行われた衆議員
　議員選挙において投票できなかったことによって受けた損害（慰謝料）は，
　金〇万円を下ることはない。
　　なお，立法行為が国家賠償法1条1項で「違法」と評価されるためには，
　「立法の内容が憲法に一義的な文言に違反しているにもかかわらず国会が
　あえて当該立法を行うというがごとき，容易に想定し難いような例外的な
　場合」に限られている（最一判1985年11月21日・民集39巻7号1512頁，
　1517頁。最二判1987年6月26日・裁判集民事151号147頁，最三判1995年12
　月5日・判例時報1563号81頁参照）。
　　しかしながら，成年の国民に対して，等しく国政選挙の選挙権が与えら
　れるべきことは憲法及び人権規約が何らの留保も置かずに規定しているも
　のであるところ，現行の公職選挙法が，憲法及び人権規約のこの一義的な
　文言に違反していることは明らかである。
　　しかも，前記の公職選挙法の一部改正法案の帰趨を考えれば，国会は，
　現行公職選挙法が憲法及び人権規約に違反することを知りながら，あえて
　その改正を実施してこなかったというべきであり，本件は正に前記最高裁
　判決がいう「国会があえて［違法の］立法を行うというごとき……例外的
　な場合」にあたるものである。
5　結論
　　よって，原告らは，日本国民である原告らに衆議員議院及び参議院議員の
　選挙権を行使する法的地位のあることを確認するよう求めるとともに，令和

335

〔第2部〕第11章　当事者訴訟

　　　　○○年○○月○○日に行われた衆議員議員選挙で投票できなかったことによ
　　　　る慰謝料として各自金○万円及びこれに対する損害発生の翌日である令和○
　　　　○年○○月○○日から各完済まで民法所定の年５分の割合による遅延損害金
　　　　を支払うよう求める。

　　　　　　　　　　　　　　　証　　拠　　方　　法
　　口頭弁論期日に提出する。

　　　　　　　　　　　　　　　付　　属　　書　　類
　　訴訟委任状　　　　　　　　　　　○○通

　　　　　　　　　　　　　　　当事者目録

　　　　　　　　　　　原告（○○名）一覧

　　　　　　　　　原告ら訴訟代理人（弁護士○名）一覧

　　　　　　　　　　　　　被　告　国
　　　　　　　　　被告代表者　法務大臣　○○○○

【書式37】　審決取消請求求事件の訴状例(1)

　　　　　　　　　　　　　　訴　　　　　状

　　　　　　　　　　　　　　　　　　　　令和○○年○月○日

　　知的財産高等裁判所　御中
　　　　　　　　　　　　原告訴訟代理人弁護士　○　○　○　○　㊞
　　〒○○○─○○○○　東京都○○区○○○　○丁目○番○号
　　　　　　　　　　　　原　　　　　　告　　○　○株式会社
　　　　　　　　　　　　代表者代表取締役　○　○　○　○
　　〒○○○─○○○○　東京都○○区○○○　○丁目○番○号
　　　　　　　　　　　　○○法律事務所（送達場所）
　　　　　　　　　　　　上記訴訟代理人弁護士　○　○　○　○
　　　　　　　　　　　　電　話　○○─○○○○─○○○○

FAX　○○—○○○○—○○○○

〒○○○—○○○○　東京都○○区○○○　○丁目○番○号

被　　　　　告　○　○株式会社

代表者代表取締役　○　○　○　○

審決取消請求事件

第1　請求の趣旨

1　特許庁が令和○年審判第○○○○号事件について令和○年○月○日になした審決を取り消す。

2　訴訟費用は被告の負担とする。

との判決を求める。

第2　請求の原因

1　特許権の内容

原告は下記特許発明について特許権（以下，「本件特許権」という。）を有している。

出　願　日　平成○○年○月○日

登　録　日　令和○○年○月○日

登録番号　特許第○○○○○号

発明の名称　○○○○製法特許

2　審決の内容

①　被告は，令和○年○月○日，本件特許権につき下記の理由により特許法29条1項又は2項に該当するので，特許法123条1項2号による無効原因があるとして無効審判請求を行った。

②　特許庁は上記審判請求事件につき，令和○年○月○日「登録第○○○○号の発明についての特許を無効とする。審判費用は被請求人の負担とする」との審決を行った。

3　審決の理由

特許庁の審決の理由の要点は以下のとおりである。

「本件特許の出願前に公開された昭和○○年特開第○○○○号公開特許公報（甲第2号証）によると，以下のような技術が開示されている。」

（中　略）

〔第 2 部〕第11章　当事者訴訟

したがって，上記審決には特許法29条 2 項の解釈を誤った違法がある。

（中　略）

4　よって，原告は特許庁のなした上記審決の取消しを求めて本訴に及んだ。

証　拠　方　法

1　甲第 1 号証　　審決謄本
2　甲第 2 号証　　公開特許公報

添　付　書　類

1　甲号証の写　　　　　各 1 通
2　委　任　状　　　　　1 通
3　資　格　証　明　　　1 通

【書式38】　審決取消請求事件の訴状例(2)

訴　　　状

令和〇〇年〇月〇日

知的財産高等裁判所　御中

原告代理人弁護士　　〇　〇　〇　〇　㊞

〒〇〇〇―〇〇〇〇　東京都〇〇区〇〇〇　〇丁目〇番〇号

原　　　　　告　　〇　〇株式会社

代 表 者 代 表 取 締 役　　〇　〇　〇　〇

〒〇〇〇―〇〇〇〇　東京都〇〇区〇〇〇　〇丁目〇番〇号

〇〇法律事務所（送達場所）

原告訴訟代理人弁護士　　〇　〇　〇　〇

電　話　〇〇―〇〇〇〇―〇〇〇〇

Ｆ Ａ Ｘ　〇〇―〇〇〇〇―〇〇〇〇

〒〇〇〇―〇〇〇〇　東京都千代田区霞が関〇〇〇

被　告　特許庁長官　　〇　〇　〇　〇

審決取消請求事件

338

第1　請求の趣旨
1　特許庁が令和○年審判第○○○○号事件について令和○年○月○日になした審決を取り消す。
2　訴訟費用は被告の負担とする。
との判決を求める。
第2　請求の原因
1　特許権の内容
　　原告は，令和○○年○月○日，以下のような発明（以下，「本願発明」という。）につき特許庁に特許出願をなした。
　　ア　出願番号　令和○年第○○○○号
　　イ　発明の名称　○○○○装置
2　拒絶査定
　　特許庁は令和○年○月○日本願発明につき拒絶査定を行った。
3　不服審判請求
　　原告は令和○年○月○日特許庁長官に対して拒絶査定不服審判の請求を行った。
4　審決
　　特許庁は上記不服審判につき，令和○年○月○日に「本件審判の請求は成り立たない」旨の審決を行った。
5　本願発明の内容
　　（本願発明の技術範囲などの説明）
6　審決の理由の内容
　(1)　引用例
　(2)　本願発明と引用例との相違
　(3)　本願発明は引用例記載の技術と同一であり，特許法29条1項3号の拒絶理由がある。
7　審決の違法理由
　　引用例と本願発明との比較などに関する事実誤認や技術の同一性判断の誤りについて主張する。
8　よって原告は，本件審決の取消を求めるため本訴に及ぶ次第である。
証　拠　方　法

〔第2部〕第11章　当事者訴訟

```
1  甲第1号証      審決謄本
2  甲第2号証      引用例
                    添 付 書 類
1  甲号証の写          各1通
2  委 任 状            1通
3  資 格 証 明          1通
```

【書式39】　その他の当事者訴訟の「請求の趣旨」の例

1　指導要綱

　　A市令和○年○月○日制定の開発指導要綱第○条は，都市計画法○条に違反することの確認を求める。

2　適合書面

〔例1〕　○○県令和○年○月○日制定の○○に関する指導要綱○条○項に基づく適合書面を交付しないことが違法であることの確認を求める。
〔例2〕　○○法に基づく届出が，○○県が制定した○○指導要綱に適合することの確認を求める。

3　同意書面または，協議応諾

〔例1〕　公共施設管理者は，原告に対し，都市計画法32条に定める同意書面を交付せよ。
〔例2〕　原告は，都市計画法32条に定める公共施設管理者の同意を得られる地位を有することの確認を求める。
〔例3〕　○○県知事が，原告に対し，都市計画法○条に定める協議に応じないことは違法であることの確認を求める。

4 自動確定の租税の過誤納金還付

> ○○税務署長が令和○年○月○日なした還付拒否通知の取り消しを求める。国は，原告に対し，金○○○○円の過誤納金並びに令和○年○月○日から支払済みまで，還付加算金を支払え。

5 収　用

> 〔例1〕 ○○県収用委員会が，令和○年○月○日付けでなした権利取得裁決（○○県収令和○年第○号）のうち，原告 A に対する損失補償金額に関する部分を，金○○○○円と変更する。被告（起業者）は，原告に対し，○○○○円およびこれに対する令和○年○月○日から支払済みまで，年5分の割合による金員を支払え。
> 〔例2〕 被告○○県（収用委員会）が令和○年○月○日付けでなした裁決（○○県収令和○年第○号）のうち，原告 B に対する収用する土地の区域に関する部分を取り消す。

（注1） 上記1ないし4の当事者訴訟は、判例の流れが確定していないので、後続処分等の抗告訴訟と併合提起することが望ましい。

（注2） 上記5の当事者訴訟では、損失補償額を争うのか、収用区域を争うのかによって、被告と請求の内容が異なる。

11　当事者訴訟と仮の救済

⑴　仮処分の排除

　仮処分の排除について、行訴法44条は、「行政庁の処分その他公権力の行使に当たる行為については、民事保全法に規定する仮処分をすることができない」と定める。

　執行停止は、取消訴訟を本案とする訴訟について本来認められるものであるが、行訴法38条3項は、処分の無効確認訴訟について、執行停止の規定が準用されている。

　しかし当事者訴訟には、仮の救済が認められるのかが、問題となる。

341

〔第2部〕第11章　当事者訴訟

(2)　当事者訴訟と仮の救済

　行政処分が無効である場合、本案訴訟として、無効確認訴訟、当事者訴訟、争点訴訟の利用が考えられる。

　当事者訴訟や争点訴訟には、執行停止の規定が準用されていない（行訴38条3項、41条、45条）。

　当事者訴訟の仮の救済には、次の考え方がある。

① 執行停止規定準用説

　　当事者訴訟に、行訴法41条、45条の準用を認める考え方である。

② 民事仮処分可能説

　　行訴法44条（仮処分排除規定）の範囲・内容を限定し、当事者訴訟に民事仮処分が可能とするものである。

　憲法32条の「裁判を受ける権利」は、実効的に保障されるべきであり、仮の救済の必要性がある場合にこれを認めないのは、同条に違反するというべきである。

　また、行訴法7条は、行政事件に民事訴訟法が適用されることを認めており、当事者訴訟には、民事仮処分の利用が許容されていると見るべきである。

　行訴法44条が民事仮処分排除を求める行政事件は、「公権力行使」を前提とする取消訴訟であり、処分が無効であるか、処分が存在しない場合に利用される当事者訴訟には、適用がないというべきであろう。

（本章担当・岩本安昭）

第12章　住民訴訟

1　総　説

　地方自治法は、地方公共団体の執行機関または職員による違法な財務会計行為等が究極的には当該地方公共団体の構成員である住民の利益を害するものであるところから、これを防止するため、全体の利益を確保するために、住民自らの手によりこれを是正する制度として住民訴訟制度を、その前置手続として、地方公共団体の自治的・内部的処理によってこれらの違法行為の予防、是正させることを目的として住民監査制度を設けている。

　たとえば、公費で私的な飲食をした市の職員に対して、市が損賠償請求をしていない場合、住民は、まず、市の監査委員に対して、住民監査請求を行い、この結果に不服があるとき、または、監査委員の勧告に対して、市長が従わないときには、住民監査請求を行った住民は、市が私的飲食により被った損害を回復するために住民訴訟を提起することができる。

　これらの制度は、アメリカ合衆国のタックスペイヤーズ訴訟に倣い、昭和23年の地方自治法改正の際に導入された。そして、平成14年の改正により、違法行為を行った長や職員、あるいは怠る事実の相手方を直接の相手方とする代位請求訴訟が改められ、当該地方公共団体の長に請求を義務付ける履行請求訴訟が導入されている。

2　住民監査請求・住民訴訟の手続

(1)　住民訴訟の手続

　監査請求をした住民は、監査結果に不服がある場合、また、長等の執行機関が監査委員の勧告に従わず必要な措置を講じない場合には、違法な財務会計上の行為の是正を請求して、住民訴訟を提起することができる。

343

〔第2部〕第12章　住民訴訟

　違法な財務会計上の行為の是正手段として、地方自治法は、差止請求訴訟（自治242条の2第1項1号）、取消請求・無効確認請求訴訟（自治242条の2第1項2号）、怠る事実の違法確認請求訴訟（自治242条の2第1項3号）、損害賠償請求・不当利得返還請求の履行請求訴訟（自治242条の2第1項4号）という4つの類型を定めている。

　これらの4つ類型の中で、最も多く利用されているのが、違法な財務会計上の行為を行った行為者等に対する損害賠償請求・不当利得返還請求の履行請求である。この類型の訴訟は、一般に4号請求訴訟とよばれている（以下、「4号請求訴訟」という）。

(2)　住民訴訟の住民勝訴判決確定後の手続

　住民訴訟の確定判決の既判力は、後の裁判所を拘束することはもちろんのこと、原告となった住民、当該地方公共団体の全住民に及ぶ。また、関係行政庁も拘束する（自治242条の2第11項、行訴43条・33条）。

　4号請求訴訟は、執行機関または職員に対して、損害賠償請求権または不当利得返還請求権の行使を義務付けることを請求する。認容判決が確定すると、執行機関または職員は、請求の相手方に対して請求をし、その請求に応じない場合には、訴訟を提起しなければならない（自治242条の3第1項・2項）。

　また、住民訴訟において、住民が弁護士に委任して訴訟を遂行した場合には、勝訴判決が確定すると、住民は、弁護士報酬の内の相当額を地方公共団体に対して請求することができる（自治242条の2第12項）。

(3)　議会の議決による長等職員に対する損害賠償請求権等の放棄

　4号請求訴訟において、原告勝訴の判決がなされ、長個人や職員個人に対する損害賠償請求、または不当利得返還請求が、地方公共団体に義務付けられた場合、地方公共団体の議会が、地方自治法96条1項10号に基づき、長個人や職員個人に対する損害賠償請求権、または不当利得返還請求権を放棄することがしばしばあり、その可否が裁判で争われてきた。

　この点、最高裁は、請求権の放棄の適否の実体的判断については、議会の裁量権に基本的に委ねられているとしながら、裁量権の範囲の逸脱またはその濫用にあたると認められるときは、その議決は違法となり、当該放棄は無効となるものとした（最二小判平成24・4・20判時2168号35頁）。

344

平成29年の地方自治法改正においては、次項に述べるとおり、議会の議決による損害賠償請求権等の放棄についての実体的要件が法定されることが期待されたが、議決による放棄の手続的要件のみが定められた（自治242条第10項）。

3　平成29年地方自治法改正による地方公共団体の長等の損害賠償責任の見直しとその問題点

⑴　議会の議決による請求権放棄に関する前記最高裁判決

議会の議決による請求権放棄に関する前記最高裁判決において述べられた千葉裁判官補足意見は、長の損害賠償責任について、個人が処理できる範囲を超えた過大で過酷な負担を負わせる等の場面が生じており、議会の議決による放棄は、個人責任を追及する方法・限度等について必要な範囲にとどめるための議会なりの対処方法であるとし、長の損害賠償責任について、善意無重過失の場合には、これを免責する見直しを示唆した。

これを端緒に、総務省は、長の損害賠償責任について見直しの検討に入り、第31次地方制度調査会、「住民訴訟制度の見直しに関する懇談会」に関する議論を経て、平成29年6月9日、住民訴訟制度の改正を含む地方自治法の改正法案が国会で可決され、住民訴訟制度の改正部分については令和2年4月1日施行される。

⑵　条例による長等の損害賠償責任の限定

住民訴訟制度の改正のうちで重要な点は、「普通地方公共団体は、条例で、当該普通地方公共団体の長等についての当該普通地方公共団体に対する損害を賠償する責任を、普通地方公共団体の長等が職務を行うにつき善意でかつ重大な過失がないときは、普通地方公共団体の長等が賠償の責任を負う額から、普通地方公共団体の長等の職責その他の事情を考慮して政令で定める基準を参酌して、政令で定める額以上で当該条例で定める額を控除して得た額について免れさせる旨を定めることができる」（自治243条の2第1項関係）ということである。すなわち、地方公共団体の長等が、善意無重過失であった場合に負うべき損害賠償の限度額を条例で定めることができ、その限度額の参酌基準および責任限度額の下限額は政令で定めることとなったのである。

これについては、住民訴訟制度が有する違法な財務会計の是正効果や抑止効

〔第 2 部〕第12章　住民訴訟

果を大幅に減殺するものであるとの批判がある。本章執筆時（令和元年 9 月30日現在）には、上記参酌基準や責任限度額の下限額について定める政令案が公表され、これについてのパブリックコメントが募集されている。

政令案は、地方警務官を除く地方公共団体の長等の職員の参酌基準については、

　イ　普通地方公共団体の長については、基準給与年額（年俸）の 6 倍、
　ロ　副知事もしくは副市町村長、指定都市の総合区長、教育委員会の教育長もしくは委員、公安委員会の委員、選挙管理委員会の委員、監査委員または海区漁業調整委員会の委員については、基準給与年額（年俸）の 4 倍
　ハ　人事委員会の委員もしくは公平委員会の委員、労働委員会の委員、農業委員会の委員、収用委員会の委員、内水面漁場管理委員会の委員、固定資産評価審査委員会の委員、消防長または地方公営企業の管理者については、基準給与年額（年俸）の 2 倍
　ニ　普通地方公共団体の職員（地方警務官、イ、ロ、ハの職員を除く）については、基準給与年額（年俸）の 1 倍

とされている。

また、責任限度額の下限額は、基準給与年額（年俸額）の 1 倍とされている。

地方警務官に関する参酌基準については、

　イ　警視総監または道府県警察本部長については、基準給与年額（年俸額）の 2 倍
　ロ　イに掲げる地方警務官以外の地方警務官については、基準給与年額（年俸額）の 1 倍

とされている。また、責任限度額の下限額は、基準給与年額（年俸額）の 1 倍とされている。

(3)　議会の議決による放棄の手続要件

改正点のもう 1 つ重要な点は、議会の議決により損害賠償請求権・不当利得返還請求権を放棄する場合には、監査委員の意見を聴くという手続が要件とされることとなった（自治242条10項）ことである。

ただ、今般の地方自治法の改正においては、必ずしも最高裁判例では明確にはなっていなかった議会の議決による請求権放棄の実体的要件について定めら

346

れること、住民訴訟係属中の放棄に関しては禁止されること等が期待されたが、かかる要件について新たに定められることはなく、放棄をする際の手続き要件のみが定められた。

4 住民監査請求

⑴ 意　義

　地方公共団体の長、委員会、委員、職員により違法または不当な財務会計上の行為が行われたとき、または、行われようとしているときは、当該地方公共団体の住民は、これらの行為を証する書面を添付して、当該地方公共団体の監査委員に対して、これらの行為を是正する等の措置を勧告するよう求めることができる（地自法242条１項）。これが、住民監査請求である。

　住民監査請求は、原則として、「当該行為があった日又は終わった日から１年を経過」するまでに行わなければならない（自治242条２項本文）。これは、財務会計上の行為について、いつまでも住民監査請求ないし住民訴訟の対象となることは法的安定性の観点から望ましくないという理由からである。ただし、この監査請求期間の制限は、「怠る事実」については適用されないことが原則であるが、これについては後述のとおり重大な例外がある。

⑵ 要　件

㋐ 住民監査請求ができる地方公共団体

　普通地方公共団体である都道府県、市町村（自治１条の３第２項）は当然対象となる（自治242条１項）が、それ以外にどのような地方公共団体で住民監査請求をすることができるであろうか。

　東京都の特別区（自治281条１項）は、市に関する規定が適用されるから（自治283条１項）、住民監査請求ができる。一部事務組合、広域連合についても、都道府県や市町村に関する規定が準用される（自治292条）ので、住民監査請求の対象となる。財産区（自治294条）については、住民監査請求を含む普通地方公共団体に関する規定の準用規定はおかれていないが、多数の下級審裁判例は、監査請求ができるとしている（京都地判昭和58・10・21判時1100号50頁、大阪高判平成８・６・26行集47巻６号485頁ほか多数）。

347

〔第2部〕第12章　住民訴訟

　　　㈠　住民監査請求をすることができる資格

　住民監査請求をすることができるのは、当該普通地方公共団体に居住する住民（自治10条）である。すなわち、当該普通地方公共団体に生活等の本拠たる住所があることが要件である。この要件を満たせば、未成年、外国人、法人、権利能力なき社団も住民として監査請求をすることができる。

　ただし、住民たる要件は、監査請求時のみならず、住民訴訟の原告適格であるから、訴訟の途中において、住民でなくなると原告適格がなくなり、訴訟は却下される。

　　　㈡　住民監査請求の対象となる行為

　住民が、住民監査請求を求めることができる対象は、地方自治法242条1項で定められる地方公共団体の違法・不当な財務会計上の行為である。

　財務会計上の行為とはいえない、たとえば、指名競争入札参加者の選定事務の違法性、不当性は監査請求の対象とはならない。

　住民監査請求の対象となる地方自治法242条1項の行為とは、次の行為である。

　⒜「当該普通地方公共団体の長、委員会、委員、職員」の⒝、「違法又は不当な」、⒞財務会計上の行為（①公金の支出、②財産の取得・管理・処分、③契約の締結・履行、④債務その他の義務の負担を負うこと、⑤公金の賦課・徴収を怠る事実、⑥財産の管理を怠る事実）である。

　⒜から⒞の要件をさらに細かく解説すると次のようになる

　　　⒜　当該普通地方公共団体の長、委員会、委員、職員

　⒜の長とは、知事（都道府県の場合）、または市町村長（市町村の場合）であり、委員会とは、教育委員会、選挙管理委員会、公安委員会等、長とは独立して権限を行使する行政委員会であり、委員とは監査委員を指す。予算執行権限や財産の取得・管理・処分の権限は原則的に長に帰属し（自治149条）、委員会、委員にはない（自治180条の6）。例外的に、教育機関の用に供する財産の管理については教育委員会に帰属する（地方教育行政の組織及び運営に関する法律23条2号）。また、地方公営企業の予算執行権限、財産の取得・管理権限は、その管理者に帰属する（地方公営企業法8条1項・9条）。

　職員とは、予算執行権限を有する長の補助機関たる職員を意味し、副知事・

副市町村長（自治161条）、会計管理者（自治168条）、職員（自治172条）であり、委任・代理（自治153条1項）の形式や事務分掌に関する内部規定による専決・代決の形式で、長から予算執行権限などを委ねられている。

したがって、現行法下では、監査請求の対象となる財務会計上の行為を行う「当該普通地方公共団体の長、委員会、委員、職員」とは、長、その補助機関たる職員、教育委員会、地方公営企業の管理者を指すことになる。

⒝　違法または不当な

住民監査請求の対象は、「違法又は不当な」財務会計上の行為である（なお、住民訴訟の対象が違法な財務会計上の行為のみである）。

違法とは、憲法、法律、条例等に違反することを意味する。不当とは、違法ではないが、不適切なことを意味する。

⒞　財務会計上の行為

⒞の住民監査請求の対象となる行為は、①ないし⑥の行為である。これは、一般的に「財務会計上の行為」とよばれているものである。

この中で、①から④の行為を「当該行為」とよび、⑤および⑥の行為を「怠る事実」とよんでいる。

「怠る事実」とは、たとえば、税の徴収義務があるにもかかわらず、これを放置している場合など、作為義務があるにもかかわらず、その作為義務を怠っている状態をいう。その他に、私的な飲食をした職員に対して損害賠償請求権があるにもかかわらず、これを行使しないことも、損害賠償請求権という財産（債権）の管理を怠っているとして「怠る事実」である。

㈡　住民監査請求の期間制限

⒜　1年の期間制限

住民監査請求は、「当該行為があった日又は終わった日から1年を経過したとき」には、することができない（自治242条2項本文）。これらの行為を対象としても、原則として、住民監査請求は違法とされ、却下される。これは、財務会計上の行為について、いつまでも住民監査請求ないし住民訴訟の対象となることは法的安定性の観点から望ましくないという理由からである。

⒝　「正当な理由」

上記1年の期間制限の例外として、「正当な理由があるとき」は、住民監査

〔第 2 部〕第12章　住民訴訟

請求は適法となる（自治242条 2 項ただし書）。

　「正当な理由」があるかどうかは、住民が相当の注意力をもって調査したときに客観的にみて監査請求をするに足りる程度に当該行為の存在または内容を知ることができたかどうかが判断基準となり、当該行為を知ることができたと解される時から相当な期間内に監査請求をすれば、監査請求は適法となる（最三小判平成14・9・12判時1807号64頁）。「監査請求をするに足りる程度に」とは、単にその事実の存在や内容を知ることができるだけでなく、当該行為が違法、不当であることを基礎づける事実まで知ることができなければならない程度と解される。

　また、ここでいう「相当な期間」とは、裁判で明確な基準が立てられているわけではないが、多くの裁判例では、60日程度となっている。

　　　⒞　怠る事実と監査請求期間

　前述のとおり、監査請求期間の制限は、「怠る事実」ついては、適用されないことが原則である。「怠る事実」については、起算点が観念されないことがその理由である。しかしながら、この原則には裁判例により重大な例外がある。

　裁判例は、「怠る事実」を、怠る事実の前提として違法な財務会計上の行為がない場合を「真正怠る事実」、怠る事実の前提として違法な財務会計上の行為がある場合を「不真正怠る事実」として、「不真正怠る事実」については、地方自治法242条 2 項の適用、すなわち期間制限があるとした（最二小判昭和62・2・20判タ634号110頁）。たとえば、長が違法な公金の支出を行った場合、住民は、違法な公金支出それ自体を「当該行為」として、監査請求の対象とすることも、また、違法な公金支出を行った長に対する損害賠償請求権の不行使を「怠る事実」として監査請求の対象とすることもできるが、前者が期間制限の対象となるのに、後者を選択すれば、その期間制限がないということは、期間制限の趣旨を没却するという理由からである。

　実際の裁判では、真正怠る事実なのか、不真正怠る事実なのかをめぐって見解が分かれる場面も多くある。

　公共事業入札談合に対する住民訴訟において、談合業者に対する損害賠償請求権の不行使を怠る事実とすることについて、真正怠る事実なのか、不真正怠る事実なのかが下級審の裁判例では対立していたが、最高裁は、監査委員が怠

350

る事実の監査を遂げるために「当該行為が財務会計法規に違反して違法であるか否か判断しなければならない関係」にあるかどうかを判断基準とし、談合業者に対する不法行為上の損害賠償請求権の発生の有無の判断は、談合に基づく契約締結や代金額決定が財務会計法規に違反するものであったかどうかを判断しなければ、確定できない関係にはないとして、監査請求期間の制限には服さないこと（真正怠る事実であること）を明らかにした（最三小判平成14・7・2判時1797号3頁、最一小判平成14・10・3判時1806号19頁）。

(D)　監査請求前置主義との関係

住民訴訟を提起するためには、適法な監査請求を経ていなければならず、監査請求が不適法であれば、住民訴訟は適法な監査請求を経ていないものとして却下されることになる。監査請求期間を徒過した監査請求も不適法な監査請求であるので、実際の裁判例では、却下を求める理由として、監査請求期間を徒過していることが被告から主張される。

(3)　手　続

(ア)　監査請求の方法

(A)　監査請求書の作成

(a)　書面主義

住民監査請求は、口頭で行うことはできず、その要旨を記載した監査請求書を提出しなければならない（自治令172条1項）。監査請求書は、総務省令により、様式が定められている（自治令172条、自治規13条）。必ずしもこの様式に従う必要はないが、下記に述べるような事柄を記載する必要がある。

(b)　住民監査請求対象の特定

(i)　特定しなければならない事項

住民監査請求書には、住民監査請求の対象を特定して記載しなければならない。すなわち、住民監査請求の対象とする違法・不当な「財務会計上の行為」を特定して記載しなければならない。

(ii)　財務会計上の行為の特定

監査請求においては、対象とする財務会計上の行為または怠る事実を他の事項から区別し、特定して認識できるように個別的、具体的に摘示しなければならない（最三小判平成2・6・5判時1372号60頁）。この特定の程度は、監査請求

〔第2部〕第12章　住民訴訟

書およびこれに添付された事実を証する書面の資料等を総合して、当該行為が
住民監査請求の対象であることを監査委員が認識できれば足りるので（最一小
判平成16・11・25判時1878号65頁）、必ずしも、行為の日、正確な金額等を詳細
に特定をしなくてもよい場合もある。

　談合事件の場合には、入札工事の件名などで談合が行われた工事名を特定し
たうえで、入札に参加した業者、入札日に近接する日時に談合が行われたこと
等を特定することが必要であり、また、それで十分である。

　　(iii)　違法・不当の事由の摘示

　監査請求においては、対象とする財務会計上の行為が違法・不当であること
を摘示する必要があるが、厳格にどのような法規に違反するかを指摘すること
は求められていない。

　また、監査請求が前置されていることから、住民訴訟においては、住民訴訟
の対象である財務会計上の行為と監査請求の対象となった財務会計上の行為の
同一性が求められるが、住民訴訟においては、住民監査請求で指摘した違法事
由に拘束されることなく、他の違法事由も主張できる（最二小判昭和62・2・20
判時1228号66頁）。

　(c)　求める措置

　住民監査請求においては、求める措置の内容やその相手方を特定する必要は
ない。監査請求人は、必要な措置を求めることを監査委員に対して請求すれば
足り、それ以上の特定、たとえば、誰に対して、いくらの額の、どのような権
利を行使せよというところまでの特定は必要ではない。

　(d)　本人の自署、捺印

　住民監査請求書には、請求人本人の自署と押印が必要とされる（自治令172条、
自治規13条）。

　(e)　代理人による住民監査請求

　住民監査請求は、代理人に委任して、代理で行うことも可能である。この場
合、住民監査請求書には、委任状を添付する必要がある。代理で住民監査請求
を行う場合、代理人の記名捺印で行えば足りるのか、監査請求人本人の自署、
捺印が重ねて必要なのか、地方公共団体により取扱いが異なるが、監査請求に
期間制限があることから監査請求が受理されないという事態は避けなければな

352

らない以上、本人の自署、捺印も併せて記載するべきである。

(B) 事実証明書

　監査請求書には、事実証明書を添付しなければならない。事実証明書の添付を要するとする趣旨は、事実に基づかない監査請求を抑制するという趣旨であるから、厳格な意味で違法または不当な財務会計上の行為を証明する証明力は必要ない。たとえば、職員による私的な飲食を対象とする監査請求であれば、これを報じる新聞記事の切り抜き程度のもので差し支えない。

(C) 提出先

　監査請求書の提出先は、当該地方公共団体の監査委員である。監査委員事務局が設置されている場合には、監査委員事務局に提出することになる。ただし、財産区について監査請求を行う場合、財産区には監査委員が置かれておらず、その財産区が属する市町村の監査委員が行うとされているので、当該市町村の監査委員に提出することになる。

(D) 提出方法

　監査請求書の提出方法は、監査委員あるいは監査委員事務局に持参する方法の他、郵送で提出することも可能である。ただ、住民監査請求においては、監査請求期間が法定されていることから、持参、郵送にかかわらず住民監査請求書の控えを準備して、これに監査委員、あるいは事務局の受付印の押捺をもらうことが必要である。

(E) 費　用

　住民監査請求については、費用は不要である。

(イ)　監査請求後の手続

(A) 要件の確認・補正

　監査請求書が提出された場合、監査委員（あるいは監査委員事務局）は、監査請求が法定の要件を満たしているかの審査を行う。要件を満たしていない場合、たとえば事実証明書が提出されていないなどの場合には、監査委員は、補正を促す権限があるので、監査請求人に対して、事実証明書の提出を促すことになる。ただし、監査委員は補正を促す義務まではないとされている（名古屋高金沢支判平成9・9・3判タ972号172頁）。

〔第 2 部〕第12章　住民訴訟

(B)　地方公共団体の議会および長への通知

　住民監査請求があったときは、監査委員は、直ちに当該請求の要旨を当該普通地方公共団体の議会および長に通知しなければならない（自治242条 3 項）。この規定は、平成29年法改正で新たに設けられた規定であり、住民監査請求がなされたという事実について、議会および長の間で情報ないし認識を共有するためであると説明されているが、住民監査請求がなされた段階で、議会の議決による損害賠償請求等の放棄をより容易にするための規定とも考えられる。

(C)　監査の実施

　監査請求について要件が満たされていれば、監査委員は、監査を実施する。監査請求の対象となった財務会計上の行為を行った職員に事情を聞いたり、怠る事実の有無を確認したりして、監査請求の対象となる事項について、違法または不当な事由があるかどうかを審査する。

(D)　意見陳述・証拠提出と事情聴取への立会い

　監査委員は、監査請求人に対して意見陳述と証拠提出の機会を与えなければならない（自治242条 7 項）。

　また、監査委員は、意見陳述の聴取を行う場合または関係のある当該地方公共団体の長その他の執行機関もしくは職員から陳述の聴取を行う際には、必要があると認めるときは、これらの執行機関もしくは職員または監査請求人を立ち会わせることができる（自治242条 8 項）。

(E)　監査の期間

　監査委員は、監査請求のあった日の翌日から起算して60日以内に監査結果を出さなければならない（自治242条 6 項）。

(F)　執行停止の勧告

　監査請求人の請求により、当然に、その財務会計上の行為が停止されるわけではない。ただし、監査委員は、監査請求の対象となった財務会計上の行為が違法であると思料する相当の理由があり、当該財務会計上の行為により当該地方公共団体に生ずる回復困難な損害を避けるために緊急の必要があり、かつ、当該行為を停止することによって公共の福祉を著しく阻害するおそれがないと認めるときは、監査の結果が出るまで執行機関または職員に対して、当該行為の停止を勧告することができる（自治242条 4 項）。

354

⑷ 効　力

㋐　監査結果

(A)　監査結果と効力

(a)　勧　告

監査委員が監査請求に理由があると判断したときは、当該地方公共団体の議会、長その他の執行機関または職員に対し、期間を示して必要な措置を講ずべきことを勧告する（自治242条5項）。監査委員から必要な措置を実施するよう勧告を受けた長、職員、議会などは勧告に示された期間内に必要な措置を講じなければならず、その内容を監査委員に対して通知しなければならない（自治242条9項）。

ただ、勧告には強制力がないため、議会、長等の執行機関または職員らは、勧告に従わないこともできるが、そのためには相応の合理的な理由が必要であろう。

(b)　棄却・却下

監査委員が監査請求に理由がないと判断したときは、監査請求を棄却する（自治242条5項）。また、監査請求が法定の要件を満たさない場合には、監査委員は、監査請求を不適法として却下する。監査請求期間を徒過しており正当な理由も認められない場合のほか、監査請求の対象行為が特定されておらず、監査委員が補正を促しても、補正に応じない場合には監査請求が却下されることがある。

(B)　監査結果の通知・公表

(a)　勧　告

勧告の内容は、監査請求人に通知される。法律では、通知の形式は、定められていないが、棄却の場合と同様理由を付して書面でなされることになる。また、勧告は、公表される（自治242条5項）。

勧告を受けた議会、長その他の執行機関または職員は、勧告に従って期間内に必要な措置を講じた場合は、前述のとおり、その内容を監査委員に通知しなければならず、監査委員は、その通知を、監査請求人に通知し、公表しなければならない（自治242条10項）。

〔第 2 部〕第12章　住民訴訟

(b)　棄却・却下

　監査請求を棄却した場合、監査委員は、監査請求人に対して、理由を付して、書面で通知し、この内容を公表する（自治242条 5 項）。

　通知は、多くの自治体では、配達証明郵便でなされている。これは、住民訴訟の出訴期間が監査請求の結果等の通知があった日から30日以内とされているから、通知の日を明確にする必要があるからである。公表は、多くの自治体ではホームページに掲載して行っている。

　却下の場合も棄却の場合と同様、監査委員は、監査請求人に対して、理由を付して書面で通知する。

　　(イ)　監査結果に対する対応

　　　(A)　住民訴訟の提起

　監査請求人が監査結果に不服がある場合、あるいは、地方公共団体の長等の執行機関や職員が監査結果に記載した勧告に従わない、もしくは、その取った措置に不服がある場合、さらには監査委員が監査結果を法定の期間内に出さない場合、監査請求人は、違法な財務会計上の行為の是正を請求するべく、裁判所に対して、住民訴訟を提起することができる。すなわち、監査請求の対象とした違法な財務会計上の行為について司法判断を受けることができるのである。

　　　(B)　住民訴訟の出訴期間

　住民訴訟は、出訴期間が不変期間として定められており（自治242条の 2 第 2 項・ 3 項）、たとえば監査請求棄却の場合には、通知を受け取ってから30日以内という極めて短期間の間に提起しなければならない。この不変期間の起算点は、監査結果の類型ごとに異なる。

　　　(C)　監査結果の類型による出訴期間

　　(a)　監査結果または勧告の内容に不服のある場合

　この場合、監査請求人は、当該監査の結果または勧告の通知があった日から30日以内に住民訴訟を提起しなければならない（自治242条の 2 第 2 項 1 号）。

　　(b)　勧告を受けた議会、長その他の執行機関または職員の措置に不服がある
　　　場合

　この場合、当該措置に係る監査委員の監査請求人に対する通知（自治242条 9 項）があった日から30日以内に住民訴訟を提起しなければならない（自治242条

356

の2第2項2号)。

(c) 監査委員が監査請求をした日から60日を経過しても監査または勧告を行わない場合

　これは監査請求をした日から60日以内に監査委員が、勧告も、請求の棄却、却下、不受理の通知などの結果を出さない場合、請求から60日を経過した日から30日以内に住民訴訟を提起しなければならない（自治242条の2第2項3号）。

(d) 監査委員の勧告を受けた議会、長その他の執行機関または職員の措置をしない場合

　この場合、勧告に示された期間を経過した日から30日以内に住民訴訟を提起しなければならない（自治242条の2第2項4号）。

(5) 再度の監査請求

　監査結果等に不服がある場合、監査請求を行った住民は、住民訴訟を提起して、これを争うことになる。監査請求の対象が同一である場合には、原則として、再度の監査請求をすることはできない（最二小判昭和62・2・20民集41巻1号122頁、判時1228号66頁、判タ634号110頁）。

　ただ、監査委員が誤って適法な監査請求を誤って却下した場合には、再度の監査請求をすることは可能である。しかしながら、監査請求期間が短期間に限られていることからすれば、住民訴訟の提起をまず検討すべきである。

【書式40】　住民監査請求書例

住民監査請求書

　A市監査委員　殿
　監査請求人らは，地方自治法242条1項の規定により別紙事実証明を添え必要な措置を請求する。

令和○年○月○日

　〒○○○─○○○○　A市○○町○番○号
　　　　　　　　　職　　　業　　会社員

〔第2部〕第12章　住民訴訟

監　査　請　求　人　　甲　野　太　郎　㊞

〒○○○─○○○○　A市○○町○番○号

職　　　　　業　　主婦

監　査　請　求　人　　乙　山　花　子　㊞

〒○○○─○○○○　A市○町○番○号

○○法律事務所

上記監査請求人ら代理人

弁　　護　　士　　○　○　○　○　㊞

請求の要旨

　A市職員や市会議員らは，平成30年度から令和元年度にかけて，高級クラブ「X」で飲食を行い，平成30年度において15件，計150万円，令和元年度において10件，計100万円，合計250万円の飲食を行い，同代金は，A市の公金から支出された。

　上記飲食は公務とは関係のない私的な飲食であり，その代金を公金から支出することは違法である。

　よって，監査委員は，市長に対し，支出手続を行った職員や飲食を行った者に対して，支出額の返還をさせるなど，必要な措置を講じるよう勧告をすることを求める。

　なお，平成30年度における15件，計150万円の支出については，本監査請求の時点において1年を経過しているが，令和2年4月1日，A市の地元新聞紙においてその違法な支出が報道され，原告らは，同報道から速やかに監査請求を怠ったのであるから，監査請求の期間徒過につき正当な理由がある。

添　付　書　類

1　事実証明書　　各1通
2　委任状　　　　1通

（注）

①　代理人に委任する場合であっても、住民監査請求書には、監査請求人本人の署名捺印が必要とされる地方公共団体がある。

②　監査請求書には、請求の要旨として、財務会計上の違法、不当な行為を記載する必要がある。包括的な監査請求（たとえば、令和元年中の○○課における食糧費の支出一切）は認められないが、特定の程度はある程度緩やかでよいと

解されている。

③　措置の相手方や求める措置については特定する必要はないが、監査委員に必要な措置について十分な検討を行わせるためにも、措置の相手方や、求める措置を例示した方が望ましい。

④　本件については、平成30年度分の支出については、監査請求期間を経過しているので「正当な理由」を記載している。「正当な理由」は必ずしも必須の記載事項ではないが、記載がなければ、１年間の経過をしているという理由から直ちに却下される可能性がある。

5　住民訴訟

⑴　意　義

　住民訴訟は、監査請求で対象とした財務会計上の行為、すなわち、①公金の支出、②財産の取得・管理・処分、③契約の締結・履行、④債務その他の義務の負担を負うこと、⑤公金の賦課・徴収を怠る事実、⑥財産の管理を怠る事実のうち、違法な行為について、地方自治法242条の２第１項に定められた４つの類型の請求を行うことにより、是正または予防を求める訴訟である。

　それ以外の類型の請求を行うことは認められない。たとえば、違法確認を求める形式の訴訟は、下記に述べる「怠る事実の違法確認」のみであり、長の財務会計上の行為が違法であったとして、単にその違法確認を求めることは不適法な訴えとなる。

　４つ類型の中で、最も多く利用されているのが、１項４号の損害賠償請求・不当利得返還請求の履行請求で、一般に４号請求訴訟とよばれている。

⑵　要　件

㋐　住民訴訟の類型

⒜　差止請求（自治242条の２第１項１号）

　差止請求とは、違法な財務会計上の行為が行われようとしているときに、当該執行機関または職員を被告として、これらの者に事前に当該行為の全部または一部の差し止めを求める請求である（以下、「１号請求訴訟」という）。いまだ行われていない行為について、事前に差し止めを求めるものであるから、対象となる行為は、前項の①公金の支出、②財産の取得・管理・処分、③契約の締

〔第2部〕第12章　住民訴訟

結・履行、④債務その他の義務の負担を負うこと、が対象となる。たとえば、違法無効な賃貸借契約に基づく将来の賃料の支払いを差し止める等の場合には1号請求訴訟を提起することになる。

　この場合、当該行為を差し止めることによって人の生命または身体に対する重大な危害の発生の防止その他公共の福祉を著しく阻害するおそれがあるときは、差止めは認められない（自治242条の2第6項）。これは実体要件と解されており、裁判所は、これが認められる場合には、請求を棄却することになる。この要件は、この適用を主張する側である被告側に主張立証責任がある。

　差止請求係属中に当該財務会計上の行為がなされたときは、訴えの利益を欠くことになり、訴えは却下される。しかしながら、原告は、当該違法な行為を行った執行機関または職員に対する損害賠償請求（4号請求訴訟）に訴えを変更することは可能である。先ほどの賃料の差止請求についても、すでに支払われた賃料については、賃料相当損害金の損害賠償請求に訴えを変更することになる。

　　　(B)　取消請求・無効確認請求（自治242条の2第1項2号）

　取消請求・無効確認請求とは、違法な財務会計上の行為が行政処分であるときに、その取消しまたは無効確認を求める請求である（以下、「2号請求訴訟」という）。行政処分には公定力があり、その効果を争うためには、行政処分の取消しまたは無効確認判決が得なければならないからである。この訴訟の対象となるのは、(1)の行為のうち、①公金の支出、②財産の取得・管理・処分、③契約の締結・履行、④債務その他の義務の負担を負うこと、である。たとえば、行政財産である市民会館が違法に使用されている場合、この使用許可処分の取消しを求める場合である。

　　　(C)　怠る事実の違法確認請求（自治242条の2第1項3号）

　怠る事実の違法確認請求とは、執行機関または職員を被告として、「公金の賦課徴収若しくは徴収を怠る事実」もしくは「財産の管理を怠る事実」が違法であることの確認を求めるものである（以下、「3号請求訴訟」という）。これは、裁判所の判決により既判力をもってその怠る事実である個別具体的な財務会計上の作為義務の懈怠の違法を確定し、執行機関または職員にこの作為義務の履行を促すことを目的としている（東京地判平成7・7・26判時1540号13頁）。

360

⑴ 損害賠償請求・不当利得返還請求の履行請求（自治242条の2第1項4号）

損害賠償請求・不当利得返還請求の履行請求とは、地方公共団体の長等の執行機関または補助機関たる職員に対し、違法な財務会計上の行為を行った職員等に対する損害賠償請求権や不当利得返還請求権の行使の義務付けを求める請求である（以下、「4号請求訴訟」という）。

地方自治法242条の2第1項4号が規定する、地方公共団体の長等の執行機関または補助機関たる職員に対して求める請求は、次のとおり整理することができる。

イ　当該職員に対する損害賠償請求または不当利得返還請求

ロ　当該行為の相手方もしくは怠る事実の相手方に対する損害賠償請求または不当利得返還請求

ハ　イの当該職員または、ロの当該行為の相手方もしくは怠る事実の相手方が賠償の命令の対象となる職員（自治243条の2の2第3項）である場合には、賠償命令をすること

当該職員とは、違法な財務会計上の行為（①公金の支出、②財産の取得・管理・処分、③契約の締結・履行、④債務その他の義務の負担を負うこと、⑤公金の賦課・徴収を怠る事実、⑥財産の管理を怠る事実）を行った職員のことである。

当該行為の相手方とは、作為である財務会計上の行為（①公金の支出、②財産の取得・管理・処分、③契約の締結・履行、④債務その他の義務の負担を負うこと）の相手方ということである。たとえば、違法な公金支出による接待を受けた職員や一般人がこれにあたる。

怠る事実の相手方とは、不作為の財務会計上の行為（⑤公金の賦課・徴収を怠る事実、⑥財産の管理を怠る事実）の相手方ということである。本来、税金を賦課しなければならないのに賦課されていない者であるとか、本来地方公共団体に対して損害賠償義務を負担しているのに、これを行使されていない者がこれにあたる。たとえば、損害賠償請求を受けていない談合業者がこれにあたる。

これらの当該職員、当該行為の相手方または怠る事実の相手方が、地方自治法243条の2の2第3項の賠償命令の対象となる職員である場合には、賠償命令をすることを執行機関または補助機関たる職員に求めることになる。

〔第 2 部〕第12章　住民訴訟

以上、 4 号請求訴訟において、損害賠償請求または不当利得返還請求の対象となる 当該職員 、 当該行為の相手方 または 怠る事実の相手方 、賠償命令の対象となる 当該職員 、 当該行為の相手方 または 怠る事実の相手方 をまとめて、 請求の相手方 とよぶこととする。

　⒤　監査請求前置主義と監査請求との同一性

　住民訴訟においては、監査請求前置主義が採られており、適法な監査請求を経ていなければならない。したがって、原告は、監査請求を行った監査請求人に限られる。また、監査請求前置であることから、監査請求と住民訴訟の同一性が求められる。すなわち、住民訴訟の対象は監査請求で対象とした財務会計上の行為に限られる。

　監査請求前置主義により、監査請求の対象と住民訴訟の対象との同一性が求められる。

　同一性の判断基準については、監査請求および住民訴訟において違法と主張される当該行為、怠る事実について社会的事件としての同一かどうかである。違法の理由や求める措置の内容が異なってもよい（最二小判昭和62・2・20判時1228号66頁）。

　また、請求の相手方にかかる当該行為あるいは怠る事実が記載されていれば、住民監査請求において求めた具体的措置に長、職員、相手方私人の名前が記載されていなくても住民訴訟の請求の相手方とすることができる（最二小判平成10・7・3 判時1652号65頁）。

　⒱　原告適格・被告適格等

　　⒜　原告適格

　監査請求前置主義により、住民訴訟の原告適格は、適法な住民監査請求を行った住民である。監査請求をしていない他の住民が、訴訟の段階から原告となることはできない。その場合、他の住民も自ら監査請求を行うことは可能であるが、住民訴訟は別訴が禁止されている（自治242条の 2 第 4 項）ので、すでに提起された訴訟に共同訴訟参加することになる。

　　⒝　被告適格

　⒜　1 号請求訴訟

　この請求の被告となるのは、「当該執行機関又は職員」（自治242条の 2 第 1 項

362

1号）であるが、これは当該財務会計上の行為を差し止めることができる権限を有する執行機関または補助機関たる職員である（東京地判平成6・12・5判時1517号18頁）。執行機関である長が本来的に有する権限を委譲せず、対外的に自己の名において事務処理を行うが、内部的には恒常的に補助職員に事務処理をさせている場合（専決あるいは代決）などの補助機関としての職員には被告適格はない。逆に、長が権限を対外的にも権限を委譲しているような、委任の場合には、長には被告適格はない。

(b) 2号請求訴訟

この請求の被告となるのは、当該行政処分たる当該行為を行った行政庁の所属する地方公共団体となる（自治242条の2第11項、行訴43条1項・2項、38条1項、11条1項）。平成16年に行政事件訴訟法が改正されるまでは、処分を行った処分庁が被告となっていたが、改正後は以上のとおりとなった。

(c) 3号請求訴訟

この請求の被告となるのは、怠る事実について作為義務がある執行機関または補助機関たる職員である。この場合も差止請求と同様に、長等の執行機関に本来的な権限が残っている場合の補助機関としての職員には被告適格はない。

(d) 4号請求訴訟

請求の相手方に対して、損害賠償請求もしくは不当利得返還請求、または賠償命令をすることができる権限をもつ執行機関または補助機関たる職員が被告適格を有する。

この場合も差止請求と同様に、長等の執行機関に本来的な権限が残っている場合の補助機関としての職員には被告適格はない。

(C) 請求の相手方の適格

4号請求訴訟の当該職員とは、財務会計上の行為を行う権限を法令上本来的に有するものとされている者およびこれらの者から権限の委任を受けるなどしてその権限を有するに至った者である（最二小判昭和62・4・10判時1234号31頁）。逆に、これらの権限がない者は「当該職員」にはあたらない。

会計管理者等の職員（自治243条の2の2第1項前段）、予算執行等を行う職員（自治243の2の2第1項後段）の違法な財務会計上の行為がその権限内に属する場合には、賠償命令の対象となり、損害賠償請求または不当利得返還請求の対

〔第2部〕第12章　住民訴訟

象とはならない。地方公共団体の長は、地方自治法243条の2の2第1項の職員には含まれない（最一小判昭和61・2・27判時1186号3頁）。

　　㈐　住民訴訟の期間制限

　住民訴訟に出訴期間が定められており（自治242条の2第2項）、これは不変期間である（自治242条の2第3項）。監査結果の通知を受けてから30日以内に住民訴訟を提起しなければならない。詳細は、本章4⑷㈑C「監査請求人の対応」のとおりである。

　⑶　**手　続**

　　㈎　住民訴訟の提起

　　　⒜　訴状の作成

　訴状は、次の事項を記載しなければならない。

　⒜　当事者

　原告の住所、氏名、電話番号（FAX番号）、送達場所を記載する。

　被告は、住民訴訟の各訴訟類型に従い、被告適格のある者を記載する。

　2号請求訴訟を除き、執行機関および補助機関たる職員が被告となる。

　2号請求訴訟の場合は、当該行政処分たる財務会計行為を行った処分庁が属する地方公共団体が被告となる。

　⒝　提訴の日付

　提訴する日付を記載する。

　⒞　請求の趣旨

　訴訟類型に応じて、請求の趣旨の記載も異なる。訴訟類型ごとの請求の趣旨は、下記のとおりとなる。

　　⒤　1号請求訴訟

> 　被告は、別紙物件目録の土地を、Aに対し売り渡す旨の売買契約を締結し、履行行為をしてはならない。

　　⒥　2号請求訴訟

> 　B市長が、Cに対して、別紙物件目録記載の建物についてなした令和○

年○月○日付使用許可処分を取り消す。

(iii)　3号請求訴訟

被告が、Cに対し、金○○円をA市に支払えとの請求を怠ることは違法であることを確認する。

(iv)　4号請求訴訟

被告は、C、D及びE対し金○円及びこれに対する令和○年○月○日から支払済みに至るまで年5分の割合による金員をA市に支払うよう請求せよ。

(d)　請求の原因

(i)　財務会計上の行為の特定

原告が違法であると主張する当該財務会計上の行為を特定して記載する。

「当該行為」の場合、支出行為、契約締結、債務負担行為等を特定する。

「怠る事実」の場合、どのような公金の賦課または徴収について、賦課または徴収する義務があるのに、これを怠っているのか、あるいは、どのような財産について、管理する義務があるのにこれを怠っているのかを記載する。

(ii)　財務会計上の行為が違法であること

特定した財務会計上の行為が違法であることを記載する。

「当該行為」の場合には、その行為が、憲法、法律、条例等に違反することを記載する。

「怠る事実」の場合には、権限を行使すべき義務があるのに、これを行使していないことが違法であることを記載する。債権については、客観的に存在する債権を理由もなく放置したり、免除したりすることは、許されず、原則として、地方公共団体の長にその行使または不行使の裁量はないとされている（最二小判平成16・4・23判時1857号47頁）ので、放置していることは原則として違法となる。

365

〔第2部〕第12章　住民訴訟

(iii)　責任要件

　4号請求訴訟において、損害賠償請求の履行請求を求める場合、請求の相手方についての責任要件として、故意ないし過失、すなわち違法な財務会計行為についての予見、回避義務違反が必要となる。

　過失に関し、重過失を要するか、通常の過失（軽過失）で足りるかについては、次のとおりである。長については、軽過失で足りるとされる（最一小判昭和61・2・27判時1186号3頁）。その他の職員のうち、出納職員、予算執行職員による地方自治法243条の2の2第1項の行為については、同項により、重過失を要する。地方自治法243条の2の2第1項が規定する出納職員、予算執行職員による所定の行為以外の職員の行為については、通常の過失（軽過失）で足りる。

　以上が原則であるが、前述のとおり、平成29年地方自治法改正により、長その他の職員（地方自治法243条の2の2第1項が規定する出納職員、予算執行職員による所定の行為を除く）の損害賠償責任については、重大な例外が加えられた。すなわち、長等の職員が善意無重過失の場合には、一定の責任限度額（年間の給与等の額に所定の倍率を乗じた額）を超える部分については免責することができる条例を定めることが可能となった。

　この点、損害額がそれぞれの責任限度額を超える場合において、重過失については、原告、被告どちらがどのような主張をしなければならないかについては、実務の見解が確立しているとはいえない。原告が、故意もしくは過失を主張した場合、被告としては、条例の適用および善意無重過失を主張することになるのか、それとも、条例が存在する地方公共団体の長等の職員を請求の相手方とする住民訴訟においては、原告は、請求原因として、長その他の職員の故意または重過失を主張しなければならないのか条例の定め方にもよるし、また、実務の集積が待たれるところである。

(iv)　損　　害

　4号請求訴訟は、損害賠償請求または不当利得返還請求の行使を求めるものであるから、損害が生じていること、または、利得が生じていることを訴状に記載しなければならない。

366

5 住民訴訟

(e) 適法な監査請求を経ていること

監査請求前置主義から、適法な監査請求を経ていることが訴訟要件となるので、適法な監査請求を行ったことを記載する。監査請求が却下された場合には、却下した監査請求が誤りであることを記載する。たとえば、監査請求期間徒過を理由に監査請求が却下された場合には、正当な理由（自治242条2項）があることを記載する。

⒝ 裁判管轄

住民訴訟の裁判管轄は、当該地方公共団体の事務所の所在地を管轄する地方裁判所の専属管轄となっている（自治242条の2第5項）。また、住民訴訟は、民衆訴訟（行訴42条）であり、行政事件訴訟であるので、地方裁判所支部の管轄はなく、本庁の裁判所に提起しなければならない（地方裁判所及び家庭裁判所支部設置規則1条）。

⒞ 費 用

(a) 住民訴訟にかかる費用

住民訴訟にかかる費用は大きく分けて訴訟費用と弁護士費用である。

(b) 訴訟費用

住民訴訟は、「財産権上の請求でない請求に係る訴え」（民訴費用4条2項）であるので、訴額は160万円となり、貼用印紙額は、1万3000円となる。他に郵券の予納が必要である。なお、以下に述べる被告が4号請求訴訟の請求の相手方（当該職員または当該行為もしくは怠る事実の相手方）にする訴訟告知の送達費用も訴訟費用に含まれる。訴訟告知を受ける者、すなわち4号請求訴訟の請求の相手方が多数の場合、この額が非常に多額となり、原告が敗訴した場合、最終的に原告の負担となる。

㋑ 住民訴訟提起後の手続

⒜ 訴訟告知

(a) 訴訟告知

4号請求訴訟が提起された場合、被告である当該地方公共団体の執行機関または職員は、請求の相手方となる当該職員または当該行為もしくは怠る事実の相手方に対し、遅滞なく、その訴訟の告知をしなければならない（自治242条の2第7項）。

367

〔第2部〕第12章　住民訴訟

これは、請求の相手方とされた者に対する損害賠償請求権・不当利得返還請求権の有無が争われるため、これらの者に4号請求訴訟が提起されたことを知らせ、訴訟に参加する機会を与えるためである。

(b)　参加的効力

また、訴訟告知により参加的効力が生じる（民訴46条、53条4項）ので、住民訴訟判決確定後における地方公共団体から請求の相手方に対する訴訟（いわゆる第2段階訴訟）においても、判決は効力を有することになる（民訴242条の3第4項）。

請求の相手方とされた者は、地方公共団体の自らに対する損害賠償請求権・不当利得返還請求権を争って、補助参加することができる。

(c)　時効中断効

4号請求訴訟自体は、住民が、執行機関または補助機関たる職員に対して、請求を義務付けるものであり、請求の相手方に対して直接に請求行為を行うものではない。この点が、平成14年改正の前後により、大きく異なる点である。したがって、住民訴訟の提起だけでは、地方公共団体の請求の相手方に対して有する損害賠償請求権・不当利得返還請求権の時効は中断しない。そこで、訴訟告知に時効中断効が有するとした（自治242条の2第8項）。

(d)　訴訟告知を怠った場合

被告が以上の訴訟告知を怠ると、参加的効力が生じず、第2段階訴訟において、一から訴訟追行をしなければならず、また、時効中断効が生じないために実体的な請求権が消滅することもあり得る。

　　　(B)　補助参加

訴訟告知を受けた請求の相手方らは、自らの権利を防御するために当該訴訟に補助参加することができる（民訴42条）。

　　　(C)　共同訴訟参加

住民訴訟については、原告となっていない他の住民が別訴を提起することは禁止されている（自治242条の2第4項）。この場合、他の住民は、先行する住民訴訟に共同訴訟参加することになる（民訴52条）が、当然ながら他の住民も監査請求を行っていなければならない。

368

(D) 被告の変更

財務会計上の権限に関する規程などの解釈を誤り、誤った者を被告とした場合、行政事件訴訟法15条1項に基づき、被告変更の申立てをして、裁判所がそれを許可するかどうかを決定する（1号請求訴訟、3号請求訴訟、4号請求訴訟については、自治242条の2第11項、行訴43条3項、41条2項、2号請求のうち処分取消請求については、自治242条の2第11項、行訴43条1項、無効確認請求については、自治242条の2第11項、行訴43条2項、38条1項）。

(E) 訴えの変更

行政事件訴訟法19条は、住民訴訟にも準用される（1号請求訴訟、3号請求訴訟、4号請求訴訟については、自治242条の2第11項、行訴43条3項、41条2項、2号請求のうち処分取消請求については、自治242条の2第11項、行訴43条1項、無効確認請求については、自治242条の2第11項、行訴43条2項・38条1項）。したがって、訴訟提起後に、関連請求に係る訴えについては、請求を追加的に併合することが認められる（行政訴訟事件の場合、主観的追加的併合も認められる）。

ただし、訴えの変更は、新たな訴えの提起であるから、出訴期間の遵守の有無は、変更前後の請求の間に訴訟物の同一性が認められるとき、または両者の間に存する関係から、変更後の新請求に係る訴えを当初の訴え提起の時に提起されたものと同視し、出訴期間の遵守において欠けるところがないと解すべき特段の事情があるときを除き、訴えの変更の時が基準となる（最一小判昭和58・9・8判時1096号62頁）。

特段の事情が認められた場合として、4号請求訴訟の請求の相手方を変更した場合、1号請求訴訟を提起した後に当該財務会計上の行為が行われたために4号請求訴訟を追加した場合（東京高判昭和55・12・22行集31巻12号2615頁）等がある。

(F) 住民訴訟の審理

(a) 主張立証責任

請求原因事実についての主張立証責任は原告にある。

訴状記載の訴訟においても、長の主観的要件、損害額の主張立証責任は原告にある。

〔第 2 部〕第12章　住民訴訟

(b)　立証活動

　前述のとおり、請求原因事実の立証責任は、住民である原告にあるが、財務
会計行為に関する地方公共団体の資料についてはほとんど持ち合わせないのが
現実である。これらの証拠を得るための手段としては、①文書提出命令、②文
書送付嘱託、③調査嘱託、④情報公開請求、⑤刑事確定訴訟記録法に基づく刑
事記録閲覧請求、⑥弁護士法23条の 2 に基づく照会などが考えられる。

(4)　効　力

㋐　住民訴訟の判決の効力

　住民訴訟の確定判決の既判力は、後の裁判所を拘束するのみならず、原告と
なった住民のみならず、当該地方公共団体の全住民に及ぶ（最大判平成 9・4・2
判時1601号47頁）。

　また、住民訴訟の判決は、関係行政庁も拘束する（自治242条の 2 第11項、行
訴43条、33条）。差止め訴訟（自治242条の 2 第 1 項 1 号）の拘束力により、違法
な財務会計上の行為を続行することは禁止され、履行請求訴訟は、請求の相手
方に対する損害賠償請求または不当利得返還請求権の請求を義務付けることに
なる。

㋑　請求・訴訟提起行為

　4 号請求訴訟は、執行機関または職員に対して、損害賠償請求権または不当
利得返還請求権の行使を義務付けるものである。したがって、認容判決が確定
すると、長は、当該判決が確定した日から60日以内の日を期限として、請求の
相手方に対して、判決主文のとおりの請求をしなければならない（自治242条の
3 第 1 項）。

　請求の相手方が、住民訴訟の判決確定後60日以内に損害賠償請求または不当
利得返還請求の支払いをしない場合には、地方公共団体は、損害賠償請求また
は不当利得返還請求を目的とする訴訟を提起しなければならない（自治242条の
3 第 2 項）。このように、地方自治法242条の 3 第 2 項に基づき、執行機関が請
求の相手方に対して提起する訴訟は、いわゆる第 2 段階訴訟（第 1 段階は住民
が提起する住民訴訟）とよばれている（以下、「第 2 段階訴訟」という）。

　請求の相手方が 4 号請求訴訟において訴訟告知を受けていれば、その判決の
効力は、第 2 段階訴訟における、地方公共団体と被告（請求の相手方）にも効

370

力が及ぶ（自治242条の3第4項）。

第2段階訴訟において、請求の相手方が長である場合、長が地方公共団体を代表すると利害相反が生じるので、この場合は、代表監査委員が地方公共団体を代表して訴訟を提起、遂行することになる（自治242条の3第5項）。

なお、第2段階訴訟の提起には、議会の議決は必要ない（自治242条の3第3項）。

（ウ）　弁護士費用の請求

住民訴訟について弁護士に依頼して、訴訟遂行をしていた場合、原告勝訴の判決が確定すると、原告は当該地方公共団体に対して、弁護士報酬の範囲内で相当と認められる額を請求することができる（自治242条の2第12項）。

地方公共団体が、原告と代理人弁護士との間の委任契約による報酬額を支払わない場合、原告は、地方公共団体に対し、訴えを提起しなければならない。この場合、裁判所は、当該住民訴訟における事案の難易、弁護士が要した労力の程度および時間、認容された額、判決の結果地方公共団体が回収した額、住民訴訟の性格その他諸般の事情を総合的に考慮して、「相当と認められる額」の支払いを命じる判決をすることになる（最一小判平成21・4・23判時2046号54頁）。

（エ）　議会の議決による損害賠償請求権等の放棄

（A）　議会の議決による放棄に関する最高裁判決

4号請求訴訟において、原告勝訴の判決がなされ、長等の職員等に対する損害賠償請求、または利得返還請求が、地方公共団体に義務付けられた場合、訴訟の途中において、地方公共団体の議会が、地方自治法96条1項10号に基づき、長等の職員等に対する損害賠償請求権、または不当利得返還請求権を放棄することがしばしばあり、その可否が裁判で争われてきた。

最高裁は、以上の請求権の放棄の適否の実体的判断については、住民による直接の選挙を通じて選出された議員により構成される普通地方公共団体の議決機関である議会の裁量権に基本的に委ねられているとしながら、「当該請求権の発生原因である財務会計行為等の性質、内容、原因、経緯及び影響、当該議決の趣旨及び経緯、当該請求権の放棄または行使の影響、住民訴訟の係属の有無及び経緯、事後の状況その他の諸般の事情を総合考慮して、これを放棄する

〔第2部〕第12章　住民訴訟

ことが普通地方公共団体の民主的かつ実効的な行政運営の確保を旨とする同法の趣旨等に照らして不合理であって上記の裁量権の範囲の逸脱またはその濫用に当たると認められるとき」は、その議決は違法となり、当該放棄は無効となるものとした（最二小判平24・4・20判時2168号35頁）。

(B)　平成29年改正による変更点

すでに述べたとおり、上記最高裁判決の千葉裁判官の補足意見を端緒として、長等の職員の責任の見直しが行われた結果平成29年地方自治法が改正された。

上記最高裁判決が、放棄の実体的要件について総合考慮するという基準を示したが、これが必ずしも明確ではなかったため、実務的には立法による実体的要件の法定が期待されたが、改正法は、議会の議決による損害賠償請求権等の放棄については、住民監査請求がなされた後には、監査委員の意見を聴くという手続要件を定めるにとどまった（自治242条10項）。

(C)　責任制限条例との関係

平成29年の地方自治法改正により、長等の職員の損害賠償責任を善意無重過失の場合には限定し、責任限度額を超える損害賠償債務についてはこれを免除する条例を定めることができることとなった。

このような責任を制限する条例が制定された地方公共団体において、長等の職員が善意無重過失であったため責任限度額の範囲でしか責任を負わない場合であっても、その責任限度額の範囲の損害賠償請求権を議会の議決により放棄することは可能である。

しかしながら、改正法の善意無重過失の場合には損害賠償責任を因果関係の及ぶ範囲ですべて負わせるのは酷であり、このことが職務遂行に萎縮的効果をもたらすという立法趣旨からすれば、責任限度額までも放棄することについては、住民訴訟の機能を著しく害するものとして、より慎重でなければならない。

【書式41】　1号請求訴訟の訴状例

訴　　　　　状

令和○○年○○月○○日

○○地方裁判所　御中

　　　〒○○○―○○○○　A市○○町○○番○○号
　　　　　　　　　　　　　原　　　　　告　甲　野　太　郎
　　　〒○○○―○○○○　A市○○町○○番○○号
　　　　　　　　　　　　　原　　　　　告　乙　山　花　子
　　　〒○○○―○○○○　○○市○○町○○番○○号
　　　　　　　　　　　　　○○法律事務所
　　　　　　　　　　　　　電話　○○○　　FAX　○○○
　　　　　　　　　　　　　原告ら訴訟代理人　弁護士　○　○　○　○　㊞
　　　〒○○○―○○○○　A市○○町○○番○○号
　　　　　　　　　　　　　被告　A市市長　丙　川　次　郎

　　　埋立事業等公金支出差止請求事件
訴訟物の価額　　算定不能
貼付印紙代　　　1万3000円

請　求　の　趣　旨

1　被告は，○○地区公有水面埋立事業・臨海部土地造成事業に関して，一切の
　公金を支出し，契約を締結し，又は債務その他の義務を負担してはならない。
2　訴訟費用は被告の負担とする。
との裁判を求める。

請　求　の　原　因

1　当事者
　⑴　原告らは，A市の住民である。
　⑵　被告は，A市の公金の支出，契約の締結又は債務その他の義務の負担な
　　どの行為につき権限を有する者である。
2　差止めを求める対象
　　A市において，○○地区公有水面埋立事業及び臨海部土地造成事業（以下
　「本件各事業」という）が計画されており，被告は，同事業に関して，公金を
　支出し，契約を締結し，又は債務その他の義務を負担しようとしている。

〔第2部〕第12章　住民訴訟

3　違法性

⑴　本件各事業に係る公金の支出等は公有水面埋立法4条に違反する埋め立て免許及び承認を前提とするものであって違法である。

⑵　また，本件各事業には経済的合理性は認められないから，地方自治法2条14項及び地方財政法4条1項に違反する違法なものである。

4　公金の支出などがなされる蓋然性

本件各事業については，既に，予算措置が講じられており，これに係る公金の支出等が行われる蓋然性が高い。

5　監査請求

原告らは，令和○年○月○日付でA市監査委員に対し，地方自治法242条1項に基づき，本件各事業につき，公金の支出等の差止めを勧告することを求める住民監査請求を行ったが，A市監査委員は，令和○年○月○日付でこれを棄却した。

6　よって，請求の趣旨記載のとおりの判決を求める。

添　付　書　類

1　委任状　　　　　　　　　　　　　　2通

2　甲第号証写し

（注）

①　本訴状は、那覇地判平成20・11・19裁判所ウエブを参考として作成した。

②　被告は機関としての市長であり、表示は「A市長丙川次郎」となる。また、被告の住所地は当該地方公共団体の住所地である。

③　1号請求訴訟において被告適格を有する者は、当該財務会計上の行為を行う権限を有する者であり、上記訴状では、原則どおり、市長が権限を有することを前提としている。

④　差止めを求める対象はできるだけ広範に記載すべきであろう。

⑤　違法性は、個々の事案に応じて検討する必要がある。

⑥　1号請求においては、「当該行為がなされることが相当の確実さをもって予測される場合」（法242条1項）、すなわち、当該行為がなされることの蓋然性が要件となる。

⑦　適法な監査請求を行っていることが必要である。

374

【書式42】　2号請求訴訟の訴状例

訴　　状

令和○○年○○月○○日

○○地方裁判所　御中

　　　〒○○○─○○○○　　A市○○町○○番○○号
　　　　　　　　　　　　原　　　　　告　　甲　野　太　郎
　　　〒○○○─○○○○　　A市○○町○○番○○号
　　　　　　　　　　　　原　　　　　告　　乙　山　花　子
　　　〒○○○─○○○○　　○○市○○町○○番○○号
　　　　　　　　　　　　○○法律事務所
　　　　　　　　　　　　電話　○○○　　FAX　○○○
　　　　　　　　　　　　原告ら訴訟代理人　弁護士　　○　○　○　○　㊞
　　　〒○○○─○○○○　　A市○○町○○番○○号
　　　　　　　　　　　　被　　　　　告　　　　A市
　　　　　　　　　　　　同代表者市長　　丙　川　次　郎
　　　〒○○○─○○○○　　A市○○町○○番○○号
　　　　　　　　　　　　処分行政庁　A市長　　丙　川　次　郎

　　固定資産税等減免措置取消請求事件
訴訟物の価額　　算定不能
貼付印紙代　　　1万3000円

請　求　の　趣　旨

1　A市長が令和○年○月○日付けで○○に対してした別紙物件目録（略）記載の土地及び建物に係る令和○○年分固定資産税及び都市計画税の減免措置を取り消す。
2　訴訟費用は被告の負担とする。
との裁判を求める。

請　求　の　原　因

〔第 2 部〕第12章　住民訴訟

1　当事者

　　原告らは，A市の住民である。

2　本件処分

　　A市長は，令和○年○月○日付けで，○○に対し，別紙物件目録（略）記載の土地及び建物につき，令和○年度固定資産税及び都市計画税の減免措置をした。

3　違法性

　　上記減免措置は，地方税法367条，A市条例に定められている減免事由に該当しないにもかかわらずなされた違法なものである。

4　監査請求

　　原告らは，令和○年○月○日付でA市監査委員に対し，地方自治法242条1項に基づき，上記減免措置の取消しを求める住民監査請求を行ったが，A市監査委員は，令和○年○月○日付でこれを棄却した。

5　よって，請求の趣旨記載のとおりの判決を求める。

添　付　書　類

1　委任状　　　　　　　　　　　　　　　　2通

2　甲第号証写し

（注）

①　本訴状は、福岡高判平成18・2・2判タ1233号199頁を参考として作成した。

②　被告は行政事件訴訟法11条1項により当該訴えの対象である行政処分たる当該行為をした行政庁の所属する地方公共団体が被告適格を有することとなるため、上記事案ではA市になる。また、同条4項により、処分取消しの訴えの場合、「当該処分をした行政庁」も記載するものとされているので、処分行政庁である「A市長丙川次郎」を記載している。

③　適法な監査請求を行っていることが必要である。

【書式43】　3号請求訴訟の訴状例

訴　　　状

令和○○年○○月○○日

○○地方裁判所　御中

〒○○○―○○○○　A市○○町○○番○○号

原　　告　　甲　野　太　郎

〒○○○―○○○○　A市○○町○○番○○号

原　　告　　乙　山　花　子

〒○○○―○○○○　○○市○○町○○番○○号

○○法律事務所

電話　○○○　　ＦＡＸ　○○○

原告ら訴訟代理人　弁護士　○　○　○　○　㊞

〒○○○―○○○○　A市○○町○○番○○号

被告　A市長　　丙　川　次　郎

怠る事実の違法確認請求事件

訴訟物の価格　算定不能

貼付印紙代　1万3000円

請　求　の　趣　旨

1　被告が，○○に対し，別紙物件目録（略）記載の土地の明渡請求をしないこ
　とが違法であることを確認する。

2　訴訟費用は，被告の負担とする。

との裁判を求める。

請　求　の　原　因

1　当事者

　(1)　原告らは，A市の住民である。

　(2)　被告はA市の市長である。

2　怠る事実

　　○○は，A市が所有する別紙物件目録（略）記載の土地（以下「本件土地」
　という）を不法に占有しており，被告は善良なる管理者として○○に対し同土
　地の明渡しを請求する義務を有しているところ，これを怠っている。

3　監査請求

　　原皆らは，令和○年○月○日付けでA市監査委員に対し，地方自治法242条

〔第2部〕第12章　住民訴訟

　　１項に基づき，○○に対して本件土地の明渡し請求を行うことを求める住民監
　　査請求を行ったが，Ａ市監査委員は，平成○年○月○日付けでこれを棄却し
　　た。
　４　よって，請求の趣旨記載のとおりの判決を求める。
添　付　書　類

１　委任状　　　　　　　　　　　　　　　２通
２　甲号証写し

(注)

①　被告は機関としての市長であり、表示は「Ａ市長丙川次郎」となる。また、
　被告の住所地は当該地方公共団体の住所地である。

②　３号請求訴訟において被告適格を有する者は、当該怠る事実につき権限を有
　する者であり、上記訴状では、原則どおり、市長が権限を有することを前堤と
　している。

③　適法な監査請求を行っていることが必要である。

【書式44】　４号請求訴訟の訴状例

訴　　　　状

令和○○年○○月○○日

○○地方裁判所　御中

　　〒○○○―○○○○　Ａ市○○町○○番○○号
　　　　　　　　　　　　　原　　　　告　　甲　野　太　郎
　　〒○○○―○○○○　Ａ市○○町○○番○○号
　　　　　　　　　　　　　原　　　　告　　乙　山　花　子
　　〒○○○―○○○○　○○市○○町○○番○○号
　　　　　　　　　　　　　○○法律事務所
　　　　　　　　　　　　　電話　○○○　　ＦＡＸ　○○○
　　　　　　　　　　　　　原告ら訴訟代理人　弁護士　　○　○　○　○　㊞
　　〒○○○―○○○○　Ａ市○○町○○番○○号
　　　　　　　　　　　　　被告　Ａ市長　　丙　川　次　郎

378

公金支出金返還請求事件

訴訟物の価格　算定不能

貼付印紙代　1万3000円

請　求　の　趣　旨

1　被告は，丙川次郎，C及びDに対し，各自金250万円及び内別紙支出一覧表
　（略）の支出額欄記載の金員に対する同欄に対応する支出日から各支払済みま
　で年5分の割合による金員を請求せよ。

2　被告は，Bに対し金250万円及び内別紙支出一覧表（略）の支出額欄記載の金
　員に対する同欄に対応する支出日から各支払済みまで年5分の割合による金員
　の賠償の命令をせよ。

3　訴訟費用は被告の負担とする。

との裁判を求める。

請　求　の　原　因

1当事者

　⑴　原告らは，A市の住民である。

　⑵　被告は，A市の市長である。

2　原告らが被告に対し損害賠償請求等及び賠償命令を求める相手方は，次の者
　である。

　⑴　相手方丙川次郎　　　平成30年度及び令和元年度の市長

　⑵　相手方B　　　　　　平成30年度及び令和元年度の総務課長

　⑶　相手方C　　　　　　平成30年度及び令和元年度の総務局長

　⑷　相手方D　　　　　　平成30年度及び令和元年度のA市市議会議員

3　違法な公金支出

　⑴　相手方C及び相手方Dは，高級クラブ「X」において，別紙支出一覧表
　　（略）記載のとおり，平成30年度において15件，計150万円，令和元年度にお
　　いて10件，計100万円，合計250万円の飲食を行い，同代金は，A市の公金
　　から支出された。

　⑵　前項の飲食は公務とは関係のない私的な飲食であり，その代金を公金から
　　支出することは違法である。

〔第2部〕第12章　住民訴訟

4　相手方らの責任

①　飲食行為者の責任

　　相手方C及び相手方Dは，前項の私的な飲食費計250万円をA市の公金から支出させ，A市に対し同額の損害を与え，もしくは，同額を不当に利得したものであるから，A市に対し，損害賠償もしくは不当利得の返還を行う義務がある。

②　支出権者の責任

　　相手方Bは，A市の内規により，上記の飲食代金支出につき，専決権限を有していたところ，故意もしくは重大な過失により，違法な支出負担行為及び支出命令を行うことにより上記250万円をA市から支出させたことにより，A市に同額の損害を与えたものであるから，その損害を賠償する義務を負う。

③　相手方丙川次郎は，相手方Bの上記支出につき，法令上本来的に権限を有する者であり，相手方Bの違法な上記支出を阻止すべき指揮監督義務を有していたところ，これを怠り，相手方Bに違法な支出を行わせたのであるから，その損害の全額を賠償する義務を負う。

5　監査請求

(1)　原告らは，令和2年5月21日，A市監査委員に対し，地方自治法242条1項に基づき，上記違法な公金支出につき住民監査請求を行ったが，A市監査委員は，同年7月15日，監査請求を却下ないし棄却した。

(2)　平成30年度における15件，計150万円の支出については，監査請求の時点において支出から1年を経過しているが，令和2年4月1日，A市の地元新聞紙においてその違法な支出が報道され，原告らは，同報道から速やかに監査請求を怠ったのであるから，監査請求の期間徒過につき正当な理由がある。

6　よって，原告らは，地方自治法242条の2第1項4号に基づき，被告に対し，次の権限の行使を求める。

(1)　相手方丙川次郎に対しは「当該職員」に対する損離償請求権の行使として，金250万円及び内別紙支出一覧表（略）の支出額欄記載の金員に対する同欄に対応する支出日から各支払済みまで年5分の割合による遅延損害金の請求

(2)　相手方Bに対しては，「当該職員」に対する損害賠償請求権の行使として，金250万円及び内別紙支出一覧表（略）の支出額欄記載の金員に対する同欄に対応する支出日から各支払済みまで年5分の割合による遅延損害金の賠償

380

命令の発令

(3) 相手方C及び相手方Dに対しは、「怠る事実の相手方」に対する損害賠償請求もしくは不当利得返還請求権の行使として、金250万円及び内別紙支出一覧表（略）の支出額欄記載の金員に対する同欄に対応する支払日から各支払済みまで年5分の割合による遅延損害金もしくは利息の請求

添 付 書 類

1　委任状　　　　　　　　　　　　　2通
2　甲号証写し

（注）

①　被告は機関としての市長であり、表示はA市長丙川次郎」となる。また、被告の住所地は当該地方公共団体の住所地である。相手方丙川次郎は市長個人であり、市長個人に対する第2段階訴訟の原告は代表監査委員がA市を代表するが（地自法242の3⑤）、住民訴訟の段階では、機関としての市長が被告となる。

②　支出権者に対する責任追及として専決権者である相手方Bと指揮監督権限を有している長である相手方丙川次郎を対象としている。相手方Bについては賠償命令の発令を求めることになるので注意が必要である。

③　相手方Cおよび相手方Dは「怠る事実の相手方」である。怠る事実に係る相手方に対する請求については、当該怠る事実が違法であることが必要であるが、金銭債権の場合、特段の理由がない限りは、当該債権の請求を怠る事実は違法になる。

④　相手方らは訴訟当事者ではないので氏名や役職等で特定できればよく、住所を記載する必要はない。なお、大阪地判平成17・3・25判タ1227号224頁は、住民が相当の注意力をもって調査を尽くしても相手方氏名を特定するに至らなかったような場合には、当該相手方をその氏名でもって特定することができない揚合であっても、当該相手方を氏名以外の方法により客観的に特定することができ、かつ、当該普通地方公共団体において当該相手方の氏名を容易に知ることができるような場合には、例外的に適法な訴えであると解されるとしている。

⑤　不法行為に基づく損害賠償請求権については支出日から遅延損害金が発生しているので、これを求めることもできる。また、悪意の不当利得者の利息返還義務は利得日から発生する。

⑥　平成30年度の支出については監査請求の時点で1年を経過しているので、期間徒過につき正当な理由が必要である。

〔第 2 部〕第12章　住民訴訟

〔出典〕【書式41】〜【書式44】は、井上元『住民訴訟の上手な活用法〔第 2 版〕』を
　　　　引用した。

（本章担当・畠田健治）

第1節　その他の争訟の範囲

第13章　その他の争訟

第1節　その他の争訟の範囲

　前章まででは行政事件訴訟のうち、抗告訴訟と当事者訴訟が取り上げられてきた。

　行政事件訴訟法は、総則中に一般的な訴訟形態である抗告訴訟（3条）、当事者訴訟（4条）のほかに、民衆訴訟（5条）、機関訴訟（6条）についての定義規定を置き、第4章に2条の規定を置いている。

　民衆訴訟は、国または公共団体の機関の法規に適合しない行為の是正を求める訴訟で選挙人たる資格その他自己の法律上の利益にかかわらない資格で提起するものをいうと定義されており、公職選挙法、農業委員会法、漁業法の選挙無効および当選無効訴訟など、最高裁判所裁判官国民審査訴訟、地方自治法242条の2の住民訴訟等がこれに含まれる。

　また、機関訴訟は、国または公共団体の機関相互間における権限の存否またはその行使に関する紛争についての訴訟をいうものとされており、地方自治法176条7項の長の裁定に関する不服の訴え、同法251条の5の国の関与に関する訴えおよび252条の都道府県の関与に関する訴えがこれに含まれる。

　上記のように行訴法は、民衆訴訟および機関の訴訟に関する詳細な規定を置かず、42条と43条の2条を置くのみである。

　行訴法42条は、民衆訴訟および機関訴訟は、法律の定める場合において法律の定める者に限り提起することができるというものであり、43条は、抗告訴訟に関する規定を準用するというものである。

　この民衆訴訟および機関訴訟の性格をどのように解するかについては、これらが裁判所法3条の法律上の争訟に当たるのか、訴えの利益等の訴訟要件は一

383

〔第 2 部〕第13章　その他の争訟

般の抗告訴訟とどのように異なるのかなど、理論的な問題も多い。このそれぞれについて、多くの論点があるが、本書の性格上、民衆訴訟、機関訴訟のすべての類型について、解説することは困難といわざるを得ない。

　そこで、実務上用いられることが比較的多い住民訴訟については第12章で詳細に解説したので、本章では、選挙訴訟（当選訴訟）について訴状例を挙げて解説し、機関訴訟、争点訴訟については、概要の解説にとどめておくこととする。

第2節　選挙訴訟

選挙訴訟は、公職選挙法202条以下の規定に基づくもので、通常の行政訴訟に比較し、かなり特徴のある手続となっている。

選挙訴訟は、選挙の効力を争う狭義の選挙訴訟と当選の効力を争う当選訴訟とに区別される。

いずれも、選挙人、候補者であれば申し立てることができるが、厳密な期間制限がある。

代表的な地方公共団体の長、議会の議員の選挙については、選挙訴訟、当選訴訟については選挙の日（投票日）から14日以内に当該選挙を管理する選挙管理委員会に異議を申し出ることができる（同法202条1項、206条1項）。さらに市町村の選挙管理委員会に対して異議を申し出た場合において、その決定に不服がある者は、その決定書の交付を受けた日または第215条の規定による告示の日から21日以内に、文書で当該都道府県の選挙管理委員会に審査を申し立てることができる（同法202条2項、206条2項）とされている。

訴訟は異議の申出または審査の申立てに対する都道府県選挙管理委員会の決定または裁決を経なければならず、地方公共団体の議会の議員および長の選挙において、異議の申出または審査の申立てに対する都道府県の選挙管理委員会の決定または裁決に不服がある者は、当該都道府県の選挙管理委員会を被告とし、その決定書もしくは裁決書の交付を受けた日または215条の規定による告示の日から30日以内に、高等裁判所に訴訟を提起することができることとされ、地方公共団体の議会の議員および長の選挙または当選の効力に関する訴訟は、前条第1項または第2項の規定による異議の申出または審査の申立てに対する都道府県の選挙管理委員会の決定または裁決に対してのみ提起することができると規定されている（同法203条、207条）。

また、高裁の管轄とされている点でも特徴がある。

以下では、比較的例が多いと思われる当選訴訟の訴状例を掲載する。

〔第2部〕第13章　その他の争訟

【書式45】　当選訴訟の訴状例

訴　　　状

令和○○年○○月○○日

　　○○高等裁判所　御中

原　　　告　○　○　○　○　㊞

被　　　告　○県選挙管理委員会

当事者　別紙当事者目録のとおり

　　　裁決取消請求事件

訴訟物の価格　　　金160万円

貼用印紙額　　金1万3000円

第1　請求の趣旨

　1　平成○○年○月○○日執行のA市長選挙における当選の効力に関する原

　　　告らの審査申立てについて，被告が同年○月○○日にした審査申立てを棄却

　　　する旨の裁決を取り消す。

　2　訴訟費用は被告の負担とする。

との判決を求める。

第2　請求の原因

　1　当事者

　⑴　原告は，平成○○年○月○○日執行のA市長選挙（以下「本件選挙」

　　　という）において立候補し，当選人とされなかったものである。

　⑵　被告は，○県の選挙管理委員会であり，本件裁決を行ったものである。

　2　本件選挙の施行と結果

　⑴　A市においては，平成○○年○月○○日市長選挙の投票が行われ，開

　　　票結果に基づき，選挙管理委員会が決定した得票数は，X候補1578票，

　　　原告Y1576票で，両候補の得票差は2票であった（甲一）。

　⑵　A市選挙管理委員会は，平成○○年○月○○日，本件選挙に関し，X

386

を当選人とする決定を行った。

　原告は，同委員会に対し，上記当選の効力に関する異議の申出をしたが，同年○月○○日異議の申出は棄却された。

　そこで，原告は被告に対し，同年○月○日棄却決定に対し審査申立てをしたところ，被告は同年○月○日審査申立てを棄却する旨の本件裁決をし，原告らは同月○○日裁決書の送付を受けた。

(3)　本件選挙において別記の疑問のある投票があった。

　ア　X候補の有効投票とされたもののうちに無効なものがあること

　　㋐　別記の番号1の投票は，「エックス」の下に本件選挙の候補者ではない「C」の記載が明瞭に判読できるから，他事記載として無効である。

　　㋑　同2の投票の拙劣な第一文字は，「エ」ではなく「あ」と認めるべきであり，そうすると右投票は「あックス」となるから，何人の名を記載しようとしたのか不明として無効である。

　イ　無効投票とされたもののうちに原告への有効投票がある。

　　㋐　別記3の「ワエ」の投票は，この地方の方言の発音では「イ」と「エ」の音は似通っていることから「ワイ」の誤記と認めるべきである。

　　㋑　別記4の漢字の投票は，「○○」と「○○」は部首が同一である酷似した字であり，比較的間違えやすい字であること，「○○」の字がつく候補者は「○○」と「○○」であるが，「○○」と「○○」は間違えやすい字であるとは考えられず，音も似通っていないこと，「○○」の字のつく候補者には，もう1人いたが「○○」の字が一字目であり，「○○」の記載を「○○」，「○○」の誤記と解釈することは困難であることなどから，「ワイ」の誤記と認めるべきである。

　　　このような各投票については上記のような文字の全体的考察によって当該選挙人の意思がいかなる候補者に投票したか明白である以上，これを有効投票として選挙人の投票意思を尊重すべきである（最高裁昭和25年7月6日第一小法廷判決，民集4巻7号267頁，最高裁昭和23年9月20日第二小法廷判決，民集11巻9号1621頁）。

　　　よって，結局両候補の得票は，X1576票，Y1578票というべきところ，本件裁決には投票4票の効力の判定を誤り当選人を誤った違法が

〔第２部〕第13章　その他の争訟

　　　　　　あるから，その取り消しを免れない。
　以上により，請求の趣旨記載の判決を求め，本件提訴に及ぶ。

（以下省略）

第3節　機関訴訟

1　機関訴訟の意義

　機関訴訟は、国または公共団体の機関相互間における権限の存否またはその行使に関する紛争についての訴訟である（行訴6条）。

　機関訴訟は、本来、行政機関の内部問題であるから、当然に法律上の争訟に当たるとは解されず、行訴法42条は、民衆訴訟と同じく、法律に定める場合において、法律に定める者に限り、提起することができることとしている。ただし、行訴法6条には、行政機関が司法救済を求めて出訴する際に、必ず法律の根拠が必要であるとは解されず、類型的にそのように解されない訴訟もあるとの説も存在することを紹介しておく。

　行訴法42条によりどのような機関訴訟を認めるかについては、個別の立法に委ねられ、行訴法は、審理に関し、その性質に応じて、抗告訴訟および当事者訴訟に関する規定を準用する旨の規定を置いているに過ぎない（行訴43条）。

2　機関訴訟の種類と実例

⑴　一般の関与訴訟（自治251条の5、252条）

　地方公共団体の長その他の執行機関は、その担任する事務に関する国の関与のうち是正の要求、許可の拒否その他の処分その他公権力の行使に当たるもの（自治250条の13第1項各号のものを除く）に不服があるときは、国地方係争処理委員会（以下、「委員会」という）に対し、当該国の関与を行った国の行政庁を相手方として、文書で、審査の申出をすることができる（同法250条の13第1項）。

　また、地方公共団体の長その他の執行機関は、その担任する事務に関する国の不作為（国の行政庁が、申請等が行われた場合において、相当の期間内に何らかの国の関与のうち許可その他の処分その他公権力の行使に当たるものをすべきにかかわらず、これをしないことをいう）に不服があるときは、委員会に対し、当該国の不作為に係る国の行政庁を相手方として、文書で、審査の申出をすること

389

〔第2部〕第13章　その他の争訟

ができる（同条2項）。

　地方自治法250条の13第1項または2項の規定による審査の申出をした普通地方公共団体の長その他の執行機関は、審査の結果や不作為について不服があるとき等は、高等裁判所に対し、当該審査の申出の相手方となった国の行政庁（国の関与があった後または申請等が行われた後に当該行政庁の権限が他の行政庁に承継されたときは、当該他の行政庁）を被告として、訴えをもって当該審査の申出に係る違法な国の関与の取消しまたは当該審査の申出に係る国の不作為の違法の確認を求めることができる。ただし、違法な国の関与の取消しを求める訴えを提起する場合において、被告とすべき行政庁がないときは、当該訴えは、国を被告として提起しなければならないとされている。

　この訴えは、当該普通地方公共団体の区域を管轄する高等裁判所の管轄に専属する。また、出訴期間は、審査の結果の通知等から30日間とされており、短い。

　また、原告は、1項の訴えを提起したときは、直ちに、文書により、その旨を被告に通知するとともに、当該高等裁判所に対し、その通知をした日時、場所および方法を通知しなければならない。

　当該高等裁判所は、1項の訴えが提起されたときは、速やかに口頭弁論の期日を指定し、当事者を呼び出さなければならない。その期日は、同項の訴えの提起があった日から15日以内の日とされるとともに、高等裁判所の判決に対する上告の期間は、1週間とする等の特例が定められている。

　加えて、250条の3第1項または2項の規定による申出をした市町村長その他の市町村の執行機関は、高等裁判所に対し、当該申出の相手方となった都道府県の行政庁（都道府県の関与があった後または申請等が行われた後に当該行政庁の権限が他の行政庁に承継されたときは、当該他の行政庁）を被告として、訴えをもって当該申出に係る違法な都道府県の関与の取消しまたは当該申出に係る都道府県の不作為の違法の確認を求めることができる（自治251条の6）。

　これが一般の関与訴訟と言われる訴訟である。

　ほとんど実例がない。

　(2)　**代執行訴訟**（自治245条の8）

　各大臣は、その所管する法律もしくはこれに基づく政令に係る都道府県知事

390

の法定受託事務の管理もしくは執行が法令の規定もしくは当該各大臣の処分に違反するものがある場合または当該法定受託事務の管理もしくは執行を怠るものがある場合において、地方自治法245条の8に規定する措置以外の方法によってその是正を図ることが困難であり、かつ、それを放置することにより著しく公益を害することが明らかであるときは、文書により、当該都道府県知事に対して、その旨を指摘し、期限を定めて、当該違反を是正し、または当該怠る法定受託事務の管理もしくは執行を改めるべきことを勧告することができる。

　さらに、各大臣は、都道府県知事が前項の期限までに同項の規定による勧告に係る事項を行わないときは、文書により、当該都道府県知事に対し、期限を定めて当該事項を行うべきことを指示することができる。

　各大臣は、都道府県知事が前項の期限までに当該事項を行わないときは、高等裁判所に対し、訴えをもって、当該事項を行うべきことを命ずる旨の裁判を請求することができることとされ、この訴訟が一般に代執行訴訟とされる。

　この訴訟については、各大臣は、高等裁判所に対し前項の規定により訴えを提起したときは、直ちに、文書により、その旨を当該都道府県知事に通告するとともに、当該高等裁判所に対し、その通告をした日時、場所および方法を通知しなければならないものとされ、当該高等裁判所は、3項の規定により訴えが提起されたときは、速やかに口頭弁論の期日を定め、当事者を呼び出さなければならない。その期日は、同項の訴えの提起があった日から15日以内の日として、期日の指定も法律上拘束されている。

　また、当該高等裁判所は、各大臣の請求に理由があると認めるときは、当該都道府県知事に対し、期限を定めて当該事項を行うべきことを命ずる旨の裁判をしなければならないこととされている。

(3)　地方公共団体相互間の紛争に関する訴訟

　市町村の境界に争論がある場合、地方自治法9条2項の規定による都道府県知事の裁定に不服があるときは、関係市町村は、裁定書の交付を受けた日から30日以内に裁判所に出訴することができる。

　また、市町村の境界に関し争論がある場合において、都道府県知事が同条1項の規定による調停または2項の規定による裁定に適しないと認めてその旨を通知したときは、関係市町村は、裁判所に市町村の境界の確定の訴を提起する

〔第 2 部〕第13章　その他の争訟

ことができる。さらに、9条1項または2項の規定による申請をした日から90日以内に、1項の規定による調停に付されないとき、もしくは同項の規定による調停により市町村の境界が確定しないとき、または裁定がないときも、出訴できる。

　市町村の境界が判明できない場合や、公有水面に争いがある場合も同様の訴訟制度がある。

　課税権の存否についても、地方税法に訴訟制度がある。

(4)　公共団体の機関相互間の紛争に関する訴訟（自治176条）

　地方自治法176条は、長の再議請求を定めているが、普通地方公共団体の議会の議決または選挙がその権限を超えまたは法令もしくは会議規則に違反すると認めるときは、当該普通地方公共団体の長は、理由を示してこれを再議に付しまたは再選挙を行わせなければならないとし、議会の議決または選挙がなおその権限を超えまたは法令もしくは会議規則に違反すると認めるときは、都道府県知事にあっては総務大臣、市町村長にあっては都道府県知事に対し、当該議決または選挙があった日から21日以内に、審査を申し立てることができることとしている。

　この審査の申立てがあった場合において、総務大臣または都道府県知事は、審査の結果、議会の議決または選挙がその権限を超えまたは法令もしくは会議規則に違反すると認めるときは、当該議決または選挙を取り消す旨の裁定をすることができる。

　この裁定に不服があるときは、普通地方公共団体の議会または長は、裁定のあった日から60日以内に、裁判所に出訴することができる。

　また、議会内部の紛争についても、議会の異議についての決定について、訴訟ができる制度がある（自治118条）。

　上記(1)ないし(4)が機関訴訟の代表例であるが、これ以外にも土地改良法136条の訴訟や土地区画整理法125条の訴訟も機関訴訟と解されている。

392

第4節　争点訴訟

1　争点訴訟の意義

　行訴法45条は、処分の効力等を争点とする訴訟との見出しを掲げ、「私法上の法律関係に関する訴訟において、処分若しくは裁決の存否又はその効力の有無が争われている場合には、第23条第1項及び第2項並びに第39条の規定を準用する」としている。

　この訴訟が争点訴訟と言われ、行政庁の処分もしくは裁決の存否またはその効力の有無が前提問題として争われている訴訟をいうとされている。つまり、この訴訟は、処分等の無効を前提とする民事訴訟である。

2　争点訴訟の具体例

　このような訴訟類型が明定されたのは、農地買収処分ないし売渡処分の無効を前提とする土地所有権確認訴訟が一時期頻発したことにより、土地収用裁決の無効を前提とする土地所有権確認等の争いもこれに属するとされる。

3　行政庁の訴訟参加

　争点訴訟については、行訴法39条による出訴の通知の規定が準用され、かつ、23条の行政庁の訴訟参加の規定も準用される。行政庁が訴訟に参加した場合には、民訴法45条1項および2項の規定が準用され、補助参加人としての訴訟行為をすることができる。ただし、攻撃または防御の方法は、当該処分もしくは裁決の存否またはその効力の有無に関するものに限り、提出することができることとされている。

（本章担当・岩本安昭）

●事項索引●

【数字】

1 号請求訴訟　*359*

2 号請求訴訟　*360*

3 号請求訴訟　*360*

4 号請求訴訟　*344,359,361,366,370*

【あ行】

厚木基地訴訟判決　*73*

異議の申出　*385*

意見公募手続（パブリック・コメント手続）　*34*

移送　*192*

一般の関与訴訟　*389*

違法性　*139*

違法性の承継　*170*

訴えの客観的併合　*144*

訴えの変更　*143,229,316*

大阪空港訴訟大法廷判決　*73*

【か行】

確認訴訟　*301,323*

確認の利益　*327*

仮処分　*297*

仮処分排除　*74,92,341*

仮の義務付け　*283*

仮の義務付け申立て　*221,229*

仮の救済　*270*

仮の差止め　*291*

管轄　*190,367*

勧告　*88*

監査請求前置主義　*351,362,367*

慣習法　*141*

間接強制　*26*

関連請求　*142*

関連請求の移送　*319*

機関訴訟　*383,389*

既判力　*216,344,370*

義務付け訴訟　*242*

給付・確認訴訟説　*313*

競業者　*106*

狭義の訴えの利益　*115,118*

行政計画　*44*

行政刑罰　*27*

行政契約　*45*

行政指導　*35,88*

行政指導の中止等の求め　*39*

行政指導の求め　*40*

行政上の強制執行　*24*

行政処分　*4,376*

行政審判　*20,29*

行政代執行　*25*

行政調査　*41*

行政調査の瑕疵　*43*

強制徴収　*26*

行政手続オンライン化法　*46*

行政手続条例　*3*

行政手続法　*3*

行政手続法違反　*139*

行政不服審査　*29*

行政不服審査会　*64*

行政立法　*34,87*

共同訴訟　*182*

苦情処理　*32*

景観　*107*

形式的当事者訴訟　*300,302*

形成訴訟説　*313*

事項索引

形成力 *211*
減額再更正 *116*
原告適格 *98,223,362*
原状回復義務 *216*
原処分主義 *167*
建築確認 *116,117*
公共団体の機関相互間の紛争に関する訴
　訟 *392*
後行処分 *116*
抗告訴訟 *77*
更正処分の増額再更正 *116*
拘束力 *214*
公聴会 *24*
公定力 *80*
口頭意見陳述 *62*
個別的利益 *100*
公法上の法律関係 *298*

【さ行】

裁決 *68*
裁決固有の瑕疵 *83*
裁決主義 *169*
裁決取消訴訟 *83*
裁量判断 *145*
差止め訴訟 *256,330*
参加 *185,368*
参加人 *11*
自己の法律上の利益に関係のない違法主
　張の制限 *163*
事情判決 *217*
事前手続 *6*
執行停止 *60,68,271*
執行罰（間接強制） *26*
実質的証拠法則 *31*
実質的当事者訴訟 *300,308*

社会通念審査 *146*
釈明処分に関する特則 *321*
釈明処分の特則 *194*
自由選択主義 *127*
重大な損害 *272*
重大な損害を生ずるおそれ *258*
周辺住民 *105*
住民訴訟 *381*
主張・立証責任 *193*
出訴期間 *120,129,222,315,356*
準司法的手続 *31*
証拠収集処分 *199*
証拠保全 *200*
消費者 *107*
情報の提供 *23*
条約 *141*
条理 *141*
条例 *87*
処分性 *86*
処分等の求め *251*
処分の基準 *5*
処分の名宛人 *105*
処分理由の追加・差し替え *177*
資料の閲覧・写しの交付請求 *61*
信義則 *141*
審査基準 *20*
審査請求期間 *59*
審査請求書 *51,53,54,56*
審査請求前置主義 *127*
審査の申立て *385*
審査の申出 *389*
申請型義務付け訴訟 *221,229,244*
申請拒否処分 *119*
審理員 *61*
請求の放棄 *208*

395

請求の併合　*315*

選挙訴訟　*385*

先行処分　*116*

争点訴訟　*298,393*

相当の期間　*225*

訴訟上の和解　*208*

訴訟手続の中止　*138*

訴訟費用　*230*

訴訟物　*139*

【た行】

第三者効　*211*

第三者による請求の追加的併合　*182*

代執行訴訟　*390*

他事考慮　*141*

団体　*107*

秩序罰　*28*

地方公共団体相互間の紛争に関する訴訟　*391*

聴聞　*7*

聴聞調査　*14*

聴聞報告書　*15*

直接強制　*26*

通知　*88*

償うことのできない損害　*283,292*

デジタル行政推進法　*46*

デジタル手続法　*46*

当事者照会　*199*

当事者訴訟　*299*

当事者の死亡　*209*

当選訴訟　*385*

特定管轄裁判所　*191*

都市計画　*89*

届出　*33*

取消訴訟　*79*

取消訴訟中心主義　*80,220*

取消判決の拘束力　*228*

【な行】

内閣総理大臣の異議　*275*

【は行】

排他的管轄　*80*

反射的利益　*99*

反則金　*28*

判断過程の統制方式　*147*

反復禁止効　*214*

反論書　*58*

非刑罰的処理（ダイバージョン）　*28*

被告適格　*109,362*

非処分の確認訴訟　*326*

非申請型義務付け訴訟　*250*

標準処理期間　*21,222*

平等原則　*142*

比例原則　*142*

不作為についての審査請求　*222*

不作為の違法確認の訴え　*220*

不受理　*89*

不整合処分の取消義務　*215*

不服申立て前置　*69*

不利益処分　*4*

文書閲覧請求　*13*

文書提出命令　*195,203,370*

紛争の成熟性　*328*

弁明書　*52*

弁明の機会の付与　*17*

返戻　*89*

放棄　*345,346,371*

法律上の利益　*98*

396

本案について理由があるとみえること
　284,292

【ま行】
みなし拒否処分　221
民事訴訟　72
民衆訴訟　383
無効確認訴訟　231

【や行】
予防接種　311

【ら行】
理由の提示　5,22
理由の不備　6
理由付記　23

●執筆者一覧●

(掲載順)

関　葉子（せき　ようこ）第 1 部第 1 章
　〒104-0061　東京都中央区銀座 2-6-8　日本生命銀座ビル 8 階
　　　　　　　銀座プライム法律事務所
　TEL　03-3535-7333　FAX　03-3535-7336

湯川　二朗（ゆかわ　じろう）第 1 部第 2 章、第 2 部第 5 章
　〒604-0981　京都府京都市中京区御幸町通竹屋町上る毘沙門町542
　　　　　　　湯川法律事務所
　TEL　075-253-6570　FAX　075-253-6571

斎藤　浩（さいとう　ひろし）第 2 部第 1 章、第 2 章、第 3 章第 1 節、
　第 4 章第 1 節、第 2 節、第 6 節～第 8 節、第10章
　〒541-0041　大阪府大阪市中央区北浜 2-5-23　小寺プラザ 8 階
　　　　　　　弁護士法人 FAS 淀屋橋総合法律事務所
　TEL　06-6231-3110　FAX　06-6231-3114

森　晋介（もり　しんすけ）第 2 部第 3 章第 2 節
　〒770-0855　徳島県徳島市新蔵町 1 丁目82番地　ダイアパレス新蔵207
　　　　　　　森法律事務所
　TEL　088-602-4556　FAX　088-602-4557

綱森　史泰（つなもり　ふみやす）第 2 部第 3 章第 3 節、第 5 節
　〒060-0061　北海道札幌市中央区南一条西 9 丁目　第 2 北海ビル 3 階
　　　　　　　堀江・大崎・綱森法律事務所
　TEL　011-280-3777　FAX　011-280-3778

松澤　陽明（まつざわ　きよあき）第2部第3章第4節

　〒980-0811　宮城県仙台市青葉区一番町 1-11-16　朝日プラザ1番町1106
　　　　　　　松澤陽明法律事務所

　TEL　022-221-3988　FAX　022-227-0360

濱　和哲（はま　かずあき）第2部第3章第6節、第7章

　〒541-0041　大阪府大阪市中央区北浜 3-7-12　京阪御堂筋ビル8階
　　　　　　　共栄法律事務所

　TEL　06-6222-5755　FAX　06-6222-5788

佐藤　昭彦（さとう　あきひこ）第2部第4章第3節〜第5節

　〒060-0042　北海道札幌市中央区大通西9丁目 3-33　キタコーセンター
　　　　　　　ビルディング6階
　　　　　　　岩本・佐藤法律事務所

　TEL　011-281-3001　FAX　011-281-4139

八木　正雄（やぎ　まさお）第2部第6章

　〒530-0047　大阪府大阪市北区西天満 2-3-19　神光ビル201
　　　　　　　かけはし総合法律事務所

　TEL　06-6362-7211　FAX　06-6362-7212

水野　泰孝（みずの　やすたか）第2部第8章

　〒150-0022　東京都渋谷区恵比寿南 3-3-12　アージョⅠビル5階
　　　　　　　水野泰孝法律事務所

　TEL　03-6303-0953　FAX　03-6303-0954

辻本　雄一（つじもと　ゆういち）第2部第9章

　〒113-0033　東京都文京区本郷 1-25-4　ベルスクエア本郷3階
　　　　　　　辻本法律事務所

　TEL　03-6240-0070　FAX　03-5689-5353

執筆者一覧

岩本　安昭（いわもと　やすあき）第２部第11章、第13章

　〒541-0043　大阪府大阪市中央区高麗橋3-1-14　高麗橋山本ビル５階
　　　　　　　弁護士法人興和法律事務所

　TEL　06-4707-6205　FAX　06-4707-6263

畠田　健治（はたけだ　けんじ）第２部第12章

　〒530-0047　大阪府大阪市北区西天満５丁目１番９号　大和地所南森町
　　　　　　　ビル９階
　　　　　　　ミネルヴァ法律事務所

　TEL　06-4709-1233　FAX　06-4709-1235

（所属は、令和元年10月末日現在）

〔第二版〕執筆者一覧

伊東　眞	福島　啓氏
越智　敏裕	松尾　良風
谷口　昇二	松倉　佳紀
出口　崇	山下　清兵衛
長倉　智弘	

〔編者所在地〕

〒100—0013　東京都千代田区霞が関1—1—3
　　　　　　日本弁護士連合会
　　　　　　電　話　03（3580）9841（代）
　　　　　　ＦＡＸ　03（3580）2866

書式　行政訴訟の実務〔第三版〕

令和元年12月15日　第1刷発行

定価　本体4,500円＋税

編　　者　日本弁護士連合会行政訴訟センター
発　　行　株式会社　民事法研究会
印　　刷　株式会社　太平印刷社

発行所　株式会社　民事法研究会
　　　　〒150-0013　東京都渋谷区恵比寿3-7-16
　　　　　　〔営業〕　TEL 03（5798）7257　FAX 03（5798）7258
　　　　　　〔編集〕　TEL 03（5798）7277　FAX 03（5798）7278
　　　　　　http://www.minjiho.com/　info@minjiho.com

落丁・乱丁はおとりかえします。　　　　ISBN978-4-86556-331-3 C3332　￥4500E
カバーデザイン／袴田峯男

■行政の不法行為を正すための最新の実践ノウハウを公開！

住民訴訟の上手な活用法〔第2版〕
―監査請求から訴訟までの理論と実務Q&A―

弁護士 井上 元 著

A5判・513頁・定価 本体5,200円＋税

本書の特色と狙い

▶2020年4月1日施行予定の2017(平成29)年改正地方自治法により成立した首長等の損害賠償責任の一部免除制度を収録するとともに、全体的に見直しを施した待望の改訂版！ 第2版では、事例編を大幅に追録したことにより利用の便がさらに向上！

▶わかりやすいQ&A方式によって、監査請求から訴訟までのすべての手続について、監査請求書や訴状等の関連書式と一体として詳解！

▶膨大な数の関係判例を手続の流れに沿って整理・体系化し、長年にわたる経験と実践に基づいて、理論と実務の両面から懇切・丁寧に解説！

▶弁護士・司法書士などの法律実務家のみならず、自治体関係者にとっても待望の書！

本書の主要内容

第1編　モデルケースによる手続の流れ

第2編　手続編

　第1章　制度の概説（Q1～Q6）

　第2章　住民監査請求の手続（Q7～Q27）

　第3章　住民訴訟の手続（Q28～Q65）

第3編　事例編（Q66～Q87）

発行 民事法研究会

〒150-0013　東京都渋谷区恵比寿3-7-16
(営業) TEL. 03-5798-7257　FAX. 03-5798-7258
http://www.minjiho.com/　info@minjiho.com

裁判事務手続講座シリーズ

民法（債権関係）、特定商取引法、割賦販売法等の法改正を収録し、消費税率引上げによる郵便料金の改定にも対応！

書式　支払督促の実務〔全訂10版〕
―申立てから手続終了までの書式と理論―

園部　厚　著　　　　　　　　　　　　　（Ａ５判・597頁・定価　本体5600円＋税）

債権法改正にも対応した最新版！ 資料として、民事再生法、民事再生規則、東京地裁、大阪地裁の運用指針も収録！

書式　個人再生の実務〔全訂六版〕
―申立てから手続終了までの書式と理論―

個人再生実務研究会　編　　　　　　　　（Ａ５判・540頁・定価　本体5400円＋税）

民法（債権法）・民事執行法・商法等の改正を収録するとともに、船舶執行関連の法改正にも対応させ改訂！

書式　不動産執行の実務〔全訂11版〕
―申立てから配当までの書式と理論―

園部　厚　著　　　　　　　　　　　　　（Ａ５判・689頁・定価　本体6100円＋税）

非訟事件手続法、会社法に対応させ、書式を含めて全面的に見直し、最新の実務・運用を反映した最新版！

書式　会社非訟の実務〔全訂版〕
―申立てから手続終了までの書式と理論―

森・濱田松本法律事務所＝弁護士法人淀屋橋・山上合同　編（Ａ５判・404頁・定価　本体4200円＋税）

独立行政法人通則法の一部を改正する法律の施行や郵便料金の改定に伴う最新の実務等にいち早く対応！

書式 意思表示の公示送達・公示催告・証拠保全の実務〔第七版〕
―申立てから手続終了までの書式と理論―

園部　厚　著　　　　　　　　　　　　　（Ａ５判・342頁・定価　本体3200円＋税）

消費者裁判手続特例法の立法、景表法等の改正や最新の法令・実務に対応！

書式 債権・その他財産権・動産等執行の実務〔全訂14版〕
―申立てから配当までの書式と理論―

園部　厚　著　　　　　　　　　　　　　（Ａ５判・985頁・定価　本体8800円＋税）

発行　民事法研究会

〒150-0013 東京都渋谷区恵比寿3-7-16
（営業）TEL 03-5798-7257　FAX 03-5798-7258
http://www.minjiho.com/　　info@minjiho.com

実務に役立つ実践的手引書

消費者団体訴訟について新たに章を設けたほか、最新の法令・判例・実務を織り込み改訂した実務家必携の1冊！

判例から学ぶ消費者法〔第3版〕

島川　勝・坂東俊矢　編　　　　　　　　　　（Ａ5判・312頁・定価 本体2800円＋税）

民法（債権関係）等の改正に完全対応させるとともに、最近の契約審査実務からみた追加事項を収録！

取引基本契約書の作成と審査の実務〔第6版〕

滝川宜信　著　　　　　　　　　　　　　　（Ａ5判・483頁・定価 本体4300円＋税）

実務で問題となる論点について、労働法全体をカバーしつつ判例・通説を基本に1冊にまとめた最新版！

労働法実務大系〔第2版〕

岩出　誠　著　　　　　　　　　　　　　　（Ａ5判・893頁・定価 本体9000円＋税）

一般社団法人・一般財団法人の設立、各種変更の手続、移行等の登記実務について、書式を織り込み詳解！

社団法人・財団法人の登記と書式〔第3版〕

大貫正男・久我祐司　編著　　　　　　　　（Ａ5判・276頁・定価 本体3100円＋税）

現役裁判官が当事者、代理人の納得する紛争解決の考え方とノウハウを提示した待望の書！

和解・調停の手法と実践

田中　敦　編　　　　　　　　　　　　　　（Ａ5判上製・699頁・定価 本体7000円＋税）

プレイヤーの契約、賞金の扱い、ネット配信等々の様々な課題について具体的にＱ＆Ａで解説！

ｅスポーツの法律問題Ｑ＆Ａ
―プレイヤー契約から大会運営・ビジネスまで―

ｅスポーツ問題研究会　編　　　　　　　　（Ａ5判・183頁・定価 本体2200円＋税）

発行　民事法研究会

〒150-0013　東京都渋谷区恵比寿3-7-16
（営業）TEL 03-5798-7257　FAX 03-5798-7258
http://www.minjiho.com/　　info@minjiho.com